老北京的三百六十行

老北京的三百六十行

李德生 / 著

北京传统の360業

360 JODS
IN OLD BEIJING
北京传统の360業

山西人民出版社
山西出版传媒集团

图书在版编目（CIP）数据

老北京的三百六十行 / 李德生著. — 太原：山西
人民出版社，2025.4. — ISBN 978-7-203-13736-8

Ⅰ. D669.2

中国国家版本馆 CIP 数据核字第 20254SW256 号

老北京的三百六十行

著　　者：李德生
责任编辑：贾　娟
复　　审：李　鑫
终　　审：梁晋华
装帧设计：一　水　陈　婷

出 版 者：山西出版传媒集团·山西人民出版社
地　　址：太原市建设南路21号
邮　　编：030012
发行营销：0351-4922220　4955996　4956039　4922127（传真）
天猫官网：https://sxrmcbs.tmall.com　电话：0351-4922159
E - mail：sxskcb@163.com　发行部
　　　　　sxskcb@126.com　总编室
网　　址：www.sxskcb.com

经 销 者：山西出版传媒集团·山西人民出版社
承 印 厂：山西出版传媒集团·山西人民印刷有限责任公司

开　　本：787mm×1092mm　1/16
印　　张：22.75
字　　数：580千字
版　　次：2025年4月　第1版
印　　次：2025年4月　第1次印刷
书　　号：ISBN 978-7-203-13736-8
定　　价：168.00元

出版者言
The Words of Publisher

著者書き

中国历史上很早就有"三百六十行"之说，泛指以农业经济为基础的手工业、商业、服务业和文化娱乐业等等。究其来历，清代徐珂在《清稗类钞·农商类》中有一段话："三百六十行者，种种职业也。就其分工而约计之，曰三十六行；倍之，则为七十二行；十之，则为三百六十行，皆就成数而言。俗为之一一指定分配者，罔也。"可见，三百六十行是对市井之中百工杂役的一种俗称，而非定数定指。

旧京作为"帝京"，为适应皇家、贵族和都市生活的需要，全国各地区、各民族的行业精华，尽集于此。到清末民初，随着时代的变迁及西方经济文化的侵入，社会分工越来越细化，老北京的行业已远远超过了三百六十行。一些行当消失了，新的行当又诞生了，与时俱变的现象证明着社会的进步。

本书从这些林林总总的行业当中，遴选出两百个最具老北京特色的老行当，按内容分为"衣""食""住""行""农""工""育""乐""卫""杂"十大类，并配有五百余幅珍贵而精美的旧图，为广大读者展开了一幅百年前老北京的"清明上河图"式的巨幅长卷，重现了当年趣味盎然的市井生活和世情百态。让今人看到了当时人们的休养生息、勤奋劳作，以及很多已经消失了的工艺技巧。是研究当时社会、民俗的生动史料，更是独具北京地域特色的宝贵文化遗产。

时光荏苒，昔日京城的旧影已离我们远去，如果您有兴趣，本书能带您穿越历史时空，去领略老北京市井繁华、百业匆忙的独特风情和魅力。

大昔から中国の歴史の中"360業"の言い方がある。一般的に農業経済を基礎の手工業、商業、サービス業と文化の娯楽業などの職業を指している。

北京は"帝の京"として、皇室、貴族と都市の生活の必要なことに適応するため、全国の各地、各民族の業界の精華がここに集まっていた。清末、民国初期まで、時代の変遷と西方の経済文化の侵入に従って、社会的分業はますます細分化して、その時の北京の業界はすでにはるかに"360業"を上回った。いくつか商売は消えてなくなって、新しい商売はまた誕生して、時代変わる共に業界変わると言う現象が社会の進歩を証明している。

当本はこれらのたくさんの業界の中から、2百の最も古い北京の特色を備えた業界を選抜したして、内容によって"アパレル業"、"飲食業"、"日常生活業"、"行"、"農業"、"工業"、"育業"、"楽しい"、"清潔"、"その他"の10項の類別に分けて、そして5百数枚の貴重で精巧で美しい古い図を添えて、広大な読者に百年前の北京を"清明上河図"ようなの様態を一枚の長巻で展開して、当時の興味の満ちあふれている市井の生活と世事の百態を再現した。現代人にその時の人々の民力（鋭気）を養うこと、勤勉に働くことを見させて、およびたくさんすでに消えてなくなった技術を見せる。その時の社会、民俗を研究する生き生きとしている史料である、更に特色を持っている北京地域の貴重の文化遺産である。

時間速く過ぎて、昔京城の古い影はすでに私達を離れて遠く去って、もしあなたは興味があるならば、当本はあなたに歴史を通り抜けて、古い北京の市井のにぎやか、多忙な百業の独特的な風情と魅力を見せるまた味わうことができる。

360
Jobs in Old Beijing

北京伝統の 360 業

There was a saying of 360 Jobs very early in Chinese history, which generally referring to, on the basis of agricultural economy, handicraft industry, commerce, servicing industry and culture & entertainment etc.

In order to meet the requirements of emperors, burgraves and urban livings, old Beijing , as a "city of emperor" , had centralized a large number of calling elites from all around the country. Along with the age`s shifts and the invasion of economy and civilization of the Occident, the division of labour in society has been becoming more and more detailed and exact. Therefore, the kinds of profession in old Beijing far exceeded the figure of 360 at the last phase of Qing Dynasty. The phenomena of changing in conformity with relevant eras reflects the progress of society: one profession disappeared, another came into being.

Two hundred old-Beijing-style occupations attached with five hundred exquisite illustrations have been selected in this book from a variety of ones, which being classified into ten categories: Clothing, Food, Living, Traffic, Agriculture, Industry, Education, Cleaning and Health, Entertainment and Others. It outspreads a long picture scroll of ancient Beijing before all readers as the a view of the famous Chinese drawing "Qing-Ming Festival Activities Along the River" painted by Zhang Ze-Duan in the Northern Song Dynasty. In addition, it not only presents a scene of capital living manners and customs, but also reveals their stable existence and hard working. You could find in this book many technics and skills disappeared in the past, which is a lively historical material for studying of society and folkways of that time. Of course, it is a regionally precious heritage in China.

As time goes on, the shadow of old Beijing had moved away from the field of our vision. This book, if you are interested in, would lead you to get through space time to see the prosperity of old Beijing. Meanwhile, the unique local customs and the fascination of flourishing business at that time will surely draw your special attention.

序
Preface/前書き

■ 真没想到李德生在业余爱好——烟画的收藏上，做出了如此之多的文章，成就了一番刮目相看的事业！

我知道他的主业是美术设计，20 世纪 80 年代初，我是在杭州西子湖畔认识他的。彼时，我和《北京晚报》的几位同仁从西南采风过来，沿江东下，正投宿在西子湖畔的新新饭店，策划下一步的采访活动。用餐时，他听到我们的北京口音，便主动攀谈起来。说是出来有日，蓦地听到乡音感到十分亲切。反过来，我们知道他来自北京，正滞留杭州写生。说是以前来过此地，见识过晴天丽日下的西子湖，只是雨天中的景色还没有领略过。苏东坡不是有诗称道："水光潋滟晴方好，山色空蒙雨亦奇"么？原来他在等一场风雨，大约也想听听"雨打残荷"的声音吧。真是风雅得很，见得其人不俗。再聊下去，知道我们是《北京晚报》的编采人员，又亲近了一层。因为他很喜欢晚报当时棱角分明的风格，尤其是晚报上的《百家言》专栏。他乡遇故知，谈得十分投机。于是，我们结伴同行，他当我们的向导，登六和塔，眺望钱塘江色；在流水潺潺的虎跑泉边，品龙井茶；去灵隐寺欣赏造型生动的佛像雕刻……知道他在写生，也邀请他为我们所写的游记配速写。其后，我们这组南行游记的杭州篇，就多了若干插图，真是借图生辉、相得益彰了。

回北京后，我们继续保持了来往。德生好学深思，酷嗜读书。他也在晚报《百家言》专栏写了若干稿件，言之成理，颇有见地。那时的《百家言》专栏取代了《燕山夜话》专栏，办得较有特色，投稿者甚众，被时人誉为北京论坛之宝，又被称为晚报的"眼睛"。不少大家，如夏衍、廖沫沙、吕叔湘、邓广铭、唐弢、秦牧、郭维城、范若愚、周汝昌、王梓坤、黄苗子、郁风、邵燕祥等名流，都惠赐过稿件，能上这个专栏也相当不容易。

德生是个厚道人，为人不亢不卑。你得意时，他并不特意趋奉；落难时，他并不嫌弃。不似有些人，避之唯恐不及，甚至还要落井下石。我们共同认识的一个熟人落了难，德生特去问候，并关心他家的生计，很有些古道热肠，在中国传统伦理道德被历次政治运动破坏殆尽的当时，此举显得何其可贵！

其后，他几番调动，干过新闻，从事过公关、广告事业，差不多每个行当，他都能干出些名堂来。从中也得到许多历练，见多因而识也更广。

20 世纪 90 年代，忽见他在晚报上发表过一篇《烟画的收藏》一文，相当惊奇，交往中从未听他提起过有此爱好。忽一日来访，携来几小箱保存完好的烟画，打开一看，琳琅满目，美不胜收。这才知道他那篇谈烟画的短文，引起了台湾汉声杂志社的注意，正联系要为此出版一本《烟画三百六十行》的画册。德生就此前来咨询。我自然祝愿他能搞出个图文并茂的精美画册，以使这些埋藏在箱箧中约有一个世纪之久、反映中国风情的小画片能浮出水面，让更多的人一饱眼福，从中认识并了解我国清末民初时期五光十色的大千世界。

此后，德生一头扎进烟画的研究之中，在不断丰富自己收藏的同时，他深入到图书馆、档案馆、烟草专卖局去寻根溯源，并向专家们虚心讨教。从烟画研究到烟草传播史、行业文化传承史、民俗学以及相关的印刷出版史，在这方寸大小的天地之中，耕耘得如此勤劳和深透。当台湾出版了他的《烟画三百六十行》时，我曾去函祝贺。这本画册"生动描绘了清末民初广阔的社会生活画面，补充了近代史、民俗学的不足，介绍了烟草传播史、绘画制版的变迁、广告营销业的兴起，知识性、趣味性很强，谈来受益不浅，真是以小见大、见微知著"。

如果说这本画册对每个行业都有简短的介绍的话，他又更上一层楼，做出了更丰富的文章。旅居加拿大后，他在异域的华人报纸上开辟了《烟画大观》专栏，逐一介绍烟画中所反映的各个行当。承他惠赐若干剪报来，看得我眼花缭乱，止不住击节赞叹。真不知他怎么搜集到这些让人耳目一新的资料。没有锲而不舍的精神、耐得住寂寞的功夫，没有对中国传统文化的热爱，是很难成就这一番事业的。

如今，德生的耕耘已结硕果，继天津百花文艺出版社出版他的《烟画》一书后，日本经济史研究专家川床邦夫先生已将全文译出，冠以《烟画的研究》，在日本出版发行。接着，就是这本《老北京的三百六十行》，他在书中又增加了许多辛苦搜集来的、罕见的、具有史料价值的插图，使全书内容更为丰富可读。现依德生之嘱，草此短文为序，并借此以为祝贺了。

杨德华

目录 Contents

衣
Clothing/ アパレル業

2   裁缝 Tailor/ 仕立屋
4   绸缎庄 /Silk shop/ 絹製品屋
6   卖估衣 /Second-hand clothing seller/ 古着屋
8   卖布 /Cloth seller/ 布屋
10   纺纱 /Spinning/ 製糸屋
12   卖毡帽 /Fell Hat Seller/ 紳士帽子屋
14   鞋铺 /Shoes workshop/ 靴屋
16   修鞋匠 /Shoes repairer / 靴修理屋
18   打草鞋 /Straw sandals knitter/ 草靴屋
20   缝袜子 /Socks maker / 縫靴下屋
22   卖包脚布 /Selling the cloth of foot wrapping/ たび屋
24   缝穷婆 /Sewing women/ お直し屋

食
Food/ 飲食業

26   卖包子 /Seller of steamed buns with stuffing/
     肉まん屋
28   卖馒头蒸饼 /Seller of steamed bread cake/
     饅頭、蒸し餅屋
29   卖饽饽 /Seller of baked steamed bread/ ボボ屋

30   卖糕饼 /Confectionery seller / もち屋
32   卖爱窝窝 /Seller of sticky-rice cake/
     もちおにぎり屋
34   卖年糕 /Rice cake seller/ もち屋
36   卖元宵 /Seller of rice glue ball/ もち団子屋
37   卖金糕 /Seller of golden rice cake/ 金色もち屋
38   卖猪头肉 /Pig-head meat seller/ 豚頭肉屋
39   烤羊肉 /Mutton baking/ 羊串屋
40   馄饨挑 /Wonton seller/ ワンタン屋台
42   卖粽子 /Selling steamed rice dumpling/ ちまき屋
44   豆腐挑 /Seller of bean curd/ 豆腐屋台
46   炸豆腐 /Bean curd frying/ 揚げ豆腐屋
48   炸臭干 / Frying flakes of bean curd/ 油揚げ屋
49   煮玉米 /Corn cooking/ 煮込みコーン屋
50   卖凉面 /Cold noodles seller / 冷麺屋
52   卖凉粉 /Seller of bean jelly/ かき氷屋
54   糖炒栗子 /Chestnut stir-frying/ 甘栗屋
56   烤白薯 /Sweet potato baking/ 焼き芋屋
58   卖花生 /Peanut seller/ ピーナツ屋
59   卖雪花酪 /Snowflake cheese seller/
     アイスクリーム屋
60   卖冷饮 /Cold drinks seller/ 冷たい飲み物屋
62   卖冰 /Ice seller/ 氷屋
64   卖水 /Water seller/ 水屋
66   卖西瓜 /Water melon seller/ スイカ屋
68   卖冰糖葫芦 /Candied cherry stick/
     氷砂糖フウルウ屋台
70   卖山野菜 /Wild Vegitables seller/ 山野菜屋
72   卖鲜藕 /Lotus root seller/ 蓮根屋
74   转糖摊 /Candy-making booth/ ルーレット屋
76   小磨香油 /Sesame oil seller/ ごま油屋
78   换馍做酱 /Catsup making with steamed bread/
     味噌（残り物から作る）屋
80   切薯干 /Potatoes cutting/ 干しさつま芋切り屋
82   卖茶蛋 /Tea-eggs seller / お茶風味玉子屋

住
Living/ 日常生活業

84　灯笼作 Lantern producer/ 堤燈屋
86　修钟表 /Clocks&Watches Repairer/ 時計修理屋
88　修伞 /Umbrella repairer/ 傘修理屋
90　卖掸子 /Duster seller/ ハタキ屋
92　卖蒲艾 /Seller of calamus and wormwood/
　　フウアイ屋
94　卖花儿 /Flowers seller/ 花屋
96　卖盆栽 /Potted plant seller/
　　フウワーアレンジメントショップ
98　卖南天竹 /Nandin selling/ 南天竹屋
100　炭铺儿 /Coal shop/ 炭屋
101　卖灯草 /Lampwick selling/ 灯芯屋
102　烛坊 /Candles workshop/ 製蝋屋
104　香烛摊 /Booth of joss sticks and candles/ 製蝋燭屋台
106　卖香包 /Fragrant bag seller/ におい袋屋
108　卖绒线儿 /Wool selling/ 毛糸屋
110　卖眼镜 /Eyeglass selling/ メガネ屋
112　卖夜壶 /Seller of chamber pot/ 便器屋
114　卖耗子药 /Seller of mouse killing drug/ ネズミ殺薬屋
116　更夫 /Night watchman/ 火回り職人
117　卖枕头 /Pillow seller/ マクラ屋
118　卖竹竿 /Bamboo seller/ 竿竹屋
119　卖蒲扇 /Seller of palm-leaf fan/
　　ガマの葉ウチワを売り
120　卖折扇 /Folding fan/ 扇子屋
122　卖羽扇 /Sale of feather fan/ 羽ウチワ屋
124　制团扇 /Circularity-fan making/ ウチワ屋
125　窝脖儿 /Porter / 運び屋
126　棺材铺 /Coffin shop/ お墓屋
128　磨剪子 /Scissors Sharpening/ ハサミ研ぎ屋

130　换取灯儿 /Getting second-hand articles with match/
　　灯を取り替え屋
131　打鼓的 /Drum player/ 鼓手職人
132　收破烂 /Junk collector/ 襤褸を収める

行
Traffic/ 行

134　修马路 /Road maintaining / 道路工業
136　黄包车 /Ricksha/ 駕籠役
138　骑顶马 /Fine horse renting for royal use/
　　御用馬を乗り業
140　赶脚 /Making money by offering moke-riding service/
　　馬引き人
141　造船匠 /Boat making/ 造船業
142　摆渡 /Ferry/ 渡しい屋

农
Agriculture/ 農業

144　耕地 /Land ploughing/ 耕地業
146　牧牛 /Cattle herding/ ムウギュウ役
148　割稻 /Rice reaping/ 稲作
150　车水 /Waterwheel service/ 水をまき屋
152　采桑叶 /Mulberry leaves picking/ 採サン葉
154　渔人 /Fishing man/ 漁師
156　鸬鹚捕鱼 /Fishing by cormorant/ ルウスイ捕魚
158　叉鱼 /Fork fishing/ 魚をつく
159　扎蛤蟆 /Toad pricking/ カエルを捕り
160　轧棉花 /Cotton ginning/ 採綿花

162　弹棉花 /Cotton thrumming/ 線製糸業

Industry/ 工業

164　铁匠 /Smith/ 鍛冶屋
166　篾匠 /Worker of thin bamboo strip/ メイ匠
168　漂工 /Rinse worker/ 洗う屋
169　班鼓匠 /Drum-making artisan/ 太鼓
170　染工 /Dyer/ 染色屋
172　雕花匠 /Flower carver/ 柄を入れる
174　烧炭工 /Coke-making worker/ 炭屋
176　绳匠 /Rope maker/ 縄屋

Enducation/ 育業

178　秀才 /Skillful writer/ 秀才
180　塾师 /Teacher of private school/ 塾教師
181　印年画 /Chinese traditional picture printing/ 年画描屋
182　雕版 /Engraving/ 木版柄を入れる
184　订书 /Bookbinding/ 製本屋
186　书贩 /Books monger/ 本屋
188　裱画 /Picture mounting/ 絵画装飾
190　刻瓷 /Porcelain sculping/ 磁器を刻む
192　制笔社 /Pens-making workshop/ 製ペン社
194　捎书人 /Letter delivering person/ 郵便局
195　刺绣 /Embroidering/ 刺繍
196　卖碑帖 /Sale of inscription rubbing/ 字見本屋

198　画喜神 /Artisan of happy God drawing/ 喜神を書く屋
200　卖报 /Newspaper seller/ 新聞屋
202　卖朝报 /Official newspaper selling/ 朝刊屋
204　吹糖人 /Maker of sugar- character/ 砂糖人形屋
206　捏面人 /Flour-character making/ 面人形作り
208　代写书信 /Letter-writing service/ 代筆職人
209　写大字 /Writer of big Chinese character/ 書く字屋
210　卖烟画 /Seller of tobacco drawing/ タバコ画屋
212　卖月份牌 /Month-card selling/ カレンダー屋

Entertainment/ 楽しい

214　糊风筝 /Kite making/ 凧作り屋
216　照相馆 /Photography/ 写真屋
218　卖相片 /Photos selling/ 写真売り屋
220　打连厢 /Overlord scourge performance/ 打ち連バン
222　变戏法 /Magic show/ 手品
224　蹬技 /Leg-holding-skill show/ 足芸
226　顶技 /Head-carrying-skill show/ 頂技
228　耍盘子 /Dish-playing show/ 皿回し
230　耍把式 /Chinese Kongfu/ 武術に遊ぶ
232　耍狮子 /False-lion dance performance/ 獅子舞
233　舞龙灯 /Dragon lantern playing/ 龍灯踊り
234　耍猴儿 /Monkey performance/ 猿芝居
235　斗蛐蛐 /Cricket fighting show/ 蟋蟀遊び
236　小堂茗 /Chinese-music band performance/ 小堂茗
238　打花鼓 /Flower-drum show/ 打ち花鼓
240　三棒鼓 /Three-stick-drum show/ 三棒鼓
241　话匣子 /Recorder player/ 蓄音機
242　掼跤 /Conjuring show/ レスリング
244　舞女 /Dance hostess/ 踊り子
246　耍骨骨丢 /Puppet show/ コメディアン

248　看西洋镜 /Raree show/ 覗きめがね
250　遛鸟 /Go for a walk in a quiet place with a bird/
　　　リュウ鳥
252　跑旱船 /Land boat show/ 跑旱船
253　踩高跷 /Stilting show/ 高足踊り
254　什不闲 /One-man-band/ ジュウブセン
256　唱鼓书 /Story-telling with drumbeat/ 太鼓団
258　放影戏 /Movie show/ 影絵芝居
260　卖花炮 /Firecracker selling/ 花火と爆竹を売る
262　窗根儿戏 /Opera show before the window/ 窓根芝居
264　唱戏 /Chinese opera performance/ 役者
266　磨烟袋嘴 /Maker of cigarette holder/
　　　シガレットホルダを作る役
268　鼻烟铺 /Snuff shop/ 嗅ぎたばこ屋
269　卖凉烟 /Tobacco Replacement/ ンソールタバコ屋
270　烟袋铺 /Water-leaching-smoking bag/
　　　水ギセルを売り
272　敬水烟 /Water-leaching-smoking service/ 水ギセル役
274　卖烟卷儿 /Cigarette selling/ タバコを売る
276　卖烟叶 /Sale of tobacco leaf/ タバコ屋

卩

Cleaning and health/ 清潔

278　澡堂子 /Bath/ サンスケ
280　剃头 /Haircut / 散髪
282　取耳 /Ear cleaner / 取耳
283　卖头发 /Hair selling / 髪を売る
284　修脚 /Pedicure/ 足の手入れサービスをする
286　稳婆 /Accouching women/ 助産婦
288　插戴婆 /Beautician/ 美容師
290　游医 /Traveling doctor/ 游医
292　祝由治病 /Illness treatment/ 祝由治病
294　卖野药 /Cheap herb medicine seller/ 野薬売り
295　卖跌打丸 /Muscle pain killing pill/ 捻挫薬屋

296　掏粪 /Feces cleaner/ 掏便

杂

Others/ その他

298　三行 /Catering service/ サービス
300　屠夫 /Butcher/ 屠夫
302　卖春宫 /Picture of avoiding fire/ 風俗
304　摆棋局 /Chess gambling/ 将棋屋
306　老道卖剑 /Sword selling/ 剣売り
307　塑佛像 /Buddha figure sculpturing/ 仏像作り
308　张天师 /Master Zhang/ 張天師
310　跳大神 /Necromancer/ 跳大神
312　折纸锞 /Dis-money producer/ 折紙
314　卖小轿 /Sedan-chair model selling/ 売り子
316　相面 /Fortune-telling/ 人相を占い
318　盲人算命 /Fortune-telling by blind-people/ 瞎子算命
320　测字先生 /Fortune-telling by analysing Chinese
　　　character / 字を占い
322　收字纸 /Worn paper picker/ ゴミ収集屋
324　卖彩票 /Sale of lottery tickets/ 宝くショップ
326　宣卷 /Sermon/ 宣卷
328　巡警 /Cop/ 巡査
330　狱警 /Jail attendent/ 刑務官
332　卖白粉 /Drug dealer/ ヘロイン売り
333　卖烟枪 /Sale of drug smoking pipe/ キセル売り
334　媒婆 /Matchmaker/ 仲人
336　奶妈 /Wet Nurse/ 乳母
338　乞丐 /Beggar/ 乞食
340　小绺 /Thief/ 泥棒
342　勒脖儿 /Robber/ 勒脖儿
344　妓女 /Prostitute/ 娼婦
346　相公 /Pimp/ 男娼
347　小押 /Pawn store/ ショウヤン
348　闲儿 /Idler/ 無職
350　跋

4

老北京的三百六十行

衣 食 住 行 农 工 商 兵 育 乐 杂 卫

裁　　缝

Tailor/ 仕立屋

为他人作嫁衣裳
——〔唐·秦韬玉《贫女》〕

图一

图二

《白虎通》称："衣，隐也。裳，障也。所以隐形，自障蔽也。"古人以上身之服为"衣"，下身之服为"裳"。这里需提及的是，在汉代之前，男人和女人通通穿裙子，而不穿裤子。唯裙子有长、短、糙、细的区别。古籍中记载，汉文帝身体不好，而身边服侍的侍女们又多，都穿裙子，颇有惑君之嫌。久而久之，很影响皇帝的身体健康。皇后就研究出一种中间缝有裆的裙子，叫做裤子，命宫女们统统穿上，以减少皇帝的淫欲。此法后来得到推广，男士们也都穿上裤子了。

随着社会生产力的发展，社会阶层越分越细，长幼尊卑，权贵庶民，在衣着上的区分也就越来越大，衣服的纹饰、图案、颜色都有了严格的定制。自此，专门制衣的职业——裁缝也就出现了。

最早的裁缝是专为内廷皇室服务的，称为缝人。《周礼》载："缝人掌王宫缝线之事，以役女御，以缝王及后之衣服。"后亦称内工。高启有《谢赐衣》诗云："奇纹天女织，新样内工裁。"

后来，民间也出现了成衣作坊、裁缝铺，来承制商贾和市民的私人衣物。唐朝诗人秦韬玉有《贫女》诗：

敢将十指夸针巧，不把双眉斗画长；

苦恨年年压金线，为他人作嫁衣裳。

写的是一位贫女，她"年年压金线"，"夸针巧"，应该说她是一位专业的女裁缝。到了明代，男裁缝也已十分活跃。《金瓶梅词话》第四十四回中提到他们的生活。有诗唱道：

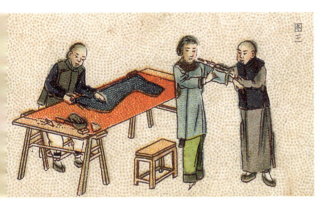

我做裁缝姓赵，月月主顾来叫。

针线紧紧随身，剪尺常披靴坳；

幅摺赶空走攒，截弯病除手到；

不论上短下长，哪管襟扭领拗；

每日肉饭三餐，两顿酒儿是要。

裁缝者，既剪裁，又缝纫也。行中规矩很大，学徒三年，也只能包边、合领、上袖、缝绊，若是操尺度量、剪裁下料，还得饶上三年。这里不单单是个成衣要式样入时、合身适体的问题，高手裁缝还得会节材省料，换句旧行话说，也就是得会"偷料"。讲究，裁缝不仅挣手艺钱，还要会挣材料钱。因之有一老俗："厨子藏肉，裁缝藏料，无所厚非。"做衣服的，明知料上吃了亏，但活上没毛病，是不能过分追究的。

民初，孙兰荪绘有成衣匠图，图中所配《竹枝词》，倒也是首雅谑：

十余年前成衣匠，手业行中称兄长；

宁绸杭缎偷料多，得尺则尺丈则丈。

而今算术盛流通，开方乘方人人都精工。

更兼时式衣裳短且窄，何况缝纫机器二十世纪中。

图一：民国初年的裁缝（烟画）。[1928年]中国大东烟草公司设计出品。

图二：明代的裁缝铺。[明]刊本插图。

图三：量体裁衣（烟画）。[1905年]英美烟公司设计出品。

图四：裁缝者，既剪裁，又缝纫。行中规矩很大，学徒三年，也只能包边、合领、上袖、缝绊，若是操尺度量、剪裁下料，还得饶上三年。[1905年]英国烟公司设计出品的烟画。

图五：裁缝铺。[明]刊本插图。

绸　缎　庄

Silk shop / 絹製品屋

四时花鸟贮金针

——〔清·绸缎庄楹联〕

图一

　　养蚕、缫丝、织造绸缎，是中国的一大发明。故中国有"丝绸之国"的称誉。唐代的丝绸生意一直做到了国外，自西安，经酒泉、敦煌，一直销往西域诸国，远至西欧，开辟出一条举世闻名的"丝绸之路"。后来，又销至印度、安南、缅甸、日本，精美的丝织品，沟通了域外各国与中国人民的经济往来和文化交流。绸缎庄有一副名联，道尽了中国丝绸之美。

　　万国山川藏彩线，

　　四时花鸟贮金针。

　　民间以贩卖丝绸致富的巨商代代有之。京剧有出《乌盆计》，写的便是宋代绸缎商人刘世昌，因携带巨金，中途避雨，被恶人赵大所害的故事。

　　明刊《金瓶梅词话》中，也描述了清河县紫石街大财主西门庆所开的绸缎庄，柜台上摆放着各色绫罗绸缎。崇祯年间刊本上附有木刻插图，从中可以看到明代绸缎庄的规模体制。在它的门檐上挂有一块木牌，上书"本衙绸缎"，作为市招，店面是个L形的长柜台。台上放着称银子的天平和算账用的算盘。柜里正对大门的靠墙一遛木制大柜，摆放

图二

4

衣

图
三

庄的情景称：绸缎庄"为山东人所设，所称祥字号，多属孟氏。初唯前门之泰昌为北京人，盖兼办内廷贡品者。各大绸店必兼售洋货，其接待顾客至有礼貌，挑选翻搜，不厌不倦，烟茗供应，趋走极勤，有陪谈者，遇绅官，可以应对几句时事，遇文人，也略知几句诗文；对待妇女顾客，一定会炫耀新奇，曲尽交易之能事，一定要让不同的顾客，一位位都高兴而来，高兴而归"。足见，这一行生意的讲究。

此行最有名者，即成立于1893年的北京瑞蚨祥绸布店，由山东孟觐侯先生出任总经理。由于他经营有方，使得瑞蚨祥生意红火。孟觐侯又于1924年8月在西城开了一家专卖绸缎面料的字号，名叫丽丰祥。楼下经营纺织品，楼上经营丝绸，并代客定做衣服。当时竞争是很激烈的。瑞蚨祥、丽丰祥的经营原则是服务上乘，绝不购进质量次的产品，从不蒙骗顾客。每当顾客进店，伙计先是沏茶倒水，让座上烟，然后就是介绍商品，无论是丝绸还是棉布，都要一一介绍清楚。不仅如此，丽丰祥还上门为顾客加工服装。在旧时代，有钱人家的小姐太太是不经常上街的，所以上门服务的对象多是女性。这就要求伙计在服务时要倍加小心勤快，规矩而知礼貌。

着各色绸缎。庄内雇用很多伙计，有专船往来苏杭置办货品，很具规模。

清代作家曹雪芹著的《红楼梦》中，写到荣国公贾政、宁国公贾赦皆是主政江南织造业的大官，这与作者祖上曾任江宁织造是暗中相合的。仅此几例可知，旧时凡能开得起绸缎庄的，多是官商巨贾，不仅要有钱，还要有权势和背景。

绸缎庄的货物珍贵，面对的顾客亦多权贵殷实人家，且多是太太小姐类的女眷，庄内的设施则要高雅，柜上的伙计亦要谦恭。此行招收学徒也极讲究，需是五官端正、眉清目秀、聪明伶俐的后生，为的是讨女顾客们的欢喜。

清人枝巢子在《旧京琐记》中写老北京的绸缎

图一：瑞蚨祥绸缎庄牌匾的老照片。

图二：绸缎庄（烟画）。[1905年]英美烟公司设计出品。各大绸店必兼售洋货，其接待顾客至有礼貌，挑选翻搜，不厌不倦，烟茗供应，趋走极勤。对待妇女顾客，一定会炫耀新奇，曲尽交易之能事，一定要让不同的顾客，一位位都"高兴而来，高兴而归"。

图三：明代的绸缎庄。[明]刊《金瓶梅词话》插图。明刊《金瓶梅词话》中，也描述了清河县紫石街大财主西门庆所开的绸缎庄，柜台上摆放着各色绫罗绸缎。崇祯年间刊本上附有木刻插图，从中可以看到明代绸缎庄的规模体制。

卖 估 衣

Second-hand clothing seller/ 古着屋

挈领提襟唱卖频
——〔清·崔旭《估衣街竹枝词》〕

末代皇帝爱新觉罗·溥仪在《我的前半生》中，回忆张勋丁巳复辟时写道：

据老北京人回忆当时北京街上的情形说：那天早晨，警察忽然叫各户悬挂龙旗，居民们没办法，只得用纸糊的旗子来应付；接着，几年没看见的清朝袍褂在街上出现了，一个一个好像从棺材里面跑出来的人物；这时前门外有些铺子的生意也大为兴隆。一种是成衣铺，赶制龙旗发卖；一种是估衣铺，清朝袍褂成了刚封了官的遗老们争购的畅销货。

这里所提的估衣，就是旧衣裳。抛开遗老们争购旧日袍褂的一时热闹之外，作为一个行业来说，在经济不发达的时代，估衣也是一项调剂民间日用生计的商业活动。清代崔旭在道光四年（1824）写有《估衣街竹枝词》一首，他说道：

衣裳颠倒半非新，挈领提襟唱卖频；
夏葛冬装随意买，不知初制是何人？

这首诗生动地描绘了清代估衣店的经营活动。其一，它所卖的衣裳多是七八成新的旧衣服，刚做好还没穿的衣服卖到估衣行也得按估衣算，俗称"下了剪子为估衣"。因为当时各城市的当铺很多，居民生活的变化既大又快，家中新制的各色鲜衣华服，转瞬间就可能因为不合时尚或是经济破产，随即送进当铺。其后往往又无钱去回赎，所当衣服即成为死当，这些半新不旧的衣裳的所有权就转移到当铺手中。当铺为了兑现钱，即按堆儿编号售出。成批收者多为估衣铺，他们再把趸来的批货，分出

图一

三六九等，拿到估衣街市上售卖。卖估衣的伙计要一对一的当场吆喝："快来瞧！快来看！这一件白灿灿、光闪闪、又轻又柔的滩羊皮袄呀，把它买了吧！……"真像侯宝林、郭启儒合说的《卖估衣》一模一样，毫不夸张。其声如歌唱，其神态如唱戏。卖主可以漫天要价，买主可以就地还价。诗中说"唱卖频"就是言此。买的既是旧衣服，当然也就"不知初制是何人"了！

在北京，卖估衣的买卖集中在前门外大栅栏、天桥和崇文门外花市一带。在天津则集中在估衣街，估衣街西口立有一面牌楼，上写"沽上市廛"四个字。沽，是指天津旧有七十二沽。"沽上市廛"就是指天津的商市。两百年前清代文人李慈铭在他的《越缦堂日记》中，描写这条街"廊舍整洁，几及

衣

二里"，繁华绝似"吴（苏州）之阊门"。足知它当年繁荣的风貌。估衣街上有各种老字号、老商店，如吃饭饮宴，有老"八大成"。洋广杂货商店"范永和"及京都达仁堂、老皮货凉席店也都在估衣街上。当然，估衣街上最多的仍然是服装店与绸缎庄，如谦祥益、敦庆隆、元隆、瑞蚨祥鸿记等，估衣铺、估衣摊杂陈其间，闹市间的行人、顾客，有钱的去大店铺置办新装；无钱的可以在估衣摊上便宜地买件旧衣裳。此二景凑在一起，形成了一幅独具特色的民俗风情画。

图一：卖估衣。[清]无名氏绘，选自《北京民间风俗百图》。
图二：卖估衣的把趸来的批货分出三六九等，拿到估衣街市上售卖。卖估衣的伙计要一对一的当场吆喝：其声如歌唱，其神态如唱戏。卖主可以漫天要价，买主可以就地还价。[清]孙继绘。
图三：卖估衣（烟画）。[1905年]英美烟公司设计出品。
　　还有一种卖估衣的，七八成新的衣服皆用一大块包袱皮儿包着，大多来路不明。有买的给点钱就成交。他们怕警察，见了巡逻的就跑。

图二

图三

卖　　　布

Cloth seller/ 布屋

洋布盛销我华土

——〔清·胡德《三百六十行营业谣》〕

图一

在我国纺织技术发明得很早，但织的都是麻和丝。《汉乐府》中有《木兰辞》，头两句是："唧唧复唧唧，木兰当户织。"织的是什么呢？是绢、是帛，而不是棉布。

棉布在南北朝时是从南洋诸国输入，名为吉贝、白叠。因为绵软舒适，保暖实用，一直被视为珍品。连元太祖、元世祖的棉服破了，也要宫人不断地补缀。朱元璋推翻了蒙古人的统治，建立了明朝。朱氏深知民间的疾苦和人民的需要，特别重视棉花的种植与推广。亲下旨谕，命令每户农人必须种植棉花半亩，田多者加倍。洪武元年，更把这一法令推向了全国。到了明代中叶，植棉已普及到大江南北。明代棉花的普遍种植，织布机的推广，棉布生产得越来越多，几十年间，便已"衣被天下"。

任何东西多了就不值钱了，棉布也是如此。先是棉布贵于丝绸，后来，棉布逐渐成为物美价廉的百姓日常用品。

明代中期，市井中已是布店林立。到了清代，布店所售棉布的品种分为大布、小布两类。大布幅宽，小布幅窄。还有紫花布、荡布、椶布、麻布等。据光绪年间刊印的《顺天府志》解释：紫花布，是用一种紫色的棉花，纺纱织成。因为呈不均匀的紫色，因而得名。荡布，是一种可供洗浴用的织物，粗糙而吸湿；椶布，织得稀薄，而且有孔，可供夏日糊窗户之用；麻布，粗的做围布；细的，专缝米口袋。总之，品种有限，通称土布。这也是相对后期进口的外国洋布而言的称谓。

布匹的售卖形式，除坐店经营之外，个体小贩肩负着各色布匹走街串巷喝卖。正如图中所绘的一样。遇到买主，就地量尺售卖。不过，这种跑街的生意，小贩多会做手脚。一般是布在出售之前已抻拉上浆，购回一洗就抽；要不，就在售卖时耍弄花尺，口里喊着老尺加一，可购回一量，根本不够尺寸。

鸦片战争之后，大量机织洋布从东洋、西洋涌入，严重地冲击了国产土布。在机织洋布的逼迫下，乡间土布显得是那样的无可奈何。胡德在《三百六十行营业谣》中写道：

五十年前无洋布，只有乡间木机货。

自从各国来通商，洋布盛销我华土。

半是人无爱国忧，半因商战不留心。

利源外溢不思挽，土布何时再畅行？

图一：卖布图。[清]孙继绘。
图二：卖布图。[清]方薰绘。
图三：个体小贩肩负着各色布匹走街串巷喝卖。[1905年]英美烟公司设计出品的烟画。

图
二

图
三

纺　　纱

Spinning / 製糸屋

状元娃子也能拴

——〔民国《老妈妈令》〕

图二

最早的纺车是脚踏式的，它的模样曾出现在东晋画家顾恺之的绘画中。山东临沂发现的金雀山西汉帛画和汉画像石，其中就有单锭纺车的图像。

有文字可考的是在元朝元贞元年（1295），我国纺织传播人黄道婆从海南崖州回到上海乌泥泾。她带回了那里少数民族的纺织技术，并在乡邻的配合下，改进了脚踏纺车，大大提高了生产效益。

其后，这种纺车又有了极大的进步，元皇庆二年（1313），著名科学家王祯在他的著作《农书》的插图中，除绘有脚踏三锭棉纺车之外，还出现了脚踏三锭、五锭的麻纺车。书中除全面记述了手摇和脚踏纺车以外，还介绍了装有三十二个纺锭的大型纺车和水流为动力的水转大纺车，专门用来纺麻

的大型纺车一天一夜可以纺麻一百斤，大大提高了生产能力。从纱锭的数量和采用水为动力来说，这已类似近代的纺织机械，比欧洲在18世纪发明的十八锭"珍妮纺机"技术领先了四百年。使人遗憾的是，我国因受到封建社会制度的影响，纺织机械并未得到科学的发展。

图三中所绘的手摇纺车，也出现在王祯的《农书》中。也就是说，最迟在元代皇庆年间就已出现。这种纺车，一头是个大轮，另一头是个尖尖的小纺锤。妇女盘着腿坐在一侧，一手续棉，一手摇轮，随着吱吱作响的轮转声，加了捻的白线，就徐徐绕在纺锤上。妇女娴熟的操作充满了温馨的诗情画意。

在封建社会中，手摇纺车是我国每一个家庭必

衣

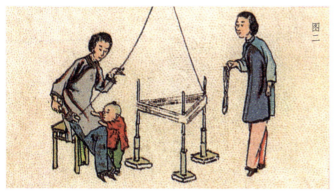

图二

图三

素秋、李玉茹、童芷苓等，把这出戏演得更为火爆。而且，作为道具的小纺车，通体装上了五彩灯泡，用手一摇，五色缤纷，撩人眼目。一直到了建国后，新凤霞演唱的《小二黑结婚》中，小纺车在舞台上依然大放光彩。

图一：小贩把合成的股股棉线挑在钩架子上行街叫卖。[1904年]日本村井兄弟商会社设计出品的烟画。

图二：合线图（烟画）。[1905年]英美烟公司设计出品。

图三：妇女一手续棉，一手摇轮，随着吱吱作响的轮声，加了捻的白线，就徐徐绕在纺锤之上。[1905年]英美烟公司设计出品的烟画。

图四：纺纱合线图。[明]刊本插图。

备的设备。连位极人臣的曾国藩在家书中，还嘱咐家中妇女平时要纺织、刺绣，甚至还规定了每人每年纳鞋缝袜的数量。可知，民间妇人纺纱捻线是日常必修的功课。

　　小纺车呀，吱吱呦呦转，姑姑嫂嫂纺线线；

　　一团麻线三两三，状元娃子也能拴。

这是旧式家庭人人都会唱的《老妈妈令》。

　　清季，这种手摇纺车还搬上了戏剧舞台，成了红极一时的道具。而且，一红竟红了半个世纪之久。清廷的供奉，京剧的"通天教主"王瑶卿，她首创首演了一出玩笑戏《纺棉花》。讲的是王三太太是位戏迷，在家等着出门在外的丈夫王三，一边用纺车纺棉花，一边学唱各种杂曲小调。待其夫归来，二人兴致更高，一人一段，时生、时旦、时净、时丑，南腔北调，唱得十分热闹有趣。这出戏看似什锦杂耍，但非名角大腕，是绝对挑不起这根大梁来的。此戏一红，后来有名的坤伶皆争相效仿。筱翠花、芙蓉草每演必满座，直到20世纪二三十年代，吴

图四

卖　毡　帽

Fell Hat Seller/ 紳士帽子屋

共其羁毛为毡
　　　——〔古籍《周礼·天官掌皮》〕

图一

　　京剧《红鬃烈马》的最后一场《大登殿》中，王宝钏见到铁镜公主，发现二人的衣着打扮截然不同，有一段唱词唱道："站在殿前用目看，它国我国不一般。我国身着绸和缎，它国身着羊毛毡。"还有京剧《四郎探母》中，杨四郎乔装改扮为番邦将士模样，唱道："在头上摘去蝴蝶冠，身上脱去紫罗衫；燕毡帽，齐眉间，三尺青锋挂腰间。"其中的"羊毛毡""燕毡帽"，历来是番邦北国的特色。明张岱《夜航船》则载："秦汉始效羌人制为毡帽。"所谓番邦北国或是羌国的地域范围，自宋以来皆指关外、口外，即山海关、张家口以外的东北地区和蒙古一带。这一带人烟稀少，土地荒芜，其民多以狩猎、放牧为生。养马、养羊，不事耕种。他们住毡帐，着毡靴、毡帽，身着皮毛。毡子，是他们用以遮风御寒的必需之物。　毡子是用羊毛或动物的皮毛加湿、加热、挤压成片块状的材料。它具有良好的回弹、保温、防潮的性能，适合于做各种垫材、磨料和御寒材料。马致远的《汉宫秋》有曲子云："毡帐秋风迷宿草，穹庐月夜听悲笳。"毡子用于"穹庐""毡帐"，可作为屋室居住；蔡文姬的《胡笳十八拍》中有"毡裘为裳"之句。毡可制衣，做成毡裘或"旃裘"。用来制作毡鞋毡帽，更是绝好的材料。毡帽是由一块毡料挤压而成。有圆形带沿的，不带沿的，有元宝顶带沿的和不带沿的；有平民老

衣

图
二

百姓的护耳风帽，也有富绅们戴的细毡礼帽，种种不一，形式多样。因为它形制随意，不易变形，既保温祛湿，又抗风透气，所以，深得各界欢喜。自古关内与口外的贸易中，毡帽是一大宗生意。清季平遥古城内的山西商贾，就有多家专门经销毡靴、毡帽发家的大户。但口外生产的毡帽多是本色和烟色，而且，以平民用的护耳毡帽为主。因为经济实惠普及极广。直到20世纪50年代，城乡尚多见。制作精细的毡帽，还是内地考究。式样仿缎制瓜皮帽的形式，加疙瘩帽纽，帽檐缝边，周正耐看，很得商贾及中等身份人士所青睐。立秋之后，与长袍马褂搭配，既温暖也体面大方。毡帽在"盛锡福"

等大帽店也有出售。次一等的毡帽，是由走街串巷的小贩沿途叫卖。买卖的形式也很奇特。小贩背着一个布褡裢，里面装有各色毡帽。手里握着根长把杆，如图一所绘，长把杆上吊着两三顶毡帽，当作幌子。为图吉利，小贩们采用"官上加官"的吉利话，名之曰"加官（冠）挑"。一边擎着，一边兜揽生意。卖帽子的从来不喊卖帽子，而是见人便低声奉承说："请爷赏眼，请爷加官。"赏眼，就是请您看看；加官（冠），就是请您买顶帽子戴。细考，制毡的技术并非源自关外、内蒙古等地。其实内地汉族的祖先早已发明。在古代《周礼》的《天官掌皮》一节中记载："共其毳毛为毡，以待邦事。"这里的"毳"字，指的是各种鸟兽的毛。也就是说，各种鸟兽的毛，皆能制毡。算来，滚毡技术在我国最少有三千年的历史了。

图一：卖毡帽的小贩手握长挑杆，杆上吊着两三顶毡帽，口里叨念"官上加官"的吉利话，招摇过市。[1905年]英美烟公司设计发行的烟画。
图二：滚毡帽。[清]孙兰荪绘。

鞋　　铺

Shoes workshop/靴屋

坚松软硬工夫异

——〔清《图画日报》刊《竹枝词》〕

图一

上古，着履是件十分奢侈的事情，只有统治阶级的脚才能享受着履的待遇。据《周礼·天官记》所载，殷周时代的宫廷内设有"履人"一职。他的职责就执掌管理皇帝和皇后的衣服、帽子和鞋子。鞋子称为舄，有黑舄与赤舄之分。从考古中发现，早年的男鞋是方头，女鞋是圆头。《太平御览》中解释，女鞋所以为圆头，是取顺从之意。

古代鞋子的式样和制作质料有履、屐、屦、屣、靴、鞡矫之别。履是用布做的鞋。屐是有齿的木底鞋。相传这种鞋是晋宣帝的发明，《晋书》记："关中多蒺藜，帝使军士二千人著软木平底木屐前行。"因可以溅泥踩水，使用方便，后来连高傲的文人也都穿用。《宋书》记："谢灵运着木屐，上山则去前齿，下山则去后齿。"而屦，是用麻葛制成的单底鞋。靴是用硬皮子做的鞋，而鞡矫是用软皮子做的鞋。

在封建社会，穿鞋是分等级的。什么人物穿什么鞋，不仅在款式上，在材质上也有诸多规定和限制。在京剧舞台上至今还保留着历史的痕迹。朝靴、快靴、登云履、福字履、厚底儿、薄底儿、麻鞋、洒鞋种种不一。"宁穿破，莫穿错"这句古谚，当然也把鞋子作为重要的一项包括其中。

"脚下无鞋穷半截"，这句谚语传之已久。平民百姓都是自家做鞋。纳鞋，自古属于女红之类。封建社会，尤其推行女子缠足之后，女人的鞋子是属于私密之物，不能被母亲和丈夫之外的闲杂人等偷看、触摸。这样，女鞋当然要自己去做了。做得好坏，是品评女子是否聪敏贤淑的一项标准。弓鞋的鞋面、鞋帮儿多要绣上花鸟鱼虫等花样，如同工艺品一般。男人主外，男鞋要结实耐用。鞋底讲究千层密纳。纳鞋，要用木夹板、锥子、顶针等专用工具。专门制作鞋子的民间作坊，很早就出现了。

纳鞋底是件很辛苦的工作。清季有《竹枝词》叹曰：

鞋底作中扎鞋底，各献手段试绝技。

一样扎成底一双，坚松软硬工夫异。

耳闻麻线响嗖嗖，拉住线头用力收。

力重却防麻线断，钻儿戳破膝盖头。

这里描写的是鞋底作坊，而鞋铺则是加工鞋、卖鞋的处所。鞋铺多开在城镇的闹市之中，有门脸，有字号。例如，北京的老字号"内联升""步瀛斋"都是赫赫有名的鞋铺。大鞋铺一般不纳鞋、不绱鞋。他们从鞋底作坊收来做好的鞋，为了确保质量，往往用刀剁开鞋帮查验，看看是否用的是真材实料。收来的鞋子，由柜上的伙计在后场加工、粉底儿、撑楦儿。撑楦儿是件极重要的工序。用不同规格的木楦子，放入鞋内，加楔撑实。使鞋帮儿周正、定型，样式好看入时。再把鞋底周遭刷得雪白，然后才能上柜出售。

大栅栏的鞋铺柜台不仅接待一般的市民顾客，尤重达官显贵。据内联升的老伙计们说：在公私合营的期间，柜房里还保留着一本老账簿。簿子里详细地记录着宫中及北京各王府、贝勒府中老爷、少爷们穿鞋的尺寸，大小肥瘦，一一登记上账。许多还附有实大的鞋样。由此，可以看到旧日买卖人是何等的精细周到。

图一：撂地卖童鞋。[清]无名氏绘，选自《北京民间风俗百图》。

图二：挑担卖鞋的小贩（烟画）。[1905年]英美烟公司设计出品。

图三：制鞋底。[清]孙继绘。

图四：鞋铺（烟画）。[1905年]英美烟公司设计出品。鞋铺一般不纳鞋、不绱鞋。他们从鞋底作坊收来做好的鞋，由柜上的伙计在后场加工、粉底儿、撑楦儿。使鞋帮儿周正、定型，样式好看入时。再把鞋底周遭刷得雪白，然后才能上柜出售。

修 鞋 匠

Shoes repairer/ 靴修理屋

纥梯纥榻到门前
——〔唐·崔涯《嘲妓》〕

图一

修鞋，是都市中最常见的一个行当。

业者有背木箱的，有挑着担子的。背木箱的，比较轻巧方便，木箱中不同的抽屉里放着不同的工具，如，大大小小的皮钉、钳子、剪子、锤子、起子、揎刀、榔头、铁镇子，还有麻绳、皮绳、老弦、锥子、弯针、石蜡、皮跟、铁掌等物。此外，还有大大小小的皮子块、皮子头、破皮鞋、破皮底、旧轮胎等等，都是补鞋子用的材料。最重要的还有一把铁拐子，两头是两只鞋底形的铁鸭嘴。用的时候，夹在腿间，可将要修的鞋底儿朝天地套在鸭嘴上，修起鞋来很是方便。

图二

这把铁拐子是鞋匠的专用工具，他们都称它是"八仙"中的李铁拐所用之物。如是，这位唐代叫李铁拐的人，便成了这一行的祖师爷了。

挑担子的，除了挑的工具、皮料多些之外，干的事情也要多些。除了修鞋，还修皮包、皮箱，割皮带，外带着收旧鞋和卖翻修后的旧布鞋、旧皮鞋。

穿衣着履是人们日常生活之必需。《笑林广记》中有"削足适履"的成语，但只能证明，古代早已有了卖鞋的鞋铺，而未见有修鞋的摊挑。大概除军营有专修士兵们战靴的工匠之外，一般平民的鞋子坏了、破了，都是自家修理了。

出现走街串巷的修鞋人，是在都市生活较为繁荣之后的事情。尤其是皮鞋大量出现，修理皮鞋，需要一定的技术和工具，就产生了这种行当。

我国皮鞋出现得很早，有文字描述的可溯至殷周。鞋字、

衣

靴字左边部首从革，本身就说明是用皮革制成的。到了唐代，连女人都穿上了皮鞋。《云溪友议》中记有诗人崔涯一首《嘲妓》诗，诗云：

布袍皮袄火烧毡，纸补筌篌麻接弦；
更著一双皮屐子，纥梯纥榻到门前。

请注意，这个女人所穿的皮鞋，还不是一般的皮底鞋，而是"纥梯纥榻"带着声响，与今日硬底皮鞋的动静无二的"皮屐子"了。但终因受到封建社会经济不发达的制约，皮鞋一直没有能够普及起来。最多的是利用皮子的坚韧来制作鞋底。

第一次鸦片战争之后，来华的西人越来越多，西式皮鞋进入了中国，修鞋这一行当就发展了起来。修鞋人走街串巷，吆喝着"修鞋来——"遇有活计，放下箱担，坐在小马扎子上就干起活来。

此业，终日与破鞋打交道，社会地位低下，收入微薄，一直被人视为是一种贱业。清季有《竹枝词》专写这一行：

皮匠司务真正臭，勿会做新只修旧。
圆底方盖一副担，挑着无言街上走。
近来街上皮鞋多，一破难修无奈何。
莫怪连朝生意少，得钱不够养家婆。

图一：缝鞋子。[清]郑绩绘。
图二：修鞋匠终日与破鞋打交道，社会地位低下，收入微薄，一直被视为是一种贱业。[1905年]英美烟公司设计出品的烟画。
图三：修鞋。[1900年]英国烟公司设计出品的烟画。
图四：缝鞋子。[清]周慕桥绘。

打 草 鞋

Straw sandals knitter/ 草靴屋

一双只卖几文钱
——〔清《图画日报》刊《竹枝词》〕

图一

柴扒一堆草一束，推得鞋成力用足。
一双只卖几文钱，可怜推脱指尖肉。
推草鞋人手指痛，着草鞋人脚趾冻。
贫民一样父母生，受苦这般堪一恸。

打草鞋，又叫推草鞋。这首清代的《竹枝词》，既写了推草鞋的苦，也写了穿草鞋的苦。苦人服务于苦人，穷帮穷人脚，穷挣穷人钱，是打草鞋的穷苦生涯。

一束稻草，用木槌把草秆、草结打熟，用它来当作制鞋的原材料。推草鞋的师傅骑坐在长条木凳上，凳前的木齿牙子上，系有数茎麻绳。麻绳是草鞋的经，再以稻草为纬，搓、拧、交织，用拇指推紧挤压，制成厚实磁密的鞋底。再用麻绳结股成束，以绳代帮儿，便制成简单的鞋子了。这种鞋，也就是副草编的脚垫而已。"一双只卖几文钱"，穷汉穿了，也就算是不打赤脚了。农夫、樵夫、挑夫、脚夫穿在脚上，翻山越岭、做工赶路，脚底板少受一些罪。但到冬天，草鞋岂能保暖，脚跟脚趾难免冻得生疮流脓。同样，推草鞋的人也都指裂肉绽，鲜血淋漓。

话说回来，有草鞋穿总比没有鞋子穿要好。穷人自有穷人的办法，草与麻是天然生物，取之无禁，用之不绝，打草鞋也算是无本的生意了。

历来南方的草鞋单薄，有底无帮。也有做得精致一些的，在鞋帮鞋面处缝上厚布。这种草底布面鞋，多为寺院僧尼着用。北方天寒，有密织的草鞋，俗称"乌拉"，在我国东北，尤其黑龙江一带十分流行。谚云："东北有三宝，人参、貂皮、乌拉草。"乌拉草，细柔绵软，轻巧耐寒，用它编成的草鞋，穿在脚上踏霜践雪，温暖如春。这种草鞋是冻不着脚趾的。

编制草鞋的历史，恐怕是与"兽皮为裳，树叶

衣

图二

为裙"的上古时期同时。但谁是发明者，则是无从
考据的。在古代文献中，《诗经·魏风》有《葛屦》
一章，曰："纠纠葛屦。"葛是一种麻类的草，用
这种草做成的鞋穿在脚下，走起路来昂昂然，看来
是很舒服的。这应是关于草鞋的最早记载。

然而，草鞋业所供奉的祖师爷，却是赫赫有名
的刘备刘玄德。刘备怎么成了打草鞋的祖师爷了
呢？罗贯中在《三国演义》中写道，刘备家境贫寒，
曾以卖草鞋为生。在他与关羽、张飞相遇，"宴桃
园豪杰三结义"时，刘备还干着这一行。

旧时，各行各业都有自身的商会社团组织，为
的是有个依靠，遇有困难时，同行之间多少有个关
照。每一行也都要供奉一位体面的、能给本行业增
加分量的祖师。以求"祖师爷赏饭吃，事事平安"。
因此，乞丐供奉的祖师爷是朱元璋，因为他小时要
过饭；唱曲的供奉唐明皇，因为他创始了梨园；由
此推之，刘备当了打草鞋的祖师爷，也就毫不为怪
了。

图一：打草鞋 [清] 刊本插图。一束稻草，用木槌把草秆、
草结打熟，用来当作制鞋的原材料。

图二：推草鞋（烟画）。[1905年] 英美烟公司设计出品。
推草鞋的师傅骑坐在长条木凳上，凳前的木齿牙子上，
系有数茎麻绳。麻绳是草鞋的经，再以稻草为纬，搓、拧、
交织，用拇指推紧挤压，制成厚实磁密的鞋底。

缝 袜 子

Socks maker/ 缝靴下屋

磨得指头起老茧

——〔清·孙兰荪《竹枝词》〕

人类自告别了胼手胝足的蒙昧时代，开始穿衣着履进入了文明与进步。《周礼》记述了皇宫中已有了专职的"舄"官，为宫廷管理鞋子。自然，袜子也是由他管理了。

袜子被人重视并被引入文学的圣殿，始自晋魏时期的大文学家曹植，他在《洛神赋》中写有"凌波微步，罗袜生尘"的句子，率先在文章中描绘女人的袜子，用以烘托佳人姣好的仪态。后世效仿他的做法，将罗袜写入诗词的作家就不计其数了。

罗袜是什么样子？《少室山房笔丛续集》云："自昔人以罗袜咏女子，六代相承，唐诗尤众。至杨妃马嵬所遗，足证唐世妇人著袜无疑。"这段轶事出自《唐国史补》上卷，文载："玄宗幸蜀至马嵬驿，命高力士缢贵妃于佛堂前梨树下，马嵬店媪收得锦韈一只。相传过客每一借玩，必须百钱，前后获利极多，媪因致富。"这只锦韈便是罗袜，但这只杨贵妃穿的袜子到底是什么式样，却没有讲清楚。

《旧唐书·舆服志》中提到了一种线鞋，文云："开元来，妇人例著线鞋，取轻妙便于事。"这种线鞋应是袜子的一种，大概是用线勾织而成的。

到了宋元时期，缠足之风大兴。女人们除了用长长的裹脚条子之外，袜子的形制也就变得愈

窄愈小了。后来，便演化出一种"睡鞋"。妇女在卸去晚妆，洗沐之后，脚上要穿上睡鞋才能就寝。明代兰陵笑笑生在《金瓶梅词话》中，不厌其烦地描述着西门庆的妻妾和他的相好们，潘金莲、李瓶儿、李桂姐、王六儿等等，在上床前，都拣着花样地穿换睡鞋。这些做工精巧、花色翻新的纤纤杯履，不仅是暖足护踝之物，而且成了撩拨性欲的淫媒。

缝袜子是女红之一，做起来着实不易。清代侍候过慈禧老太后的宫女荣儿，在其口述的《宫女谈往录》中，描述了宫中的袜子："原料是纯白软绸。需要知道，绸子是没有伸缩性的，所以做起来必须合脚，最困难的是当时的袜子在脚前脚后有两道合缝，前缝像脊梁一样，正在脚背上，这可是关键，如果线掐得不直，线又缝得有松有紧，袜子就容易在脚上滚，袜线就歪歪扭扭，因此，要求裁缝技术非常高。""袜子腰要高出鞋墙三、四寸。袜子口

图一

衣

是毛边，不缝，为的穿时没皱褶。穿的时候，先把袜线绷直，两边向后一拢，扎上袜带就齐了。"

民间也是如此，旧时代的妇女从小都要学会做袜子。未出阁前自己缝成自己用。嫁人之后，要缝来给家中的大人孩子们穿用，一般家庭的袜子是自给自足，从不到市间购买。

妇女的袜子不上市，但男人的布袜，在明季都市的鞋店中便有售卖，坊间也有了专门制作袜子的专业户。这些专业户皆是贫穷的妇人们组成，她们凭借手工挣些零钱贴补家用。袜子积到一定数额，就有行头到家收货，一总送到店中售卖。这也算是旧日小户妇女的半个职业。也有专为鞋袜铺剪制袜底儿的，这一行也很辛苦。清人《竹枝词》写道：

剪刀轧轧指头酸，磨得指头起老茧。

老茧应从脚趾生，女工偏向指尖成。

这一行做的是足下之物，从不与外人谈及，怕让人看不起。故与纳鞋、缝补、拆洗、裁衣一般，统统称为"做外活"。

晚清，洋袜子流入中国。因是机器织造，细密柔软、有弹性，合脚随形，妙不可言。末代皇帝溥仪在其所著的《我的前半生》一书中说：他曾叫小太监偷着到宫外买了一双洋袜子试穿，被皇太后发现，把个小太监打个半死。且嘱溥仪恪守祖制，不得使用洋货。宫中不提倡，民间也就不能公开使用。购用洋袜子的妇女，起先还是内穿"国产"的鱼白漂布袜，再将洋袜套在外边，那时，已算是很风流时髦的事情了。

直到民国以后，西洋织袜机也相继引进，我国民资袜厂越建越多，线织的袜子也就越来越便宜。妇女们纷纷易装趋时。裙子、旗袍相继登场，穿洋袜子美腿健足，火炙一时。从此，流行了两千多年的布袜子，也就渐渐退出了历史舞台。唯有在京剧的化装上，演员们还要穿用布袜，以分辨时代之不同。

图一：缝袜子（烟画）。[1905年]英美烟公司设计出品。

图二：卖袜底儿。[清]孙继绘。

图三：卖袜子。[清]孙继绘。

卖 包 脚 布

Selling the cloth of foot wrapping / たび屋

涂香莫惜莲承步
——〔宋·苏东坡《菩萨蛮·咏足》〕

图一

包脚布也叫裹脚条子，是旧时妇女缠足包脚的用品，每付两寸宽，三尺来长。俗话有"懒婆娘的包脚布，又臭又长"。旧时代的女人都要缠足，女孩从五六岁起，家中的大人就开始用包脚布、脚带子为之裹脚。一双脚被缠裹成三四寸大小，最终变成畸形，走起路来晃晃悠悠、扭来扭去，使妇女显露出一种变态的美，来满足男人的威风。裹小脚像一种酷刑，千百年来残酷地摧残着中国的女性。

据文字记载，女子缠足始于五代，源自南唐李后主的嫔妃窅娘。窅娘美丽多才，能歌善舞，李后主专门制作了一个高约六尺的金色莲花台，用珠宝绸带璎珞装饰。命窅娘以帛缠足，脚纤小屈上做新月状，再穿上素袜在莲花台上翩翩起舞，使舞姿更加优美动人。从此，宫人争相仿效，纷纷缠足起来。

而一些学者指出，五代缠足只是一时之兴。正式出现应起于北宋。诗人苏东坡有《菩萨蛮·咏足》一词咏叹缠足。词中写道：

涂香莫惜莲承步，长愁罗袜凌波去；
只见舞回风，都无行处踪。
偷穿宫样稳，并立双趺困。
纤妙说应难，须从掌上看。

这说明，宋代确已出现缠足习俗。到南宋时，妇女缠足已比较多见，甚至南宋末年时，"小脚"已成为妇女的通称。但在南宋时代，缠足者主要限于上层社会，在社会观念上，缠足尚未达到人人接受的地步。宋代的缠足与后世的三寸金莲不同，尺寸也比较大。只是把脚裹得"纤直"，但不弓弯，称为"快上马"。

蒙古贵族入主中原之后，他们本不缠足，但十分赞赏汉人的缠足习惯。这样，使得缠足之风继续发展，元代末年就出现了以不缠足为耻的观念。妇女缠足也向纤小的方向发展。明代，缠足之风进入兴盛时期，并在各地迅速发展。对裹足的形状也有

衣

图二

了一定的要求，女子纤足不但要小，缩至三寸，而且还要弓，要裹成角黍形状。

　　清代妇女缠足达到登峰造极的地步，除去满族妇女之外，社会各阶层的汉女子，不论贫富贵贱都要缠足。女子小脚受到了前所未有的崇拜与关注。脚的形状、大小成了评判女子美与丑的重要标准。作为一个女人，是否缠足，缠得如何，将会直接影响到她个人的终身大事。时人娶妻，都以女子大脚为耻，小脚为荣。"三寸金莲"深入人心，成了美人的标准。裹小脚的工具——包脚布、脚带子都是不可或缺之物，在民间卖包脚布和卖脚带这一行也是很有历史的了。包脚布有粗细之分、优劣之别。富裕家庭有用素罗、细布的，市井人家则用土布和青带。脚带是一件用布机单织出来的宽带，向来以宁波的出产为最，因为磁密而深受女子欢迎。戊戌变法之后，慈禧太后也深深感到社会陋俗确有改革的必要。她在20世纪初下诏废除缠足，得以推广。从此，缠足的妇女越来越少，卖包脚布、卖脚带的当然也就改行了。

图一：卖腿带。［清］《图画日报》插图。

图二：卖包脚布。［清］孙继绘。　包脚布有粗细之分、优劣之别。富裕家庭有用素罗、细布的，市井人家则用土布和青带。

图三：闺房裹脚图。［清］刊本插图。

图三

缝穷婆

Sewing women/ お直し屋

我们的主顾是穷人

——〔民国·许如辉《缝穷婆》〕

清人陈森在《品花宝鉴》第五十五回有这样一段描写：李元茂饭后，"沿着河堤慢慢地走去。只管东张西望，见那些卖西瓜的与卖桃儿的，还有卖牛肉的，卖小菜豆腐的，挤来挤去，地下还有些测字摊子，还有那些缝穷婆，面前放下个筐子，坐在小凳上，与人缝补"。

图二

这些专门为穷人缝补衣裳的贫苦妇人，俗称缝穷的。她们的竹筐里装着针头线脑和各色洗净的旧布。一只小板凳，坐在市井道旁，专门兜揽贩夫走卒、单身汉的生意。这些人若是在行路途中衣服裤子破了，随手交与贫妇缝补，花不了仨瓜俩枣的小

图一

钱，立等片刻就能收拾利索。尤其对于那些没有家室的光棍们，这行职业实在是帮了他们大忙。

缝穷的生活十分清苦，多是家中男人贫病，无法维持生计；要不就是寡妇生活无着，才抛头露面做此行当。一天下来，挣不了一张饼钱，煞是可怜。有《竹枝词》为证：

穷人衣裳旧又破，小洞不补大洞苦。

劝君勿必心发愁，上街去找缝穷婆。

一枚银针线几缕，破洞补得一无瘢。

缝穷婆把破来补，可叹穷人日子仍难过。

俗话说："缝穷缝穷，越缝越穷。"讲的就是这一行的命运。因贫而贱，因贱而多受欺辱。操此业的妇女如是老妇尚好，若是少妇或略有姿色的，则市井无赖、宵小之徒就会多方侵扰，吃豆腐、找便宜。

衣

图三

但是，有良心的、了解这一行人饥苦的文化人，对她们的生活充满了同情。20 世纪 20 年代有这样一首著名的流行歌曲唱道：

家无隔夜粮，儿女泪汪汪，
手提针线篮，缝穷到街坊。
缝穷啊，缝穷啊，
谁家儿郎破衣衫，拿来替你缝两针；
缝穷啊，缝穷啊，
公子小姐不光临，我们的主顾是穷人。
不分夏与冬，不分热与冷，坐在阶沿旁，缝补破衣裳，
一针针，密密缝，安慰着孤儿的心，
一块块，补得紧，温暖了穷人的身。
缝了一针又一针，补尽了，天下的破衣襟，
补了一块又一块。补不了，一颗破碎的心。
缝穷呀，缝穷呀。

当年唱遍上海滩的这首《缝穷婆》，是我国流行歌曲先驱许如辉的作品。歌词丝丝入扣，栩栩如生，形象地刻画了一位游走在社会边缘，为摆脱贫困而自谋生道的底层妇人。女儿许文霞在回忆她的父亲时写道："父亲歌曲中所讴歌的人物，生活中都有影子，《缝穷婆》的原型，就是我的祖母徐荷花，一位替人缝网补衫，操劳终生的农家女。"

图一：缝穷妇。[清] 郑绩绘。

图二：缝穷的。[清] 孙继绘。

图三：缝穷婆（烟画）。[1904 年] 日本村井兄弟商会社设计出品。

图四：缝穷的生活十分清苦，多是寡妇生活无着，才抛头露面做此行当。[清] 郑绩绘。

图四

卖 包 子

Seller of steamed buns with stuffing/ 肉まん屋

又解饱来又解馋
————〔民国·天津民谣〕

图一

山中走兽云中雁，腹地牛羊海底鲜，
不及包子狗不理，又解饱来又解馋。

这是民初流传在天津一带的一首民谣，盛赞地方特产——狗不理包子。包子，是一种发面皮内包馅，捏成圆形有褶儿、拳头大小、蒸熟而食的一种大众食品。最使美食家乐道的是北方的"狗不理"，南方的"菜根香"。他们蒸出的包子，皮儿薄、馅儿香，咬一口，唇齿留香，美不可言。是享誉南北的老字号。

这是有字号的店铺的包子，而没有字号的包子，则遍及城镇的街头巷尾，庙会集市。一个灶火一摞屉，小贩在一旁随蒸随卖随吆喝："刚出的热包子啦——"悠长的喊声，牵动着喜食者的匆匆脚步。

包子的起源，有据可考的似与三国蜀军渡泸祭江的传说有关。相传蜀相诸葛亮征伐孟获时，泸江之水波浪滔滔，瘴气弥漫，经月不散。大军受阻，将士多病。诸葛亮掐指一算，料知泸水鬼蜮作祟，需用人头祭江。他不忍滥伤人命，遂命士卒和面做饼，饼中包以肉馅，团成人首形状投掷江中，瘴疠始散，大军得以平稳渡江。于是，这种夹馅的面食就被称为肉馒首。但是由于社会经济不发达，可提

26

食

图二

供的食用肉类不多，不便普及，到了民间就渐渐演变为无肉馅的馒首、馒头了。所以，卖馒头、卖包子的祖师爷，都称是诸葛先生。

包子的称谓，最初见于宋代。《萍洲可谈》卷一中写有："宫闱每有庆事，赐大臣包子银绢。"也就是说，包子，原是指皇帝赏赐臣子的银包（及至元代出现杂剧后，对演员的报酬称作包银，就是由此转化而来）。民间讨此吉利，而借用到有馅的肉馒首之上。俗谚："包子有馅不在褶上"，言外之意，实惠的东西全在里边呢！大概亦源出于此。

孟元老《东京梦华录·饮食果子》有"更外卖软羊诸色包子"之说。吴自牧《梦粱录·荤素从食店》亦有了"蒸作面行卖四色馒首、细馅大包子"的记载。包子有荤素之分。荤馅，是指牛、羊、猪肉及虾肉、蟹黄之类做的馅；而素馅，则由时蔬、豆制品、粉丝、鸡蛋等做的馅。还有更素的，要达到僧人和吃斋念佛的人可食用标准的，则韭菜、蒜黄、鸡蛋之类，也不能掺入馅中。这样，卖包子除回、汉有别外，还有荤、素分卖之俗。

旧日，寺院庵堂左近，以及朝山进香的山门道侧，亦有一种专卖素菜包子的。经营者不是市井小贩，而是庵堂的尼姑。她们身着僧衣，足着布袜麻鞋，手臂挎一竹篮，篮上有素白棉褥覆盖。见了行人，一手打拱，一看便知是卖素馅包子的。她们的包子分外讲究，是用山蔬野菜加入木耳、蘑菇、松仁、丁香等物调制而成。皮薄馅大，上屉蒸时，灶中烧的是松枝、松塔儿。蒸熟出锅，

别有一种山野清香。吃在嘴里，也是市井中难以尝到的异样口味。很多吃素的斋民香客，都乐于吃这一口美味。

小尼姑卖包子，原是为解决香客们的饮食方便，结交善缘；另一方面，交易犹如化缘，任香客赐予，这样所得远超包子原值，积少成多，也可补贴庵寺中的日常度用。久而久之，卖素菜包子也就成了一种僧尼的营作行业。

图一：集市上现蒸现卖的包子摊儿。[清]孙继绘。
图二：卖素菜包子（烟画）。[1905年]英美烟公司设计出品。小尼姑卖包子，原是为解决香客们的饮食方便，结交善缘；另一方面，做些生意，也可补贴庵寺中的日常度用。

卖馒头蒸饼

Seller of steamed bread cake/ 饅頭、蒸し餅屋

一盘笼饼是豌巢

——〔宋·陆游《馒首》〕

《金瓶梅词话》第一回《西门庆义结十兄弟》中写道："武大郎无甚生意，终日挑着担子出街上，卖炊饼度日。"无疑，卖炊饼是武大郎赖以为生的职业。另据《水浒传》第二十四回《阎婆大闹郓城县，朱仝义释宋公明》中介绍，武大郎"每日始做五扇笼出去卖"。这里说明了他的生意规模，也说明了他所卖的炊饼是用笼屉蒸出来的，而不是用铛烙或炉子烤出来的。明人王三聘在《古今事物考》中讲道："凡以面为食具者，皆谓之饼。故火烧而食者，呼为烧饼；水煮而食者，呼之汤饼；笼蒸而食者，呼为蒸饼；而馒头谓之笼饼是也。"以此说，武大郎卖的也就是今日俗称的馒首和蒸饼。

从食品历史学来讲，国人到汉代才开始食用小麦面粉制成的食品。用于面粉发酵的酶——"起子"，发明得也晚，到了唐代人们开始吃发面食物。发面馒头、花卷、蒸饼等食品才花样翻新地上了餐桌。宋代诗人陆游在吃了发面馒首之后，曾高兴地写了首《馒首》：

昏昏雾雨暗衡茅，儿女随意治酒肴。

便觉此身如在蜀，一盘笼饼是豌巢。

"一盘笼饼"，就是一盘馒首、蒸饼，美味可口，香甜好吃，使得诗人"乐不思蜀"了。苏东坡也爱吃发面馒首，有时自己还舍不得吃，把笋饼、馒首送给自己的好朋友共享。为此事，他曾得意地写道：

天下风流笋饼餤，人间济楚蒀馒头；

事需莫与谬汉吃，

送与麻田吴远游。

馒头、蒸饼是旧日馒头铺的两个主要产品，此外还带卖花卷儿、枣儿饼等等。干这一行的多是山东人，他们对制作面食有着独到的方法，比如用肥、醒面、揉面、戗面、做剂子，自有与众不同的地方。蒸出来的面食喧腾、筋道、入口生香，越嚼越有滋味。馒头铺面街处是一个大条案，案边儿放着两个大簸箕，簸箕里装着刚出屉的热馒头、热蒸饼，上边苫着一床白棉被。生、熟都在一个案子上，为的是一边干活儿一边卖货，顺手方便。条案后边是个大面缸，面缸上面有一个胳膊粗的大木杠，为的是戗面之用。铺子后边有个大灶，灶上有大屉数层，伙计随做剂子随上屉，蒸出来的馒头、发面饼又白又亮，极是可人。

馒头铺，属于坐店经营的连家铺，前铺子后住家儿，掌柜的带家属另加小伙计一二人，就算大买卖了。而如武大郎的炊饼挑的买卖，则属于小生意。前后挑子里放满刚出锅的面食，他们走街串巷，一路吆喝："刚出锅的热馒头、热蒸饼啦——快来买了——"

图一：卖馒首。[清]《图画日报》插图。
图二：蒸馒首。[清]孙继绘。

卖饽饽

Seller of baked steamed bread/ ボボ屋

冲风唤卖一声声

——〔清·何耳《燕台竹枝词》〕

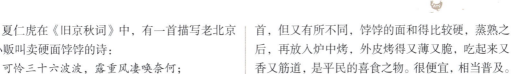

图一

夏仁虎在《旧京秋词》中，有一首描写老北京的小贩叫卖硬面饽饽的诗：

可怜三十六波波，露重风凄唤奈何；

何处推窗呼买取，夜长料得女红多。

作者解释这首诗时说：第一句是借用姜西溟诗嘲笑他的朋友贪食的句子，"取音如波，遂借入歌韵偶取用之"。其中，暗中隐喻着硬面饽饽好吃，人们多喜食之。第二句则描写了卖饽饽小贩的凄苦，常于夜深人静之时，穿街走巷，低声吆喝，"声最凄婉"。第三句，又写出了老北京的习俗，谓"都下编户人家，临街辟窗，以进熟食，不须启户"。也就是说，老北京人的窗户临街的多，买饽饽时都不用出门，推开窗户就能交易了。第四句，则说明了购买者多是小户人家，她们多是在灯下熬夜做活计的家庭妇女。

何谓硬面饽饽呢？何耳在《燕台竹枝词》中就描写得比较具体了。

硬黄如纸脆还轻，炉头匀时不托成。

深夜谁家和面起？冲风唤卖一声声。

饽饽，原是满语，是面馍的意思。清兵入关之后，饽饽的口语也就传了进来。饽饽类似北方的馒

首，但又有所不同，饽饽的面和得比较硬，蒸熟之后，再放入炉中烤，外皮烤得又薄又脆，吃起来又香又筋道，是平民的喜食之物。很便宜，相当普及。

饽饽的品种非常多。平民爱吃，王府宫掖也不例外。清代宫廷里专设有饽饽房，据《清宫档案》记载：雍正二年正月正式设置内、外两大饽饽房，分别制作"每日帝后早、晚膳用的各种饽饽"，而且负责"管理备办饽饽桌张"。饽饽种类繁多，在于善浦编著的《清东陵大观》中记载，帝、后陵大祭时，饽饽桌上除去各种蛋品、干果、温达团（奶皮）之外，饽饽有如下品种：

鱼儿饽饽	江米糕	黄米糕	江豆条	寸麻花
炸勒克	烙勒克	鸡蛋印子	鸡蛋	
鲁酥	七星饼	梅花酥	薄烧饼	炸高丽饽饽
红馅擀皮	黄馅擀皮	大麻花	奶干糕	
白薄烧饼	果馅厚酥饽饽	芝麻烧饼		
红白馓枝	糊涂饽饽	匙子饽饽	山梨面糕	
英荸面糕	白奶子糕	菊花饽饽		

……

从以上的单子看，饽饽包括面食、糕点、炸食、糕饼多项品种，硬面饽饽是其中之一。小贩顶在头上的箩箕中，放有硬面饽饽、烧饼、麻花、发糕等面食多种，但口中吆喝的只是"硬面——饽饽"。正是：

凉果楂糕聒耳多，吊炉烧饼艾窝窝；

叉子火烧刚买得，又听硬面叫饽饽。

可见，当年的市井小吃是多么的丰富有趣。

图一：卖饽饽。〔清〕孙继绘。

图二：卖饽饽的小贩十分凄苦，常于夜深人静之时，穿街走巷，低声吆喝。[1905年]英美烟公司设计出品的烟画。

图二

卖 糕 饼

Confectionery seller/ もち屋

面脆油香新出炉

——〔唐·白居易《寄麻饼与杨万州》〕

图一

唐朝的白居易有诗《寄胡饼与杨万州》咏胡麻饼：

胡麻饼样学京都，面脆油香新出炉；

寄与饥馋杨大使，尝得看似辅兴无。

宋朝的苏东坡有诗咏环饼：

纤手搓来玉色匀，碧油煎出嫩黄深；

夜来春睡知轻重，压扁佳人缠臂金。

诗中的麻饼，好似今日的芝麻烧饼；环饼，则有点像炸焦圈儿。

南宋吴自牧的《梦粱录》所载的糕饼名目有："甘露饼、肉油饼、菊花饼、丰糖糕、乳饼、乳糖槌、柏花糕、糖蜜糕、豆团、麻团、糖蜜酥皮烧饼、夹子、薄脆、春饼、芥饼等。"

元代四水潜夫的《武林旧事》则更为丰富："糖糕、蜜糕、栗糕、粟糕、麦糕、花糕、雪糕、小甑糕、线糕、千糕、杜糕、重阳糕。"《蒸作从食》中有"荷

叶饼、芙蓉饼、月饼、小蜜食、金花饼、胡饼、韭饼"等等。

清代袁枚的《随园食单》又有增加，如"蓑衣饼、虾饼、薄饼、松饼、雪花糕、软香糕、百果糕、青糕、合欢饼、鸡豆糕、沙糕、天然饼"种种。

前朝文献中，有关糕饼类食品的记述实在不少，而且很多名称一直沿用至今，包括形态也与今日无两。再加上历史上蒙古人、女真人的融入，他们又带来了许多新的糕饼类食品，如胡饼、乳酪、饽饽、萨其马、艾窝窝等，使我国的饮食文化更加灿烂辉煌。

历代市井廛间各式各样的糕饼店、糕饼铺、糕饼摊、糕饼挑、糕饼匣子，给热闹的城镇生活增添着无穷的生机和活力。制作、售卖各色糕饼，有着一支庞大的从业队伍。他们的智慧和劳动，创造出无数名牌老字号，也创制出无数的名牌糕点。如大顺斋的糖火烧、永顺斋的糖饽饽、稻香村的槽子糕、祥德斋的云片糕、桂顺斋的大八件、冠生园的蜜饯

食

儿、杏花楼的花糕、陶陶居的月饼等等，全都名扬四海、妇孺皆知。就是提篮、挑担卖糕饼的行街小贩，也都各有各的绝活，以赢得消费者的青睐。

一般地讲，糕饼不属于主食之类，只是用它作早点、点心、小吃、饭后甜食之用。食者甚众，老幼欢迎。这一行供奉的祖师爷是雷祖，并以关公关云长、财神爷赵公明、三只眼的马王爷配享。乾隆年间，糕点米糕饼行业公会在北京马神庙集会，为雷祖像再塑金身，并立有《马神庙糕饼行行规碑》。

碑文称："感九天雷公之保佑，千人同念，蒙伙计之信义，万众一心。"祈求雷公赐福，保护行业发达。

雷公是何许人呢？据《封神榜》所记：雷公乃是闻太师闻仲。相传制糕点的铛、铲、吊炉、蒸炉、焖炉都是闻仲的发明，自然成了当之无愧的祖师爷。在清、民国时期，每当糕饼行会祭祖活动之后，都要演出《摘星楼》《大回朝》之类与闻太师有关系的戏，以志纪念。

图二

图一：卖糕饼（烟画）。[1905年]英美烟公司设计出品。糕饼不属于主食之类，只是用它作早点、点心、小吃、饭后甜食之用。食者甚众，老幼欢迎。
图二：做塌饼。[清]刊《图画日报》插图。

卖 爱 窝 窝

Seller of sticky-rice cake/ もちおにぎり屋

浑似汤圆不待煮

——〔清·雪印轩主《燕都小食品杂咏》〕

图一

《燕都小食品杂咏》中有诗写爱窝窝：

　　白粘江米入蒸锅，什锦馅儿面粉搓；

　　浑似汤圆不待煮，清真唤作爱窝窝。

　　爱窝窝是北方的一种小吃食。它是用蒸得又稠、又粘的糯米饭，压成小小的圆饼，放上不同的甜馅，如红豆沙、绿豆沙、枣儿泥、糖桂花等等。用手抟成球状，个头儿比乒乓球小一些，外边再滚上一层炒熟了的江米面，最后，用手再按上一个小坑儿。放在过风处，搁得凉森森的，暑天吃上一个，又凉又甜，糯软香绵，入口即化。嘿！那一种说不出的好滋味！所以，老北京人不论老幼，对爱窝窝都有个想头。

　　老年间，专有串街小贩经营这一小吃。他们或是提一拤篮，或是肩一小挑子，用极干净的蓝布垫底，细漂白布苦盖，中间码着一个个滚圆的爱窝窝，论个儿售卖，价格也不贵，尤为没牙的老太太和儿童欢迎。卖爱窝窝的小贩一般还带卖豌豆黄。但卖豌豆黄的不一定卖爱窝窝。豌豆黄是另一种有特点的小吃食，笔者将另文单述。

　　那么，何以称为爱窝窝呢？窝窝这两个字好解释，因为这些小球并非光圆，而是在下面有一个小坑儿。这小坑儿在北方便叫"窝窝儿"。比如，北方农村常吃的棒子面（玉米面）窝窝头，就是在状似妇人乳房的下面按有一个大坑，所以叫窝窝头。满人进关后，窝窝头这种食品也进了京，在皇宫的御膳单谱上，还有小窝头一说。不过，这种小窝头不是用粗粮玉米面制作的，而是用精制的栗子面蒸制，半寸来高、玲珑可爱，是慈禧喜爱的东西。如今，北京的仿膳还有专门销售。

　　有人解释说，爱窝窝一称原是满语，也是满族人进关带进来的小吃。我认为此解不通。因为，东北地区天气寒冷，不产江米，所以，满族的传统吃食中是不应该有糯米制品的。还有的说，爱窝窝不应该写为"爱"字，而是"艾"字的笔误，应名为"艾窝窝"。但仔细分析，也不对，这些糯米窝窝

食

当中根本就没有任何艾草、艾叶、艾籽、艾绒的成分；吃此小食，也并非应节，或借艾驱魅的意思，所以，此解也不通。

近代民俗学者周建人最终考证出它的来历。1950年他曾写有一篇文章说：李光庭所著的《乡言解颐》中，载有刘宽夫《日下七事诗》，诗中小注提到爱窝窝。文称："窝窝以糯米粉为之，状如元宵粉荔，中有糖馅，蒸熟外掺薄粉，上作一凹，故名窝窝。田间所食则用杂粮面为之，大或至斤许，其下一窝如臼而覆之。茶馆所制甚小，曰爱窝窝。相传明代中宫有嗜之者，因名御爱窝窝，今但曰爱窝窝而已。"由此明确了它的出处，足知此物并非源自清代，而是明代宫中帝王家喜食之物——御爱窝窝是也。

图一：卖爱窝窝。[清]无名氏绘，选自《北京民间风俗百图》。
图二：卖爱窝窝。[清]孙继绘。
图三：卖爱窝窝和豌豆黄（烟画）。[1904年]日本村井兄弟商会社设计出品。 小贩卖爱窝窝和豌豆黄的方式很特别，买时先猜枚，即先花钱抽几枚竹签，看有无中奖的记号，中枚者可选一有不同花纹的扣碗，从大圆糕中扣出一碗食之。

图二

图三

卖年糕

Rice cake seller/ もち屋

馈实春朝笑口开
——〔明·唐寅《年糕》〕

图一

年糕有南、北之分。南方人制作的是水磨年糕，是把蒸熟的江米，用舂杵反复地舂打，把江米舂细、舂烂，捶打成粘砣砣儿。放在缸中醒上一两日，待其水气脱尽，用手工揉制成一块块的年糕。这种年糕是日常食用的，可以蒸、煮、烹、炸、做菜、制成甜食点心均可。而过年时，则把它揉制成大大小小的元宝模样，上边还打上红印记，作为春节送礼之物，也是应节应典的一种风俗。

而北方的年糕有所不同，北方人是把蒸熟的江米一层层地摊在案板上，在每层的江米糕间夹入豆

沙、枣泥、果脯、青丝、红丝和金糕。吃的时候，用刀切成菱形糕片，再撒上白糖食用，给新年食谱增加无尽的喜庆。因为好吃，故平时也有小贩推车售卖，打破了一个"年"节的制约。

卖年糕的小车形制独特，独木轮，轮上是摊放年糕的平案板，板下有四条长木腿，为的是停靠方便。卖年糕的说，这种车就是诸葛亮先生当年发明的"木牛"。平案板连着两个长把手，小贩推起车来，吱吱呀呀地叫唤，老远就知道卖年糕的来了。南方卖水磨年糕不用车子，而是用一副挑子担着，走街串巷吆喝着叫卖。

"糕"在古汉语本作"餻"，《说文》中载："餻，饵属。从食，羔声。"北宋时代已经出现了"餻"的异体字"糕"。宋代刊刻的《野客漫谈》中，有这么一个故事：大诗人刘禹锡在写诗的时候，从来不敢使用"糕"字，因为他遍查旧典不见"糕"字。时人有诗嘲之："刘郎不肯提糕字，虚负平生一世豪。"

从词意上讲，糕，是米类制品；

图二

食

年糕,自然是春节过年时制作的米类食品,也就是今日南、北年糕的模样。这一称谓的约定俗成,应该是在明代。明人刘侗在《帝京景物略》中写道:北京"正月元旦,啖黍糕,曰年糕"。大画家唐寅也有一首题咏《年糕》的诗,这都证明了当时年糕已出现,年糕这个词也开始普及使用了。他在诗中写道:

图三

图四

题糕射粽说奇才,馈实春朝笑口开;
记否堆盘枣梨蓼,年年古语惯听来。

从诗中可以看到,年糕是"馈实春朝"、深受人们欢迎的食品。但是,以送年糕、食年糕作为祈福发财,祝愿"送将元宝进门来"这一层寓意,应该说是近代的事情。清乾隆年间有这样一首写年糕的诗,把年糕和"年岁盼高""祝望财临"等意思紧密地联系在一起:

年糕寓意稍云深,白色如银黄色金;
年岁盼高时时利,虔诚默祝望财临。

图一:打年糕。〔清〕孙继绘。
图二:制年糕(烟画)。〔1905 年〕英美烟公司设计出品。
图三:卖年糕。〔民国〕陈师曾绘。蒸熟的江米一层层地摊在案板上,在每层的江米糕间夹入豆沙、枣泥、果脯、青丝、红丝和金糕。
图四:元宝年糕。〔清〕孙继绘。把年糕揉制成大大小小的元宝模样,上边还打上红印记。作为春节送礼之物,也是应节应典的一种风俗。

卖 元 宵

Seller of rice glue ball/ もち団子屋

八宝元宵效内做
——〔清·孔尚任《元宵》〕

元宵又叫汤圆、汤团、圆子。它是用江米面加上各种糖芯子抟制或是摇制而成的一种小吃食。吃的时候，放在沸水中煮熟即可。绵软香甜、滑爽润喉，人人喜吃。

元宵节吃汤圆这一风俗，最早见于宋诗人姜白石的一首《咏元宵》，诗中写道："贵客钩帘看御街，市中珍品一时来。"这"市中珍品"即指元宵。宋必大在《平园续稿》中有"元宵煮食浮圈子，前辈似未曾赋此"的记载。并作诗一首：

今夕是何夕，团圆事事同。

汤官巡旧味，灶婢诧新功。

星灿乌云里，珠浮浊水中。

岁时编杂咏，附此说家风。

诗中的浮圈子即是汤团。说明了吃元宵象征团圆之意。一开始元宵被称为"汤圆"，因它飘在碗里，像是一轮明月挂在天际。天上月圆，碗里汤圆，家人团圆。因汤圆最初只在元宵节上市，久而久之，便直接呼它为元宵了。由于人们爱吃，也就不限于元宵节食用，平时兴来之时吃上一碗，当作宵夜之用。

元宵的品种很多，其制法是糯米细面，内用核桃仁、白糖、玫瑰为馅，洒水滚成，如核桃大，即汤圆也。它的名称也很多，有乳糖圆子、山药圆子、珍珠圆子、澄沙圆子、金橘水团、澄粉水团等。

到了明代，元宵作为上元节的食品在北京已很常见。清时，御膳房所制的宫廷风味"八宝元宵"，早为朝野传闻。孔尚任在食过八宝元宵之后，曾写下这样的诗句："紫云茶社斟甘露，八宝元宵效内做。"

民间卖元宵的比比皆是。小贩们在未出门前，已把各种元宵制好，用湿纱布盖严，放在挑箱之内。挑子的另一头，支有灶头、锅勺，且带好碗匙餐具和汤水。清晨、傍晚一天赶两轮生意，深得妇孺欢迎。

这桩生意，传说在民国初年曾受到一番波折。袁世凯篡夺了辛亥革命成果后，一心想复辟登基当皇帝，对一切不利于帝制的文字、言论，一一禁绝。元宵二字的字音不佳，有袁世凯被消灭之嫌。于是在1913年元宵节前，政府曾下令禁止称"元宵"，只能称"汤圆"或"粉果"。此举在民间沦为笑谈，成了说相声的"包袱"。民国诗人黍谷山樵在《首都杂咏》中记录了这件事情：

才看沉底倏来漂，灯夕家家用力摇；

卖去大呼一子两，时当洪宪怕元宵。

图一：卖元宵。[清]方薰绘。

图二：汤元摊（烟画）。[1926年]上海华成烟草公司出品。

卖 金 糕

Seller of golden rice cake/ 金色もち屋

鲜醒消食有兼功
——〔清·杨静亭《都门杂咏》〕

清人杨静亭在《都门杂咏》中有一首《竹枝词》咏金糕：

南楂不与北楂同，妙制金糕数汇丰；
色比胭脂甜若蜜，鲜醒消食有兼功。

金糕又称京糕、山楂糕、山楂蜜糕。是一种用山楂制成的风味小吃。把山楂去核煮熟后，再用细笋筛去果皮，制成果肉泥，调入适量的糖、团粉和红色的食物染料，放凉后，就凝成酸甜可口、色泽红润、又有弹性的晶状蜜糕。这种金糕，健脾开胃、消渴化食，是男女皆宜、老幼喜食的小吃食。

金糕除了当零嘴小吃之外，用途极多。祭祀用的供糕供果，多用金糕点缀；寿堂、婚嫁所陈设摆置的寿桃、寿面、喜馒首、喜点心，也要用金糕点饰。此外，各大饭庄、餐馆的华宴盛席所上的冷拼凉盘、甜食果盅，也都要使用金糕。一是金糕酸甜可口，不喧宾、不夺味，可以与各种小菜共食；其二，金糕色泽鲜红，晶莹悦目，点缀席面，喜庆吉祥。所以，可登大雅之堂。

当然，金糕的品质有好有坏，有精有粗。精者，如老北京的汇丰斋制作的金糕，在制作时不仅要调入冰糖、蜂蜜、茯苓、桂花，而且要用铜镬木勺、黄松白炭，三升三降、九转六翻，才能凝聚成冻。这种金糕自然色如宝石、味若琼脂，价值也就贵得可以。而普通人所用的金糕，则是小贩在家中因陋就简自行熬制的。所用山楂也是廉价的次品，熬时只加蔗糖，颜色不好，也就只好往里面兑些食物染料了。

金糕做好后，放在一个挎篮上，篮上横着一块小苫板，板上铺上一块湿白布。把金糕放在白布上，红白相映，倍显水灵。出街前，用小刀切成大

图一

小薄厚不一的长条块，再苫上一块湿白布，就可以上街去卖了。卖时吆喝："金糕来，又酸又甜的金糕啦——"。无论冬夏，都是一桩受欢迎的小买卖。尤其是平民小童，一听吆喝声，便已垂涎雀跃了。

考证起来，这种金糕是满洲旗人的发明，并随着清廷的入关，传入中原。山楂又名红果，蔷薇科，落叶乔木。原盛产于东北辽宁、山海关一带，后河北、河南、江苏亦多种植。故有南楂、北楂之分。

山楂还可以制成冰糖葫芦以及山楂糕、山楂片、山楂粉、山楂面等，还可以用来熬制饮品，解渴生津，消暑化瘀。清季琉璃厂的百年老店致美斋，用山楂制作的"温儿"，与汇丰斋的金糕齐名，亦是北京的一绝。

图一：卖金糕（烟画）。[1904年]日本村井兄弟商会社设计出品。

图二：卖金糕的挑子。[清]孙继绘。

图二

卖 猪 头 肉

Pig-head meat seller / 豚頭肉屋

猪头肉摊生意忙

——〔清《图画日报》刊《竹枝词》〕

图一

《红楼梦》中，一位厨娘吹嘘自己的手艺时说，她用一根秸秆，就能把一个猪头炖得烂熟。看来炖猪头，吃猪头肉，也是我国传统馔肴中的一种美味。不仅平民百姓拿来佐餐下酒，就是"钟鸣鼎食"之家也喜而食之。

其实，烹饪猪头的习俗源之久矣。上古祭祀仪礼中，猪头便是"三牲"之一，与牛头、羊头一起，代表丰厚的礼品供奉上苍和祖先。牛代表力量，羊代表着鲜味，猪则代表着膏腴和丰收，它们合在一起，展示着部族的兴旺和发达。

中国文字起源于象形图画，其中的"家"字，是由一个屋顶形的宝盖儿和一个"豕"字合成。豕者，即古代的猪字。上古农耕时代，只有有能力豢养猪的农户方能名之为家。也就是说，每一个家庭至少要能圈养一只猪。猪是提供家人肉质和脂肪的源泉，故而，能否养猪及猪之肥瘦，皆说明着这一人家生活水平的高低和富足的程度。民谚中"肥猪拱门"、"猪胖年丰"等等，都充满吉祥的企盼和愿望。在很多地方，年终食猪头的风气成俗，一方

图二

面是以此证明家宅富裕，其实，猪头肉好吃，别有风味，也是另一个主要的方面。

一只猪头十几斤重，滚水烫后，刮毛洗净，置入大锅内，加盐、糖、黄酒、酱油、葱、姜、蒜、花椒、大料、茴香、桂皮、老汤煮沸后，微火焖炖。直到烂熟脱骨，再用松木炭火熏制，使猪头抽油着色、通体晶莹。再晾干冷置。到吃的时候，用快刀切成薄如皮纸的肉片。每片有皮有瘦肉，中间夹着细嫩的白膘，放入盘内，浇上酱油、醋和大蒜合成的卤汁。那真是膏而不荤、肥而不腻，清醇可口，齿颊留香。

但是，终因这口吃食来的位置不雅，多为"远庖厨"的士大夫所不齿。到了明清之际，猪头肉再好吃也上不得席面。这种美食也就成了市井百姓、贩夫走卒的酒菜小食了。猪头肉与肝、肺、肠、肚儿、猪蹄膀都属于下水货，价格比猪肉、排骨便宜得多。

有些小贩专以熏制猪头肉为业。这一行是在家中制作，下午挑担子出街售卖。一头箱笼中装有熏制好的肝、肚儿、猪头。另一头有案板、肉刀、佐料、灯笼。讲究天将擦黑开张，现买现切，灯影看秤，荷叶打包。夏天可以一直卖到午夜时分。清季有一首《竹枝词》写得十分有趣：

猪头肉摊生意忙，此肉大半销乡庄。

不惜工夫等大肉，目光灼灼窥摊旁。

猪头肉，三不精，不是价廉人岂争。

乃知低货不愁难出卖，畅销只要价钱轻。

图一：猪头肉摊。〔清〕孙继绘。
图二：猪头肉挑（烟画）。〔1905年〕英美烟公司设计出品。

烤 羊 肉

Mutton baking/ 羊串屋

爆涮如何自烤高

——〔清·夏仁虎《旧京秋词》〕

图一

立秋时节竞添膘，爆涮如何自烤高，

笑我菜园无可踏，故因瘦损沈郎腰。

夏仁虎在《旧京秋词》中是这样描写烤羊肉的。诗中把烤羊肉独特的美味写尽写绝，馋涎之处，把沈郎的腰肢都要折损了。

我国驯化野羊、畜养羊只、食用羊肉的历史可溯源于上古时代，最少有五千多年的历史。古汉字中的"窌"字，原是由"穴"、"羊"和四个点儿组成。很形象地把一个圈养羊只的形象勾画了出来。此外，凡与味美有关的字，亦多能见到羊的影子，例如：赞扬味道的"鲜"字、"美"字、"善"字，珍贵的菜肴"馐"字、"羹"字以及垂涎羡慕的"羡"字等等。可见，古人对羊和羊肉充满着溢美和崇拜之情。因之，在古代隆重的祭祀活动中，羊与牛、猪并列为"三牲"，只有上天和权力无极的人才能享受。

羊肉切丝，可以抓炒、爆炒；切片儿，可以涮着吃，这也是满族进关后，给我们带来的一口美味。把羊肉切成块儿，清炖、黄焖、烂煮、红烧，其鲜嫩绵糯，也是百味难以媲美的。秋后，把刚上了膘的小羊烤着吃，更是美中之美。

烤羊肉有多种吃法，其一是烤全羊。把一只整羊用一木杠穿过体腔，横架在柴火上反复烧烤，熟后，用刀切割食用。分明是蒙古勇士在毡房之外旷野草原上酗酒饕餮的一种吃法。

待烤全羊进了都市，上了宴会的席面时，烤制的方法就改进了不少。一般是在饭庄子的后院，挖一个竖井般的火塘，将一只腌制过的整羊吊入火塘内，下边燃以松木，塘上加盖，连烤带薰。熟后，抬上案板，披红挂彩进入席面，耀武扬威地巡场一

周，再由伙计持刀切割装盘，分而食之。这道菜，是北京著名的回族老号"东来顺"的杀手锏，颇能号召一时。

另一种吃法叫片儿烤。把精选的羊肉切成薄片，再用酱油、黄酒、糖、盐、孜然、茴香等调料拌好腌渍，待放在烧炙的平镗或是铁丝笼上烤炙时，再加入葱丝、姜丝。用筷子随烤随翻，肉片一变色，夹起来就吃。老北京的"烤肉季"和"烤肉宛"都是这种吃法。吃主儿多是京城中的八旗子弟，托着鸟笼子往镗前一站，一只脚蹬在凳子上，另一手挟着副长筷子，自己翻烤自己吃。"滋"的一口白干酒，"啪"地一口烤肉片儿，个中滋味就别提多么美了！

还有一种吃法儿叫"拆烤"。这是行街小贩们的一种生意。他们在小炉子上加一大膛儿的套桶，桶内的铁屉子上烤着拆开的羊脚、羊肋、羊排等。如图中所绘，由买主儿任选。烤熟出炉，再用麻绳拴好，另配一小包香盐佐料，拎回家去，沾着下酒，也是老北京市井人家的一种口福。时至而今，这种拆烤已为满大街烤羊肉串的替代了。

图一：烤羊肉（烟画）。[1905 年] 英美烟公司设计出品。桶内的铁屉子上烤着拆开的羊腿、羊肋、羊排等，由买主儿任选。烤熟出炉，再用麻绳拴好，另配一小包香盐佐料，拎回家去，沾着下酒，是老北京市井人家的一种口福。

馄　饨　挑

Wonton seller/ ワンタン屋台

肉馅新鲜滋味高
　　　　——〔清·孙兰荪《竹枝词》〕

担饨馄

图一

　　一碗铜元五大枚，薄皮大馅亦豪哉。
　　街头风雨凄凉夜，小贩肩挑缓缓来。

　　这是20世纪20年代《实报》上的一首《馄饨诗》。馄饨，广东俗称云吞，四川俗称抄手，是我国民间最为流行的一种小吃。其制作方法与饺子相似，但比饺子更为精美。

　　馄饨皮儿讲究"白如玉，薄如纸"；馄饨馅儿讲究精细味鲜，肥而不腻。将馅儿放在皮儿中一角，轻轻一卷，对头儿一捏，便包成彩球模样。放入骨头熬制的老汤内一煮，宛如金鱼一般，游弋其中。待其浮出汤面，连汤带水盛入碗中，调入精盐、味素、虾皮、紫菜、香油、酱油、冬菜、香菜，于是芳香四溢。吃在口中，绵软爽滑，齿颊流香。既可以当早餐，又可做夜宵，是春夏秋冬四时皆宜的小吃。清代有《竹枝词》赞之曰：

　　打梆馄饨卜卜敲，码头担子肩上挑；
　　一文一只价不贵，肉馅新鲜滋味高。
　　馄饨皮子最要薄，赢得绉纱馄饨名蹊跷。
　　若使绉纱真好裹馄饨，缎子宁绸好做团子糕。
　　细考馄饨的历史，渊源悠久。《广雅》一书中称："馄饨，饼也。"是说以前馄饨是一种饼的称呼。大概吃的时候，要切成块儿，下锅煮食。唐代时，又称为交子，这时的馄饨已不是面饼了，而是里边包上了馅子。及至五代，北齐大文学家颜之推曾在《北齐书》中写道："今之馄饨，形如偃月，天下通食也。"由此推算，这种形如偃月、内中有馅儿、煮着吃的小食，在1500年前，就已在民间普及了。

　　到了宋朝，则称为偃月馄饨，常见于时文之中。后来，简而称之，馄饨一词便一直绵延至今了。

　　至于元代，陆友人曾在《砚北杂志》中记述了

这样一种叫"满搦江"的馄饨。他说：名士畅师文"一日做馄饨八枚，召知府早食之。其法每枚用肉四两，名曰满搦江。知府不能半其一。"看来，这种叫满搦江的馄饨又有所不同，四两肉馅一枚，已颇似"门钉肉饼"了。大概《广雅》所记的是馄饨饼的一个分支，与偃月馄饨和今日之馄饨大相径庭。今亦记于此处存考。

《正字通》则云："馄饨或作馉饳别名。俗屑米面为末，空中裹馅，类弹丸形，大小不一，笼蒸啖之，而市上肩担沿街吆卖者，则盖用水煮，其俗尚迥异欤。"

馄饨又称扁肉，既可作点心，又可做菜肴，在一些地区已自成系列。因馅料、汤料、吃法、调味等差异，有煮馄饨、炸馄饨、炝馄饨、三鲜馄饨、虾肉馄饨、馄饨面等二十几个品种，具有皮薄馅多、馅肉脆嫩、有咬劲、清爽可口、形状小巧可爱等特点。

现时，北京八面槽有个无人不知、无人不晓的老字号，名叫"馄饨侯"，就是此业中的翘楚。每日门庭若市，很多海外游子，千里归来，也总爱到这儿聚齐儿。说是"好的，就是这一口儿"。相传，老掌柜侯老先生是从清代道光年间担馄饨挑儿起家，历尽辛苦，才从走街串巷发展成为坐店经营，成了闻名遐迩的百年老店。

馄饨挑是旧日百姓最常见的行街小贩。如图所示，挑子的造型十分独特。竹木支架，挑子一头儿放置炉灶，另一头儿是货物架。三排抽屉，分别放置皮、馅、面板、碗筷。最上面则是各色调料。俨然一个活动的小厨房。小贩可以挑上肩头，四处游走。此挑儿俗称"骆驼架"，或是"马头担子"，是因为小贩挑挑子时，好似藏于骆驼腹下或是马匹的腹下一般。

随着时代的变迁，馄饨挑已在大城市中消失了，但在四川、江浙的农村、乡镇，依然可以看到其流动的影子。

图一：馄饨挑（烟画）。[1926年]华成烟公司设计出品。卖馄饨的挑子十分独特，俗称"骆驼架"。一头儿放置炉灶，另一头儿是物架。三排抽屉，分别放着皮、馅、面板、碗筷。最上面则是各色调料。俨然一个活动的小厨房。

图二：馄饨既可以当早餐，又可做夜宵，是春夏秋冬四时皆宜的小吃。[1928年]中国大东烟草公司设计出品的烟画。

图三：卖抄手。[清]刊本插图。

卖粽子

Selling steamed rice dumpling/ ちまき屋

九子盘堆角黍香

——〔民国·冯问田《竹枝词》〕

图一

粽子，是用粽叶包裹糯米和枣子、芸豆、花生仁或腌肉等，包成三角状，而后用马莲拴系，放在锅中蒸煮。熟后，素的，加糖；肉的，蘸酱油。男女老幼皆喜食之。

一般地讲，每到端午节的时候，家家都要买江米和粽叶，自己包制粽子食用。平时，在市井的小食店也有售卖。还有一种行街的小贩，把蒸熟的粽子放在一个密封的木箱里，走街串巷地喝卖。遇有买主，当即打开木桶，代食客剖开粽叶，加糖奉上。

粽子，古时的名称叫做"角黍"。《风土记》载："仲夏端五，烹鹜角黍。"文中注释："端，始也，谓五月初五也。"

端午节，食角黍，也就是吃粽子，这一风俗已延续了两千多年的历史。吃粽子与赛龙舟一样，是我国端午节重要的节目。这一习俗，是人们为纪念我国伟大的爱国诗人屈原而发起的。

屈原是战国时期楚国怀王时代的三闾大夫，精于辞赋，志趣高洁。但屡遭奸臣谗害，被放逐江南。他心中郁闷，忧国忧民，披发行吟于泽畔，侣鱼虾而友麋鹿，著《离骚》九章。因三年不见复诏，心灰意冷，于五月初五日愤然自沉汨罗江，以明心志。楚国人不忍屈原魂魄离去，遂驾轻舟一直追至洞庭。这就是年年龙舟比赛的依据。人称，龙舟可驱散鱼鳖，以使屈子灵魂不惊。同时，还向江中抛掷粽子，供鱼鳖食之，用以保护屈原的尸身完整。

《异苑》一书载："粽子，屈原姊始作。五月以竹筒贮米，投水祭屈原，后人或以之祭祖先。"自此可知，粽子可能是屈原的姐姐发明的，它的雏形原是普通的"竹筒米饭"而已。现在的棕叶粽子、菰叶粽子、箬叶粽子，都是后世人们逐步改进制成的。

食

到了唐宋时代，粽子已成为大众化的节日食品了，唐明皇的诗曾写道："四时花竟巧，九子粽争新。"唐人姚合的诗中也记载有当时的民俗民风："渚闹渔歌响，风和角粽香。"说明在古代，宫廷和民间在端午之时都食用粽子。时至今日，端午食粽的风俗遍及我国南北东西，甚至还流传到新加坡、马来西亚、日本、泰国等国。人们借古色古香的粽子发思古之幽情。粽子，实际上已融入了中国文化的情趣。

我国各地的粽子异彩纷呈，历史上就形成了许多风味独特的品种，且各有名气，如北京的小枣粽子，山东的黄米粽子，上海的猪油夹沙粽子，嘉兴的鲜肉粽，湖州的猪油豆沙粽，陕西的蜂蜜凉粽子，广东的碱水粽、烧鸭粽、椰茸粽，四川的椒盐粽子，都是很有名气的，历来为美食家所称道。

端午节吃粽子也与插菖蒲艾蒿、挂葫芦、饮雄黄酒、小孩戴老虎帽的风俗一样，有驱五毒、避瘟瘴的作用。冯问田有《竹枝词》写得好：

门悬蒲艾饰端阳，九子盘堆角黍香；
更为儿童避虫蚁，额间王字抹雄黄。

词中提到的这种"角黍"，有两重意义：一是指那种可食用的粽子，另外还指那种用各种丝线缠裹而成的"五彩粽子"。一串串用丝线串起来，挂在床头门首，装饰居室，以示吉祥，别有一番风情。

图一：卖粽子。[清]方薰绘。

图二：小贩把蒸熟的粽子放在一个密封的木箱里，走街串巷地喝卖。遇有买主，当即打开木桶，代食客剖开粽叶，加糖奉上。[1904年]日本村井兄弟商会社设计出品的烟画。

图二

豆　腐　挑

Seller of bean curd/ 豆腐屋台

豆腐方方似截肪

——〔民国·冯问田《丙寅天津竹枝词》〕

图一

豆腐，相传是汉朝淮南王刘安的发明。刘安为了避开吕氏专权时对刘氏宗室的迫害，故意在淮南韬晦，装成无所作为，不问朝政，一心要当美食家的样子。在他的主持下，厨役们经过多年的研制，将黄豆浸发研磨成浆汁，用水煮开，再点上石膏盐卤使其凝固后，用荡布挤出水分，这样就做成了豆腐。

豆腐白嫩晶莹、糯绵适口，可煮、可炖、可烹、可煎，且可以制成一系列多种多样的食物和菜肴。不仅营养丰富，而且宜素宜荤，人人喜食。史书上也给了豆腐很高的评价，称之为"淮南遗制"。民间的豆腐店向来把每年农历九月十五日定为豆腐的生日。行内人皆在这一天放假置酒，举行隆重的纪念活动。

冯问田在《丙寅天津竹枝词》中有一首赞豆腐的诗：

豆腐方方似截肪，香干名数孟家扬；

汁能滋养胜牛乳，无怪街头多卖浆。

豆腐好吃，品种多，专卖豆制品的小贩挑着的货挑也就与众不同。豆腐挑四四方方，上下分许多层，形同两个小货架子。每层分别码放着不同的豆制品。最下边是两层湿豆腐，一层是硬一些的北豆腐，一层是软一些的南豆腐。其他层则分别放着豆腐干、熏干、辣干、豆腐皮、豆腐丝、豆腐泡等等。

豆腐挑是走街串巷的小买卖，天蒙蒙亮时出挑赶早市，近中午卖光收挑。晚上再准备好翌日的货物。每日劳作下来十分辛苦。但是，他们的劳动给千家万户的饭桌，带来无比的温馨。尤其是给喜好素食的人们增加了无尽的欢乐。

《吕氏春秋》中有句话说："肥肉厚酒"是"烂肠之食"，吃多了荤腥肉食，有碍人的身体健康。后来，随着佛教的兴起，这一理论得到了充实，僧侣和信徒们把素食当成寺院的斋膳。社会上也把布

44

食

图二

衣蔬食视为长生之道。北魏贾思勰的《齐民要术》中，曾将素食专门列为一章，其中记述了诸多素食的名称和制作方法，成了我国最早的一篇素食菜谱。《古事今谈》中有咏豆腐诗一首；

　　传得淮南术最佳，皮肤退尽见精华；
　　一轮磨上流琼液，百沸汤中滚雪花；
　　瓦缶浸来蟾有影，金刀割破玉无瑕；
　　个中滋味谁知得，多在僧家与道家。

　　豆腐的出现，更加丰富了素食的品种。素宴素席当中，无一不用豆制品主理。北京著名的素菜馆，如功德林、全素斋拿手的名菜，都是用豆腐、粉皮、烤麸、素鸡、素火腿加香菇、木耳、笋干、时蔬等做得。小小的豆腐挑，虽然揽不到这类大饭庄的生意。但一般中小饭馆，也还是需要豆腐挑的按时供货。

图一：豆腐挑（烟画）。[1905年]英美烟公司设计出品。

图二：市井豆腐挑。[清]孙继绘。豆腐挑四四方方，上下分许多层，形同两个小货架子。每层分别码放着不同的豆制品。最下边是两层湿豆腐，一层是硬一些的北豆腐，一层是软一些的南豆腐。其他层则分别放着豆腐干、熏干、辣干、豆腐皮、豆腐丝、豆腐泡等等。

图三：东方人制豆腐。[清]法国无名氏绘，刊于香港大成杂志。

图三

炸 豆 腐

Bean curd frying/ 揚げ豆腐屋

椒水一锅渍白盐

——〔清·雷印轩王《燕都小食品杂咏》〕

近人《竹枝词》中有《咏北京食物》赞道：
油煎豆腐角三尖，椒水一锅渍白盐；
油煮声声来午夜，竹城战士兴增添。

诗中写的是可当宵夜的油煎豆腐，是通宵打麻将人们的好吃食。其实，不仅仅是"竹城战士"的喜好，普通百姓也人人爱吃。

小吃行中的油炸豆腐可分为三大类，一类为卤煮炸豆腐，一类为油炸豆腐，还有一类是油煎豆腐。

图一

第一类是卤煮炸豆腐。小贩挑着担子，一头是灶火，上面支一铁锅。锅里是由猪骨头、肺头、下水加花椒、大料、茴香等熬着的卤水汤。挑子另一头是炸好的豆腐泡和装有各种调料的瓶瓶罐罐。有人来买时，现抓些豆腐泡放在卤锅中煮。见豆泡微凸，便用勺盛出放入小碗中，再调入豆腐乳汁、韭菜花、芝麻酱、大蒜汁、酱油、葱花、香菜、小磨香油等，顾客爱吃辣的，就再浇上点辣椒油。食客用小勺趁热一拌，香气透鼻，煮过的豆腐吃在嘴里，外筋里糯，别有咬头，深受市井百姓喜爱。

卖卤煮炸豆腐的小贩，多在夜晚掌灯之后出挑，专供熬夜的人们宵夜之用。

第二类是油炸豆腐。此等小贩，挑子的一头是个滚热的油锅，另一头是切成三角块或长方块的豆腐。这种豆腐已在家用五香盐水腌制并用油煎过。顾客买时，根据所需多少，重新放入锅中煎炸一遍。待外皮

食

焦黄，用大竹筷子夹出来，用马莲串好系牢，交付顾客。口急的，当时可吃；口缓的，拎回家去，当下酒的小菜，也颇适口。

第三类是油煎豆腐，滋味和做法与前两类截然不同。小贩用一个平平的铁铛，下边用文火烘着。卖时，先将铛上抹上油，现把新鲜的豆腐切成长条扁平的方块，摊放在铛上煎，待一面焦黄后，用铲子翻过另一面继续煎。待豆腐两面全焦之后，铲入小碟中，再浇上盐水和大蒜汁，交给顾客食用。外焦里绵，入口生津，尤其是借重大蒜的清鲜香辣，刺激味觉，更使人们闻之垂涎，食而不厌。这也是油煎豆腐享誉不衰的妙旨。

图一：卖卤煮炸豆腐（烟画）。[1905年]英美烟公司设计出品。 卖卤煮炸豆腐的小贩，多在夜晚掌灯之后出挑，专供人们宵夜之用。

图二：卖炸豆腐。[清]刊《图画日报》插图。

图三：卖炸豆腐（烟画）。[1905年]英美烟公司设计出品。

如上这些豆腐小吃，虽然爱者甚众，但一直是行街小贩的担中之物，最终没有进入专门的店铺。只有"东来顺""南来顺"小吃店偶尔捎带着有卖。

卤煮炸豆腐，后来发展变化为卤煮火烧，就名声大噪、气象不同了。卤中加了猪大肠、猪肚儿、猪下水和煮得半软的烫面火烧，成了家喻户晓的小吃。在北京的食街中，已发展得"十步之内，必有此君"的地步了。

图二

图三

炸 臭 干

Frying flakes of bean curd/ 油揚げ屋

不道世多逐臭夫

——〔清·孙兰荪《竹枝词》〕

清代有一首《竹枝词》描写臭豆干：

臭豆腐干腐且臭，臭腐如何可入口；

不道世多逐臭夫，买来下粥下饭兼下酒。

臭豆腐干的制作和食用，最早见于明朝人李日华的《蓬栊夜话》。他说：安徽黟县人喜欢在夏秋间，用醢腐让豆腐腐败生毛，然后擦干，投入沸油中煎炸，再捞出和其他食物共煮而食，据云有"海中鳄鱼"之味。

宋代大儒朱熹是主张不要吃豆腐的。他说，豆腐是在豆浆中加了有毒的盐卤后制成的，怎么能吃哪！腐败后的臭豆干更不能吃了。尽管如是说，油炸臭豆腐干却让人们吃了数百年之久。臭豆干闻着臭，吃在嘴里其香无比。可以说，是中国食文化中的一个独特的发明。

据说，最正宗的油炸臭干在湖北，炸制最好的是武汉火宫殿。笔者少壮时到武汉出差。工余，朋友们拉着去火宫殿游玩。刚一下车，还没有找到火宫殿的正门，一股股冲天的臭气便扑面而来，再加上夏日天气燥热，臭气淹眼呛鼻，令人遮口掩面，裹足不前。朋友笑着说："这里的炸臭干全国第一。

历朝历代的名人都曾到此大嚼。你第一次来，千万不能错过。"过了影壁第一进大院，左手廊房里人声熙攘，满满腾腾一屋子的男女。我们也挤进屋里。定睛细看，屋内贴墙处，支着两只大铁锅，锅下炉火彤彤，锅内热油沸腾。两名厨师，左手持一铁漏勺，右手操一两尺多长竹筷，各司一炉。再一细看所炸之豆干，令人吓了一跳。只见依墙一溜儿荆筐，筐内堆满黑乎乎的豆干，色如青墨，状如着了霜的干柿饼儿，都长了发了霉的绿毛儿，令人不忍细睹。

司炉的师傅用铁漏勺从筐中取了十余个臭干，往滚热的油锅中一放，只见油锅喳喳作响，泛起阵阵的白泡，一股股臭烟从白泡中冒出，冲上屋顶，绕梁而出。司炉的师傅用长竹筷夹着锅中的豆干，上下翻了一遍。用铁漏勺一捞，控一下油，放入碟子，交到了我们的手中。朋友会吃，忙浇上蒜汁、辣油之类的佐料，随手拿上两根小竹签，往盘中物上一戳，

"得，开吃吧您哪，别客气。"朋友得意地说。

在朋友的敦促下，我用竹签串起了一只臭干，试着用嘴咬了一小口，只觉得牙齿先穿透了一层韧脆的皮儿，而后咬到中间的豆质，绵软适口，齿中留香，而其中的臭气，此时早已遁入九霄云外去了。小试的成功，使我也成了逐臭夫中的一员。

有了这次经验，再见到卖炸臭干的行街小贩，也就主动地跑上去"逐臭"了。

图一

图一：炸臭干（烟画）。[1905年]英美烟公司设计出品。

煮 玉 米

Corn cooking/ 煮込みコーン屋

趁热吃来胜白薯

——〔民国 · 老北京儿歌〕

图一

玉米，学名玉蜀黍，亦称苞米、苞谷、珍珠米。俗名老玉米棒子。早年间，是我国的一种重要的经济作物。

在农作物中，自古有"稻、菽、黍、稷"之称。此间的"黍"，是谷物的一种，并非单指玉蜀黍。玉蜀黍的祖籍在北美墨西哥，原是印第安人培育的一种热带作物。其后辗转传入菲律宾、暹罗。大约到了明代，传入了中国。因水土适应，又加之高产易种，所以普及得很快。大江以北的广大农村多种此物。老玉米遍布半个中国，并且培育出很多优良品种。

玉米在西方是作为畜牧饲料之用的。而在我国贫瘠的农村中，玉米成为日常食用之物。它的吃法很多。

作为口粮，是在收成时，把玉米棒子掰下来，晒干后，有一部分拴成一串一串的挂在门首、墙上，或堆入库房。更多的是把玉米豆搓下来，装入麻袋或土仓收藏。食用前，将其粉碎，按粉碎的程度和颗粒的大小、粗细，分成玉米糁、玉米渣和玉米面等，称为"粗粮"。用这种粗粮熬粥、蒸窝窝头，或是贴饼子，是北方乡镇人民一年生活中主要的食物。直到20世纪70年代，国人还是一半粗粮一半细粮生活着。

别的吃法也挺多，如把新鲜的玉米放到灶膛里烧烤，烤熟后食之，其中又甜又香的乡野气味，很是迷人。或是把刚掰下来的玉米用水煮熟或是蒸熟，趁热吃，也是味美非常。

京剧"四大名旦"之一程砚秋先生，在日本侵华时期，毅然退出舞台，隐居京西青龙桥荷锄务农。他种了许多玉米，在日记中写道："劳累终日，饱食玉米，而感香甜愉快。"

每年立秋前后，新鲜的嫩玉米刚一上市，城里的小贩就将其煮熟，放在保温的木桶内，上街叫卖。因为价廉物美，风味独特，备受市井孺妇欢迎。如图所绘，卖煮玉米的小贩与儿童交易之神态，真是呼之欲出。

记得旧日有这样一首儿歌，孩子们都会唱：

老玉米，白水煮，煮熟控水手巾捂。

捂出一头白毛汗，趁热吃来胜白薯。

买一个，俩大子，买两个，二百五；

急得傻子不会数，出门碰只大老虎。

大老虎，长得奇，长胡须，黄虎皮。

简直就是老玉米。

当然，不是任何一种老玉米都能煮着卖的，必须是甜质型或甜粉型的玉米才好吃。而硬粒型的、马牙型的只能做棒子面。爆裂型的，可以用来爆米花。

图一：每年立秋前后，新鲜的嫩玉米刚一上市，城里的小贩就将其煮熟，放在保温的木桶内，上街叫卖。因为价廉物美，风味独特，倍受市井孺妇欢迎。[1905年]英美烟公司设计出品的烟画。

卖　凉　面

Cold noodles seller/ 冷麺屋

上灯圆子落灯面

——〔宋《仪徵岁时记》〕

图一

面条原为元宵节时落灯这天晚餐的食品。古有"上灯元宵落灯面，吃了以后望明年"的民谚。《仪徵岁时记》中也记载有："（正月）十八落灯，人家啖面，俗谓'上灯圆子落灯面'，各家自为宴志庆。"

我们的先祖原本不吃面食。古人种植稻、菽、黍、稷。人们吃米、食豆都早于食面。因为磨盘发明得较晚。在先秦诸子的文献上，几乎没有面食的记载。只有《墨子》一书中提到过一个"饼"字。

到了汉代，人们吃面食的记录就多了起来。刘邦称帝后，其父刘太公过不惯宫廷生活，吵着要回老家。刘邦就下令修建了新丰邑，把乡间茅舍、街巷及酒馆、饼屋也统统搬了进来。根据这条关于饼屋的记载，可以推想而知，民间已经普遍地食用面食了。

面条的前身名叫"汤饼"，"托"和"不托"。晋朝的束皙有《饼赋》云：

玄冬猛寒，清晨之会，

涕冻鼻中，霜成口外。

充虚解战，汤饼为最。

当初做汤饼，是把和好的面坨用左手托着，右手撕下一小坨面，放在锅边摁扁后，放入锅内煮，所以就叫"托"。

后来发明了擀面杖，人们就在面板上擀饼了。这一阶段，就应该叫"不托"了。从晋朝起，人们就开始吃面条了。算起来，距今已有一千五百年的历史。

凉面是多种面条吃法中的一种。在夏天，市井百姓都喜欢吃。尤其是那些靠卖力气挣钱吃饭的劳苦人，拉黄包车的、扛大个的、赶大车的、木匠、瓦匠、行街小贩们，对凉面担格外青睐。

凉面担独具特点，前担上面是一个四四方方、干干净净的木盘子。上面摊着一窝凉面。这种凉面煮得八成熟之后，捞出来，用熟油拌好，摊在木盘子上。卖凉面的小贩，在没有食客的时候，就用蒲扇不住地往上扇风。面着油后，不会粘坨。待有人买食时，小贩用筷子将面条挑到碗中，浇上酱油、

50

食

图二

麻酱、葱花、蒜汁、韭菜末一拌，香味喷鼻；吃在嘴里，清凉滑爽；又饱人，又便宜。卖凉面虽本小利微，但简单方便，倒也是件生财便民的行业。

图三

图一：切面。[清]刊《图画日报》插图。
图二：卖凉面（烟画）。[1905年]英美烟公司设计出品。
图三：拌凉面。[清]孙继绘。

卖　凉　粉

Seller of bean jelly/ かき氷屋

只管凉来不管酸

〔清 · 老北京歌谣〕

　　卖凉粉的小贩分为两种，一种是推小车的，一种是挑担子的。推车卖凉粉的小贩，用的是独轮小车，木制轱辘，推起来吱吱呦呦乱响。两柄推手高于轱辘，接在厚实的平板上。平板上放着一大坨用白纱布苫着的凉粉坨。暑天，粉坨上还压着冰块儿。两侧则摆满了各种调料，芝麻酱、蒜汁、辣椒、麻油、骨粉、酱油、米醋、精盐，还有切得很精细的红丝、绿丝。红丝，是胡萝卜丝或小红萝卜丝；绿丝，则是黄瓜丝、青萝卜丝。另外，还有切得极细小的荠菜头、咸菜丁、老腌萝卜丁。

　　来了顾客，小贩就把小车停在路边墙根下，车把的根部有两条木腿，把小车稳稳地支住。而后，用一把有齿儿的刮刀，在粉坨上边来回刮两下，刮下来的凉粉，放入碗中，再调入各种调料，交付食客。清末老北京有歌谣唱道：

　　冰镇刮条漏鱼穿，晶莹沁齿有余寒。

　　味调浓淡随君意，只管凉来不管酸。

　　这幅图中所画的是挑着担子走街串巷卖凉粉的小贩。挑子一头是个带槽的方木盘，上面放置调料，下面放着碗筷汤匙；挑子的另一头是个木桶，桶内装着冰镇着的蝌蚪一样的凉粉。有了吃主儿，小贩放下挑子，用一木勺从桶内盛出凉粉儿放入碗内，

图一

食

图二

再回身从前面木盘上调入调料，市井小儿尤其喜欢吃这一口儿。花钱有限，润口清心。因之，这种小吃一直流传至今。

　　还有一种用荞麦面做的凉粉，是用刀切成菱形薄片，加入佐料，食之方法与前相同。梁实秋先生在一篇散文中，描写这种荞麦凉粉时说："将荞麦面用凉水拌成粥状，以火熬，边熬边拌，成糊糊，再手沾凉水拍成圆饼状，等冷结后，用刀切片，加上酱油、醋、蒜泥、芥末、萝卜丝，味道又酸又辣，吃后居然去暑通气。"

图一：卖凉粉的挑子一头是个带槽的方木盘，上面放置调料，下面放着碗筷汤匙，挑子的另一头是个木桶，桶内装着冰镇着的蝌蚪一样的凉粉。[1905年] 英美烟公司设计出品的烟画。

图二：卖凉粉（烟画）。[1904年] 日本村井兄弟商会社设计出品。

图三：还有一种卖凉粉的用有齿儿的刮刀，在粉坨上刮下凉粉，放入碗中，再调入佐料交付食客食用。[1905年] 英美烟公司设计出品的烟画。

图三

糖炒栗子

Chestnut stir-frying／甘栗屋

山栗爆燔疗夜饥
　　　——〔宋·陆游《夜食炒栗有感》〕

图一

糖炒栗子可是大人孩子们都爱吃的东西，甘甜绵软，糯香适口。秋日闲坐，信手剥开一粒，仔细咀嚼，妙趣无穷。

清代《晒书堂笔录》的作者郝懿行，在乾隆年间到北京游历时，看到店铺制作糖炒栗子的情况时写道：

　　余来京师所见，店门外燃薪，上置大锅，一人向火，一人坐高椅，以长柄铁勺不断搅动。栗子稍大，制法系酒曲、粗砂搅拌。与余幼时所见相似，但味道甜美过之。流行于街上叫卖，是食品中有名的美味。

他的这段话写于1787年，即乾隆丁未年。制作情况与1905年出版的这枚烟画所绘相差无几。而且与今市井的制作也没有多大差异。足见二百多年相传至今，糖炒栗子的制法并没有多大变化。

我国出产栗子的地区很多，如杭州的板栗，陕西的三季栗，北京的燕山栗等，但数北京京郊良乡的板栗称著，"个儿大，皮儿薄，味儿甜，肉儿厚"，是清宫的贡品之一。皇太后吃的小窝头，就是良乡栗子磨成的面制作的。

细考，糖炒栗子在我国颇有历史。宋代大诗人陆游爱吃栗子，有《夜食炒栗有感》一诗，写道：

　　齿根浮动叹吾衰，山栗爆燔疗夜饥；
　　唤起少年京华梦，和宁门外早朝来。

陆游生于1125年，卒于1210年，此诗写他青年时代，大清早儿去上朝，走到和宁门外吃栗子的事情，至今应有八百年的历史了。炒栗子在当时是可以当早点以"疗夜饥"之物。

清赵翼在《陔余丛考》中，还记载了北宋首都汴京的一家炒栗子的名店——"李和炒栗，闻名四方"。书中记述了一桩轶事，仔细读来令人感慨。说的是，金人攻占了汴京以后，便下令强迫汴京人

图二

口迁往燕都。李和的炒栗子店也随之流离至燕地，人虽继续以炒栗为生，而心却常系故园。到了南宋时，朝廷遣陈长卿和钱恺出使燕地，一日他们行在街上，"忽有人持炒栗十枚来献，自称汴京李和，言罢，泪流而去"，陈、钱二人手捧炒栗，眼望远去的李和，心中无限惆怅。这也是亡国之人献板栗留念，以寄恋国怀土的一片情思。而赵翼自此断言，"今京师炒栗即其遗法"。也就是说，北方炒栗子的方法，原是李和带将过来的。

图三

图一：糖炒栗子（烟画）。[1905年]英美烟公司设计出品。北京京郊良乡的板栗称著，"个儿大，皮儿薄，味儿甜，肉儿厚"，是清宫的贡品之一。

图二：糖炒栗子（烟画）。[1900年]英国烟草公司设计出品。

图三：炒板栗。[清]孙继绘。

烤　白　薯

Sweet potato baking / 焼き芋屋

鄙视群花艳色争
——〔民国·王近汉《赞甘薯》〕

图一

烤白薯是最朴素的一样小吃。白薯分红瓤、白瓤两种。白瓤的瓤色中透有些许淡黄颜色，水分少、糖分少，吃起来有些噎，略带栗子香味。烤白薯最好用红瓤，取其水分多、糖分多，烤出来瓤肉金红，色如杏脯，糖分、水分渗入烤焦的薯皮，使皮肉相粘，仿佛在皮上摊了几层蜜汁，甘甜滋润，美不可言。

在城镇市井中，处处都可以见到卖烤白薯的小贩，一只用废铁皮油桶改制的炉膛内，整齐地码放着洗得干干净净的白薯。小贩手操着二尺长的铁夹子一边翻烤，一边吆喝："赛过糖炒栗子的烤白薯啦——"。隔着老远，那烤白薯的香甜气味，足以令人垂涎三尺。尤其在寒冬腊月、冰天雪地之时，吃一口刚出炉的烤白薯，又解馋、又饱肚，是人人爱吃的东西。

白薯又称山芋，原非中国出产。据陈世元《金薯传习录》说，它是在明朝万历年间，由福建商人陈振龙自吕宋引入。而另有史料记载，说是广东吴川县人林怀竺引入我国的。林怀竺原是一名中医，他给安南国公主治好了不治之症。后来，他经过层层关卡，费尽了千辛万苦，将安南严禁向中国出境的番薯，成功地带回了广东加以传播。清人郑洛英的《金薯诗》，对白薯给予了高度评价：

伟哉造物仁，异种佐百谷。
一亩之所收，连筥接盈筥。
较之柜枉种，什佰倍其熟。
浮浮而于蒸，甘贻如米果。
糁糁而于羹，丰香如腽肭。
或粉而如膏，或屑而如玉。
渴可以生津，饥可以果腹。

白薯容易种植，"插苗入地，俾之自蕃。蓊草以犁，培而待熟。荷锄无耘籽之劳，涤场无刈获之瘁。工力未半于农功，丰登自倍于百谷"，"东西南北，无地不宜"。因此，卖烤白薯的遍于寰中。

56

食

另外还有专卖煮白薯的小贩。他们用一只巨大的铁锅，里面可以码上百十斤洗净的白薯。在头天晚上就加水沸煮。到一定火候，改为微火焖煮，俗话也叫"捂白薯"。第二天一出锅，喷香绵软，瓤如蜜蜡。冬月吃上一口，浸喉果腹，其妙难以言述。尤其是入过窖、经过冬的红薯，更是宜烤宜煮，物美价廉，是市井平民妇孺的天赐佳味。

近人王近汉《赤松诗词》中有《赞甘薯》诗写道：

鄙视群花艳色争，安家僻地隐芳名。

风摧日曝新秧发，雨打霜侵绿叶生。

诗中把白薯与百花一起比较，不失为一种奇想。

图一：卖白薯。［民国］陈师曾绘。 在城镇市井中，处处都可以见到卖烤白薯的小贩，一只用废铁皮油桶改制的炉膛内，整齐码放着洗得干干净净的白薯。小贩手操着二尺长的铁夹子一边翻烤，一边吆喝："赛过糖炒栗子的烤白薯啦——"

图二：卖烤白薯。［清］无名氏绘，选自《北京民间风俗百图》。

图三：卖烤白薯。［清］无名氏绘。

卖 花 生

Peanut seller / ピーナツ屋

人参果即落花生
——〔民国·冯问田《丙寅天津竹枝词》〕

图一

花生，又名落花生、长生果。炒熟后，剥了壳的叫花生米、花生仁；没去壳、囫囵的叫花生果；干瘪的，叫半空儿。

旧日的北京，炒花生米都是包好了在食品店、小酒铺里卖，供人零食、下酒。而带壳的落花生，则多是串街小贩背着一个大口袋，左手拿着一柄响铜，右手操一铁棍，轻轻一划，铁铜便发出噌噌的响声，一听便知是卖花生的来了。遇到买主，他们用瓷碗盛着卖。

卖半空儿的多是在日近黄昏之时，专门串小胡同叫卖："半空儿来——"声音凄哑无奈。金受申先生对这一行，曾有生动的描述，称一位住在旧鼓楼的长衫小贩所卖的半空儿最香。

这种干瘪的花生炒熟后，分外香甜可口，它其貌不扬，但食之颇佳，而且价格甚廉。那时候儿童们也没有什么小食品，卖花生的一来，便都急切地围了上去，吵着要买，大人也就顺水推舟，花一大枚铜子儿，能捧回一大堆。一半给孩子们解馋，另一半留给当家的下酒，充个小菜。

花生仁、种皮（花生衣）都可用做中药。花生仁功能是补脾润肺止血，治脾虚肺弱，痰喘咳嗽；花生衣止血，治各种出血症；叶子有安神作用，可治失眠。

中国原本不产花生，到了清季，赵学敏所著的《本草纲目拾遗》中，对落花生才有详细的描写，文中写道：花生"蔓生园中，花谢时，中心有丝垂入地结实，故名之。一房有二三粒，炒食味香美"。他还说：花生是在"康熙初年，僧应元往扶桑觅种寄回。可压油，今闽省所产以兴化（即蒲田）为第一"。这条资料把花生传入的时间、引进人、试种地点写得十分详细。

另有一说，是清初松江人叶梦殊所著的《阅世编》载："长生果，先出徽州，近年本地亦有移植。"在刚一开始种植花生时，因为稀少罕见，自然十分名贵，时人又称之为万寿果。说每天食此果，可有益寿延年之妙。叶氏还特意说明："其名甚美，故宾筵中往往用之。"花生是华筵待客的妙品。

清郝懿行的《晒书堂笔记》有更具体的描述，他说："余于乾隆丁未（1787）游京师，友朋燕集、杯盘交错之时，擘壳剖肉，炒食尤甘美。俗人谓之落花生。"由此可知，当初的花生上宴席，价格一定也是挺贵的。

后来处处引种，花生在沙地亦好繁殖，经过百十来年的推广，产地已遍及大江南北。到了晚清，花生也就变成大众化的廉价干果。民初冯问田在《丙寅天津竹枝词》中写道："人参果即落花生，丁氏糖堆久得名；咏物拈来好诗句，东门之栗本天成。"人参果已降贵纡尊，与炒栗子一样了。

图一：串街小贩挎着一个大竹筐，左手拿着一柄响铜，右手操一铁棍，轻轻一划，铁铜便发出噌噌的响声，一听便知是卖花生的来了。[1904年]日本村井兄弟商会社设计出品的烟画。

卖 雪 花 酪

Snowflake cheese seller / アイスクリーム屋

三伏酷暑来一盏
——〔民国·老北京儿歌〕

酸梅汤、雪花酪，冰盘藕片凉粉罩；
三伏酷暑来一盏，浑身爽快胜冰窖。

这是一首旧日老北京的儿歌。歌中唱到的酸梅汤、雪花酪、藕片、凉粉，都是人们喜爱的夏日小吃。唯有雪花酪，现在已见不到了，只剩下老人们的叨念。

在清季末年，西人已把咖啡、啤酒、汽水、冰淇淋引进了中国，但那都是在租界地和高级的西餐厅里才有供应，如红房子、起士林。只有那些有钱的大小姐、公子哥才能去享受这些时髦之物。

旧社会，穷人孩子没有钱，缺嘴吃。伏天儿热得叫人发昏，都想吃口凉的，但冰激凌是吃不起的。就有人想出了这么个主意，制造"土法冰激凌"。冬天从永定河上凿出来的大块浮冰，用草席包裹放入地窖，藏了一个冬天。到了夏天时取出来，用一种特制的冰刨，压在冰上，用力反反复复地刨下一盘盘的白冰渣，在冰渣上，再兑上鸡蛋清、山楂汁，最后再撒上几片京糕、几枚果脯，就算制成了。因为模样白白的，吃起来还有些奶油味，有学问的旗人给它起了个名字，叫雪花酪。

酪应该是乳膏类制品，本与上述的冷食无关。正因为内中加了鸡蛋清，则呈奶乳味；且它的形状外观颇似积雪，因之得此雅称。

笔者儿时，曾在东琉璃厂的一个小店里吃过这种小吃。一只六寸平底儿蓝边儿的白瓷盘，中间一小堆白冰渣儿，上面浇着粉红色的果汁，还摆着两片黄色的桔子瓣儿，显得特别好看。送进口里，霎时浸得舌尖唇齿冰凉，顿时暑气全消，酸甜适口，好不快哉。它的价钱特别便宜，也就是一碗粥钱。只是，所用冰块已不再是天然冰，因为那是不干净、不卫生的。经卫生局严令，已改用沸水冷制的"人造冰"了。到20世纪50年代，也就没有雪花酪这一称谓，尽呼"刨冰"了。刨冰上边不再兑鸡蛋清，也不放果脯了。

走街串巷卖雪花酪的小贩，他们另有制法。《刘叶秋讲北京》一书中写道："雪花酪，即一种低级的冰激凌之类。制时用大木桶，内置碎冰，上放铁桶，以绳系其腰，左右旋转之，其中原料因摇动冰冻而成屑状，略如今日冷食店所售之'冰霜'。

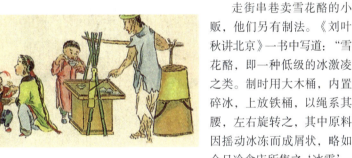

图一

自炎日之下走来，进此一杯，燥渴顿止，小儿辈尤喜之。"夏天卖冰酪的在胡同的绿槐荫下，歇着红木漆的担子，手扶了扁担，吆喝着：

冰激凌，雪花酪，
桂花糖，搁的多，
又甜又凉又解渴。

不一会儿，就招来了一大堆孩子，把个担子围得风雨不透，成了街头一景，饶有趣味。

图一：卖雪花酪（烟画）。[1904年]日本村井兄弟商会社设计出品。

雪花酪即一种低级的冰激凌之类。制时用大木桶内置碎冰，上放铁桶，以绳系其腰，左右旋转之，其中原料因摇动冰冻而成屑状，略如今日冷食店所售之"冰霜"。

卖　冷　饮

Cold drinks seller/ 冷たい飲み物屋

胜似卢仝七碗茶

——〔清·杨米人《都门竹枝词》〕

图一

兰陵笑笑生在《金瓶梅词话》中，多次描写了西门庆在暑天吃冷食、冷饮的情节，不管是水果、茶、酒等等，都要用冰或是冷水"湃湃"再用。为的是消渴、解暑，别有一番享受。

例如在第二十七回中，就有三处之多。潘金莲对西门庆说："把这梅汤放在冰内湃着你吃。"还指使春梅说："有梅汤提一壶来，放在这冰盘内湃着。"丫环"秋菊掇着果盒，盒子上一碗水湃的果子"。

图二

又如《红楼梦》第三十一回中，写道："才刚鸳鸯送了好些果子来，都湃在那水晶缸里呢，叫他们打发你吃。"可知，古代的富裕之家，在溽暑之际都喜爱喝冷饮、吃冷食。

"湃"这个字是个动词，指把东西放在冷水或冰块里，使之变凉。是古代保存食物或吃冷鲜的一个好办法。"湃"字后来演化为"镇"字，冰镇汽水、冰镇酸梅汤种种，都成了大众饮品。

近代市面上的冷饮摊，多是从茶水摊变化而来的。蒲松龄为了写《聊斋》，每天在村头柳荫之下摆个小小的冷茶摊，招待来来往往的行人。从歇脚闲聊之中，就得到了不少故事素材，为这部奇书增添不少传奇色彩。

清朝末年，从宫里传出了一个秘方，是用乌梅、桂花和蔗糖调配恰当，微火烹熬一天一夜，出锅冰镇之后饮用，酸甜可口，冰凉润喉。喝完清心

食

润肺，消渴祛暑。滋味大概比西门庆时代的梅汤更进了一步。一时间，"冰镇酸梅汤"名冠京师。不仅出现了很多的"酸梅汤"摊，紧挨着海王村公园的东琉璃厂，还出了一个挂金字招牌的"信远斋"，专以制作酸梅汤称著北京。

民初，又有人发明了"冰镇薄荷水"，也颇时髦，流行四域。薄荷，是一种中草药。发明人也费了一番心思，调入茯苓、杜仲、砂糖、杏仁等原料，用适当的火候，褪尽令人不快的药性味儿。饮之，口舌生津、燥汗顿消。而且，作用持久，醒目安神，妇孺皆宜，老幼欢迎。这样，专卖薄荷水的冷饮摊，也纷纷出现，一起来凑热闹。

这些饮品的面市，抢了不少大碗茶的生意。清代杨米人的《都门竹枝词》称："晚凉一盏冰梅水，胜似卢同七碗茶。"

另外，由于五口通商，穗、沪开埠，洋人入境，欧风东渐。外国饮品，如气泡酒、苏打水、矿泉水、汽水也相继进入各租界内的酒店、咖啡馆和小吃店。这些饮品新颖时髦，也渐为上层华人接受。

到了光绪末年，市井开始仿制，用糖精、色精、味精调和成"三精水"，来冒充"洋汽水"堂皇登场。洋人酒吧用的保温水箱、电镀吊瓶花篮、洋汽水瓶，也都摆上街头小摊，小贩用这些新鲜物招徕顾客。有好事者，曾做了一首《竹枝词》嘲之曰：

凉茶梅汤薄荷冰，四城庙会叫声频；

近来又添洋汽水，喝到肚里气不通。

因为仿制汽水的人，还不懂如何使饮料中产生二氧化碳，用以排除胸腔的暑气。若是走了一身汗，马上再灌一肚子凉水，只图一时痛快，事后，胃里可就舒服不了了。

图一：卖酸梅汤。[清]无名氏绘，选自《北京民间风俗百图》。

图二：卖凉茶、酸梅汤。[清]孙继绘。

图三：清末市井小贩在暑天售卖"冰镇薄荷水"。[1905年]英美烟公司设计出品的烟画。

卖　　　冰

Ice seller/ 冰屋

满市敲冰似断金
————〔清·何芬《燕台竹枝词》〕

图一

民初大儒姚华先生有《八声甘州》词，专门描写了清末民初时行走在北京的送冰车。他在上半阕中写道：

向幽都，捕得冷风回，结成气崔嵬。
斗骄阳如火，神寒骨重，销也难灰。
买夏年年有价，过处惹蝇猜。
不惜推移力，送与凉来。

北京这个地方是夏热冬寒、四季分明。那真是"热时节，好似蒸笼里卧；冷时节，好似冰凌上坐"。酷暑时节，天上烈日荼毒，人们热得无处躲藏，猛然间有人"不惜推移力，送与凉来"，这是何等地令人欢愉啊！

那时的冰车也是一行生意。贩冰的人都是城市里的贫民。每到盛夏，他们便拉着一辆破架子车或平板车，用一些小小的本钱，到什刹海或北海的冰窖里趸来一方方的天然冰块，推到市井中叫卖。买冰的也均是城里普通的平民百姓。那时家没有冰箱，为了消暑，家境富裕一些的买块大冰，放在大木桶里散散热。冰上还可以镇镇西瓜、苹果、梨桃之类，供全家饭后享用。穷苦的人则买些小块的冰，敲得粉碎，撒上些糖当冰激凌，给孩子们冰冰心、甜甜嘴。

卖冰的手里握着一把凿子、一把锤子，根据买冰人出钱的多少来开凿冰块的大小。如同割金断银一样，锱铢计较。清人何芬有《燕台竹枝词》写道：

满市敲冰似断金，虫虫暑气变阴森；
热衷到此都如灸，些子清凉沁客心。

为了解决北京夏日的炎热，清军入关之后，怀柔汉人，特别制订有皇家舍冰的制度。就是在每年的夏季三伏，由皇家出资在北京几个商贾云聚、行人熙攘的重要街道，如珠市口、骡马市、花市、东单牌楼、西单牌楼，高搭席棚，内置条凳，凳上放大木桶，木桶盛凉水，水上置冰一大块。棚上挂黄布，写"皇恩浩荡，民间施舍"，写"普结良缘"，为往来之人止渴，分文不取。当年这一措施对预防行人发痧中暑，也是颇有裨益的事情。此俗行之有二百多年，在清代无名氏所绘《北京民间风俗百图》中，还有对这件事的记述。

清朝末年，政治腐败，纲常失序，这些成例也就逐渐废弛。据说仅在这项公益事业上，积弊相当严重。太监们以三伏用冰之由多报冒领、中饱私囊，每年开支纹银三千两之多。大概到了光绪初年，皇家舍冰之事就不再施行。正因如此，民间贮冰、卖冰才流行起来。

图二

图一：冰车。[民国]陈师曾绘。

每到盛夏，卖冰的便拉着一辆破架子车或平板车，到什刹海或北海的冰窖里趸来一方方的天然冰块，推到市井中叫卖。

图二：皇室赐冰图。[清]无名氏绘。

棚中大木桶盛有凉水，水上置冰一大块。棚上挂黄布四块，写"皇恩浩荡"，为往来之人止渴，分文不取。

卖　　水

Water seller/ 水屋

下磨脚底上磨肩
　　　　——〔清《图画日报》刊《竹枝词》〕

　　老北京有一个家喻户晓的传说，叫《高亮赶水》。故事讲的是：刘伯温修北京城的时候，城里的水是甜的，城外的水全是苦的，叫做"苦海"。因为名称不吉利，而且苦水不能喝，也没有用处，刘伯温便调集民工，把城外的"苦海"用土填死。这样一来，原先住在"苦海"里的龙王爷、龙王奶奶，可就无处居住了。他们一怒之下，一个变成了老翁，一个变成了老婆婆。他俩用独轮车和两只水桶，趁夜静无人之时，把城里的甜水盛入左桶，城外的苦水盛入右桶，挂在独轮车的两边。老头推，老婆拉着，就往西山走去。

　　天亮的时候，人们发现井里、河里一丁点儿水都没有了。连忙报告给宰相刘伯温。刘伯温掐指一算，知是龙王夫妇作怪，连忙吩咐守城的大将高亮带兵去追。行前，刘伯温一再嘱

图一

附高亮："追上之后，要刺破车上的左桶。跑回城中之前，千万不可回头。"

　　高亮受命，带领一队人马从西直门追了出去。没有多远，就赶上了这对翁姬。高亮二话不说，举枪便刺。老翁一躲闪，高亮竟把右桶刺翻，苦水流了出来。高亮依照刘伯温之言，掉转马头就向城里跑。到了西直门前，守城的兵卒连忙把城门打开。待人马进了城，断后的高亮听得身后波涛汹涌，声如雷霆，势如万马奔腾一般，禁不住回首一望。可不好了，但见滔滔大水铺天盖地而来。高亮不及进城，便丧生于波涛之中。苦水亦随之流入城里。而那一桶甜水，则被龙王夫妇弃于玉泉山下。人们为了纪念高亮，就在西直门外的河上，修了一座桥，命名为"高亮桥"，一直叫到现在。

　　水，固然被追了回来，但城里的

食

水全是苦的。只有玉泉山的水是甜的。所以，明清两代皇室，不吃城里的水，只喝玉泉山的甜水。乾隆皇帝还册封这股甜水为"天下第一泉"。

其实，这些都是牵强附会的传说而已。老北京城的井水原是很多，随着老地名传至而今的王府井、四眼井、柳树井、甜水井等，都是指当地的水井而言的。因开掘的深浅不同，地段不同，水质各异，确有甜苦之分。因此，城里就出现了卖水这一行当。自明代以来，甜水井都有水头占管。水头儿管水行卖水。水行有挑夫，专向买水吃的人家供水。买水户需预先购买水牌，月底再一总结账。

卖水人用的水车、水箱、水桶皆为木制，十分笨重。装满甜水的水车，走在泥泞的街上，吱吱扭扭，叫得烦人。卖水的挑夫最是辛苦，他们收入微薄，难以糊口养家。而且因为终日挑水所致，腿脚永远是湿漉漉的。一到冬天，冰天雪地，挑夫双足冻得赤红糜烂，令人惨不忍睹。清末有《竹枝词》描写

得颇为真切：

　　水夫挑水真可怜，下磨脚底上磨肩；
　　脚底欲穿肩欲肿，只为要寻糊口钱。
　　不料各处近有自来水，不必挑水水自至；
　　看来水夫从此须弃行，靠水吃水不济事。

我国的自来水出现于 1875 年。是英国人华脱司在上海杨树浦开办了第一家自来水厂。北京的京师自来水股份公司始创于 1908 年。但当时，这种自来水还是依赖卖水的水夫们，将水一桶桶地分销出去。一直到 20 世纪 50 年代，自来水管安进了千家万户时，卖水这一行才退出历史舞台。

图一：卖水人的水车、水箱、水桶皆为木制的，十分笨重。[1905 年] 英美烟公司设计出品的烟画。

图二：卖水人。[清] 方薰绘。

图三：民国时期卖水人的老照片。

卖 西 瓜

Water melon seller/ スイカ屋

沿街大块叫西瓜
——〔清·杨米人《都门竹枝词》〕

图二

一到伏天，西瓜就上市了。黄瓤儿的、白瓤儿的、红瓤儿的；有籽儿的、无籽儿的；大个儿的、小个儿的，多种多样，应有尽有。如今，种植技术发达了，优良品种的西瓜越来越普及，西瓜生产打破了季节的限制，一年四季都可以在市场上选购成熟的西瓜。

但在旧时，西瓜品种与今日截然不同。出名的只有黑蹦筋儿、大三白、绿花儿皮等几种。虽说北京以庞各庄、沙河、怀柔等地出产的西瓜最有声誉，但也多是皮厚、肉绵。特别沙口的，价钱也就贵得多了。而且，面市也就是一个暑季，一过八月节，西瓜就拉秧了。

西瓜上市时，小贩们从瓜市上趸来货，在街头巷尾摆摊售卖。西瓜摊是有讲究的，小贩用两条板凳支起两块铺板。板上铺上一块蓝布，湔上清水，把整个儿的西瓜切成大小相同的三角块，整齐地摆在蓝布上叫卖："吃来吧——，大块儿糖——"

高级一些的，摊上摆着一只大盆，有的是大木盆，有的是白铁皮盆，盆中央放有一大块从冰窖里趸来的天然冰，把切好的西瓜，一瓤一瓤地摆在冰上，镇得冰凉。当然，价钱也就要贵一些。烈日当空之时，此物很受人们欢迎。清代

图一

净香居主人杨米人在《都门竹枝词》中写道:

卖酪人来冷透牙,沿街大块叫西瓜;
晚凉一盏冰梅水,胜似卢同七碗茶。

诗中将西瓜与奶酪、酸梅汤比美,是消暑的绝佳妙品。

另外,还有一种推车叫卖西瓜的商贩,他们把西瓜装满筐,走街串巷的论个儿卖。交易时却有个规矩,凡委托小贩代选的西瓜,买回去要是不熟的话,可以拿回来调换。如果是顾客自己挑选的西瓜,即使是生的,也是不能再调换了。

西瓜是葫芦科植物。果实大,汁多瓤甜。医书称瓜皮、瓜汁为"西瓜翠衣",是可以入药的。陶弘景注本草时,在瓜蒂一项中提到:"永嘉有寒瓜甚大,可藏至春者。"李时珍认为,这里所指的寒瓜就是西瓜。又说在五代之前,瓜种已被引入浙东种植,但无西瓜之名。这是因为它还未遍及中国的缘故。

按照《胡峤陷虏记》的记载:"峤征回纥,得此种归,名曰西瓜。"由此推之,西瓜是从五代开始入中国,今则南北皆有。因为这种瓜性寒而名寒瓜。又因为它自西方而来,故称西瓜。西瓜之名出自元、明间刊行的《日用本草》《食疗本草》等古籍当中。

还有一种说法称,这种瓜原本产自新疆一带。汉代张骞出使西域十多年,归来时带回了葡萄、西瓜等物产,用来贡献给汉武帝。汉武帝食用此瓜甚觉可口,但当时尚无名称。汉武帝见其来自西域,遂赐名西瓜。

图一:西瓜摊(烟画)。[1905年]英美烟公司设计出品。小贩把整个儿的西瓜切成大小相同的三角块,叫卖着:"吃来吧——大块儿糖——"
图二:卖西瓜。[清]孙继绘。
图三:西瓜摊。[清]无名氏绘,选自《北京民间风俗百图》。

图三

卖冰糖葫芦

Candied cherry stick/ 冰砂糖フウルウ屋台

约略甜酸辨味知
——〔清·查揆《燕台口号一百首》〕

山楂开胃又消食，只恨味酸不好吃。
一有饴糖偏觉甜，况复价廉真买的。
山楂颗颗似红顶，穿成串串成极品。
岂是近多卖官买爵人，红顶累累卖不尽。

这首清人写冰糖葫芦的《竹枝词》，用红山楂比喻清朝官员们簪戴花翎的珊瑚宝珠的红缨官帽，沽售不尽，来讽刺卖官鬻爵的腐败政治，令人捧腹不禁。这首诗讲到山楂的好处，确实也是实实在在的。成串的山楂沾成冰糖葫芦，晶莹可爱，酸甜适口，是老北京的一种传统吃食。

清末敦崇著的《燕京岁时记》中记载："冰糖葫芦系以竹串串起葡萄、山药豆、海棠果、山里红等，浸在冰砂糖中做成的甜食，柔润香甜，冬夜食之，可防瓦斯中毒。"

瓦斯即煤气，吃冰糖葫芦可以防止中煤气，其中科学性有多少尚有待研究。但山楂实有药用性能。山楂，又名红果、山里红、赤爪子。在植物学

图一

中属蔷薇科，落叶乔木。产于山东、辽宁、河北、河南等山坡地带。北京的山楂，则以密云和燕山山脉出产的最好。中医学称：山楂可以消积、化滞、行瘀。主治饮食积滞、胸腹痞满、疝气、血瘀闭经等症。所以，人们称山楂是有益的果品。冰糖葫芦更是物美价廉的好东西。

北京人吃糖葫芦起源于清代，大概是满人入关带进来的吃法。又因旗人喜食，遂成一时之俗。曹禺先生的名剧《北京人》中，描述曾老太爷家客厅正中的条案上，永远要摆上一盘冰糖葫芦，不在于吃不吃，而是一种陈设之物。此俗在北京大户人家十分盛行，几乎"日日不可无此君"，自有小食店送进宅门。

而小户人家，则现吃现买。如这张烟画所绘，小贩将沾好的糖葫芦，排列在一个托筐内，沿街叫卖。也有肩扛草把的，草把上插满了沾好的糖葫芦。还有的小贩是担着一个挑子，一头挑着串好的山楂和原料工具等，另一头有一小火炉，炉上置有熬糖

食

的小平锅，锅中熬好糖稀，把串好的山楂现沾现卖。

旧日西单、东单、王府井则有代卖糖葫芦的铺店，最有名的有稻香村、又一村糕点铺。

过新年时，琉璃厂、隆福寺、护国寺、白云观、朝阳门外的东岳庙，卖冰糖葫芦的小贩最多。有的糖葫芦三尺多长，顶头还饰有小旗，儿童们扛在肩上，走起路来神气十足，不可一世。还有的小贩，把山楂用麻绳穿成一串，足有二三斤，绕在脖子上，像鲁智深胸前的佛珠一般。这种山楂果绵软沙口，酸中带甜，很受人们欢迎。正如《燕台口号一百首》中所说：

约略甜酸辨味知，便充药裹亦相宜。

穿来不合牟尼数，却挂当胸红果儿。

山楂还可以制成山楂糕、山楂片、山楂粉、山楂面等各色小食品。亦可以用来熬制饮品，解渴生津，消痰化瘀。

图二

图三

图一：小贩将沾好的糖葫芦，排列在一托筐内，沿街叫卖。[1905年]英美烟公司设计出品的烟画。

图二：也有肩扛草把的，草把上插满了沾好的糖葫芦。[清]孙继绘。

图三：北京厂甸的糖葫芦又大又长，有长约三尺者。买者高高擎之，也是年节时独特的一景。[民国]陈师曾绘。

卖 山 野 菜

Wild Vegitables seller/ 山野菜屋

嫩拌香椿尝海蟹

——〔清 · 樊彬《津门小令》〕

卖山野菜，这也是清季、民国时期老北京独有的很特别的一个行当。

老北京身为皇都，是天子脚下的一方沃土。官宦集居，商贾云聚。不仅多钟鸣鼎食的富户，一般平民也尽是衣食饱满的小康人家。孔老夫子关于饮食方面的教训是“食不厌精，脍不厌细”，在太平盛世一向贯彻得是很彻底的。尤其，清朝在旗之人，吃着国家的俸禄，饱食终日，无所事事。琢磨吃，成了日常功课之一。平日里山珍海味、时蔬鱼肉皆已尝遍。于是，这脑筋就动到了乡村山野、溪谷沟壑当中去了。

野地里长的马齿苋、龙须菜、苋菜、芦笋、苜蓿根、跟头菜；山上长的香椿芽、紫荆芽；池边新柳的嫩芽，垣间榆树的新钱儿，篱畔紫藤的藤花儿等等，皆可依时令采之烹饪，蒸饼做菜，也是一种尝鲜儿。对城里人来说，自然是件十分新鲜惬意的事情。樊彬的《津门小令》中有“嫩拌香椿尝海蟹，凉生苦荬食河豚，春晚佐芳樽”的诗句。应时的香椿、苦荬菜都是“高档蔬品”。

头脑活泛的小贩，就依时依令地做起这道生意。新春到来，三四月份，便将上述的乡间之物趸来，到城里喝卖。口里喊的是“尝鲜儿”，人们都叫他们是卖山野菜的。这行小贩与别人不同，虽说也是提筐挑担，但衣着穿戴十分齐整，蓝布衣褂、青洒鞋、白鞋底儿，挑子里的山蔬野菜，虽说不值钱，但它的销售对象是大宅门，卖得贵，能赚钱。赚这道钱，就先得仪容得体，不招人讨厌。

人们买得这些野蔬，用香椿芽炒鸡蛋、拌面筋，嫩柳芽儿拌豆腐，芦笋烩鲫花，青葱炒面条鱼，清香可口，绝对是应时妙品。另外，用嫩榆钱和面蒸甜饼，用藤萝花蒸发糕，用玫瑰花制作玫瑰饼，无一不是美味佳肴。到了夏天，用荷叶闷粥；秋天用菊花做火锅，更是入品的名食。

在清代的著述中，这些野蔬还挂上了名牌，如天坛的龙须菜、二闸的柳芽儿、密云的紫荆都是名冠京师。最突出的还有房山潭柘寺的香椿芽，满山的香椿树给寺里带来莫大的收益。寺中的僧众不仅春日兜卖鲜香椿芽。还组成专门的人马，上山采摘，把香椿捆成束放入缸内腌制。秋后出缸，芳香四溢，批发进城，声势压倒“六必居”。

上古传说，神农氏遍尝百草，优选出蔬菜五谷，让子民终生受用。上述野菜，大概是不具备

食

入选标准而弃之另册。然而，村夫村妇在多年的
生产实践中，或是经灾历难、饥不择食之中，发
现了它们的优点。这样，也就得以纳入编外的时
蔬了。

古人对这些野蔬的可食性，也曾做过认真的
研究。明代开国皇帝朱元璋的第五个儿子朱橚，
就专心于此，曾撰写过一部《救荒本草》，刊行
于永乐四年（1406）。他搜集了草本野蔬无数，
种植在自己的花园内，亲自观察遴选了414种可
食、无害的品种，命人绘图刊刻，成书出版。书
中注明了它们的产地、性能以及可食部分和食用
方法。不仅是一部济世良书，也是古代的一部野
生植物学的专著。

图一：卖山野菜（烟画）。[1905年]英美烟公司设计出品。

这行小贩与别人不同，虽说也是提筐挑担，但衣着
穿戴十分齐整，蓝布衣褂、青洒鞋、白鞋底儿，挑子里
的山蔬野菜，虽说不值钱，但它的销售对象是大宅门，
卖得贵，能赚钱。赚这道钱，就先得仪容得体，不招人
讨厌。

卖　鲜　藕

Lotus root seller/ 莲根屋

藕丝菱片拌冰盘

——〔清·查揆《燕台口号一百首》〕

图一

藕是荷花的根，形状为腹中多孔的节茎。春日，将藕埋种于池塘的淤泥之中，不久会从藕节间生出茎叶伸出水面，长出荷叶，开出荷花。荷花端庄鲜艳，玉立临风，故有"出污泥而不染"之誉。

荷通体入药。莲蓬，能消瘀止血；莲子，可健脾止泻；莲子的胚心，可以清心明目；莲须，可以止涩固精；荷叶可清暑热；藕节儿，可以止血生精；淤泥之中的藕，则可通心理肺、消暑去燥，也可以入厨做菜，是营养丰厚的蔬果。

仲夏，白莲藕长成。从泥中采出、洗净，白嫩嫩肥美清香。生食，可切成薄片，拌上玫瑰、白糖，

吃在嘴里清爽适口；炎夏天气，细细品尝，真是绝妙佳品。清查揆撰《燕台口号一百首》中有诗赞曰：

据钱小聚足盘桓，消暑还须点食单；

水果不嫌南产贵，藕丝菱片拌冰盘。

这种嫩藕在采集的时候，必须断荷毁花，才能保证它的鲜嫩，故而价值很贵。旧日多在水果店中有卖。小贩在摊上放置一个大大的冰盘，摆上雪白的嫩藕，藕身上盖上白布，还要不时地洒水，以保证它的水分。这种蔬果，在清季多是讲究的旗人购买。而今，市场上已不见了。

待荷花盛开之后，采下的藕，多是由菜农、小贩挑入市井去卖。上市早的还能卖个好价钱，为的是"尝先儿"。待秋后荷花败落，再行采摘的藕就老了。此时的藕，便不值钱，变成大堆儿搓着卖了。

人们把藕买回去当菜蔬食用的做法很多。如炒

食

藕丝、藕片，溜藕丁等，更有特色的是炸藕盒和糯米藕。

炸藕盒是北方的吃法。把鲜藕切片，每两片的中间，夹上调好的肉馅，外面沾上蛋清儿面糊，放入油锅，用文火煎炸，待其变黄，捞出，摆放在盘中，趁热食之，是绝好的酒菜。

糯米藕则是南方的食法。将用水发好的糯米，加入肉馅，而后填入藕中的茎孔之中，塞满后，放入蒸锅用大火蒸。蒸熟后，再放凉存放。吃的时候，切成薄片，码入盘中，再撒上香菜，也是一款美味佳肴。

藕还可以制成藕粉，食时调入桂花、白糖，用开水一冲，顿时一碗透明如冻儿、清香四溢的藕粉糊呈现面前。西湖藕粉品质上乘，是名冠全国的妙品。

挑担卖藕的小贩一般还带卖莲蓬、莲子。莲子剥开与米合煮，是谓莲子粥，也是人们喜食之物。待荷败秋凉之后，把完整的荷叶采下来积攒整齐，卖到肉铺里，用以包裹鲜肉、肉馅，也是贩藕小贩的一路生意。

图一：待荷花盛开之后，采下的藕多是由菜农、小贩挑入市井去卖。上市早的还能卖个好价钱，为的是"尝先儿"。[1905年]英美烟公司设计出品的烟画。

图二：上市晚的藕就老了，而且多了，也就不值钱了。小贩忙着推销贱卖。[1905年]英美烟公司设计出品的烟画。

图三：农人卖藕图。[清]方薰绘。

转 糖 摊

Candy-making booth/ ルーレット屋

我的生意不开口

——〔清·嵩山道人《竹枝词》〕

图一

　　笔者清楚地记得，在北京上小学的时候，每当下学，在胡同口靠北墙的一侧常年摆着一个转糖摊，一个白胡子老头总招呼着小孩子们来玩转糖。

　　转糖摊不高，是一个大圆木盘子平放在尺来高的筐子上。木盘上自中心向外划分着大小不等的许多格子。格子有宽有窄，每个格子里面分别摆放着各色糖果和小玩物，如洋画片、橡皮、铅笔或是糖球等等。当然，还有许多不放东西的空格。盘子中心支着一根木杆，杆上顶着一根横杆，横杆一头是摇把儿，另一头用线悬垂着一根大钢针。小孩子花上一分钱就可以转一次。一摇把手儿，那枚钢针就随之转了起来，眼睁睁看着钢针停在哪一个小格子上。若这一个格子中摆着东西，便可把这个东西取走，算是赢了。如果停在空格上，那就自认倒霉，算是输了。每次转糖时那种希冀、紧张的感觉，至今依然十分真切。

　　清代嵩山道人有首《竹枝词》写得好：

　　我的生意不开口，主客走来自动手；

　　针头转在条子上，包你吃个糖绣球。

　　转糖是一种有趣的小生意，在诱发儿童占有欲的心理之际，赚取些小小的利润。小童们以转糖摊上的那根悬针来赚取小吃食、小玩意儿，也是很不容易的。因为那根悬着的钢针，从来不随人意，大多十发九空。时人有《竹枝词》嘲之：

　　挑副转糖担，吃碗甜来饭。

　　十转倒有九转空，不是太快便太慢。

　　转糖生意虽然小，但仍然是很受儿童们的欢迎。清末上海随《申报》附送的《点石斋画报》上，曾绘有这类转糖摊的图画，并在画上揭发这种生意对儿童的欺骗性。

食

图二

筹丢在北面。最后，由计数的人根据双方在南、北两地所有竹筹的多少，来计算胜负。

及至宋代，这种原本是知识分子文绉绉的游戏，就被小商人利用，变成一种掷箭获糖的小生意。沈三曾在他撰写的《因话录》中写道：

> 都下卖糖者，作一圆盘，可三尺许，其上画禽鸟杂物之状数百枚，长不过半寸，阔如小指，甚小者只有两豆许。鸟之有足，弓之有弦，纤悉琐细，大略皆如此类。以针做箭，而别以五色之羽，旋其盘。买者投一钱，取箭射之，中者得糖。

可见，这种小生意已有七八百年的历史。它与转糖摊之间的区别，一个是竖掷，一个是平转；一个是大人的游戏，一个是儿童的游戏。比较之下，平转要比竖掷安全得多了。

图一：转糖（烟画）。[1900年]英国烟公司设计出品。

图二：转糖摊。[清]《点石斋画报》所刊插图。

转糖是一种有趣的小生意，在诱发儿童占有欲的心理之际，赚取些小的利润。

图三：转糖摊。[清]嵩山道人绘。

清代《竹枝词》写得好："我的生意不开口，主客走来自动手；针头转在条子上，包你吃个糖绣球。"

转糖这一形式考证起来还颇有来历，是从古代投壶、射覆一类的游戏中变化而来。唐人李商隐的《无题》诗中有"分曹射覆蜡灯红"之句。当时的人们是用瓯盂将一种或数种物品一一盖将起来，用掷子之属认定瓯盂，再由参与人来猜测瓯中所藏之物。《汉书·东方朔传》中，对这种游戏有着详细的记述。后来，射覆这种形式演变为酒令和灯谜的另一种形式。

投壶，则是将一只瓶型的壶，摆在离座席七尺的台阶上。宾主依次用箭，在同样的距离向壶中投掷，中者为胜，罚不中者饮酒。按照《礼记》所说：投壶时，有专管计数的人面东而立，如果主人投中一次，就从装着计数用的器皿里抽出一支竹筹，丢在南面；如果客人投中一次，就把竹

图三

小 磨 香 油

Sesame oil seller/ ごま油屋

一挑湖海金线落

〔清·民间顺口溜〕

图一

小磨香油是深受人们欢迎的一种植物油，具有
独特的色、香、味，可炒菜调汤，长期食用益寿延
年。小磨香油的制作方法很特殊，是用水代法加工
制取的。这种方法是用油料中非油物质对水和油的
亲和力不同，以及油与水的比重不同，经过轧、压、
捶、荡等一系列工艺过程，将油脂和亲水性的蛋白
质分离开来。在水代法制油的整个工艺过程中，浸
泡炒籽、磨酱和兑浆搅油是三个主要环节，其中兑
浆搅油是关键工序，也是分辨是不是小磨香油的主
要根据。这样磨出来的芝麻油为棕红色，口感滑利，

香味浓郁。图中所画的就是民间制作小磨香油的典
型状况：

一条毛驴一盘磨，两个油锤一只锅；
半夜三更转乾坤，一挑湖海金线落。

这四句顺口溜，是早年间卖油
的小贩们嘴里常哼哼的词语。他们
从油坊里挑出油，前边一桶是小磨
香油，后边一桶则为豆油或菜籽油。
他们称香油为湖、素油为海，每日
走街串巷，敲打着一副木梆子，高
喝"卖油喽——"。于是，主妇厨
娘纷纷走出买油，以供烹调之用。

从来油都是比较贵重的，在买
与卖中，市井妇人是锱铢计较的。
图三是清末出品的一枚烟画，卖油

图二

76

食

图三

的在用油栀子如吊线儿一般在小心地倒油。买油的妇人在聚精会神地看着油线。惟妙惟肖之态，使人忍俊不禁。

明代冯梦龙的《醒世恒言》中，有一篇《卖油郎独占花魁女》，文中描写了一位挑担贩油的小贩——卖油郎的故事。我们姑且把卖油郎秦重与花魁女的恋情放在一边儿，而文中王老十油坊的模样、经营方式都一一写得明白，也反映出明代民间油坊的轮廓。但其所卖的是否是香油，文中并未提及。

小磨香油出现的历史并不长，大约四百年左右的历史。在明末的一些地方志书，如《邯郸志》、《武清县志》之中，才正经八百地提及香油。

图一：磨香油。[清]《图画日报》插图。

"一条毛驴一盘磨，两个油锤一只锅；半夜三更转乾坤，一挑湖海金线落。"这四句顺口溜，是早年间卖油的小贩们嘴里常哼哼的词语。

图二：磨香油（烟画）。[1905年]英美烟公司设计出品。

图三：卖香油（烟画）。[1905年]英美烟公司设计出品。

卖油的在用油栀子如吊线儿一般在小心地倒油。买油的妇人在聚精会神地看着油线。

换 馍 做 酱

Catsup making with steamed bread

味噌（残り物から作る）屋

调和金鼎重盐梅

——〔清·天源酱园楹联〕

　　一位曾出使中国、朝见过大清皇帝的英国人，在他的一篇回忆录中写道：他每次拜见皇帝路过南书房的走廊时，总会闻到一种黏乎乎、热烘烘、腐败刺鼻的气味，也分不清是什么东西发出的。只是看到廊子的两厢，贴墙根儿排列着一溜儿密封着的坛子。后来，私下里向汉人官员打听，方知道坛子里装的是一种用面食发酵的东方食品，叫作"酱"。当年，朝臣们也都很奇怪，偌大的皇宫，为什么把厨房的东西供放在皇室办公的必经之路上呢？但是，谁也不敢去问，一任太监们所为。可见，当时朝政之腐败。

　　民俗学者齐如山先生称，宫里这一奇景叫作"克食做酱"。他在一篇文章中说："清宫祭祀所供之物及饽饽等，分赏众人，皆曰克食。太监得赐太多，吃不消，乃用以做酱，气味极佳。其做法与商家做甜面酱同，但味则香厚多矣。用以送礼，得者珍之。余常得数器，以之做菜，实较它酱为佳。"

　　用麦、豆及面制品经发酵后制成面酱，是我国古代在饮食方面的一项发明。《周礼·天官》记载："凡王之馈，酱用百二十瓮。"酱，是庖厨、馈赠的重要之物。迄今至少已有二千五百多年的历

史了。

　　郑玄在注疏《周礼》时，解释酱亦"谓醯、谓醢也"。醯，是醋；醢，是一种肉酱。可见，最初酱字包含的内容很丰富。到了唐代，渐渐专指现在的豆、麦、面制品的酱了。自唐朝始，制酱的工艺由僧侣传到日本和朝鲜等地，成了东亚烹调中不可或缺的调味品之一。日本、韩国还进一步将其发展成"酱汤"，成了每餐不离之物。

　　酱的制作工艺，原是将豆、麦煮熟，拌入麦麸和酵母，加盐在烈日下曝晒，发酵，成饼状，放入瓮中，再进一步加工成酱。若是过滤榨汁，便制成酱油。齐如山先生所说的"克食做酱"，则是把制熟的面馍，直接发酵做酱，方法也就相对地简约了。因为用的原料是皇宫饽饽房中精制的糕点，做出的酱，当然味美甚佳。这是因为，原料本身就是高档的嘛！

　　民间的酱房，多挂有这样一副楹联，写的是：

　　储积玉钵浮芍药，

　　调和金鼎重盐梅。

　　口气之大，颇为可观。他们在制作上等的面酱和甜面酱时，也要在豆麦酱坯里面加入一些熟面食

食

制品，如剩馍、剩饽饽、剩饼、剩面条之类去沤酱。这样加工出来的酱，才味厚质细，受人欢迎。

然而，这类剩饽饽、剩饼之类的东西毕竟很少，如果酱房为了做酱而制作馍馍蒸饼，则又成本过高，得不偿失。因此，又为穷人开辟出这样一种行当，俗称"换馍做酱"。

这行人，左手挎一竹篮，篮中放些粗瓷盘碗，都是些不值钱的东西。用它来向民宅住户换取吃剩下的、放干了的或是发酸长毛了的剩饼剩馍。他们肩头背挎着一个大破口袋。凡换回来的吃食，统统装进口袋内。走街串巷，不辞辛苦，一日下来，收获也很可观。归家后，将这些"剩余物资"分类装筐，攒到一定程度，送到酱房，算是制酱原料。论斤多少，收取酬劳。

这一行人形如乞丐。与乞丐不同之处，是他们不空手乞讨残茶剩饭，而是以物易物，换取冷炙残羹，大小也算是种买卖。到了民国，制酱工艺有所进步，这一行也就消失不见了。

图一：换馍做酱 （烟画）。[1904年]日本村井兄弟商会社设计出品。

换馍做酱这一行到了民国便已消失了，唯清末在中国发行的这枚日本烟画上，还留有这一行的踪影。

切 薯 干

Potatoes cutting/ 干しさつま芋切り屋

饱啖残余未算冤

——〔民国·雷梦水《北京风俗杂咏》〕

甘薯，亦名白薯，南方俗称红苕，是人们常吃的一种根茎植物。

在城镇市井，处处都可以见到卖烤白薯和煮白薯的小贩。烤熟的白薯一出炉，喷香绵软，瓢如蜜蜡。冬日吃上一口，润喉果腹，其妙难以言述。尤其是入过窖、经过冬的红薯，更是宜烤宜煮。且物美价廉，是市井平民妇孺的天赐佳味。

甘薯引进中国的确切时间是在明朝万历二十一年，即1593年。我国20世纪60年代，在福建发现了一部重要的文献，是清代乾隆三十三年福州南台小桥"升尺堂书坊"刊行的两卷本《金薯传习录》，今收藏于福建省图书馆。书中写道：福建尚乐县人陈振龙，

图一

常到吕宋经商。他发现吕宋出产的甘薯味道甘美、产量特别高，就萌发了将其引种到中国的设想。但当时统治吕宋的西班牙总督有令，严禁薯苗外传。码头港口皆严格盘查。于是，陈振龙就先耐心地向当地农民学习种植白薯的方法。学成后，私带了种苗，把它们藏于船的夹壁仓内，一路上克服了重重困难，在海上漂泊了整整七天七夜，终于将薯苗带回福州。

他的儿子陈经纶向巡抚金学曾递禀，请求推广种植白薯。而金学曾并未重视这种新作物，只允陈氏父子自己种植。陈氏父子便在福州近郊选中了纱帽池边的一块空地，开始培苗播种。到了秋天，白薯的收

获十分丰富，一亩地能翻出大大小小的甘薯千斤之多，为乡间百姓传为奇闻。第二年，福州遭受大旱，农作物颗粒无收。眼看饥荒将至，这时，金巡抚想起了陈氏父子引种的甘薯，而且得知收获喜人，遂下令推广，以此物度荒。一年下来，果然成绩斐然，农人们以甘薯度过了灾年。事后，地方官绅们都迎奉拍马，为金巡抚树碑立传，将甘薯立名为"金薯"，功德全部记在了金巡抚的账上了，而陈氏父子反而遭到冷落。

后来，陈氏的裔孙陈世元曾带着一批同乡到了山东的古镇，推广试植甘薯，成效亦佳，深受当地农人的欢迎。从此，甘薯亦在北方广泛传播，成为主食品种之一。

甘薯不仅富有多种营养，健体益寿，还是一种祛病的良药。《本草纲目拾遗》中说，红薯能补中、和血、暖胃、肥五脏。《陆川本草》说，红薯能生津止渴，治热病口渴。红薯含有大量不易被消化酶破坏的纤维素和果胶，能刺激消化液分泌及肠胃蠕动，从而起到通便作用。李时珍的《本草纲目》记载，红薯有"补虚乏，益气力，健脾胃，强肾阴"的功效。"红薯蒸、切、晒、收，充作粮食，称做薯粮，使人长寿少疾"。

雷梦水辑《北京风俗杂咏》有诗咏之：

白薯传来自远番，无虞凶旱遍中原；
应知味美唯锅底，饱啖残余未算冤。

甘薯除了窖藏之外，将其切成条、片、晒干收藏，或是磨成粉面收藏亦可。因为工作量大，于是，乡间就出现了一种以切薯干为职业的行当。从业者，在秋季甘薯丰收时出现。一个人，肩扛一条长板凳。凳子的一头牢牢固定着一把小铡刀。这种小铡刀的柄把儿是竖着的，与刀背呈直角，便于操作人用手把握。切薯干的走乡串巷兜揽活计，遇有要切干晒晾的，放下条凳，骑坐上去，一手操铡，一手续薯，立马就干起来。切得的薯干薄厚均匀，宜晾宜晒。百十来斤甘薯，一会儿就切片完毕。所收费用，是以要切的薯堆大小计算，叫做"估堆儿不论斤"，

也是一种交易方式。

干这一行的人很专业，薯季一过，他们还管切笋片儿、切白芍，或到药厂药铺揽活，加工片剂等。后来，这种手工切片的工艺均为机械所代替，这帧一个世纪前的图画，应是一个图史证明了。

图一：切薯干的走乡串巷兜揽活计，遇有要切干晒晾的，放下条凳，骑坐上去，一手操铡，一手续薯，立马就干起来。切得的薯干薄厚均匀，宜晾宜晒，干净利落。[1904 年]日本村井兄弟商会社设计出品的烟画。

图二：以"切活"为生的人，切薯干、切笋干、切药材，都是这一行的活儿。[清]孙继绘。

图二

卖 茶 蛋

Tea-eggs seller/ お茶風味玉子屋

最怕不甜又不咸
——〔清·孙兰荪《竹枝词》〕

图一

养鸡生蛋，除食用外，用它换些零用钱，购盐买醋，是我国农村经济生活中的一大特点。鸡蛋的营养价值很高，有的地方称鸡蛋为白果，因为它含有多种维生素，中医、西医皆把它推荐为人人宜食的保健营养品，鼓励人们食用。鲜鸡蛋，无论是煎、炒、烹、炸，还是煮、卤、腌、蒸，各种吃法都对人有好处。其中用茶水卤制的鸡蛋口味独特，更受市井百姓的欢迎，作为可口的小吃历久不衰。清末有一首《竹枝词》写道：

五香茶叶蛋，有甜也有咸；

最怕不甜又不咸，烧得不好滋味淡。

淡而无味不好吃，廿文一个不值得；

应语卖蛋须改良，赶紧明朝换法则。

此词说的是茶鸡蛋，但语涉维新，一听，便是戊戌之后，讥讽变法改良的知识分子的口吻。

五香茶鸡蛋，既可冷食下酒，也可熟食下饭。更可以作为小吃、零嘴，晨为早点，晚为宵夜，不早不晚，随手打尖。无论是学子职员、贩夫走卒，途中腹饥，在路边买得一两只，顺手剥皮放入口中，其味鲜美，价格便宜，故世人皆啖之。据说，当过八十三天皇帝的袁世凯就最爱吃此物，几乎日日

不可无此君。而且一啖就是六七枚，否则不能尽兴。

国人用茶水卤蛋的历史很长久。此俗与古代预防暑夏疫病有关。据《西湖游览志》载，浙人每到立夏之时，凡有儿童之家，都互相乞索陈年的旧茶，集在一起煮，称为"七家茶"。煮好放凉了，让孩子们去喝，为的是"可伏夏疾"。也有的，在"七家茶"中放几枚鸡蛋同煮，煮熟后把鸡蛋剖开给孩子们吃，目的依旧是让孩子们多喝茶水，以防中暑和夏日杂症。久而久之，用茶水煮食鸡蛋的方法就渐渐发生改变。经主妇们长期的研究和实践，最终发明了五香茶鸡蛋。

五香茶鸡蛋的制作方法有多种，味道也多差异，是因为制卤的配方略有不同。但全都是围绕茶卤进行的。茶卤，是用陈年旧茶，很少采用新茶煮蛋的。

食

即使某书有载，某人有述，只能姑妄听之而已。若真用龙井、毛尖煮蛋的话，小贩们就赔到家了。

在这些陈茶中，再加入酱油、八宝、茴香、桂皮、丁香和蔗糖、枸杞、甘姜等辅料，加水，按一定比例调制好，放入鲜鸡蛋熬煮。然后，把鸡蛋的蛋壳磕裂、打破，但不去之。顺势还腌在原卤当中。根据卤水的咸淡和浓度，腌制一至三日，即可食用。这是自家吃用的办法。如果是小贩卤制，则随腌随卖了。工序和用料也就相对简单一些。

小贩卖五香茶鸡蛋有两种方式。一种在摊前置灶火，现煮、现腌、现卖。购食者，买来就吃，图个热乎。另一种，小贩拎一瓷质（后来有了搪瓷，遂多用之）的提盒，内装腌制好的茶鸡蛋，盒中存有汤水，走街串巷边走边吆喝。蛋品偏老偏咸，色重，味酽味厚，是专供晚餐下酒的。价格也比摊上售卖的要贵一些。

图一：小贩在向行人售卖腌制好的茶叶蛋。[清]孙继绘。
图二：卖茶鸡蛋（烟画）。[1905年]英美烟公司设计出品。
图三：卖鸡蛋（烟画）。[1905年]英美烟公司设计出品。

灯 笼 作

Lantern producer/ 堤燈屋

东风夜放花千树

——〔宋·辛弃疾《青玉案·元夕》〕

图一

自古以来，灯笼是人类对抗漫漫长夜的法宝，也是人们日常生活中不可缺少的东西。至于，人们把各式各样的灯笼都集中到一起形成灯市时，灯笼便超脱了原来的功能，而成了民众欢愉的吉祥喜庆之物了。

"正月十五闹元宵"，元宵节是中华民族的一个大节日。届时大街小巷张灯结彩，各式各样的灯笼都悬挂出来，争奇斗巧，彻夜辉煌。男女老幼，携手牵扶，踏街赏灯；在欢乐的气氛中，人们不计尊卑长幼，同欢共乐。这一风俗，历史久远，沿传不衰。

据《荆楚岁时记》载，元宵节始于唐初，发展于两宋，来源则出于汉代燃灯祭祀太乙神的习俗。灯市迟早不一，有的由正月十四到十六，有的又由正月十五到十九。"灯市"得名并扩大作用，也是从宋代起始。

宋代大词人辛弃疾有首著名的词《青玉案·元夕》中写道：

东风夜放花千树，
更吹落，星如雨。
宝马雕车香满路。
凤箫声动，玉壶光转，一夜鱼龙舞。

词中描写的就是当时上元灯市的热闹景象。宋代灯市计五天，由正月十五到十九。事先必搭一座高达数丈的"鳌山灯棚"，上面布置各种灯彩，燃灯数万盏。皇帝到这一天，照例坐了一顶敞轿，由太监抬着倒退行进，名叫"鹁鸽旋"，便于四面看人观灯。时不时还要叫几个游人上前，皇帝金杯赐酒，与民同乐。

宋人笔记中记下许多灯彩名目，如"琉璃灯"、"万眼罗"种种。至于灯棚和各种灯球的式样，有《宋人观灯图》和《宋人百子闹元宵图》可证，画幅上绘有许多种鱼、龙、鹤、凤；巧作灯、儿童竹马灯、在地下旋转不停的滚灯等等。为今人留下很多生动的图样。明代有代表性的新品种，叫"明角灯"和"料丝灯"，这两种灯的实物在故宫还有遗存。

图一、图二所绘的都是清代市井中贩卖灯笼的小贩。他们或是坐店销售，或是手里擎着金鱼、蛤蟆、蚌蛤精等五彩纸灯，走街串巷吆喝叫卖，招引着儿童跑前跑后地欢呼雀跃。灯节之前卖灯笼，是一桩正正经经的好买卖。

在电灯尚未引进之前，我国的灯笼制造业是一种十分古老的行业。从殷商的烛灯、春秋的仪灯、秦的执灯、汉代宫灯、唐代落地灯到民间是处可见的大红灯笼，都能反映出灯笼作坊的师傅们在制灯工艺上所做出的发明创造。

图三画的是清代末年灯笼作坊的匠人们在制作灯笼时的情景。在照相术尚不发达的情况下，这帧绘画有着独特的价值，是我国民间工艺史中的一则生动资料。您看，工匠们将粗细不等的竹披儿、竹条，弯成圆形骨架，再在骨架外糊以绢纸，做成灯笼。这种灯笼主要用于日常照明。工艺上讲究样好型正，透亮抗风。小的灯笼，可置于案头机上；中等的，可悬挂在庭院门首；大灯笼则可挂于殿阁楼台、城头营号。用途之广，难于尽述。

其中，最讲究的式样要算是宫灯了。宫灯多是用硬木为骨，精心雕镂花纹，糊上绘有山水人物的绢帛，上悬云盖，下垂流苏，只只都是精美的工艺品。旧时代，精制的宫灯专供王府大内悬挂。民间在办喜庆之事时，也可以到灯笼作坊租用，是灯笼作坊的一项副业。

我国使用电灯很晚，据清宫《盛宣怀档案》记载，皇宫和颐和园中正式使用发电机并安装电灯，是在光绪二十九年，也就是公元1903年。盛宣怀以银十二万两委托德国荣华洋行安装制作。慈禧皇太后对电灯的安装，还下有严旨称："如有续添，应请示。"（见《光绪三十年十一月陶湘致盛宣怀函》）

《清宫词选》有诗记此胜事：

薄雾笼烟月未升，颐和殿角隐层层；

内官走马开金钥，万盏齐明电气灯。

自此，灯笼里的蜡烛也开始试着用电灯取代。当然，自从电灯出现之后，灯笼作坊的业务便渐渐衰落。唯有在春节、灯节期间，方得以大显身手，热闹一时。图中的师傅不单在糊制官府用的宫灯、明角灯，他们身后还悬挂着绘有英、美、日国旗的筒子灯。这些灯都是租界里预定的过节应景之物。清末有一首《竹枝词》，描写灯笼作坊制作明角灯的情形：

明角灯，制法古，当年曾把宫灯做。

而今晚间摆款属官衙，明角灯明官升座。

手执烙铁烙灯泡，壳处还将剪夹牢，

做得灯成光不亮，只因带些官派算它高。

从词中可以看到，这时的灯笼里面已经正式改用电灯泡了。

图一：卖灯笼的小贩手里擎着金鱼、蛤蟆、蛙蛤精等五彩纸灯。走街叫卖。[1905年]英美烟公司设计出品的烟画。

图二：元宵节前夕，小贩们把各式灯笼挂出来售卖。[清]孙继绘。

图三：灯笼作坊的师傅在糊制各色明角灯、筒子灯。[1904年]日本村井兄弟商会社设计出品的烟画。

图二

图三

修　钟　表

Clocks&Watches Repairer/ 時計修理屋

八音新式闹时钟

——〔清·无名氏《自鸣钟》〕

图一

火药、指南针、造纸、活字印刷是世界公认的中国古代四大发明。近代科学家们则提出，钟表应该算是我国古代的第五大发明。因为，我国古代的科学计时一直处于世界领先地位。

一切科学都把"时间"作为最重要的基本概念。华同旭博士刻苦钻研六载，从史学和物理学以及大量实验证明，从东汉的张衡到元代的郭守敬，至少一千年间，中国的计时水平一直居世界之先。英国学者李约瑟在《中国科学技术史》中指出，我国科学家在唐宋时期就发明了钟表的核心结构"擒纵器"；中国科技大学李志超教授在 1979 年模拟沈括的刻漏时发现，沈括的计时精度高达每日误差小于几秒的水平！

但是在封建社会"独尊儒术"的影响下，所有科学发明都被视为"淫巧末技"，而得不到发展。直到明清，民间计时依然凭借"听谯楼打罢了三更鼓响"，或是半夜巡更人敲的木梆子声。白天，老百姓全凭经验，以"日起几竿"来计算子丑寅卯。

至于大户人家就不同了。曹雪芹在《红楼梦》第六回《刘姥姥一进大观园》中，有段"小民不识洋货"的描写，十分有趣。

"刘姥姥只听见咯当咯当的响声，大有似打罗柜筛面的一般，不免东瞧西望的，忽见堂屋中柱子上挂着一个匣子，底下又坠着一个秤砣般一物，却不住的乱晃，刘姥姥心中想着，这是什么东西？有啥用处呢？"岂不知这个匣子就是"来自西洋的自鸣钟"，那个乱晃的秤砣，就是欧洲科学家惠更斯发明的钟摆。

西洋钟表何时进入中国的呢？最可靠的说法是在明代，在意大利传教士利玛窦来华的前后。很多文献都记述了明嘉靖年间，欧洲与我国已有了广泛的贸易往来。里斯本有了直达东南亚一带的定期往返商船，营运于欧亚城港之间。精巧的欧洲钟表此时也就进入中国。在利玛窦进献给皇帝的礼品中，钟表也是重要的一项。

住

图二

此后至清朝四百多年间，西洋钟表都是时髦而且奢侈的贵族用品。《清宫词选》中文载："西洋钟新式施八音于机内，将报时则八音先鸣，多至十二调者。宫中恒喜，置之名闹钟。"且有无名氏诗记其胜：

珍珠为帐得芙蓉，歌舞初停便放佣；

梦觉每疑犹作乐，八音新式闹时钟。

直到民国，溥仪出宫，故宫对外开放，特辟了钟表馆，将精巧绝伦的西洋钟表集中展示，至今为参观者欣赏赞叹。

钟表进口多了，钟表修理技术也成为特殊的行业。这些师傅最初多由德国请来，在内务府供奉，修皇室钟表，吃皇家俸禄。乾隆年间，修表技术传入民间，开始有以修钟表为业者出现。

第一次鸦片战争之后，沪穗开埠，便有英美洋行、东印度公司等在华销售钟表。道光年间，德国商人在沪开设了专门销售和维修钟表的"亨达利"，获利甚丰。宁波的民资钟表店"二妙春"，在光绪年间集资移沪，开办了著名的"亨得利"。开张之时，延请名人题写了一副对联。文曰：

功近周官挈壶氏，

制逾汉室浑天仪。

不几年，亨得利先后在京、津诸大城市又开设了数家分店，为钟表的推广、维修培养出大批人才。

中国修表业所供奉的祖师爷是意大利人利玛窦。这一点也非常具有中西交流的"第三种"文化的意味。

图一：修钟表。[清]孙继绘。

图二：修表店（烟画）。[1905年]英美烟公司设计出品。

乾隆年间，修表技术已从宫廷传入民间，以修钟表为业者开始出现。

修　　　　　伞

Umbrella repairer/ 伞修理屋

纸伞风掣不得操
——〔宋·孔平仲《诗集》〕

图一

古人称伞为"盖"，如《孔子家语》云："孔子将行，命使持盖，即而果雨。"在我国，伞的历史久远，可上溯至公元前的殷商时代。一块出土的古砖上，刻有君王坐在金碧辉煌的马车上出巡的场面，在车顶上面张开遮挡日光和风雨的"盖"。盖，亦称华盖，被视为皇权的象征，也是一件十分奢华的工艺品。最早是用皮革或自然织物制造，并装饰着华丽的流苏和美丽的羽毛。

我国古代的"伞"字是写成"繖"。此字边旁从"丝"，显然是用丝织品制作而成。皇帝、皇后、王公大臣、达官显贵出行，有人执盖如仪；而普通的平民百姓如何遮阳避雨呢？那就是头戴箬笠或草帽，下雨时则身披蓑衣，足登屐齿，如同画中的老渔翁一样。

用竹木制作、可以撑开也可以闭合的伞，同折扇一样，是古代日本人的发明。大约是在唐中叶由来华学习的僧侣和匠人带入我国，随后慢慢地推广开来。宋代的文学作品中出现了"伞"字。孔平仲的诗集中有"纸伞风掣不得操"的句子。他的这柄伞还是用纸糊制的。这种纸伞轻巧耐用，操作方便，很快就普及开来，南宋时节的江浙一带就成了制造、批发竹本木股伞的基地。雨伞也成为家家户户的日常用品。它不仅给人们的生活带来了方便，而且给人们带来美妙的诗情画意。元曲《钟馗嫁妹》，偏要把一把破伞当作钟馗送亲的华盖；明代的《白娘子传奇》，则把雨伞当成白娘子与许仙的定情之物；张择端把不少竹伞画入了《清明上河图》；老百姓动辄把"万民伞"送给清官廉吏作为褒扬；……如此种种，伞也成了寄情达意的良媒。

当人们都需要伞的时候，制造雨伞、修理雨伞的行当也就自然形成了。尤其，纸伞易破易损，一旦损坏，用之困难，弃之可惜，修伞的一行便成救急之人。这一行手艺人是挑担串街、上门服务的。他们的担子一头是几柄破伞，另一头装有油漆罐、白绵纸、棕绳、麻线及诸般工具。遇到伞股折断、榫头损裂，则拆开旧伞，取出需要的零件，替旧更新；遇到棕绳断裂，则重穿重制；遇到伞面破损，

88

住

就剪理整洁后，重新敷上新纸，刷上用桐油加清漆配制的清油。如此，晾干之后，又可以当成一把新伞去用了。本家花钱不多，故深受民间欢迎。

奈何第一次鸦片战争之后，五口通商，使得大量西洋日用品涌进中国。其中，洋伞便是一宗。西洋伞为细钢股、细布面，浑体轻盈，开合更易，较之旧日竹伞更不知方便几何。尤其伞的布面可花可素、可俗可雅，深受新女性的钟情，用作遮阳，更衬无尽娇娆。又因洋伞的伞把儿是弯的，如同文明棍一样，亦为文化男士所喜爱。面对这种市场，我国民间制伞业因无力抗争而纷纷倒闭。修雨伞的一时也赶不上趟，遇到坏了的洋伞修不了，只得望洋兴叹，束手无策。清季有《竹枝词》叹曰：

修洋伞，沿街喊，换柄接骨补破绽；
若要仿造一顶便不能，中国手工真可叹。
坐看洋货夺利权，
每年不知流出金钱几千万，
岂特区区一洋伞。

图三

图二

图一：修伞人。［清］方薰绘《太平欢乐图》。
图二：修伞。［清］孙继绘。
他们的担子一头是几柄破伞，另一头装有油漆罐、白绵纸、棕绳、麻线及诸般工具。遇到伞股折断、榫头损裂，则拆开旧伞，替旧更新；遇到伞面破损，就剪理整洁后，重新敷上新纸，刷上桐油加清漆配制的清油。
图三：制伞。［清］刊《图画日报》插图。

卖 掸 子

Duster seller/ ハタキ屋

居家揩掸要殷勤
　　——〔清·孙兰荪《竹枝词》〕

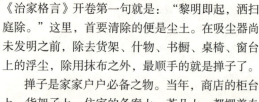

京剧《打渔杀家》中，丁府上的教师爷带着一帮徒弟，去向萧恩催讨鱼税银子的时候，一上场便大声喝道："伙计们，走路甭闲着，拣鸡毛，凑掸子。"用的是一句北京的谐音歇后语，说的是掸子，实际暗中隐藏着"壮胆子"的意思。这与主题不大相关，但是，掸子的确是用鸡毛凑成的。

清季、民国时的北京，向有"无风三尺土，下雨一街泥"之说。这是因为当初京城四周的自然环境渐次沙化，水土流失严重所造成的结果。商家的铺面，居室的厅堂，常为尘土蒙罩。

朱柏庐著的

《治家格言》开卷第一句就是："黎明即起，洒扫庭除。"这里，首要清除的便是尘土。在吸尘器尚未发明之前，除去货架、什物、书橱、桌椅、窗台上的浮尘，除用抹布之外，最顺手的就是掸子了。

掸子是家家户户必备之物。当年，商店的柜台上、货架子上，住家的条案上、茶几上，都摆着专门插掸子用的掸（胆）瓶。格局统一，与帽筒、茶叶罐一起，几乎成了定式的摆设。掸子是用鸡毛缠制的。用处不同，则款式不同；价格不同，品质亦就更不相同了。

一般常用的掸子是用二尺半长的细竹竿，上端用杂色鸡毛缠绑盈尺，顶端有一层整齐的长翎覆盖。用的时候，方便可手，价格便宜。另一种掸

图一

住

图二

每到年节之前，家家扫房除尘。此时，卖长竹掸子的小贩就出来了，满街吆喝。这种小贩在兜揽生意时，连说带比划，别有特色。清季有《竹枝词》云：

鸡毛掸帚鸿毛做，此物最好天津货。

鸡毛纯净制法精，掸掸蓬尘买一个。

我有一言告仆人，居家揩掸要殷勤。

不可捏着鸡毛当令箭，小人得志意欣欣。

此外，还有一种"狗尾巴掸子"，为的掸粗使什物之用。制造工艺简单，是以竹枝插上一条狗尾巴就成了，但价钱高于普通鸡毛掸子。

图一：卖掸子（烟画）。[1905年]英美烟公司设计出品。

每到年节之前，家家扫房除尘。此时，卖长竹掸子的小贩就出来了，满街吆喝。

图二：卖鸡毛掸子的小贩。[清]孙继绘。

图三：卖鸡毛掸子。[清]方熏绘。

子是用藤子为柱，顶端缠绑黑色鸡尾长翎，约有半尺宽窄，算是中等的。这种掸子柔软、有弹性。因为藤棍坚而韧，常常变成掌柜的教训小徒弟、主人惩罚奴婢、家长责打儿女的家什。手攥着鸡毛掸子的一端，劈头盖脸地打去，真比秦琼的铁铜还要厉害十分。

清季还流行着一种更精致的毛掸子。由精选的直挺儿藤条，外边由不同颜色的马尾儿编织成图案的骨子，上半部缠绑着精选的鸡毛如鹅白、芦花、油黄，轻柔可爱，分外雅致。行里人说，好的掸子，必须是在活鸡上取翎，血脉不枯，毛翎活泛，制成的掸子用起来随心所欲，如意可人。这类掸子只有在掸子铺中有卖，而且价格不菲。

一般使用的掸子，则庙会、山货店均有售卖。《燕京杂记》写道："月之逢二日，聚于南城土地庙。凡人家日用等物，靡不毕具。而最多者，鸡毛掸子，短有尺余，高者丈余，望之如茂林修竹。"

图三

案禮記掃席不以箕疏髮掃地亦也
古人掃地則用帚時除几席者謂之拂
徐淋與春嘉書施牛尾拂一枚可
拂塵拈高士春秋萬鑰以樱榈葉
為拂號無塵子
今浙江人將謂之
雞毛帚似非
古名也

91

卖 蒲 艾

Seller of calamus and wormwood/ フウアイ屋

自然灾浸变休祥
——〔宋·苏轼《菖艾》〕

图二

　　"五月端午"是华夏民族的一个传统节日，人们包粽子、划龙舟来纪念爱国诗人屈原。同时，五月又是个"恶月"，人们悬蒲剑、挂艾虎、画钟馗，以除瘟避邪，降妖驱鬼。这一习俗，足以让大人孩子们忙碌一阵子。

　　端午节这一天，家家户户悬挂"五瑞"是必不可缺少的节目。何为五瑞？那就是：菖蒲、艾草、榴花、蒜头、龙舟花。其中，菖蒲为五瑞之首。

　　菖蒲是一种多年生的水生植物，叶子挺直如剑，茎顶生花，有异香，能驱蚊虫。唐人顾铁卿所著的《清嘉录》中称："截蒲为剑，割蓬做鞭，附以桃梗蒜头，悬于床户，皆以祛鬼。"

　　艾草是菊科草本植物，揉之，也有香气。叶子一至二回羽状分裂，背面长有白色丝毛，秋季开花。它的茎和叶子含有芳香油，可用以调香，亦可用来制作杀虫剂。人们往往在夏日里用它缠艾绳，再用火点燃熏蚊虫。在中医针灸中，艾草制绒，还可以灸疾治病。

　　《荆楚岁时记》中称：五月端午，人们"采艾以为人形，悬门户上以禳毒气"。这一旧俗，苏轼有诗记云：

　　喜辰共喜沐兰汤，毒诊何须采艾禳；

　　但得皋夔调鼎鼐，自然灾浸变休祥。

由此看出宋代用菖蒲和艾草的风气之盛。

图
二

此时，大人们可用纸或布剪成虎形，粘以艾绒，缝制小孩的帽子，叫作"艾虎"，戴在头上可祛邪避灾。王沂公诗称：

钗头艾虎辟群邪，
晓驾祥云七宝车。

讲的就是这个风俗。

《风俗通》中也说："虎者阳物，百兽之长也。能噬食鬼魅。"在人们的心目中，虎为百兽之王，自然亦能镇妖辟邪。儿童头带艾虎，百病不能近也。历代闺帏中，缝制艾虎也是件争奇斗巧的女红。

五月间石榴花开胜火，素称"五月榴火"。大蒜辛辣，蒜头如拳；龙舟花可载神载仙，这些都是辟邪之物。人们把菖蒲、艾草、蒜头等绑在一起，像个人字形发辫状，挂在大门口，这样，五方杂鬼、四处妖魔就不敢进门了。此俗自唐代绵延至清，一直未绝。子鸿在《燕京竹枝词》写道：

府第朱门过端阳，菖蒲艾子挂门旁；
以禳不祥之遗意，更村天师在中央。

一近五月，乡间农夫便收割菖蒲、艾草，成挑成捆地担入城镇出售，而且能卖出好价钱。百姓为求康乐太平、无病无灾，就是多花些钱钞，也都心甘情愿。还有手巧的民间艺人，用菖蒲编成蚂蚱、青蛙、乌龟、蜈蚣等各式草虫，在市井售卖。这些作品的晶莹绿色和惟妙惟肖的造型，颇能引人驻足。清人有《竹枝词》赞道：

谁将蒲壳来撕破，灵心来把草虫做；
蚱蜢螳螂纺织娘，活像何妨买几个。
莫笑中国手工劣，造作玩物推独绝。

图一：一近五月，乡间农夫便收割菖蒲、艾草，成挑成捆地担入城镇出售，而且能卖出好价钱。[1905年]英美烟公司设计出品的烟画。

图二：手巧的民间艺人，用菖蒲编成蚂蚱、青蛙、乌龟、蜈蚣等各式草虫，在市井售卖。[清]孙继绘。

93

卖　花　儿

Flowers seller/ 花屋

珠兰茉莉夜来香

——〔清·嵩山道人《卖花声》〕

图一

花儿，是造物主妆点世界特意赐给人类的一种恩惠。花儿四季不息，轮流盛开，使大地五彩斑斓，让人们赏心悦目，给生活增添了丰富的情趣和欢乐。明杨慎《咏梅九言》云：

错恨高楼三弄叫云笛，

无奈二十四番花信风。

梁元帝在《纂要》中解释二十四番花信风，指的是："一月两番花信，阴阳寒暖，各随其时。但先期一日，有风雨微寒者即是。"

杨慎在其所著的《庵全集》中，将一年十二个月的花信依序排为："鹅儿、木兰；李花、杨花；桤花、桐花；金樱、黄荛；楝花、荷花；槟榔、蔓罗；菱花、木槿；桂花、芦花；兰花、蓼花；桃花、枇杷；梅花、水仙；山茶、瑞香。"每一月有两种花开，总计为二十四番。

上溯唐代，武则天曾分封了十二位花神，掌管全年的花事。各司其职，赦令民间供奉。而民间爱花、莳花、供花，并非因帝王的喜恶而定。原是出于热爱美好事物的天性所致。陶渊明赏菊东篱，白乐天山茶随迁，孟浩然寻梅踏雪，李清照莲移轻舟，李方膺百花入卷，郑板桥醉写兰竹。这些佳话，都反映出民间百姓对花草的钟爱。

从来市井就有以卖花为业的小贩，依不同的时令，将应时的鲜花采折下来，行街叫卖。"芭兰花儿——晚香玉——"，这就是历代诗人吟咏的"卖花声"。

清光绪年间嵩山道人有诗云：

珠兰茉莉夜来香，堪笑世人个个想；

白发公公买一朵，诚心送与织娘娘。

诗中提到的珍珠兰、茉莉花、夜来香多是行街卖花的常物。因为这些花朵晶莹如玉、芬芳馥郁，都是女人喜爱的花卉，把花儿簪上鬓间，插在胸前，或是用来熏衣熏茶，就能得到数日快慰。此外，还有晚香玉、玉簪花、指甲花等种种，对小媳妇、小姑娘说来，既经济又实用，所以说卖花的大小也是一行生意。

住

做这种生意的多是未出阁的小姑娘，她们体态轻盈、亭亭玉立，臂挽花篮、手擎鲜花，是市井中一道亮丽的风景线。另有中年妇女亦操此业。她们用篮筐装满新折下的应时花卉，送到宅门闺室，专供应瓶插摆什或妇女簪戴之用。冯问田有《竹枝词》云：

深巷花声暮渐收，晚香玉趁晚风柔；

瓣兰倒向胸前挂，茉莉簪穿红绣球。

因是妇人，出入内室也较为方便，又多是熟门熟户的老主顾。休看此行生意虽小，可做起来的收入，则是十分实惠丰厚。

到了民国时期，世风世俗变化很大，我们可以从当年的一首诗歌中看到卖花这一行的变化。

卖花卖花声细长，珠兰茉莉夜来香。

图三

筇篮一只手中挽，出入公馆与宅堂。

喊哑喉咙少人买，只因小姐奶奶多改文明妆。

文明妆饰辫一条，不需花朵插鬟旁。

明朝多扎花球钮子花，卖给文明女子送与文明郎。

图一：卖鲜花。[清]无名氏绘，选自《北京民间风俗百图》。

图二：卖花郎。[清]方薰绘《太平欢乐图》。

图三：卖菊花。[民国]陈师曾绘。

图二

卖　盆　栽

Potted plant seller/ フウワーアレンジメントショツプ

积石盆中小有天
　　——〔徐晓白《咏盆景》〕

图
一

盆栽，是在花盆瓦瓮等器皿中莳养的花木，包括芳草佳木、奇花异卉、四季蔬果等等，是放置在园林和居室中富有装饰作用的陈设植物。盆栽也算是花木培植的一种高级形式，充满着诗情画意。盆景艺术大师徐晓白有诗云："积石盆中小有天，峰峦溪壑起云烟"，是说盆中的咫尺天地，尽可蕴藏大千世界。

我国盆栽的历史悠久，最早可溯至殷商时期，纣王荒淫无道，鹿台之中，宫室奢华，园林如画，当时的盆栽就已很讲究了。不过，他后期发展到竟把肉挂在树上，把酒注入池中，营造起"酒池肉林"来了，于是便走上了历史的反面。

盆栽的形式，最先见于河北望都东汉古墓的甬道上的壁画。画中绘有一个陶质卷沿圆盆，盆中有六枚红花，置于方形的机座上。这是在绘画中出现最早的一件盆栽。该墓建于公元前220年。此后，在唐太子李贤墓（建于706年）中的壁画上，出现了侍女手捧美丽的盆栽悠闲站立的形象。

在唐人的诗文中也开始有了对盆景的描写。白居易有诗云：

青石一两片，白莲三四枝，

寄将东洛去，必与物相随；
石依风前树，莲栽月下池。

盆栽、盆景在古人的眼中是无比圣洁高贵之物，所养的植物，自然也全是罕见的品种。牡丹花代表着玉堂富贵，萱萼表示着妙笔生花，菊花喻示高洁，芝兰喻示君子，松石代表宜寿，梅花喻比贞洁。这些拟人的象征和比喻，早已见诸历代的诗词歌赋之中。

栽培盆景的学问可就更大了。它是用花木、草本植物、水和石头等，经过艺术加工，巧妙地构制成微缩的立体图画，成为庭院居室的陈设。南宋状元王十朋是一位盆栽爱好者。他的作品《岩松记》中，就有关于民间把盆景作为礼品馈赠的描绘。"野人有以岩松至梅溪者，异质丛生，根于拳石，茂焉非孤，森焉非乔，柏叶桧身而松气象，藏参天覆地之意于盈握间……"文中反映了当时的盆景艺术，不仅在造型方面已经达到很高的水平，而且极富诗情画意，反映出当时盆景栽培方面已颇成熟。

明人刘銮在《五石瓠》中说："今人以盆栽树石为玩，长者屈而短之，大者削而约之，或肤寸而结果实，或咫尺而蓄鱼虫，概称盆景。元人谓之些

住

图二

子景。"当知，元明时期民间培植玩赏盆景的风气已盛。

清代，盆栽如同绘画一般，已有南北派别之分。一株傲干虬枝的鹊梅、一株盘根错节的龙松，可用去数十年的培养之功，方能使之出神入化，奉为清供。因此，也出现了许多的盆景培植专家。

旧北京的普通人家，都有莳弄花草的喜好。庭院堂前，多植花木；室中机案，亦多设瓶花盆景，怡情娱性。北京西城新街口有一小巷名曰"百花深处"，乃是清代旧巷。仅从巷名便可推想到当年民间莳花之风是何等兴盛。北京的花店

图三

极多，郊区以莳花为业者亦众。

清初潘荣陛的《帝京岁时记胜》称："京都花木之盛，惟丰台芍药甲于天下。今右安门外十里桥，唐时有万福寺，寺废桥存。明天启年间，建碧霞天君庙。其北土近泉，宜花。居人以种花为业。"这就是逐步发展成今日规模的北京花乡的前身。清人汪述祖在《北京杂咏》中讲述了北京下斜街盆栽交易时的情况：

下斜街畔日逢三，花翁卖花香满篮；

花卖匆匆出城去，白盐黄酒一肩担。

朱彝尊则在《日下旧闻考》中说："丰台种花匠，每月初三、十三、二十三，挑载杂花至槐树斜街市之。桃有白者、梨有红者、杏有千叶者，索价浮十倍。"精制盆景，也是价值可观。这几帧图画，就生动地刻画了晚清花农在推销盆栽的情形。

图一：卖腊梅。[清]《图画日报》插图。

图二：卖盆栽花木 （烟画）。[1905年]英美烟公司设计出品。

图三：卖盆栽。[清]孙继绘。

卖 南 天 竹

Nandin selling/ 南天竹屋

结成红颗更轻圆

——〔宋·杨巽斋《南天竹》〕

图一

　　岁寒三友之说，最早流行于明代。明人程敏政曾作有《岁寒三友赋》，他在赋中称松、竹经年葱郁，冬而不凋；梅花耐寒开花，孤标傲岸，用此三种植物来比喻高风亮节之士，称之为"岁寒三友"。

　　自此，以"岁寒三友"为题材的文章、诗词、绘画、文玩、装饰品便多了起来。而且，"岁寒三友"所包括的内容，也就越来越丰富了。借用的植物不仅仅限于"松、竹、梅"，而且把兰花、水仙、菊花、石头等等，也渐次划入"三友"之列。松柏孤高，竹篁虚心，菊花高洁，芝兰清雅，松石宜寿，梅花贞洁等等，淡泊清高，入诗入画。后来，南天竹也被列入"三友"之中了。

　　南天竹，亦称天竹子。是小檗科中的一种常绿灌木，长有羽枝状的复叶，叶小而圆，外廓有一匝分针，夏季墨绿色，冬季部分能变成紫色。

　　南天竹春夏开白色成簇的小花，落谢后结球状果实。至冬岁末变成朱红色，与南国红豆相似，如珠如玉，晶莹可爱。而且长挂不坠，容易保存。正因如此，很得文人雅士的喜爱。宋代杨巽斋诗云：

花发朱明雨后天，结成红颗更轻圆，

人间热恼谁医得，只要清香净业缘。

　　它的枝叶、果实，在寒冬百花凋零之际，傲霜御雪，滴红染翠，入诗入画，尤见精神。用之拟人，则高标冷峻；喻物，则与众不同。因此，被人们誉

98

图二

为"高标傲物"，便也跻身"三友"之中了。

到了清季，南天竹成了吉祥之物，这与时风所好有着密切关系。清朝皇室最喜爱此物，常把它作为园林中的瑞树来栽植。至慈禧时，更把南天竹看成宫室冬日必陈的摆设。金易和沈义羚合著的《宫女谈往录》中，以慈禧的近侍宫女荣儿所见记道：

"老太后殿里的摆设是一般不变换的，只有盆花随着节气而更换，这是花匠们露脸得赏的好机会。他们必须摸活透了老太后的生活习惯和心理。例如，最东头一间静室里，北面条几上靠东北角，摆上一大盆葱葱绿绿的南天竹，像樱桃大小暗红色的天竹豆，帽缨子一样向下垂着，陪衬着南海大士洁白如玉的佛像，正如观音在普陀山上背后有紫竹林一样。静室雕花隔扇门边地上，摆着一棵鲜艳的古红梅。"南天竹是皇宫内品位极高的清供。

"上有所好，下必甚焉"，晚清，民间喜爱南天竹风行一时。各王府官邸自不必说，有花把式专门莳养，就是民间旗户或是汉人中等人家的厅堂，也必摆上一盆以示高雅。城郊的农民或左近的花农，在冬季的岁末年前，常常折采挂果的南天竹枝条，进城贩卖。他们擎着这些枝条走街串巷，吆吆喝喝，如图中所画的一样。

遇有买者，就高高要价，但您可以就地还钱。时人有《竹枝词》嘲之：

天竹腊梅街上喊，大枝小枝随意拣；
过年插在胆瓶中，子红叶绿花黄璨。
莫道年关价大昂，下爬一落叶毫洋。
那晓望天讨价无对证，看地还钱尽不妨。

图一：卖南天竹（烟画）。[1905年]英美烟公司设计出品。
图二：卖折枝花木。[清]刊《图画日报》插图。

　　冬季花农们售卖的各种折枝花卉，以供厅室陈设之用。其中有梅花、南天竹等耐寒植物。

炭 铺 儿

Coal shop / 炭屋

万家烟火赖薪传
————〔清·炭铺楹联〕

图一

旧日卖煤的与卖炭的是两个不同的行当。江南一带不出煤，人们只是烧柴烧炭。南方也就只有卖炭的铺子，而没有煤铺。

而北方多煤矿，家家烧煤，价格也便宜。人们平时烧火做饭、冬日里御寒取暖多烧煤火，所以，卖煤的煤铺很多。

北方人用炭，有两档子用途。主要的一项当然是取暖，而且是比较讲究的人家才使用。炭不生烟，火力耐久，清洁卫生，不秽空气，在客厅置放炭炉、炭盆，或是把烧红的炭放置在手炉、脚炉之内，随身携用极是方便。另一项用途，是用它来烧火锅。寒冬腊月，在饭桌中央摆上一只铜的或是陶瓷的火锅，中央点着炭，锅中鲜汤鼎沸，要么什锦、要么菊花，切得纸薄的羊肉片儿，用筷子夹起来在锅子里一涮放入口中，那滋味别提多美了。清人发明的这口吃食，还就是离不开炭。

在北方的城镇中，既有煤铺也有炭铺。烧炭是樵夫作业的延伸，烧炭用的木柴取之于山林。依山起窑，就地烧炭，烧成之后，运至城镇，由炭铺发卖，开炭铺的多是南人。而采煤，是开山打洞，把地下的煤挖出来，论斤发售。两种师傅、两行子人。

工人如此，开买卖当掌柜的路数也各不一样。

在卖煤的看来，炭铺是争夺生意的冤家对头。在卖炭的看来，卖煤的全不是好人，双方是商业上的竞争对手，若相邻不远，那还真有点势不两立。两个掌柜的走对面都不打招呼。在清季道光年前，据说炭铺铺规有规定，铺中伙计是不许与煤铺的伙计打招呼的。煤铺也有规矩，柜上是决不收从炭铺里"跳槽"出来的人。

煤铺买卖是没有门面的，倒是都有个堆煤的大院子，柜台在院里，后屋就是老婆孩子热炕头了。而炭铺，则形同货栈，前边是柜台，后边是堆炭的库房。而且还有码炭的货架子。炭，依质量不同，分篓子炭、红罗炭、筐子炭、零碎炭、炭渣滓等。一分钱一分货，价值不等。大的炭铺门外也挂有楹联，大多写的是：

> 亘古山林余劫烬，
> 万家烟火赖薪传。

这帧画画的是清代的市井妇人买炭时与掌柜的交涉的情景。因为炭比较贵，所以买时论斤上秤，双方还要争执斤两。图片虽小，但画得十分生动传神，倒也是难得的民俗资料。

民国之后，采煤业发展得很快，煤价越来越便宜，最终煤业压倒了炭业。

在北方，20世纪20年代之后，只销售木炭的炭铺，已逐渐歇业，最终消失。煤铺以售煤为主，而兼售生火用的劈柴、摇煤球用的黄土和木炭。卖木炭只是煤铺的一个副项了。

图一：炭铺（烟画）。[1905年] 英美烟公司设计出品。
清代的市井妇人买炭时与掌柜的交涉情景。因为炭比较贵，所以买时论斤上秤，双方还要争执个斤两。

卖 灯 草

Lampwick selling/ 灯芯屋

灯草乃是居家宝

————〔清·孙兰荪《竹枝词》〕

图一

清人孙兰荪有《竹枝词》唱道:

地不爱宝出灯草,灯草乃是居家宝。

焚膏继晷价最廉,休嫌室内灯光小。

笑煞不担风火人,灯草不肯搯一根。

若令沿途卖灯草,压伤肩胛恐生嗔。

词中笑谑社会上那些过于谨小慎微、胆小怕事的人,讽刺他们甚至连肩一根灯草的分量都担不起来。灯草是什么东西,它有什么用处,现在的人恐怕十有八九不得而知了。

灯草亦叫通心草,是一种多年生沼泽草本植物,其茎独具韧性,直长中空。干燥之后,用来造纸、织席、编履,尤其用它来做蜡烛或油灯的芯子,特别好使。因为它干茎细直,中空挺括,用来沾蜡烛,点燃之后,易燃抗风,不易熄灭,而且,燃烧的时候,芯子能随着火焰的下延化为灰烬,既不粘连,也不会使蜡油垂泪,要比使用棉芯、苇芯好得多。

用灯草点油灯,不生黑烟,不爆灯花,因为它中通过油,所以着得慢、灯头稳,颇得家庭主妇的喜爱。在电灯尚未发明或尚未普及的时代,灯草是家家户户不可缺少的日用品之一。平时成束购置,挂在油灯左近聊以备用。故而灯草有"居家之宝"的美称。烛坊则更是离不了它。

灯草还是一种药材。《本草纲目》称其味甘性温,可清热利水。家中小儿有个头痛脑热、食水不畅时,大人们便用灯草煮水,让小孩饮下,即可清火去热,排秽利尿。中医大夫在治疗五淋七伤、小便不通的处方中,必用此草作为主剂。

因为有需求市场,贩卖灯草也是一个很活跃的行业。从事这一行的全是四川老表。他们穿着滚身布衣,长巾包头,足着草鞋,肩负一只长竹竿,竿上挂着一束束晒得白花花的干灯草,走街串巷。一路喊着:

灯草,灯草,点灯烧烛少不了。

头痛脑热莫强忍,早煮灯草早日好。

满口的蜀地土语,别有一番景色。

灯草实是微小之物,成批供应纸坊、烛坊的批发商姑且不算,而专卖灯草的行街小贩每笔交易之小,获利之微是可想而知的。但灯草又是家家必用之物,日日须臾不可离。皇天不负辛苦人,积沙成塔,也能养家糊口成为一种职业。现在,只有在中药铺中才能找到此物。

图一:卖灯草。[清]刊《图画日报》插图。

图二:灯草客(烟画)。[1904年]日本村井兄弟商会社设计出品。

图二

烛　　　　坊

Candles workshop/ 製蠟屋

景胜银香比兰
——〔唐·孙氏《咏白蜡烛》〕

图一

《全唐诗》第三百三十九卷有孙氏的一首《咏白蜡烛》诗，题目是代夫赠友。诗中生动地描写出蜡烛的形象和作用：

景胜银香缸比兰，一条白玉偪人寒。

他时紫禁春风夜，醉草天书仔细看。

上古无蜡烛，古代文献中的"烛"，指的是松明、火炬。《礼记·曲礼上》云："烛不见跋。"便是此意。

松明、火把固然可以夜间照明，但烟熏火燎、时明时暗很不受用。人们向往光明，不懈地追求光明，才创造出"夸父逐日""弃杖邓林"等神话故事。在《山海经》中，人们幻想有一只名叫龙烛的神兽，口衔明烛，可以飞翔于天地之间，用来照亮苍穹大地。

但是这些都是想象。在生活实践中，当人们发现动物油脂可以燃烧照明的时候，便称其为"膏脂"、"燃膏"。当时生产力低下，动物脂肪更重要的作用，是用来补充人类所需要的蛋白质。随着社会生产力的发展和物质的丰富，到了殷商时代，动物油脂熬成的蜡烛，已成了帝王、奴隶主宫廷中的灯光。

蜡烛是用多种动物油、植物油混合，熬到一定的程度，慢慢地冷却成为乳状的蜡油。制烛的工匠师傅，用灯草拈制好烛芯，放入熬锅内，使之沾上烛油，稍事冷却，烛油即凝成柱。而后再沾，再凝；再凝，再沾。到了一定的粗细，就成了蜡烛。

唐代使用蜡烛的形式就很讲究了。王仁裕的《开元天宝遗事》中讲：申王"以龙檀木雕成烛拔童子，衣以绿衣袍，系之束带，使执画烛，列立于宴席之侧，以为烛奴"。用人形的烛奴擎烛，可以说明蜡烛的高贵以及使用蜡烛的考究。

《晋书》中有石崇与王恺斗富的故事。石崇富甲天下，敢"以蜡代薪"，在几朝的人物评说中，都是令人瞠目的奢侈。由此，亦可知当年蜡烛是很

住

图二

贵的。

京剧名家李金泉有出名剧，叫作《罢宴》，讲的是宋朝宰相寇准，终日豪宴奢靡，华灯彻夜，以至"蜡烛油流满回廊"，将乳母滑跌在地。乳母痛陈当年他未及第之时，其母勤俭，"点松明代灯油"，供他苦读的往事。寇准幡然醒悟，从此，罢筵熄烛。省用蜡烛便是节俭的象征。以使用蜡烛的多寡来评价古人的奢俭，在文献中屡见不鲜。

古来，蜡烛的主要用途有两种。日常照明是一个方面；另一方面是用于上供礼佛。礼佛焚香点烛历史悠久，是对天神的最大恭敬。

皇帝信佛，自然天下庙宇无数。在晋魏时期、盛唐时期，佛事最盛，耗用香烛无数。到了明代，世宗好道，土木祷祀之费，月无虚日。据《明书》卷八二记载："只香蜡一项，宫中每年需用黄蜡二十余万斤，白蜡十余万斤，香品数十万斤。"到了嘉靖时，"岁增月益，不可悉举"。由此，可以推想到当时制蜡业的规模。

然而，制烛的生产形式一直限于手工业作坊。清末民初一直到三四十年代，变化不大。后来电灯照明不断普及，蜡烛变为一种工艺品了。

图一：烛坊（烟画）。[1905年]英美烟公司设计出品。

蜡烛是用多种动物油、植物油混合，熬到一定的程度，慢慢地冷却成为乳状的蜡油。制烛的工匠师傅，用灯草拈制好烛芯，放入熬锅内，使之沾上烛油，稍事冷却，烛油即凝成柱。而后再沾，再凝；再凝，再沾。到了一定的粗细，就成了蜡烛。

图二：烛坊。[清]无名氏绘，选自《北京民间风俗百图》。

图三：沾蜡烛。[清]周慕桥绘，选自《大雅楼画宝》。

图三

香 烛 摊

Booth of joss sticks and candles/ 製蠟燭屋台

靠靠神道吃碗饭
——〔清·孙兰荪《竹枝词》〕

图一

自古以来，我国的市井平民信佛、信道的十有八九。即使不信佛道，逢年过节家中也要祭神、祭灶、祭祖，需要各种素烛香蜡和纸锭冥钞。因此，销售香烛这一行也自古有之。香烛铺、香烛摊多开在寺庙、道观、庵堂左近，例如北京的东岳庙、白云观、护国寺、隆福寺，还有大栅栏、花市等热闹的地方也都有香烛铺、香烛摊。

香烛铺的门脸儿都是很讲究的，有字号牌匾，有冲天招牌。前门珠市口合香楼、后门的闻异轩、北新桥桂林局，都是当年北京著名的香烛名店。铺

子里面陈列着各种祭祀用的香烛，有"高香""大金锭""小金锭""百速锭""线儿锭"，以及二三尺长的"子午香""棍儿香"。还有日常家庭中用作熏香的紫檀香、龙涎香、芸香、引香面儿、黑炭筋儿等。夏天的时候，铺里还代卖熏蚊子的蚊香、艾绳等。蜡烛，则有大对的"龙凤烛""双喜烛""寿烛""大双包""小双包"和日常用的"素烛"。名为素烛，是说给买主听的，是有意避讳寺庙忌荤腥，都说素烛是用矿物质的石蜡制作的。而实际上，素烛仍然是用动物油脂熬制出来的。此外，店中还出售各色黄白纸锭、大小面值的冥币。

店铺的后院一般都有香作坊，雇有伙计牵香。牵香也叫压香，是把调制好的香料膏子盛到一支竹筒内，筒下有一小孔。伙计在上面用力一压，线香便从筒下的小孔挤出来。再由伙计牵引、拉直、裁截、摆平、晒干，最终成香。但是，店里的蜡烛全是从烛坊中趸来的，因为沾烛的工艺比较复杂。

香烛摊可就没有这等规模了。一般就是迁就佛道寺庙就近经营。尤其是香火繁盛的盂兰盆会、初

图二

住

图
三

一、十五的经会，白云观的"打醮"，妙峰山的"香会"，都是善男信女云集之所，"这时的香烛摊能从山下一直排到庙门口"，大佛宝殿前的香池蜡台上终日香烟缭绕，几至遮云蔽日。日耗素烛千斤、高香万束，盛况空前。这些场面在《旧京笔记》上都有详细的记载。从中可以想象当年香烛摊的销售情况，也是桩正经八百的大生意。清人孙兰荪有《竹枝词》讽刺这一行人：

庙门摆个香烛摊，靠靠神道吃碗饭；

那知聪明正直乃谓神，岂喜香烟缭绕烛烂漫；

神道倘真爱香烛，受尔香烛降尔福。

世上违条犯法人，只要烧香便免遭刑戮。

当然，这是赶上大节时的旺季，这行买卖不错，平时淡季生意可就萧条得多了。像这幅画中，香烛摊上的小老板就不得不逢人就上，生拉硬拽地谈生意了。为了填补淡季的生意，香烛摊还代售女人用的化妆品，如胭脂、粉锭儿、香胰子、花露水、桂花油、指甲膏等等。招得小媳妇、小姑娘常来光顾。

图一：制香（烟画）。[1905 年]英美烟公司设计出品。

图二：香烛铺。[清]刊《图画日报》插图。

图三：香烛摊（烟画）。[1905 年]英美烟公司设计出品。

香烛摊上的小老板逢人就上，生拉硬拽地谈生意。

卖 香 包

Fragrant bag seller/ におい袋屋

今俗杂佩称荷包
——〔清·金鄂岩《太平欢乐图注》〕

图一

五月五，是端阳。

门插艾，香满堂。

吃粽子，洒白糖。

龙船下水喜洋洋。

这首流传了千年之久的民谣，是对端午习俗的一种总结。我国农历的五月五日这一天，家家户户都要吃粽子、戴香包、品咸蛋、过端午。在所有过端午的习俗中，最富于静态美和温馨气息的莫过于制作和佩戴香包。

国人佩带香包的历史渊源久远。香包，古时亦称香囊、佩帷，亦称"荷包"。清金鄂岩《太平欢乐图注》中引《桐薪》文曰："古朝服上有生紫袷囊，呼曰紫荷。今俗杂佩称荷包，名虽不典，义有所承。"香包的起源可以追溯到春秋时期，孔子的《诗经》、屈原的《离骚》都有怀瑾握瑜、身佩芝兰香草的描写。到了南北朝时期，这种习俗就发展成佩戴香袋。人们用精心绣制的袋子，内装香料佩于腰间。到了唐代，又出现了装有香料的香球、香囊。这些香包内所装的香料是雄黄、艾叶和薰草。

佩带香包有避邪的作用。古籍《抱朴子》中《登涉》一篇记载："黄帝欲登园丘，其地多大蛇，广

成子教之佩戴雄黄，其蛇皆去。"由此敷演出许许多多传奇故事，如《白蛇传》中的白娘子在误饮雄黄以后，就显出了原形；《聊斋》中的狐仙，一旦嗅到蓍草的气味，马上就迷失了魂魄种种。

香包是以药物之味，经口鼻吸入，通经活络，祛邪扶正，达到祛病强身。况且雄黄、艾叶、薰草都挥发一种奇异的香味，使蛇、虫远遁，既减少了传染源，又起到杀除病菌、清爽神志的作用。

进入宋、明时期，内装的香料已扩大到白术、白芷、香片、薄荷等植物的根茎，把诸多的香料碾

住

碎混合制成。清代，香包中的香药成分又有所突破：
薰衣草、马鞭草、迷迭香、干花也都用来制作香包。
香包成了历代少年男女的爱物和装饰品。曹雪芹的
《红楼梦》中，有关香包的故事情节不断出现，给
小说增添了无数的波澜和绚丽的色彩。从书中可以
看到，香包的制作材料和造型也已千变万化，各种
吉祥图案、传统故事、珍禽异兽、奇花异草、戏曲
人物，尽纳其中。甚至连"两个妖精打架"的"春
意儿"也都绣到香袋之上。充分说明了当时香包的
丰富多彩和小、巧、新、奇、精、艳的各种特色。
数年前，我国庆阳华池县双塔寺出土的金代香包，
学界称之为"千岁香包"，其工艺精湛华美，令人
叹为观止。民俗专家们盛赞它是"中国最好的香包"。

　　香包也渐次从深闺走进市场。明、清时候，专
卖香包的商人就出现了。坐店经营者叫作荷包铺，
北京前门左右街巷最多，至今还保留有东、西荷包
巷的美名。行中更多的是串街小贩，他们用小竹竿
挑着各式各样的香包、荷包，后来又发展到把板指
盒、表套、怀镜套、小靴掖、眼镜盒等都挂在一起，
边走边向路人荐售，在繁华的市井中，也是很独特
的一景。

图一：卖香包。[清]无名氏绘，选自《北京民间风俗百
图》。　图二：卖香包。[清]方薰绘。
　　串街小贩用小竹竿挑着各式各样的香包、荷包，以
至板指盒、表套、怀镜套、小靴掖、眼镜盒等都挂在一起，
边走边向路人荐售，在繁华的市井中，也是很独特的一景。

图二

107

卖 绒 线 儿

Wool selling/ 毛糸屋

小鼓咚咚绕画楼

——〔清·程庚《绒线儿》〕

图一

高楼日暖耽春绣。红绒却欠鸳鸯脰。
无语代商量。何来针线箱。
风来花外引。闻珂声声近。
不惜绣停知。因风来处寻。

清末名士姚华有这么一首《菩
萨蛮·前题·针线箱》，写的是闺
中少妇正欲针黹，却发现没有了红
绒线，难以绣鸳鸯。正在为难之际，
隔窗听到卖绒线的摇着拨浪鼓从远
处走来，心中甚是欢喜，恨不得马
上去买。其情其景，传神入画，婉
约情致，读之可人。

自古卖绒线儿的生意有大有小，从历代的文艺
作品中，多少能看到这一行的模样。大些的绒线铺，
可以从《金瓶梅》西门庆当老板、韩道国当经理的
买卖中管窥一二；而从《警世通言》《儒林外史》
以及《林家铺子》等书中，可以看到明代的张士廉、
清代的毛三胡子和近代的林老板，他们所开的小绒
线铺是个什么模样。

抛开大绒线铺不谈，这种小绒线儿铺，格局一
般都十分简单，一间门面，一张柜台，一架货柜而
已。但所陈列的货物品种齐全、应有尽有。有各种
棉线、各色丝线、头绳、网子、麻绳，还有剪子、
刀尺、顶针、锥子、缝衣针、绣花针，以及各种女
人用的香粉、胭脂、鹅皂等诸色杂物。掌柜的谋求
只是蝇头小利，不过是维持生活，伙计与徒弟也只
是"混碗饭吃"而已。

前词所描写的针线箱，便是卖绒线儿的行街小
贩所用之物。他们肩背着一个三尺高、二尺宽的环
箱子。箱子里有无数的小抽屉、小隔扇，里边装的

图二

住

全是妇女日常需用的针头线脑儿、零七八碎的小百货，甚至鞋样子、花样子、绒线、绒花儿，应有尽有，物品之全，不亚于一个绒线铺。

周慕桥所绘《大雅楼画宝》中有《卖绒线儿》的石印图画一帧，一个背着环箱子的货郎，手摇拨浪鼓，向大宅门里窥望。图右有附文写道："环箱子亦名唤娇娘，箱中储花粉、头绳、丝线、肥皂之属。手握小铜钲，两旁有耳，持其柄而摇之，妇女闻之，争出购取，故得此美名。然其箱必环于背，故曰环箱子。"文中称小贩手执之物叫"唤娇娘"，行内人则称之为"惊闺"，也就是"小鼓一摇，深闺惊动"的意思。

这一行的生财之道，是方便顾客，送货上门。尤其旧日妇女深居闺中，大门不出二门不迈。有这样的小贩把诸般什物送到眼前，任意挑选，是一种多么让人高兴的事情呀！清代文人程康有诗赞《绒线儿》：

小鼓咚咚绕画楼，年年凭与绣春愁；
人间那识字原贵，一代豪华逝水流。

他的朋友大年反押其韵，来了个"倒下楼梯"《和程康绒线儿》，刊行于民国初年的《北洋画报》。现特录于下，供君鉴玩：

华年易逐落花流，粉黛慵施对镜愁；
梁燕未归春寂寂，惊闺声透最高楼。

图一：卖绒线。[清]周慕桥绘。

环箱子亦名唤娇娘，箱中储花粉、头绳、丝线、肥皂之属。手握小铜钲，两旁有耳，持其柄而摇之，妇女闻之，争出购取，故得此美名。

图二：卖绒线（烟画）。[1904年]日本村井兄弟商会社设计出品。

图三：卖绒线。[民国]陈师曾绘。

109

卖 眼 镜

Eyeglass selling/ メガネ屋

有镜养目目自明

——〔清·《图画日报》刊《竹枝词》〕

图一

有关眼镜的记述，是到明朝才有的。嘉靖年间，郎瑛在《七修类稿》里曾说："闻贵人有眼镜，老年观书，小字看大，诚世宝也。"这里提到"世宝"的眼镜虽然简略，但从文中使用者的感受可知该物就是今天我们所戴的眼镜。只是，当时眼镜稀少，价格不菲，只有有钱的"贵人"才能享用这种奢侈品。清朝的学者赵翼在《陔余丛考》中认为："古未有眼镜，至有明始有之，本来自西域。"这里所指的西域，不是张骞开辟的丝绸之路，而是指西洋欧洲。

在欧洲，公元 10 世纪开始有人使用放大镜。这种放大镜是平凸镜片，外形如同扁豆一样。13世纪，人们开始用玻璃滴注的方法来制造镜片，矫正视力。使用这种平凸镜片矫正视力的最早记录，是在 1268 年由罗格·贝肯制作出来的。他在《日记》中写道："将水晶的凸面靠近眼睛，字母会显得更大也更清楚。"最早的眼镜是将镜片用绳子拴在眼前。不久，英国配镜师爱德华·斯凯莱特设计制作了眼镜的框架，成为现代眼镜的雏形。到了1784年，本杰明·富兰克林用两副镜片制作了第一副双光镜片，架在鼻子的上端，从此，标准眼镜诞生。随着

中、西文化的交流，眼镜逐渐进入了中国。

康熙年间，刘廷玑在《在园杂志》列举了不少进入中国的西洋人制造的玩意儿，如风琴、自鸣钟、千里眼、显微镜等等。其中，他认为"最奇妙通行适用者，莫如眼镜"。因为"古未闻眼昏而能治者"，而现在有了治法，"令昏者视之明，小者视之大，远者视之近，虽老年之人，尚可灯下蝇头"。从而使"上下、贵贱、男女无不可用，真宝物也。人人得用，竟成布帛菽粟矣"。这些文字说明，眼镜在那个时代已经开始普及。再从文中"黑晶者价昂难得，白晶者亦贵。惟白玻璃之佳者，不过数星"来判断，当时的眼镜品种也已经不少了。

有趣的是《淡墨录》所载，乾隆五十六年（1791）朝廷大考翰林。要考的诗词部分，竟是"以眼镜为

住

图
二

题，限他字五言八韵"。眼镜成了试题，把不少翰林弄得狼狈不堪，概因为"眼镜自来从未有出诗题者，其时风檐寸晷，不知眼镜出处者多矣"。唯翰林阮元的赋眼镜诗"独为睿赏"，点了个前三名。

到了清代末年，各大城市已出现了专门制作眼镜的铺子。戴眼镜、戴水晶眼镜、戴平光眼镜，一时成了时髦的事情。在销售眼镜的队伍中，除了坐店经营的以外，还有很多行街小贩。最早是由卖香囊的小贩们代售，他们把做好的眼镜放在精美的锦袋、皮袋内，与各种香草袋、香荷包一起提在篮中，或挂在招杆上，向路人荐售。不久，荷包、香袋都不时兴了，卖荷包的也就都改成卖眼镜的了。

宣统元年《图画日报》刊有一首《卖眼镜》讽刺诗：

眼镜之制法最精，有镜养目目自明。
老光近光兼平光，买个戴戴耀眼睛。
近来眼镜尚尖式，金丝蜡黄品墨黑。
无怪世人个个眼睛尖，看见银子雪雪白。

图一：卖眼镜。[清]孙继绘。

嘉靖年间，郎瑛在《七修类稿》里曾说："闻贵人有眼镜，老年观书，小字看大，诚世宝也。"这里提到"世宝"眼镜虽然简略，但从文中使用者的感受，该物就是今天我们所戴的眼镜。

图二：卖眼镜（烟画）。[1905年]英美烟公司设计出品。

卖 夜 壶

Seller of chamber pot / 便器屋

图一

像他二叔打呼噜

——〔清·口技艺人生意口〕

尿鳖子、大夜壶；

风一吹，呼呼呼，

像他二叔打呼噜。

旧社会摆地的口技艺人每当说完这一段，就开始模仿对着夜壶撒尿时发出来的声音，学完就该收钱了。敛完钱，为了笼住人，还要学一段向便盆中滋尿的响声。这是一个讨好的传统的段子，凡练口技的、表演幕后戏的都得会。

夜壶者，乃夜用之壶，是旧时代男人专用的溺器。别名也称便壶、便器。

遍查古书，古代男人用做便器之物，并不一定限于壶型器具。除了刘邦撒尿用儒生的帽子之外，用瓦瓮者有之，用溲缸者有之，用竹制的溲筒有之，用木制的马子有之，而用之更为普遍的是瓦盆、陶盆之类。尤其在民间家庭，起夜使用瓦盆的居多，如传统戏《乌盆计》中张别古的溺器，是只一尺阔、半尺高的瓦盆。

瓦制尿盆登堂入室者常见经传。就是在皇家钦点状元、举人的贡院考场中，在每一位生员书写答卷的考桌之下，也都放有瓦制尿盆一个。这一从唐代开科取士沿用到清代的成例，一直没有改进。这个尿盆是专门供举子在考场中应急解小便之用。用毕，不能离场泼出，依然要端端正正地放在桌下脚边。任凭秽气弥漫，无碍文思翩跹。如果在考试中途内急大便，则决不能使用此盆。要么把写了一半的卷子上缴后，由贡院下人带去如厕。归来时，再到学案处领回原卷，归到座位上继续答卷。但这张卷子已被学案盖了一枚黑章，成为污卷，答得再好，考官也不会批阅，从而成为废纸一张。怎么解决呢？常用的方法是便入自己的袜子里，退场时自己再带出场外。

我们的古人称壶型便器为虎子。何以称为虎子呢？古书并无特别说明，想是其壶嘴甚大，状如虎口，因而名之。

在西安博物馆馆藏的瓷器中，有一尊宋代的冰裂纹白玉蛋青瓷虎子。造型很是独特，约有一尺三寸余高，腰阔一尺，形如蹲兽，下有四足，一只上昂的大口，径约三寸，颇为壮观。因无提梁，大概使用时需用手捧。这一出土文物，想是贵族之家才能用得起的名贵瓷物。由此，也可以看到宋代以前夜壶的造型。

大概到了明代，男用夜壶开始定型，制度变小，

112

住

有了提梁，里外都上了黑釉，既可以防渗漏，又可以清理卫生。放在床下，也不过于污秽了。因之在民间普及很快，依凌初在《三言两拍》中无意的记述，明代中叶便有了专业烧制夜壶、便盆的工匠和炉窑了。

唯夜壶、便盆都属于阴物，窑工们甚为迷信，忌讳最多，怕污窑、崩窑、阴阳不明、上下不分。烧制阴物的匠人与烧制普通日用锅、碗、瓢、盆的工匠是两类窑工，泾渭分明。烧阴活的在点燃每炉窑内，都要附带烧上一对男女交合状的喜神，为的是调和阴阳，才能确保这炉窑不出差池。

在市井百业中，卖夜壶、便盆的行街小贩，多是傍晚出挑，每到一处，把挑子放好。左手拿一便盆，右手持一木棒，一边敲打便盆一边吆喝："方便哩，方便啦！"人们一听就知道是卖夜壶的来了。后来，随着人们居住条件和卫生环境的改善，使用夜壶、尿盆的人越来越少了。

图一：溺器图。[清]无尘山人绘。

图二：卖夜壶。[民国]无名氏绘。

图三：卖夜壶（烟画）。[1905年]英美国纸烟公司设计出品。

卖 耗 子 药

Seller of mouse killing drug/ ネズミ殺薬屋

鼠子觅食可恶毒

——〔清·孙兰荪《竹枝词》〕

图一

旧日城镇街巷胡同中，一到傍晚的时候，时不时地会传来一声声的吆喝："卖耗子药啦——，耗子药。"声音低哑凄惨，使人听了，心中一阵堵心。假如出门去看，你会见到卖耗子药的小贩，身着旧衣，头戴毡帽，自远处缓缓走来。他们要么手执一尺多长的竹竿，竿上倒吊着七八只死老鼠。有的索性把这些死老鼠像背褡裢一样，搭在肩前背后，大的、小的、黑的、灰的死老鼠，龇牙咧嘴地好不吓人。

卖耗子药的所以背着、擎着这些死老鼠，为的是证明他卖的耗子药货真价实，毫不含糊，老鼠吃了准死无疑。当年庙会上、小市上，凡卖耗子药的，不论摆摊的还是撂地的，眼前都摆满了死老鼠。死老鼠就是这一行的商标广告。

要消灭老鼠，就需要有效的好药。古人缺少科学知识，用的是对人有害的毒药——砒霜。把砒霜拌入食物中，毒杀老鼠。人若误食，也会命归黄泉。所以卖鼠药的药包总是用大红纸包裹，为的是提醒买家注意，不要与它物混杂。

20世纪初，著名的报人杨荫初先生曾去过一位卖鼠药的小贩家中采访。他说：小贩家很穷，

一家人住着一间半房。其中的半间是制作、存放鼠药的，平时不准孩子们进入。靠里边的墙角，有一个小神桌儿，桌子中间供着一只大老鼠，头上戴着一只红风帽，身上披着一个大红斗篷。前面烧着香，两侧还摆着两个馒首。卖鼠药的说，这是他们的祖师爷。

杨先生大惑不解，问道，缘何既灭鼠而又供鼠呢？卖鼠药的回答说：我们供的是仓鼠大王，是老鼠的祖宗。仓鼠是益鼠。民谚曰：仓无鼠，地无谷。仓鼠是保祐农民年年丰收的喜神。因为它能使亿万生灵无饥无馁，所以他在十二生肖中位尊第一，比牛的功劳都大。当然了，俗语说：君子之泽，五世而渐，它的晚辈们都不争气，养成了养尊处优不学好的毛病，又馋又懒还糟蹋东西。灶王爷上天时，汇报了它们在人世间的种种劣迹，上帝大怒，责问仓鼠，仓鼠自责不已，声称：自作孽，须自赎。决定大义灭亲，依律惩处不肖子孙，并赐予此药，尽除孽种。古人云：龙有九子，子子不同，何况鼠辈乎。凡食此药不死者，即我良种也；食此药

住

鼠赋坡東子

图二

立死者，即是冤孽也。说罢，卖鼠药的摇了摇头，还补上了一句说：人间事也是如此呀。杨先生闻后也十分感慨，草成一文刊于报上。不几天，报上还登了这么一首无名氏的《竹枝词》：

鼠子觅食可恶毒，乱啮器物与衣服；

市中有药能毙尔，更比狸奴捕尔速。

我闻倚势害人之人曰社鼠，社会受毒不下汝。

何妨人人予以药一包，以示鼠辈难饶恕。

这首诗虽言语俚俗，却言此及彼，对社会腐败之流极尽针砭，俨然一副晚清知识分子愤世嫉俗的口气。

图三

图一：卖耗子药（烟画）。[1905 年]英美烟公司设计出品。

图二：东坡与黠鼠。[清]无名氏绘，选自《十二生肖图》。

图三：卖耗子药。[清]孙继绘。

更　　夫

Night watchman/ 火回り職人

图
二

贫无聊赖始业此

——〔清《图画日报》刊《竹枝词》〕

京剧里有出著名的传统戏名叫《三堂会审》，亦叫《玉堂春》。戏中演到，王三公子在妓院中混了不到一年，将所携带的三万六千两纹银花费殆尽，便被鸨母逐出院门。自此流落街头，无处依归。无可奈何之下，只得到城隍庙内充当了更夫。

更夫者，打更的是也。更，是古代的一种计时单位。我国古代的计时方法，是将一个昼夜分成十二个时辰。计算顺序是依十二地支排列，即子、丑、寅、卯、辰、巳、午、未、申、酉、戌、亥。古代没有先进的计时器物。白天是以日晷利用太阳光影的移动来刻度时间。

还有一种计时器，是用沙漏或铜壶滴漏来计时。要看细砂或水漏出的多少来计算时间，很不方便。至今在故宫博物院的中和殿中，尚陈列着这种计时设备。漏壶计时在民间很难普及应用，所以，俗谓

图一

“日上三竿”，“日落时分”都是古代民间的计时语汇。如是，白日尚可，到了夜里，怎么通报时间呢？于是，人们就在城镇的高楼、寺庙之内设置漏壶，由专人守夜观察，按时敲击钟鼓通报。一夜分为五更，从晚七点到翌日五点，每两个小时为一个更次。每到一更，值夜人就在鼓楼内敲鼓一次，是谓打更。这样，专事打更的更夫一行就出现了。

前边所说的王三公子沦为的更夫，他们是民间市井出面廉价雇佣的巡更。两人一班，各承包一定的区域。待更鼓过后，一人提着一只灯笼，一手执锣，另一人手执一个竹制的梆子，按一定的节奏敲着，穿街过巷彻夜巡行。一是向熟睡的人们通报时辰，另外负有“警惕烛火”“提防偷盗”的保安作用。入夜之时，他们一边敲梆子，一边提醒人们“小心烛火”，深夜则代为住户人家关照门户。不管春夏秋冬，刮风下雨，夜夜巡行于街堂里弄之中，责任不小，而收入甚微，苦不堪言。

自汉代直到宋、元，更夫、巡更的、扫街的都是由市井里正、地保等城镇中最小的管理者出面雇佣、管理，从管理费中支付费用。到了明代，巡更这一行归于丐帮，多是老弱病残的穷人充任。

到了清朝，满人为了加强管理，便从治安缉盗方面强调巡更的作用。巡更的就成了衙门捕快的底线，他们的工作和发现的线索，均直接对捕快负责。至此，巡更的也就多用身强体壮、手脚麻利的警觉之人，待遇也就提高了一些。

民国期间，科学发达，钟表也普及了，更夫这一行也就逐步被淘汰了。

图一：更夫是民间市井出面廉价雇佣的巡更人。两人一班，一人提着灯笼，一手执锣，另一人手执竹制的梆子，按一定的节奏，“笃笃镲——，笃笃镲——镲”地敲着，穿街过巷彻夜巡行。[1905年]英美烟公司出品的烟画。

图二：更夫。［清］孙继绘。

卖枕头

Pillow seller / マクラ屋

虽无云雨三更梦

——〔元·谢宗可《竹夫人》〕

图二

人的一生中有三分之一的时光用于睡眠，枕头自然是人们居家生活中最亲密的伙伴。

用来做枕头的材质非常多。有木枕、竹枕、瓷枕、棕枕、布枕等等。其中以纺织品做面儿，内中放置充填物的枕头品种和式样最多。又可以分为布枕、绣枕、丝枕、锦枕……内中充棉的叫棉枕，填丝的叫丝枕。还有在枕内填放香草、药物、豆菽、蚕屎等材料，分别起着薰香、保健、镇静安神等特殊作用。

枕头的功能除了供睡眠之用外，还有其他多种用法。如垫腰、垫背用的靠枕、倚枕；垫臂用的扶枕；中医看病时用来垫在腕下诊脉用的医枕、脉枕；民间习俗中还有一种长形的抱枕，供睡觉时怀中搂抱。冬日抱絮枕，温暖舒服；夏日抱个编成篓状的竹枕，凉体爽身。竹枕俗称竹夫人。元人谢宗可有诗谑之：

"虽无云雨三更梦，自有冰霜六月秋。"把枕头比喻成最喜爱的女人。

民间常用的"夫妻枕""并蒂枕""鸳鸯枕"，则为爱情生活添写了无尽的情话。至于，《金瓶梅》中的西门大官人把枕头另做别用，这里姑且从略了。另外，唐野史中记有杨国忠为相之时，每卧必命众姬妾裸体相围，称为"肉屏风"；睡觉，则必枕妇人之腿，称之为"肉枕"。骄奢淫逸至此，如何不罪当其诛。

因为人不可一日离此君，故而做枕头、卖枕头亦是三百六十行之中的一个行业。制作枕头原本是女红之一，旧日家庭妇女人人会做，且描龙绣凤地能做出很多艺术品。枕头作为商品出售，自是有高低品质之分。顾绣庄、苏绣庄的制品，是富贵之家婚嫁必备之物。而供平民之用的枕头，多由行街小贩喝卖。大至"合欢枕"，即夫妻合用的大枕，小至儿童之用的"老虎枕""空心耳枕"，皆有销售。这类小贩的形影十分有趣，他们把各式枕头依大小排序，而后用两条布带一兜，背在背后，或肩于肩头。走在大街小巷之中，高声喝卖，喊道："无忧——"大概是取"高枕无忧"的吉祥之意。

至于人死之后，装棺入殓所用之枕，称为寿枕。寿枕只有寿材铺、纸扎店才有售卖。

图一：卖枕头的小贩把各式枕头依大小排序，而后用两条布带一兜，背在背后，或肩于肩头。走在大街小巷之中，高声喝卖："无忧——"是取"高枕无忧"的吉祥之意。〔1905年〕英美烟公司设计出品的烟画。

图二：卖枕头。〔清〕孙继绘。

卖 竹 竿

Bamboo seller/ 竿竹屋

咬定青山不放松
——〔清·郑燮《竹石》〕

唐代大诗人杜甫有诗《咏竹》云：

青冥亦自守，软弱强扶持；

味苦夏虫避，丛卑春鸟疑；

轩墀曾不重，翦伐欲无词；

辛近幽人屋，霜根结在兹。

《说文解字》称："竹，多生草也。"是说竹子属于草类。唐人李阳冰在刊行《说文》时纠正说：竹"谓之草，非也。"近代植物学则称：竹属禾本科，竹亚科，箭竹系，苦竹亚属。该属中竟又分了十七大类。足见竹子的品种之多。

竹子的名称也很多，称为篁、天帚、独笋、明干、环玉。用在诗文中的称谓就更多了，什么卢中子、贞干臣、石母草、碧玉椽，不一而足。

竹有斑竹，方竹，龙公竹，龙孙竹，大夫竹，人面竹，丁香竹，筋竹，桃竹，工竹，筛竹，青竹，木竹，眉竹，棘竹，茨竹，单竹，南竹，苦竹，孤竹，文竹，观赏竹等等。它们不仅外形各异，而且功能、用途也各不相同。有的可以作乐器，有的可以做弓箭，有的可以制舟船，做药物，做柱梁，做器物，做食品。正如苏东坡所说："食者竹笋，庇者竹瓦，载者竹筏，爨者竹薪，衣者竹皮，书者竹纸，履者竹鞋，真可谓：一日不可无此君也。"但是，其中用处最广泛的是削成竹杖、竹竿、竹棍，用来撑物、悬物、制篱、捆物等日常使用。因此，自古以来就有卖竹竿的一行小贩。

卖竹竿的小贩以四川、江西老表最多。他们从日用杂货货栈里趸来一批批的毛竹。先用竹刀削去竹枝、竹杈、竹叶，刮净竹节，截去竹梢、竹根儿。然后，根据竹质、长短、粗细的不同，向不同的主户进行推销。成材的可以为梁为柱，不成材的，则售与篾匠制笋、制筐、截筷子。长的送到染坊、布肆、洗衣作坊，作为晒衣晾布的支撑。细的则去制篱，捆帚，做笆篱，当竹鞭。

郑板桥是画竹的圣手，他在诗中写道：

咬定青山不放松，立根原在破岩中；

千磨万击还坚劲，任尔东西南北风。

他并没有把自己当成画家，而是自诩是个卖竹子的小贩。他在自己的笔润小卷上，明码标出自己所售竹竿儿的价钱。既不苛索，亦不论交情，不故作清高，亦不矫揉造作。卷后有诗写道：

画竹多于买竹钱，纸高六尺价三千；

任渠话旧论交接，只当秋风过耳边。

图一：卖竹竿的小贩肩扛着一捆毛竹，向洗衣婆兜售。洗衣婆无意购买，一个劲地摇手谢绝。[1905年]英美烟公司设计出品的烟画。

图二：卖竹竿（烟画）。[1927年]华商烟公司设计出品。

住

卖　蒲　扇

Seller of palm-leaf fan/ ガマの葉ウチワを売り

不动无风动有风
——〔清·谜语〕

有这么一个谜语，说："有风不动无风动，不动无风动有风。三冬常在家中坐，三伏之日显威风。"无疑，它的谜底是扇子，而且不似文雅的团扇、折扇，而是颇有威风的蒲扇。

蒲扇，又叫芭蕉扇、葵扇、蒲葵扇。它是用蒲葵的叶子做的，价格便宜，用着皮实，最受劳动人民喜爱。拉车的、挑担的、修鞋的、卖西瓜的，人手一把。扇风驱蝇，顺手拿放，十分方便。这类扇子是农家闲时制作，卖蒲扇的小贩也多是乡间的农人。农闲时，折蒲叶，晒蒲叶，加工制作成蒲扇。存至翌年暑伏，担到城中售卖。价廉实用，深受市井中劳苦大众的欢迎。卖蒲扇的小贩们走街串巷地吆喝："送风的来了——！"不一会儿，就招得妇女儿童们接踵而至，你一把、我一把地争购一空。

清人王廷鼎在《杖扇新录》中考证说："古有棕扇、葵扇、蒲扇、蕉扇诸名，实即今之蒲扇，江浙呼为芭蕉扇也。棕榈一种名蒲葵，《研北杂志》称《唐韵》'棕'字注云'蒲葵也，乃棕扇耳'。以其似蕉，故亦名芭蕉扇，产闽广者多叶圆大而厚，柄长尺外，色浅碧，干则白而不枯。土人采之阴干，以重物镇之使平，剪成圆形，削细篾丝，杂锦线缘其边，即仍其柄以为柄，曰'自来柄'，是为粗者。有截其柄，以名竹、文木、洋漆、象牙、玳瑁为之，饰以翠蝶银花，缘以锦边，是为细者。通称之曰蒲扇，或曰芭

图一

蕉扇，实一物也。"

这篇文字把制作蒲扇的全过程写得一清二楚。清人屈大均在《广东新语》中则强调，蒲葵要长到八年之后，其叶方能用来制作扇子。暑天，蒲扇在山货店、杂货店也有售卖。而有点儿名的扇子店、南纸店、书画店、礼品店、古董店则只售折扇、团扇、羽扇，而不代卖蒲扇。清季有《竹枝词》写道：

蒲葵扇，颇不恶；一把在手风在握。

为何世人用者少？只因价廉遭奚落。

价贱竟遭世人弃，物犹如此令人气。

无怪滑头个个吹牛皮，身价高抬善做作。

图二

图一：卖蒲扇（烟画）。[1905年]英美烟公司设计出品。

清人屈大均在《广东新语》中称：蒲葵要长到八年之后，其叶方能用来制作扇子。

图二：手执蕉叶扇的女子。[清]杨柳青木版年画。

119

卖 折 扇

Folding fan/ 扇子屋

手挥雅扇细潮州

——〔清·果尔敏《洗俗斋诗草》〕

图一

扇子一把，拿在手中；

有人来借，等到立冬。

这是一首北京人老少皆知的打油诗。从幽默的词语中可以知道，扇子生风驱暑，伏天儿是刻不能离之物。在没有发明电风扇和空调机的时代，制作扇子、批发买卖扇子，可是一个大行业。卖扇子的店铺常挂有这样一副楹联："举处随时消酷暑，动来常伴有清风。"这副楹联对扇子的功能赞誉得恰如其分。

图二

扇子主要有折扇、团扇、羽毛扇和蒲扇四大类。折扇，古称"聚头扇"，或称为撒扇、折叠扇，折扇的工艺尤为讲究。它由扇股、扇面组成。扇股用竹、木、骨、棕、象牙等制成，以竹股最多。大股两支，中间夹有小股十几支，下端有孔，用轴固定，糊以绵纸或绫绢的扇面，可开可合，随心所欲。扇面可书可画，既可扇风，又宜欣赏，操在手中，颇增风雅。最为文化人、商贾、职员等人喜爱。

南宋时，折扇的生产已有相当规模。明、清是折扇发展的鼎盛期。凌初的《拍案惊奇》中，就有关于江浙商人往返南北贩扇的描述。每年从中获利十分丰厚。

制作高级的折扇要用好材料，将名贵象牙、玳瑁、鸡翅木制成扇骨，在象牙骨大边上镂雕、细刻；红木、鸟兽骨大边有"如意头""琴式""螳螂腿""水浪式"等，扇头有"瓶式""荸荠头""橄榄头""玉兰头"等，扇面有洒金、雪金、格巾、发簪、矾面、泥金等。这些扇面都成为书画家挥毫泼墨之地，为后人留下了无数珍贵的墨迹，成为历代收藏家渔猎

住

图三

扇 昙

之物。曹雪芹的《红楼梦》中，贾珍为了获得二十余柄珍贵的折扇，竟把收藏者石呆子弄得家破人亡。

关于竹制折扇的发明权是谁的问题其说不一，一种说法是在唐代，由日本僧人带到我国，从此折扇才开始流行。另一种说法称，折扇是在宋代，由高丽也就是朝鲜传入的。支持此说的依据，是当时的皇帝曾下过诏书，并派工匠去高丽学习制扇。苏东坡亦有吟咏高丽白松扇的诗："展之广尺余，合之止两指。"赞美折扇设计的精巧。

果尔敏的《洗俗斋诗草》中有一首描写清人夏日使用潮州折扇的诗，诗中执扇人神态惟妙惟肖，让人忍俊不禁：

土人爱着薯莨绸，赤足街前汗漫游；
脖上横缠粗辫子，手挥雅扇细潮州。

扇子不仅是日常用品，在戏剧表演中，用它来刻画不同的人物角色，也是入木三分。在表演中，文生扇胸，花脸扇肚，小生不过唇，黑净到头顶，丑扇目，旦掩口，媒婆扇两肩，僧道扇衣袖等，给戏剧艺术增添了不少色彩。

图一：换扇面的。[清]无名氏绘，选自《北京民间风俗百图》。

图二：执扇扑蝶的薛宝钗。[清]改琦绘《红楼梦人物》。

图三：日本人开设的出售折扇的店铺。日本无名氏绘。

图四：贩卖折扇的小贩。[清]方薰绘《太平欢乐图》。

图四

卖　羽　扇

Sale of feather fan/ 羽ウチワ屋

诸葛三军听指挥

——〔清·扇店楹联〕

图一

苏东坡有一首著名的《念奴娇·赤壁怀古》词，词中云：

遥想公瑾当年，小乔初嫁了，

雄姿英发，羽扇纶巾，

谈笑间，樯橹灰飞烟灭。

一柄羽扇，把一员儒将的潇洒神态刻画得入神入化。

何为羽扇？就是戏剧中诸葛亮常拿的那种扇子。一般的是用鸡翅羽和鸡尾羽制成的。民间用此扇，是在蚊帐中驱蚊使用。因为它不容易刮伤蚊帐。另有道士、术士、算命先生用它，为的是让人觉得他们高标睿智，深不可测。

羽毛扇至今已经有四千年的历史了。据《拾遗记》载：周昭王时，外国把使者十只雌雄丹鹊献给昭王。夏令时节来临，人们把丹鹊脱掉的翎毛制成扇子，时人称之为"条融"或"灰影"，这是我国出现最早的一把羽毛扇子。因此，古人据此意创造了"扇"字，"户"下从"羽"。证明了扇子大家族中，以羽扇的出现为最早。晋崔豹在《古今注》中说："雉尾扇起于殷世高宗。"

用鹰、鹤、锦雉等鸟羽制扇，是汉末人士所好。

蜀中诸葛亮、晋代的顾荣皆持羽扇指挥军事。晋傅咸有《羽扇赋》称："吴人载鸢鸟翼摇风，灭吴之后，翕然贵。虽出自南鄙，而可以遏阳隔暑。"

那时的羽扇是何种形式呢？《晋书·五行志上》"旧为羽扇柄者，刻木为其骨形，列羽用十，取全数也。自中兴初，王敦南征，始改为长柄，下出可捉，而减其羽用八。"

高级的羽扇是使用雕翎制作的。制这种羽扇时要经过采羽、选羽、刷羽、洗羽、理毛、修片、装柄等十几道工序。制作时一般只能在一只禽鸟身上拔取左右两翼同一对称位置的翎毛，采配扎制成型，不能滥用杂羽。

一柄高档翎扇，是相当值钱的。清代王廷鼎《杖扇新录》记载："雕翎扇，咸同以来，都下盛行，王公大臣皆用之。一羽长尺外，阔一二寸。扇形长方，一扇列九羽为率，价须十金。若七羽、六羽者尤贵。羽出北口，赭质而白章，亦有黑白过半，又有上下全黑，中间寸许白者，名玉带，值十金。甚有至百金者。"

住

这种羽扇的扇柄一般皆用象牙制作。羽扇有单柄的团扇形，也有椭圆形、长方形，还有多股的折扇形。图中乃是清季专卖羽扇的一家店铺，伙计们在为顾客挑选羽扇。当时著名的扇店有"云林斋"、"冰玉斋"，店前的楹联是："右军五字增声价，诸葛三军听指挥。"

据说，京剧大王谭鑫培在演出《失空斩》时，所用的一柄白章赭质的雕翎扇，是他一次在圆明园演出时，大总管李莲英特意赠送的。李大总管曾精心驯养一只赭雕，颇通人性，其羽最佳，名唤一抹油，是李莲英最爱之物。本拟驯熟之后，孝敬老太后以博一笑。不想此雕"英年早逝"，总管怜其羽毛，特精制成扇。赠予谭老板作场时使用，也是为

了让此雕在老佛爷面前有机会亮亮翅儿。

果然，此扇配上诸葛亮的八卦衣，分外的光鲜。一出戏唱下来，慈禧高兴不已，还特赐给了谭鑫培黄马褂一件。那可是天大的恩荣。此扇与黄马褂，都成了谭家的传家之宝。

图一：卖羽扇。[清]方薰绘。

图二：清季专卖羽扇的店铺（烟画）。[1905年]英美烟公司设计出品。

制　团　扇

Circularity-fan making/ ウチワ屋

轻罗小扇扑流萤
　　——〔唐·杜牧《秋夕》〕

图二

　　团扇，又名纨扇、罗扇，它出现于折扇之前。西汉成帝的妃嫔班婕妤有一首著名的《团圆扇》：

　　　新制齐纨素，皎洁如霜雪。
　　　裁为合欢扇，团圆似明月。
　　　出入君怀袖，动摇微风发。
　　　……

诗中抒发的是对赵飞燕独夺恩宠的怨气，但也生动地写出了团扇的相貌和功能。

　　团扇一般是圆形的，"团如月"，也有椭圆形、桃形、方形等式样。团扇正中置扇股一根，正好把团扇一分为二。扇面糊以绢、纸，绘有花鸟、仕女、山水，人物，精美非常。扇柄多用梅烙、湘妃、棕竹，也有用洋漆、象牙的。这种扇子一般是少女、妇人使用，一是轻巧适手，二是文雅娴静，宜颦宜笑，风流韵致。因之，产生出不少诗词名句。如"低眉弄团扇，不知心恨谁"；"奉帚平明金殿开，强将团扇共徘

图一

徊"；"吴中近事君知否，团扇家家画放翁"等等。唐代著名诗人杜牧的《秋夕》写得更是传情入画，成为以纨扇为主题的千古绝唱：

　　　银烛秋光冷画屏，轻罗小扇扑流萤。
　　　天阶夜色凉如水，卧看牵牛织女星。

　　在诸多的文学作品中，如王实甫的《西厢记》、蒲松龄的《聊斋》、曹雪芹的《红楼梦》、孔尚任的《桃花扇》等，多有以扇传情、借扇明志的描写。扇在不同人物的手中既是一种饰物，又是一种传情达意的有情之物。

　　团扇也是历代文人墨客为书为画的良媒。自从王羲之为卖扇子的老姬书扇之后，苏东坡、唐伯虎、祝枝山等名人才子书画扇面的故事层出不穷。而"执扇仕女图"这一题材，是学画仕女人物的必修之课。

　　迄今故宫博物院尚珍藏宋元团扇近百品，绘有花鸟鱼虫、山水风景、诗歌名言、舟车楼阁、文房四宝等；扇骨上镌刻的工艺更是我国的艺术珍品。透过这些藏品，可以看到我国"扇文化"的历史是何等光辉灿烂。

图一：执扇仕女图。[明]唐寅绘。
图二：制团扇（烟画）。[1905年]英美烟公司设计出品。
　　扇子作坊的师傅们有的在把竹股折弯制扇，有的在用绢糊制扇面儿。

窝 脖 儿

Porter/ 運び屋

抗街低首亦生财
——〔民国·何宾笙《题陈师曾绘抗街图》〕

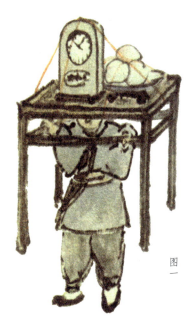

图一

北地移家少用抬，抗街低首亦生财；
男儿炼得头颅好，强项胜他提足开。

这是民国初年的名士何宾笙题陈师曾绘《抗街图》的一首诗，诗中描绘了旧日北京干窝脖儿这一行人的情况。

这行人是搬运工人的一种，他们为人搬运东西，一不用车辆，二不用挑抬，而是用脖子和肩头扛着货物在街上行走，时人称之为扛街的。其工作时的形态好似被人强项一般，故人们亦称其为窝脖儿的。

这行人从小练就一身硬功夫，手执一块尺半宽、二尺半长的木板，专门为大户人家搬运精细、怕磕、怕碰的物件，比如说座钟、掸瓶、瓷器、摆件等贵重东西。搬运的时候，把木板往地上一放，再把本家要求搬的东西，或平摆，或摞着，叠着，十几件、几十件一起满满地码在板上。再用一根小绳系好。百十斤的东西，双手托起高过头顶，然后脑袋一低，脖子向前一伸，使肩头与脖子形成一个平面，再把高举着的重物稳稳当当地平放在肩头上面。稍微定定精神，一手扶着托板，一手叉腰，便大步流星地走了。讲究走街串巷过闹市，五里六里不歇肩。待走到目的地时，进了正房堂屋，这才双手托板，把东西举起后，再平平稳稳地放在地上，再按雇主的要求，把这些东西一一摆放到位。这一过程，也是为了让本家看看所搬之物毫发无伤。待本家阅毕，才算完了一趟活儿。就可以结账拿工钱了。

民俗学者齐如山先生说：在他年轻时，有一次从和平门出来访友，竟然碰到这么一件事儿。一个窝脖的肩头上，可着托板立着一只硬木条案，案上放着座钟、座镜、两对掸瓶、帽筒，正中间还平放着一碗水。一帮闲人围着看热闹，这位爷旁若无人，一直朝前走。齐先生也觉得神奇，竟跟着他一直走到了地安门的旧古楼。到了楼口，他才把条案放下。大家凑前一看，案子上的那碗水，连个水珠儿都没有溅出来。观者无不啧啧称奇。仔细一打听，原来这个窝脖的是在与某人打赌，所以才特别地显一显自己的本事。

不过这一行从来养小不养老，到了干不动的岁数，没有一位不作下病根的。最轻的也闹了个气嗓脖儿。民初大画家陈师曾先生特为这一行画了张肖像，诗人大镫先生在画上题词叹道："父母抚养，祝其日长；奈何以重，压之顶上。"随着运输工具的增多，这一行到了20世纪30年代，已然后继无人了。

姚茫父亦曾撰《好事近》咏此行：
独担二重天，都是一生衣食。
空有满腔豪气，怎发冲冠直？
崭然头角总消磨，中正少倾倒，
兼爱未妨摩顶，道利人如墨。

图一：窝脖儿。〔民国〕陈师曾绘。
这行人从小练就一手硬功夫，手执一块尺半宽、二尺半长的木板，专门为大户人家搬运精细、怕磕、怕碰的物件。

棺 材 铺

Coffin shop/ お墓屋

全凭一点心田好

——〔清·《图画日报》刊《竹枝词》〕

旧时，北京大的棺材铺都集中在前门外、崇文门外、建国门外，离京通大运河较近。这是棺材的制造与所用木材有一定关联。明、清时期，大运河的漕运十分繁盛，大宗南货、粮米全靠货船舟楫运输。这些舟船的桅杆耗材既多，所以沿河设有许多修理舟只、制造桅杆的桅厂。桅厂备有许多杉木，制作棺木也是需用杉木，因此形成了桅厂代制棺材的成例。初时，做棺材是桅厂的兼职生意，到了清季晚期，由于运河的漕运日益萎缩，桅杆的需要也日益减少，制作棺材这一门便逐渐变为主业。一俟运河失修淤塞、漕运终止，北京、天津一带的桅厂凡生存下来的，都改成棺材铺了。但桅厂的名称大多沿用，而不改用新的堂号，因为棺材二字不好听，人们都很忌讳。

做棺材的木匠师傅叫作斜木匠，属于斜木行。他们破的板材与别人不同，但凭一条"阴阳线"，下的大料都"一头大、一头小"，一头厚、一头薄。桅厂所做的棺材分为蒙、满、旗、汉四大类。汉材俗称"蛮子材"，大盖为月牙形，两帮弧形，平底儿；旗材亦称"满材"，大盖两帮三面坡，呈一大六棱形；南材的样式取自南方，底盘凸起，与上盖一致；套材个儿大，是内材的外套，亦称"梓材"。

棺材的等级不仅在于式样，更在于所用的材料。最贵重的是阴沉木。这种材料十分稀少，它是介乎于木化石一般的东西，遇火不燃，水浸不腐，寸材寸金，是帝王显贵的专用品。其次是金丝楠木，再次之为香杉，均是王公大臣、一品大员专用。再次之为柏木、杉木、松木，及至用大叶杨、小叶杨、椴木、柳木做的棺材，价格便宜，专

图一

住

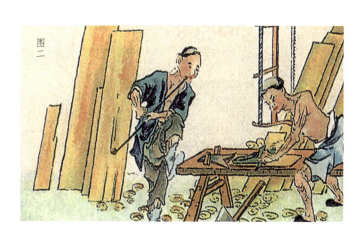

供平民选用。

　　棺材中最次的叫作椁匣子，也叫斗子。都是用劣质杂木薄板儿，盖、帮、底一概三分，用大钉订制而成，一般是供给公家装殓流民饿殍、路边倒卧儿之用。如果在斗子上钉一竖条儿，再涂上红粉的，都是以最廉价格售给穷苦百姓们用的匣子了。

　　旧时提倡孝道，提倡厚葬，老人寿终，无论贫富都尽其所有大办丧事。棺材铺因世风之故十分兴盛。斜木行的师傅在木匠行中一枝独秀，因技术独特，收入不菲。他们在带徒弟中有一不成文的规定："非独子不带。"也就是说，他们的徒弟必须是家中的独苗苗，不知是何原因。

　　清末《图画日报》有首《竹枝词》嘲笑斜木匠：

方作司务无他妙，全凭一点心田好；
香楠独幅与圆心，一漆眼光看不到，
偷工莫做薄皮材，皮薄须防要豁开，
倘与贪夫临死睡，莫教伸出手儿来。

图一：开木料（烟画）。[1904年]日本村井兄弟商会社设计出品。

做棺材的木匠师傅叫作斜木匠，属于斜木行。他们破的板材与别人不同，但凭一条"阴阳线"，下的大料都一头大、一头小，一头厚、一头薄。

图二：板儿木匠（烟画）。[1905年]英美烟公司设计出品。板儿木匠是大木作的一门，专事破料开板，行内称为板儿匠。

图三：棺材铺。[清]孙继绘。

磨 剪 子

Scissors Sharpening/ ハサミ研ぎ屋

不知谁是老王麻
——〔民国·张笑我《首都杂咏》〕

图一

剪子，是人们日常生活中不可缺少的工具。裁衣截布，断葛斩麻，全离不了它。考古发现，铁器盛行之前就有铜剪子出现了。我国制剪子的工艺十分先进，并州产的剪刀，在唐代已享誉全国。唐代大诗人杜甫在《戏题王宰画山水图歌》中云："焉得并州快剪刀，剪取吴松半江水。"词人姜夔也有长短句云："算空有并刀，难剪离愁千缕。"

古代的并州，是今日的山西太原。早年这里冶铁业发达，打出来的刀剪，锋利无比。自清朝起，南方出了个"张小泉"，北方出了个"王麻子"，都是以制剪刀成了响当当的大名牌。

据说张小泉、王麻子的

图二

祖籍还是要追溯到山西并州，是他们的祖辈们将制剪刀的技艺传到华夏南北。王麻子也好，张小泉也好，一出名，大大小小、真真假假的王麻子、张小泉就一拥而上，纷纷都挂起了这一字号售卖刀剪。王麻子独居北方，老北京的大街上挤满了"王麻子"剪刀铺。彼此竞争，且营业不衰。张笑我的《首都杂咏》道：

> 纷纷刀剪铺如麻，认取招牌有数家；
> 外客欲将真货选，不知谁是老王麻。

剪子是名牌也好，假名牌也好，使用久了，锋刃就会钝，钝了就得重新磨出钢锋来。自从剪刀一出现，磨剪子戗菜刀的，就随之出现了。但这一行最早是磨镜子的。古时，大家闺秀用的都是铜镜。铜镜用久了会生锈，锈了就得磨。磨镜子是一个专行，但都附带着磨刀、磨剪子。到了清代，玻璃镜子出现了，铜镜渐被淘汰，磨镜这一行，也就以磨刀、磨剪子为主了。人们又多认为"磨刀"二字有"嚯嚯"之音，十分不雅，于是，就把磨剪子提到前面来，手艺人也就吆喝着："磨剪子啦——戗菜刀——"，四处兜揽生意。

这一行肩扛着一条长板凳，板凳的一头捆着两

128

住

块京西磨石口出产的磨刀石，一块用于粗磨，一块
用于细磨。另一头挂着水罐、水刷、水布等。他们
招揽生意的响器是一串连缀在一起的铁瓦，用手一
晃动，发出"哗啦哗啦"的响声。老远的，人们就
知道磨剪子、戗菜刀的来了。

　　他们在干活时，是骑在板凳上磨家什，自诩这
一行的祖师爷是关老爷，磨的是"青龙偃月刀"，
骑着的这条板凳，自然是日行千里的赤兔马啦。

图一：磨剪子（烟画）。[1905年]英美烟公司设计出品。

图二：街头磨剪子磨刀人。[清]孙兰荪绘。

　　这一行肩扛着一条长板凳，板凳的一头捆着两块磨
刀石，一块用于粗磨，一块用于细磨。另一头挂着水罐、
水刷、水布等。他们用招揽生意的响器是一串连缀在一
起的铁瓦，用手一晃动，发出"哗啦哗啦"的响声。

图三：磨剪子磨刀。[清]无名氏绘，选自《北京民间风
俗百图》。

图四：试试新磨的剪刀。[清]周慕桥绘，选自《大雅楼
画宝》。

换 取 灯 儿

Getting second hand articles with match/
灯を取り替え屋

为君迎来光与明
　　——〔清·佚名《竹枝词》〕

巷弄凄惶换取灯，锱铢微利贱且轻；
些小一匣藏天火，为君迎来光与明。

换取灯儿的，是收废品、收破烂行中的一种，多是穷苦妇人或老弱男丁操此业。肩挑一副破竹担或是背着一只破筐踽踽而行，边走边拉着长音吆喝："破烂儿——换取灯儿——"。这种收破烂的方式，是采用以物易物的形式进行的。用于易货的物品之微，仅一两盒取灯儿。所易之物，除了破铺陈（即烂布）、烂纸，连一丁点可用的家什都够不上。尽是连打鼓的都不愿意收的废物。其物微、其利薄，操此业者，实在是穷途末路的苦人也。他们收上来的废纸，积攒起来一总卖给造纸厂，打碎沤浆，生产"还魂纸"（也就是包装纸或手纸、草纸）；收上来的碎铜烂铁、玻璃碴子，送去回炉再造，变废为新；烂布就送去打袼褙，纳鞋底。各派用场，一无所弃。

取灯儿就是火柴。一枝枝一寸来长的小木棍上，一头沾有红的或是白的磷磺。人们也称它"洋火"，认为它与"洋油""洋蜡""洋表"一样，都是西洋人的发明。

考究起来，我国古代亦有类似的发明，只不过没有普及而已。古代人工取火的形式，是利用摩擦原理。《庄子·外物》篇中有"木与木相摩则燃"的描述。《韩非子》中亦有"钻燧取火，以化腥臊"的记述。日常使用火种，是用火镰、火石、艾绒打击发火。这项技术在民间一直延续到20世纪，在农村犹可以见到火镰、火石。

公元950年，出现了近似火柴的东西。《清异录》中记有这样一件事：人们晚间去厕所，常苦于现点灯烛，太慢又不方便。有人把朽木劈成细条，再涂上硫磺，放在方便之处备用。需要时，一碰火种便马上燃着，很是方便。当时人称此物为"呼光奴"。

《西湖游览志余》中亦说：杭州人把松木削成薄片，熔化硫磺，涂在木片顶端，长约一分，时人称之为"发烛"或"淬儿"。这些发明已与火柴近似了，可惜未能再深入进去。

从现代意义上讲，火柴是英国人创制的，经过瑞典人居塔斯脱伦姆的改制，最终发明了安全火柴。我国开始制造火柴，是在上海开埠时的道光年间，其时相继出现了一些小型的民营工厂。沾火柴、糊火柴盒、装火柴，用的全是女工。清季有《竹枝词》描绘她们的工作：

火柴匣子纸糊货，只要玲珑不必求坚固；
匣中满把火柴装，各厂俱把女工雇。
女工做事最聪明，装得火柴一截平；
不少不多刚正好，宛如手中有天平。

北京最早生产的火柴叫"丹凤牌"，是一种红头火柴。换取灯儿的小贩用的就是这一种。价格便宜，但极不安全。一碰就着，有时遇到震动也会忽地着了；另一方面，火柴头是纯磷制得，有剧毒，多食即死，市井常有吃火柴头自尽的新闻发生。所以，用时要加倍小心，不让孩子们接近。直到20世纪50年代，这种火柴才逐渐消失。

图一：换取灯儿（烟画）。[1905年]英美烟公司设计出品。

打 鼓 的

Drum player/ 鼓手職人

随处搜罗货独奇

——〔清·查揆《燕台口号一百首》〕

端木蕻良先生题《北京风俗图》中,有一首描写旧京打鼓的诗云:

鼓小声闻深巷中,破筐能把泰山笼,

半文买下兰亭序,转眼卖与豆纸翁。

这首诗言简意明,极为生动地说明了这一行当的经营方式、特征和特色:

一,打小鼓,是这一行的幌子。左手擎着一只寸方的单皮小鼓,右手用竹楗子啪啪一敲,人们就知道收旧货的来了;二,打鼓的专门蹭门槛儿、串胡同,在巷间里弄向妇孺兜揽买卖;三,打鼓的挑着两只破筐,是他全部的家什;四,他们什么东西都收,这两只破筐什么都装。就是有人卖泰山,它也敢装到筐子中,挑起来就走。五,打鼓的这行人文化都很低,也不识货,就是收到了价值连城的东西,也当废纸卖了;六,打鼓的交易下家,层次也就更低了。言外之意,这一行只有微末小利,是一种不入流的生意。清季《燕台口号一百首》中写道:

随处搜罗货独奇,到门交易想便宜。

小环拾得零星物,高叫街头打鼓儿。

笔者也亲眼见过他们的糊涂交易。20世纪60年代初,我还在上中学,一日同京剧名票阎仲裔先生走在西城武王侯胡同,见前边走来一个打鼓的,筐里挑着一大卷黑乎乎的纸片,有二尺多高。阎先生酷爱书法,老远就看出了是一摞拓片,忙迎上前去,客气地叫了声"掌柜的,您这摞废纸怎么卖?"打鼓的放下挑子说:"不瞒您,这摞废纸是从胡同口一位老太太那儿收的,十六斤,三分一斤,给了她五角钱,合五斤棒子面。您要要,也别叫我白挑半天,您看着给。"阎先生假模假式地咬了咬牙说:"那我给一元吧!""您真痛快!我给您挑家去。"

图一

就这么着,阎先生落了一份全套的《初拓三希堂法帖》,当时亦值人民币五百多元。

清季,大学问家纪晓岚在《笔记》中,把打鼓的分为两种。一种是打软鼓的,打的小鼓,直径有一寸余,声音大而低,肩担粗筐。如上所说,他们专收废铜烂铁、破衣烂衫、旧报纸、旧玻璃瓶等。

此外,还有一种打硬鼓的,所打之鼓,直径不到一寸,声音小而尖锐。肩担较细之竹筐,并蒙以蓝布,专买细软物品,如瓷器、家具、古玩、陈设等物。再细者则不肩担,只背一大布褡裢,专买金银首饰、珠宝玉器、红绿货等物。他们的下家,可就不都是"豆纸翁"了。他们与古董商、字画铺、古玩店、首饰楼的掌柜的、伙计们多有来往,收到了值钱的好东西,自都送上门去,请他们掌眼,卖个好价钱。

传说,这种打鼓的,有人还专收大户人家中不肖子弟、下人、老妈子等偷出来的东西,不计较给价多少,急着出手,等于变相销赃。这么干,发了洋财的也不乏其人。

民俗学者齐如山先生说,这一行看似单干户,但实有组织和行规。"如某人售物,与一打鼓人交易不成,则再来者给价必定小于前者,再来第三者,则价更小,盖彼等皆有约会,是其不正当之鬼蜮伎俩耳。"

图一:打鼓的(烟画)。[1905年]英美烟公司设计出品。

收 破 烂

Junk collector/ 襤褸を収める

多少穷黎藉此生
——〔清·蒋瀣叟《首都杂咏》〕

收破烂的是旧日城市贫民的生意之一,比拾破烂的、拾毛蓝的、拾荒的强一些。因为,拾破烂是"无本生意",白拾白捡;而收破烂的大小是个生意,有买有卖,多少还是要用些资本金的。

收破烂的自身穿着破旧,大多都补着补丁,但都洗得很干净,不肮脏。因为,这一行大小也算是位买卖人。肩上挑的筐很破旧,但十分结实。他们一路吆喝着:"破烂儿,我买——",声音沙哑凄楚,远远闻之,分外悲凉。收购的东西,皆是住家什户中废弃无用的东西,如:破书破本、废铜烂铁、破鞋烂袜、旧瓶子、碎玻璃、破桌子烂板凳、破锅漏壶、桔子皮、碎骨头种种多余之物。橘子皮、碎骨头有何用?有用,积少成多,橘子皮可送到药铺制作陈皮入药,碎骨头可以送到饲料场制造骨粉。

收破烂的本钱极小,所收之物原本就不值钱,论堆儿、论簸箕搓着买,能论斤称的就算是贵重物资了。这些废品装上半筐,也给不了仨瓜俩枣的,本来就是丢得过的东西,给俩钱也就算是个意思了。在民国期间,这一行中还派生出了"以物易物"的交易方式。最早出现的是"换胰子的"。小贩挑着筐,一边走一边吆喝:"换胰子啦——"。

胰子就是肥皂。我国古代的胰子,称为鹅脂,是用鹅油熬制而成,稀少名贵,只有大户人家用。《红楼梦》中,大观园的小姐们就都使用这种东西。鸦片战争之后,洋人把肥皂、香皂带进中国,先在洋行发售,逐渐打开市场,国人商店也有售卖。价钱仍是很贵。清朝末年,在"实业救国"的带动下,上海率先出现了肥皂制造作坊,慢慢地又发展成肥皂制造厂,而且有了"灯塔"、"轮船"等自己的品牌。此时,人们使用肥皂渐已普及。收破烂的计算着破烂的多少,给付廉价的肥皂一块两块,各得其所,皆大欢喜。后来,胡同里弄中又出现了"换取灯"的。

取灯是北京人对火柴的土称。磷质火柴出现之

图一

图一：拾破烂。[清]无名氏绘，选自《北京民间风俗百图》。

图二：收破烂。[清]周慕桥绘，选自《大雅楼画宝》。

收破烂的计算着破烂的多少，给付廉价的肥皂一块两块，各得其所，皆大欢喜。后来，胡同里弄中又出现了"换取灯"的，方法与"换胰子的"一样。

图三：收破烂的。[民国]陈师曾绘。

图三

前，古人是用火镰敲击火石，打出火花，点燃艾绒取火。还有用艾绳和炷香长期贮火，称为"火媒"。用火媒再去点燃蜡烛、灯笼或是油灯的灯芯儿，用以照亮。使用起来很不方便。

清代，磷质火柴由洋商引进中国，使用轻巧方便，深得国人喜爱。光绪初年，已有日本人在沪办厂生产火柴。不久，制造秘方流出，国人亦开始制作。到了清末，大大小小的火柴厂顺时而生，成为行业。这也是顺应人们日常之需，普及很快，价格日廉。因之，很快为收破烂的利用，成为易货的砝码。视破烂的多少，支付几盒火柴即可，很快替代了"换胰子的"。蒋癯叟在《首都杂咏》云：

尖细声呼唤取灯，背筐老妪串街行；
破鞋烂纸皆交易，多少穷黎藉此生。

修 马 路

Road maintaining/ 道路工業

快乐天使在这里

——〔民国·周耀辉《马路天使》〕

图一

马路上车声嘹亮没方向
到处飞翔
冷风刺灵魂多兴奋
忘却遗憾

这是 20 世纪 30 年代妇孺都会唱的流行歌曲——《马路天使》中的几句歌词。也就是这一时期，是我国修建马路最多的时候。

马路，顾名思义乃车马所行之路，也就是交通大道。

在 18 世纪中期，英国发生了工业革命，工业的发展迫切需要改善当时的交通运输状况，特别是陆路交通。苏格兰人约翰·马卡丹设计了中间高、两边低的柏油"马路"，为迅速发展的英国工业和贸易往来提供了方便条件。人们特意取用设计者马卡丹的姓氏，称这种路为"马路"以表纪念。

我国自秦始皇统一六国始，开始实行"车同轨，书同文"，按统一的要求修建阳关大道，为的是方便交通、繁荣贸易以及战争战备的需要。从西安出土的兵马俑坑中马车的轨制，便可想象一千八百年前秦朝马路的宏大气象。这段历史，也应是我国修建马路之始。

但早年马路是采用什么材料，如何铺筑，尚有待细考。从古代城郭马道、甬道的铺设来看，它们多是用三合土（黏土、沙子、石灰），或石材、大青砖铺设。其后的千百年中，再无重大变化。到清朝末代，皇帝出巡，也只是在三合土的大道上，增加了"黄土垫道，清水泼街"而已。至今一出北京西直门，过高亮桥一直到海淀颐和园，沿途还留有头堆、二堆、十堆等地名，乃是慈禧皇太后临幸颐和园时，所经之路的路边堆积垫道黄土的土堆之处。可见当年马路之陋。

老北京城里街道两侧的房子，很多低于道路，原因是居民垃圾无处处理，多弃置于道路之上。尤其，居民冬日取暖烧剩下的煤灰，也都用于铺垫道路了，日久天长，道路就越来越高。

由于道路的材质不好，就造成"无风三尺土，下雨一街泥"的景象。两次鸦片战争，列强打破了清朝闭关锁国、妄自尊大的迷梦。外国租界在华的设立和建设，对城市的改造起到了示范的作用。道光年间的广东沙面、上海的英租界、北京的东交民巷的马路，在结构和材质上就有了很大变化，开始使用砾石、沙料夯实，在渗水层上铺砖石，两侧加

行

修下水道。这样的马路平整光洁，坚实耐用，已具备了现代道路的基本要求。

图一、图三反映了清末修马路的情况。用大碾子滚压砾石，已成了必要的手段。大城市中，也已出现了专业的修路队伍和管理机构。《沪游杂记》称："专司马路工程者为马路管，又称街道厅。"马路的建设，上海最是先进。外滩的柏油马路，南京路的铁藜木马路，都是哈同的杰作。

当然，马路的修建与交通工具的变化有着重大的关系。1901年匈牙利人将汽车运进了上海，迫使马路向现代化发展，北京、南京等大都市都相继有所改进。

北京马路的建设，在20世纪二三十年代有一次突出的变化，这要归功于当时的市长袁良。袁良字文钦，杭州人氏，通日文，曾任徐世昌高级幕僚。他任"北平特别市"市长期间，有着一系列"淳民风，倡进步"的新举。在整顿市容方面，他调拨了不少资金，"拆除皇城城墙，清除各处垃圾脏土，修北京最早的柏油马路，除城里的而外，还修了西直门直通颐和园的大道，路面尽管很窄，但也不错了"（见邓云乡《文化古城旧事》）。这些工作，为北京后来的城建结构打下了一定的基础。

图一：修马路图。[清]《点石斋画报》插图。
清季上海开埠后，租界里民工筑路的情况。

图二：洒水车（烟画）。[1905年]英美烟公司设计出品。
清末在租界里的马路上出现了简易的洒水车，以保持马路的清洁。

图三：压马路（烟画）。[1905年]英美烟公司设计出品。

135

135

黄 包 车

Ricksha/ 駕籠役

浑身淌汗眼发昏
——〔民国·林庚白《黄包车》〕

图一

黄包车，式样好，元宝车高三弯小。
近来最妙黄包车，任尔磕碰难得倒。
车轮一对要坚牢，中贯天心好铁条。
做副橡皮轮写意，寂无声息任飞跑。

这是清代末年刊行的一首《竹枝词》，写的是当时刚刚流行起来的交通工具——黄包车。

黄包车是一种由人拉着行驶的两轮车。这种车是日本人的发明，出现于19世纪60年代的东京。最初，它是木制高轮，外包铁皮，长长的车柄，拉起来特特作响。车上可同时乘坐两人，在当时是特别时髦的东西了。

1873年，也就是清同治十三年，一位名叫米拉的法国人，看准了这种交通工具将会有大的发展前景。于是，在上海工部局注册了一个人力车公司，从日本购进人力车三百辆，并招聘了一百多名日本车夫到上海来拉车。该公司开张营业之际曾经轰动一时。富商巨贾、绅士名媛以至平民百姓无不争相一试。原因有三：一是这种车式样新颖时髦，比起平日代步的轿车、独轮推车强过十倍；二是坐在这种车上舒适有派，如同在家中坐沙发一般，上身后仰，二郎腿一翘，好不神气。而且还可以男女同乘，

招摇过市，实在风光；另外，还有一个好处，这种车的车背上有一个可开合的油布篷，烈日当头可以遮挡阳光，天气不好时，也可以用其遮挡风雨。这一切在当时，算是很现代化的设施。赶时髦的上海人趋之若鹜，一时间好不热闹。

奈何聪明的米拉忽略了一个重要的问题，那就是车夫全是日本人，语言不通，道路不熟。不久只好重新雇佣中国的劳动力来充当车夫。自此，这种车推广得很快，各租界都有车场成立。拉洋车的逐渐成了一个大的行业，从业的劳动者很多，都是青壮劳动力。他们还成立了行会组织。工部局为了交通管理方便，曾明令要求这种车辆要饰以黄色，即车身、车杆都要漆成黄色，车篷也要用黄色油布，为的是明快易识。所以，人们就称这种人力车为黄包车了。光绪年间，北京和天津也出现了这种人力车。

随着时代的进步，黄包车车轮上的铁皮换上了胶皮，车轴上装了轴承，拉起来轻巧无声，跑起来两轮生风，穿街走巷亦特别方便。有钱的家主往往自雇一人一车，谓拉包月。一般人外出雇车，也能随叫随到，谓之散座。到了民国，各大城市、商埠

行

黄包車

图二

的繁华之处，均可见到沿街停放的黄包车和身穿号坎争着揽活儿的车夫。吾庐孺的《京华慷慨竹枝词》中写出这一行的委屈：

> 短小轻盈制自灵，人人都喜便中乘；
> 自由平等空谈说，不向身前问弟兄。

　　在这种背景下，一部描写这行人喜、怒、哀、乐的小说——《骆驼祥子》也就应时而生了。在老舍先生的笔下，拉车的祥子从一个拿大顶像棵树般的小伙子，在生活的磨难中，最终家破妻亡、落拓潦倒。演示了一出黑暗的旧社会中下层劳苦群众的人生悲剧。正如民国元老林庚白先生的一首《黄包车》诗中云：

> 黄包车，顶着风；车夫使劲向前奔。
> 衣衫前后是窟窿，浑身淌汗眼发昏，
> 水米不曾进喉咙。

图一：黄包车（烟画）。[1905年]英美烟公司设计出品。

图二：黄包车推广得很快，各租界都有车场成立。拉洋车的逐渐成了一个大的行业，他们还成立了行会组织。[1926年]上海华成公司设计出品的烟画。

骑　顶　马

Fine horse renting for royal use

御用馬を乗り業

骑马要骑顶呱呱

——〔清·顺口溜〕

图一

骑马要骑顶呱呱，
点心要吃萨其马；

穿衣要穿绫罗缎，鼻烟要闻潮兰花。

这是几句流行于清末市井的顺口溜。其中，就提到了顶呱呱的顶马。

金易在其所著的《宫女谈往录》中写道：顶马是皇家銮仪卤簿中，排队前行的马。"一排四骑，前后四排，不用夸多威武了。一色的红里透黑的马，膘肥体壮，毛梢亮得出油，像缎子一样。马的额头上一律系着红缨子，嚼、环、鞍、鞯，配着锃亮的铜什件，左右丝缰齐拢在马鞍桥上，四匹一排，看着就整齐威武。最美妙的是马迈的步子；当然这顶马是为了给老太后护路开道的。""为了显示马的雄伟英俊，马一律吊着头，头上的红缨子要在一条线上，脚下要跨大步，妙就妙在这儿；当它们的蹄子似挨地不挨地的时候，慢慢地把蹄子一蜷，又缩回来约一尺五，实际上，迈的虽是一大步，而走的却只有五寸，这样就和轿夫的步伐相等了。""最奇特的是，马在往后蜷腿的时候，腰随着一扭动，肥肥的屁股跟着一摆，上面骑马的人，也随着马的身子一齐扭，头上戴的红缨帽穗子一甩，煞是好看。"

由此可以知道，顶马是皇室仪仗队中的一部分，是皇宫专门豢养的马匹。只有皇帝出行的时候，比如去承德避暑山庄或是到南海子狩猎时才使用。当然为的是增加天子的威仪。到了慈禧太后听政时，她在出行时，也要动用御马厩中的顶马做仪仗。按照制度规定，微行三十六，大行六十四。也就说，小规模的出行，比如去颐和园，其他卤薄仪仗、随班侍从不算，至少也要有三十六匹顶马列队，整齐地走在前边。

顶马，都是百里挑一的名骏。年年从口外挑选补替。一旦选入御马圈，就有专职的马夫饲养，专职的驭马师调教训练。一只只皮毛光洁油亮，步伐有序，气质高贵，威风凛凛。用骅骝宝马充当仪仗源之甚古，后汉郭汲为并州太守时，因为政清廉深得人心。他在出行时并无仪仗，但竟会"有儿童数百，各骑竹马，于道次迎拜"（见《后汉书·郭汲传》）。从这一民间自发的行动中，可以看出，人们对仪仗马匹是看得何等重要。戊戌变法之后，光绪帝为了更新政治，倡导简朴而裁撤了卤薄仪仗。御马圈的供给日减，职能也变得可有可无了。

老小系的一六三十百的行

138

行

到了民国，皇帝都已逊位，御马圈也就完全断绝了供给。之后，袁世凯当了大总统，一群新贵也颇奢华骄狂，讲究排场气派。末代皇帝溥仪在他写的《我的前半生》一书中记道，他每天在养心殿用膳时，都会听到袁大总统府第中奏的乐曲声，心中常悻悻。总统出行的仪仗，自然也有马队开道。据说，所用的顶马便是从皇室的御马圈中租用来的。

高阳在《慈禧全传》中描写道："八匹'顶马'，一色枣骝，不足为奇，难得一见的是，八匹顶马上骑的是八个红顶花翎的武官"，就是这种情形。御马圈也正好以此供养，得以为继。因为此编制又非政府专有，后来，民国政要们有个重要的喜庆之事，也来租用顶马；民间的富绅新贵，为了显示排场，也来租用顶马摆威风。起先，还是成批成队的租用；后来，零租单使的也一一出脱，皇室的仪仗，变成了"廉价的租用品"。但这种租借顶马的事儿，并没有维系多久。也就是五六年的光景，这一行当也就悄然不见了。那些华贵、高傲、漂亮的顶马，随着时事变迁，也从繁华的皇都中消失了。

图一：骏马（局部）。[清]郎世宁绘。

图二：骏马（局部）。[清]郎世宁绘。

图三：租顶马（烟画）。[1905年]英美烟公司设计出品。

民间的富绅新贵，为了显示排场，也来租用顶马摆威风。起先，还是成批成队的租用；后来，零租单使的也一一出脱，皇室的仪仗，变成了"廉价的租用品"。

骑顶马

图三

赶　　脚

Making money by offering moke-riding　service/ 馬引き人

跨驴红袖慢归家
　　——〔清·富蔡明义《中顶竹枝词》〕

庙散人空日已斜，跨
驴红袖慢归家；

苇塘路细偏争走，马
上含情笑让他。

这是清代诗人富蔡明
义在《中顶竹枝词》中写
的一首很俏丽的小诗。您
看，太阳快要落山了，热
闹的庙会也散了，女人们
纷纷跨上小毛驴，在苇塘
细细的小路上争前恐后地
疾走，骑着马的男人们，
一个个都面带微笑地谦让
着她们……俨然一幅妩媚
动人的风俗画。

驴，在旧时代是一种
绝佳的代步工具。有文化
的、没文化的，知名的、不知名的，有地位的、没
地位的在交通不发达的时代，都跟毛驴儿打过交道。
《三国演义》中诸葛亮的岳父曾"骑驴过小桥，独
叹梅花瘦"。唐代诗人孟浩然"踏雪寻梅"时，胯
下的坐骑也是一头小毛驴；明代的张果老习惯于"倒
骑毛驴看唱本"；黄庭坚骑驴吟诗的潇洒，被无数
画家绘入丹青……细看张择端的《清明上河图》，
其中有驴数十匹，有驮运杂物的、有拉车运货的、
有饮水喂料的、更有驮人代步的，可知历代市井中
使用毛驴是很普及的。

专门用作代步的驴，都是被阉过、训练过的。
这样的驴温顺、听话、好使唤。平时，这种驴不干
别的活儿，如拉车、转磨、车水、负重等，怕它们

图一

乱了步子，使出毛病来。
凡是胡使滥用过的驴，一
般都是农家自用，间或走
亲戚、回娘家时用它驮人。
如果用来专门做脚力那是
不行的，怕他们突然尥蹶
子、走横式、摔了人，坏
了买卖。

做这行生意的人，叫
作赶脚的，也叫驴把式。
赶脚这行人，都是从小与
驴打交道的乡下人。他们
了解自己毛驴的秉性。一
般一岁口、能驮百八十斤
重，给它配上鞍子、带上
嚼子就能上路挣钱去了。
赶脚的要有个好身子骨儿，
腿脚轻便麻利。认路儿，必不可少，十乡八户，周
遭三五十里，大路小路，尽在胸臆当中，不论上哪
儿，不错不绕，三鞭子直到才是好样儿的。为人憨
厚老实，少言寡语，是赶脚必须具备的。尤其伺候
女客，上驴要架，下驴要搀，走时稳当不颠，手法
规矩，眉眼忠厚，才能不招事儿、不惹事儿，平平
安安做完事儿，收缰点钱，回家吃饭。在城乡之
间的短程固定的道路上，驴走熟了路子，便可以自
行往来，驴把式也不必跟着一趟趟地往返跑路了。

图一：赶脚。〔民国〕陈师曾绘。

在城乡之间的短程固定的道路上，驴的路子走熟了，
便可以自行往来，驴把式也不必跟着一趟趟地往返跑路。

造 船 匠

Boat making/ 造船業

我国造船的历史很悠久，早在五千年前的河姆渡文化遗迹中，就有了古代人发明的独木舟。到了春秋时代，《诗经·小雅》中则有"泛泛杨舟，绋丽为之"之句。可知，当时的古人不仅以杨木制舟，而且还善于使用绳缆来操作船只。当然，这些都是用于河湖上的小船。随着人类社会生产力的发展和技艺水平的提高，后来的船只也越造越大。

"王濬楼船下益州，金陵王气黯然收"，这句著名的唐诗，已把三国魏晋时代出现的大船描写得淋漓尽致。王濬所造的楼船，其规模要比曹操在赤壁之战时所用的战船大得多。据《晋书》记载："武帝谋伐吴，诏修舟舰。乃作大船，连舫，方百二十步，受二千余人。以木为城，起楼橹，开四出门，其上皆得驰马来往。舟楫之盛，自古未有。"这样的大船舰，主要是用于战争。

到了隋炀帝时，造船的规模就更大了。主要是用于帝王的游乐。《隋书·炀帝本纪》记载："大业元年三月，造龙船、凤艒、黄龙赤舰、楼船等数万艘。"宋代刘又庆的《大业杂记》称：其中龙船"高四十五尺。阔五十尺，长二百尺。四重：上一重有正殿、内殿、东西朝堂，周以轩廊；中二重有一百六十房，皆饰以丹粉，装以金碧珠翠，雕刻奇丽，缀以流苏羽葆、朱丝网络；下一重居内侍及乘舟水手，以素丝大绳六条，两岸引进。"

及至明朝，三宝太监下西洋，舳舻千里，海船浩荡，其规模型制更是可想而知。可见，当年我国的造船技术在世界上绝对是遥遥领先，造船的工匠当也是队伍浩大。

从文献上看，我国的造船匠不仅能制造各式大小船只，甚至还能造"潜水艇"。晋代王嘉的《拾遗记》中称：秦时"有宛渠之民，乘螺舟而至。舟形似螺，浮沉海底，而水不浸入，一名沦波舟"。这种"沦波舟"，能沉浮海底，岂不是古代的潜艇么？

但是一到清朝，施行了"海禁"政策。从此闭关锁国三百余年，以致到了晚清时，国内竟然再也找不到能造大船的工匠，更无有一张能造大船的图纸和文献记录。民间的造船匠，也只能制造些小型的渔舟、木船和小艇而已。

造船匠亦称船匠师傅。使用锛、凿、斧、锯、油、麻、鬃、漆，祖师爷奉为鲁班先生，也供奉妈祖。每当祭奉妈祖大典，这一行人亦行礼如仪。因为舟楫行于水上，遇有风灾浪险在所难免。船之好坏，性命关天，因此，这一行人也甚为迷信。造船之前，一定要选择良辰吉日，方能开工；船只造完，竣工下水之日，亦必选择黄道吉日。有《竹枝词》为证：

　　船匠造船真本事，无年无月难下水；
　　造得船成抹好油，还要定个船八字。
　　船有八字真蹊跷，可有富贵穷通与寿夭？
　　可是命内只有木金水，忌土搁浅忌火烧。

一般地说，船虽已造好，也要预留下一个榫钉不凿，待选个无"土"无"火"的好时日，才凿上最后一个榫，顺入水中，这才算是正式完工。目的是让未来的船主人心中欢喜安定，保证日后船只平顺，无波澜之灾。

图一：清季船匠在制作小船。[1905年] 英美烟公司设计出品的烟画。

摆　　渡

Ferry/ 渡しい屋

不载客人便载货

——〔清·孙兰荪《竹枝词》〕

图一

生长渡口摇摆渡，不载客人便载货；

雨淋日炙更风吹，那敢偷安须赶路。

雨来船至喊板艄，船后艄婆且慢摇；

莫惹艄公来动火，一篙点进不轻饶。

这首一百年前的《竹枝词》，把摆渡人家的生活疾苦写得淋漓尽致。

摆渡人家生活在河、湖、港、汊之间，以船替代车马桥梁，渡人渡物，过河过湖。自此岸发，至彼岸止，也是方便他人的一桩善业。民谚有"救人救到底，渡人渡上岸"之说，也是对此业的一种口碑式的褒扬。

摆渡一行起源很早，我国上古时期便有"舟楫氏"一族，他们是水上人家，可算是这一行的祖先了。古代的典籍和演义小说中，对摆渡这一行人的描述很多。如摆渡逃避追兵的伍子胥的老艄公，为打消伍子胥的疑虑而投江身死。你看，他是多么仗义！又如载着小道姑陈妙常去追赶恋人的老渔翁。你看，他待人是多么热情！再有，在西湖上同时摆渡了白娘子和许仙的船家，使有情人终成眷属。你看，他们又是多么善解人意！自然，在兵荒马乱、无以为生的情况下，也有不堪压迫、揭竿造反的阮

氏兄弟，他们又是多么英雄！

尽管这都是文学作品中的记述。在实际社会生活中，这些挣扎在底层的劳动者，也都是质朴、老诚的好人。他们用自己的船和劳动来解决人们交通中的困难，方便行旅，收取应得的小费养家糊口，辛辛苦苦地服务一方。

摆渡的方式视渡口的地域形势和河汊的宽窄、水势的急缓而不同。若是河窄水急，则在河的两岸拉有绳索，船家只需牵引大绳往返载客即可。这种方式，在沈从文的小说《边城》中描写得真切细腻。若是水面宽阔、水流平缓，使用大船，则是撑篙纵舟而行；用小船，则划桨摇橹而行。一般都是男人用篙、女人摇橹，合力同心一起摆弄。

行

在云贵、江西、两湖、蜀地的偏远山村小镇，因水急滩湍，撑摆渡的积有陋习，船夫们都是赤身露体、一丝不挂地撑船，就是面对妇人、小姑娘乘舟过渡，这些汉子也从不遮掩。遇有不用舟楫的湍滩，还往往赤身裸体的用肩背驮着女人们过河，人们也习以为常、熟视无睹了。解释这种行为的说辞是：因此地水流湍急，多漩涡，滩险多礁，船夫们常常要跳入水中弄船，若着一丝布缕在身，往往就有被拖入漩涡丧生的危险。久而久之，沿以成习，人们也就见怪不怪了。

女人单独撑船摆渡，一般都是在风平浪静、水流平缓或临时替代自己的男人的场合下进行的。至于，在西湖、莫愁湖风景区中使船弄桨的船娘，与摆渡的性质有着本质的区别。她们的目的在于兜揽生意，载客游览湖上的绮丽风光，也可以说是早期的女导游了。

图一：摆渡。[明]刊本《唐诗精选》插图。

图二：摆渡人家生活在河、湖、港、汊之间，以船替代车马桥梁，渡人渡物，过河过湖。自此岸发，至彼岸止，也是方便他人的一桩善业。[1905年]英美烟公司设计出品的烟画。

图二

耕　　地

Land ploughing/ 耕地業

汗湿田土如流膏
——〔清·乾隆皇帝《御制诗》〕

图一

封建制度历史悠久的中国，农耕是社会经济生活的主动脉，用牛耕地有着漫长的历史。

驯服牛来耕田，目前可考的历史约有三千年上下。当时牛耕技术也只限于长江流域一带。范围有限，得不到推广。直到汉代，也就是公元前200年左右，以每户五口之家，有地七十亩而论，每亩所产小麦也就在五石上下。而以行政命令的手段在全国范围内推广牛耕技术，是在汉武帝主政的时期。

这一时期，武帝在平叛内乱后，人民得以休养生息。此时，全国人口达六千万。而且冶铁业也得到了空前的发展。用铁制造农具，犁铧出现了，是中国农业发展的里程碑。我国使用犁铧的历史要早于欧洲整整一千多年。

牛力大无比，不仅能吃苦耐劳，而且性情驯良，易于驾驭。用它耕地，是最好的畜力。汉武帝看到了畜力的作用，于是，数次颁发诏书，号召农户家家养牛，用它来耕地、拖拉重物。牛的普遍使用，使小农经济得到长足的发展，农业的产量大幅度地增长。

历朝历代的皇帝，皆注重牛耕，每到开春，还都亲临先农坛，扶犁耕地、鞭打春牛，为一年的风调雨顺祈福。地方府县亦照例而行，打春牛成了中国农村的习俗。

清代富察敦崇的《燕京岁时记》载："立春日，礼部呈进春山宝座，顺天府官员呈进春牛图。礼毕回署，引春牛而击之，曰打春。"全国上下，把春日开犁视为盛典。清蔡云有《打春》诗云：

春恰轮当六九头，新花巧样赠春球。
芒神脚色牢牢记，共诣黄堂看打牛。

"打牛"，驱牛而耕，也就标志着春种之始。

尽管如此，以牛耕地依然是农民的一种艰辛劳动。连高高在上的乾隆皇帝，也为耕地的农夫嗟吁嘘唏。他有一首诗写道：

老农炙背耕田苗，汗湿田土如流膏；
广庭挥扇犹嫌暑，彼何为兮独不苦？
独不苦兮无奈何，未见应比逸者多。
农兮农兮良苦辛，愧惭身为玉食人。

在诸多的帝王诗作中，为耕农悲伤的实在不多，乾隆的这首诗写得如此动情，也着实难得。

144

图一：春耕图。[汉]画像砖。
图二：牛耕图（烟画）。[1905年]英美烟公司设计出品。
图三：牛耕图。[明]刊本插图。

　　驯服牛来耕田，可考的历史约有三千年上下。直到汉武帝主政的时期，方采取行政命令的手段在全国范围内推广牛耕技术。

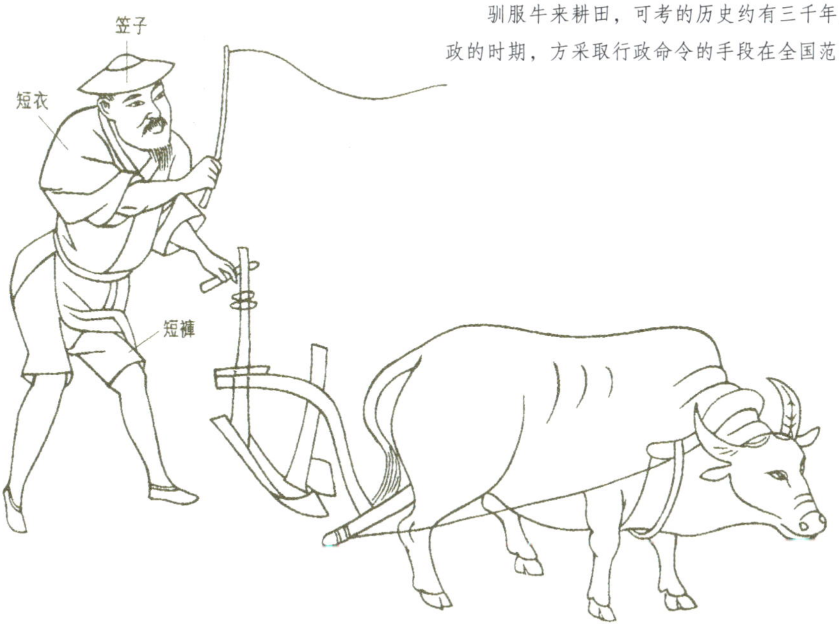

笠子
短衣
短裤
图三

牧　　　牛

Cattle herding / ムウギユウ役

不待扬鞭自奋蹄
——〔臧克家《咏牛诗》〕

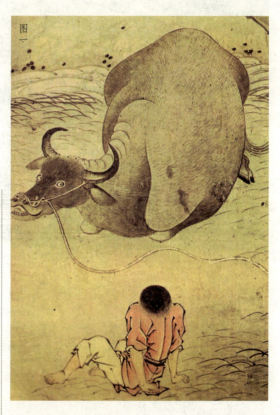

图一

"三十亩地一头牛，老婆孩子热炕头"这句俚语，是我国封建时代农民对幸福生活追求的理想境地。老婆、孩子、土地与牛，被紧密地联系在一起。牛是农人的重要家庭成员之一。

牛字，最早见于甲骨文中。说明人类很早就与之打交道。古时，多为狩猎野牛，食用其肉，或把牛当作祀奠仪礼上的祭品。《礼记》中有"祭天子以牺牛"以及"中央土，食稷与牛"之说。后来人们发现牛能拉车，于是"肇牵车牛"，"服牛乘马"，牛便成了古人的驱使之物。相传老子出函谷关时，骑坐的便是一骑青牛。

在部族间的战争中，驱牛狂奔，冲撞对方营垒，也是一种犀利的进攻性武器。在古代的传说和岩画中不乏此例。战国时，田单使用"火牛阵"，就是把成千成百的牛，在牛角、牛尾上燃烧火把，然后驱向敌阵，破敌制胜，作为战例被写入史册。

人们正式利用牛的畜力为人类生产服务，是从汉代兴起的。《汉书》记有光武帝多次下旨号召农人养牛。并训令地方官吏指导农人使牛。很快，牛只进入了农民的家家户户。从此育牛、牧牛、役牛成了农事中重要的日常工作。人与牛也产生了相互依存的深厚感情。

明季宋应星在《天工开物》中说："凡牛，中国惟水、黄两种。水牛力倍于黄，但畜水牛者，冬

与土室御寒，夏与池塘浴水，畜养心计亦倍于黄牛也。"用牛"凡一耕之后，勤者再耕三耕，然后施耙，则土质匀碎，而其中膏脉释化也"。牛对小农经济的农事起着至关重要的作用。农民与牛一刻不能离，从而产生了无数人与牛之间感情交融的故事。古人"牛衣夜泣"以及"牛郎织女"的传说中，老牛都成了通灵性之物。牛死之后，诗人也会忍不住地大放悲声：

　　一朝辞绀宪，千里别黄河。

　　对衣徒下泣，扣角讵闻歌！

这是隋人为我们留下的一首动人的哭牛诗。

关于牛的养护、使用，我国农民积有世代摸索

图二

出来的一套经验，古有《牛经》一书传世，凡是农人多通此书。

牧牛也就是放牛、饲牛，在农村已是一个专门的行当，需有人专心去干。牧牛与役牛不同，不需要技术和气力。因之，这种活计多落在穷人家的孩子身上。在役牛完毕，将一只或数只赶到草坡处放养，或是牵到池塘中洗浴。使牛得到很好的休息和护养，便于翌日的使唤。农家儿童从小与牛打交道，熟悉牛的习性，一边玩耍一边放牛，只要不丢失，则可承担此任。

人们称放牛的孩子叫牧童。诗人和画家常把这种活计当成潇洒快活的行径写入笔端。放牛的孩子们一旦入诗入画，似乎都成了快乐神仙。但是，吃过这份苦的人，是抹不掉个中辛酸滋味的。

大明朝的开国皇帝朱元璋从小家贫，地无一垄，屋不蔽寒，一小就给别人家去放牛。他当了皇帝之后，仍念念不忘此事。他在所著的《文集》中讲："朕昔微寒，生者为饥食所苦，死者急无阴宅之难。噫，艰哉。"《龙兴慈记》中，详细地述说了他放牛时衣不蔽体、饥不果腹以及常常被田主暴打的故事。

历史上放牛出身终成显贵的不乏其人。朱元璋如是，大将周德兴、汤和、徐达也都是从小放牛。此外，晋代"牛角挂书"的李密，明代大画家王冕，近代的齐白石，俱是牛背上的状元。难怪骑在牛背上吹柳笛的牧童能自豪地说："将相岂有种乎？可别小看了我们。"

图三

图一：牧牛图。日本无名氏绘。

图二：役牛完毕，将牛赶到草坡处放养，或是牵到池塘中洗浴。使牛得到很好的休息和护养，便于翌日的使唤。[1905年]英美烟公司设计出品的烟画。

图三：牧童。[明]刊《唐诗精选》插图。

农家儿童从小与牛打交道，熟悉牛的习性，一边玩耍一边放牛，只要不丢失，则可承担此任。

割　　稻

Rice reaping/ 稻作

八月秋稻黄又黄
——〔民国·《割稻歌》〕

古代寓言中称神农氏遍尝五谷，为我们分出了稻、黍、蜀、粟，奠定了农作物的基础。稻米，迄今还是人们饭桌上的主食。

　　其实，这些农作物的发现与培植，并非圣人的恩赐，而是我们的先民从劳动实践中辛苦培育得来的。封建社会"重本抑末"的治国方针，确立了以农业为根本的经济形态。秦汉时期，强制执行了农户的定居制度。远行、搬迁都要得到地方长官的批准方可。这样，把农民与土地牢牢地系在一起。长江中下游一带稻米的种植，是农民的主要劳作和食物。

　　到了东汉末年，长江流域水源充足的地区出现了翻车，也叫龙骨车，大大地改善了水稻的种植。

加之政府全力推广铁制农具。正如《盐铁论》中所说："农，天下之大业也；铁器，民之大用也。"这样，从平整土地、播种、中耕、锄草、灌溉、收获、脱粒，到农产品加工，各类专用农具达三十多种。一幅东汉画像石上，描绘了四川地区的夏季，农民在稻田里耕作的情景。研究发现，当时一年两熟的育秧技术已十分成熟，而且已得到普遍推广。

　　另外，根据尹夏清著的《隋唐帝国新秩序》一书的统计："农田水利与稻谷的生产关系至密。中唐以前，仅江浙地区水利工程计一百四十九处以上。中唐以后，激增至九百五十五处以上。"无疑，水稻栽培技术又上了一个高峰。水稻的品种也呈现

农

图二

出多样化。到了明朝，仅吴江一带，水稻品种超过一百个品种。当时三季稻的种植及稻、麦轮作的推广，明中期平均粮食亩产达到了一百七十三公斤，即三百四十六斤之多。这一产量几乎一直延续到清末，水稻产量一直是四五百斤左右。

民国之后，水稻生产发展，我国独有的小站稻、南苑稻，在20世纪30年代，无论从品质到亩产量，称得上是世界级的水准。种稻，从耕田、育秧，到插秧、灌溉、除草、肥苗，一直到稻熟收割、上场脱粒、干燥入仓，对于农民来说，不知要付出多少汗水。

上图刻画了农人割稻的场面。炎炎烈日，蒸腾如火，农夫挥镰，汗洒如雨。争分夺秒，与天争时。万一一场大雨下来，一年辛苦便会付与无常！

农民要改善收割的劳动效率，也做出了许多努力。我国古代有一种收割用的农具，叫作刈耷。前面的男人用一把长长的剪刀头用来收割：后边妇人推的是一个轻便的磨耷，把割下来的稻子脱粒下来。俨然是一部现代的收割机。可惜，这些设想只是停留纸上而已。

图一：割稻图。日本无名氏绘。

图二：炎炎烈日，蒸腾如火，农夫挥镰，汗洒如雨。争分夺秒，与天争时。[1905年]英美烟公司设计出品的烟画。

车 水

Waterwheel service / 水をまき屋

日日车头踏万回
——〔元·王祯《农书》〕

图一

治水、理水、利用水是人类与大自然的斗争史中重要的一章。上古寓言中，鲧治水是采用塞堵之法，结果因失败而丧生。禹治水则以疏浚之法，成功之后，被人们尊为圣人。从李冰父子的都江堰，秦始皇的郑国渠，到元朝郭守敬的大运河，凡治水有功之人，无不被人们尊崇拥戴，永志纪念。

治水，除了抗洪避灾、行船漕运之外，农业上用于灌溉田亩，种植禾稻，是至关重要的大事情。汉代水车的出现，应该说是农业机械化的一项重大发明。这项发明，最初是用于给路面洒水，三国时，马钧将这种洒路车改造为灌溉农田之用。

如《天工开物》的插图所示，木制水车状如长龙，连成一串的木盒斗状的水容器，好似一节节的龙骨。它由车身、车头、橄榄仔、五十七个车扇和一对车椅仔等木制部件组成。使用时可在河边搭起车棚，将车尾固定在水里，车头固定在岸上，利用人力踩动车头，带着车循环转动，将河水汲上来。用于丘陵、山区的灌溉，在当年也算是很先进的工具了。

农人立于龙头处，将身子伏在胸木上，用脚踏车，使之转动。将河汉中的水提上垄亩，好似云龙吐水一般，所以，时人称之为龙骨车。用龙骨车车水，大大地减轻了农人以往肩挑手提的繁重劳动。为此，这种水车普及得很快。到了宋朝，已成为农村中很普通的生产工具了。诗人范成大有诗云：

下田戽水出江流，高垄翻江逆上沟；
地势不齐人力尽，丁男常在踏车头。

龙骨水车的发明，距今已有一千七百多年的历史了。在今日的偏远地区，龙骨水车依然是灌溉用的工具之一，可知其生命力之长。尽管如此，车水依然是件繁重的体力劳动。元代撰写《农书》的王祯在诗中叹道：

日日车头踏万回，
重劳人力亦堪哀。

据考古发现，宋元时代出现了筒车和高转筒车，

它们安装在上下水位落差较大
的水边。利用水力流动，带动
筒车转动，可以日夜不息地灌
溉田地，这又是一个大的飞跃。

　　宋时，还出现了一种用牛
牵着转动的水车，叫作牛车辘
辘。但是，因为这种水车造价
较高，制作技术又比较繁难，
推广起来就有一定的困难。只
有有实力的大庄园、碾坊，而
且水势条件恰当之处，才有建
造。因此，用它浇灌土地的甚少。

图二

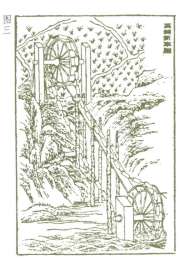

图三

图四

图一：晚唐时代出现的脚踏翻车。
农人立于龙头处，将身子伏在胸木
上，用脚踏车，使之转动。将河汊
中的水提上垄亩，好似云龙吐水一
般，所以，时人称之为龙骨车。[1905
年]英美烟公司设计出品的烟画。
图二：踏车图。[明]刊王祯《农书》
插图。
图三：高转筒车图。[明]刊王祯《农
书》插图。
　　宋元时期出现了筒车和高转筒
车，它们安装在上下水位落差较大
的水边。利用水力流动，带动筒车
转动，可以日夜不息地灌溉田地，
这又是一个大的飞跃。
图四：车水。日本无名氏绘。

采 桑 叶

Mulberry leaves picking/ 採サン葉

手挽长条泪如雨
——〔唐·唐彦谦《采桑女》〕

图一

《诗经·豳风》有诗云：

春日载阳，有鸣仓庚；

女执懿筐，遵彼微行，爰求柔桑；

七月流火，八月萑苇，蚕月条桑，

取彼斧斨，以伐远扬，猗彼女桑。

七月鸣贝，八月载绩；

载玄载黄，我朱孔阳，为公子裳。

这首《七月》是三千年前的一首关于采桑、养蚕、缫丝、制衣的民歌。歌中唱道："在春光明媚的早晨，年轻的姑娘们，手拎竹篮前去采桑……"采桑育茧在那个时候，已是一项重要的农事。

古代传说，养蚕制丝是嫘祖的发明，她是西陵氏之女，黄帝之妻，西周时已被奉为"先蚕"之神尊享祭祀。考古工作者在浙江吴兴钱山漾新石器时代遗址下面，发现距今三千年前先民捻制的蚕丝线、蚕丝条。足以说明蚕丝在我国发明、利用之早。

蚕茧抽丝，以丝织绢，以绢制裳，这一系列工艺生产形成封建社会的农桑经济。千百年间，"一夫不耕，或受之饥；一妇不织，或受之寒"，几乎家家都从事蚕丝的生产。就是官宦富贵之家的女眷也不例外。相传宰相霍光之妻，就以"六日得一匹"绢帛而称著一时。历代皇家帝后也在宫中饲蚕，供奉嫘祖。此风一直延续到清末，慈禧太后每年春蚕吐茧之时，都要到颐和园后湖的蚕宫去观看蚕事。这也是劝课农桑的一种示范。

蚕宫中供奉嫘祖之外，还供奉"金蚕娘娘"。相传，古代一位养蚕女，在出现蚕瘟大疫、十蚕九亡之时，眼看蚕桑有灭顶之灾，该女昼夜不食，忘我护持。直到瘟疫避退，蚕苗得救，养蚕女劳累过度，一命身亡。后人为了纪念她的功绩，重塑金身，服以丝锦，建祠立庙，称为蚕宫。在江

农

南江北养蚕之地，都供奉如仪。

　　自汉朝张骞出使西域，沟通了中外贸易，开拓"丝绸之路"之后，中国蚕丝出口一直占有突出的地位。直到戊戌变法，清廷创办蚕织养成所，也体现着政府以养蚕制丝为"实业救国"的重要手段。

　　如何养好蚕，重要的一环是植好桑。桑树分为山桑、鲁桑、白桑多种，枝叶的再生性极强。枝条可编筐，木材可制器皿，树木可制纸张，果实可酿酒，叶不仅可入药，更是养蚕的重要饲料。

　　蚕户采桑叶，是一种细致而繁重的劳动。明人宋应星在《天工开物》中讲：采摘桑叶极有讲究，不能用手采，必须用最犀利的剪刀来剪。剪下的桑叶，不能有雾湿和露水。需待太阳出来，湿气散尽时采下，桑叶方可饲用。蚕在幼时，要把桑叶切成细丝饲养。成虫时，所饲桑叶要干燥；眠后，桑叶要湿。这样，蚕吐的丝才有光泽。

　　采桑养蚕是一种繁重的劳动，采桑女过着穷苦的生活。唐人唐彦谦有诗云：

　　春风吹蚕细如蚁，桑芽才努青鸦嘴。

　　侵晨采桑谁家女，手挽长条泪如雨。

　　去岁初眠当此时，今岁春寒叶放迟。

　　愁听门外催里胥，官家二月收新丝。

　　蚕户一般都自有桑田，在育蚕之初，为农家自己采桑喂蚕。待到忙时，蚕的食量骤增，就另有专事采桑的人出来助采、供应桑叶。这类工作季节性极强，一待蚕眠后，就再也用不着提供桑叶了。

图一：采桑图。［清］《点石斋画报》插图。
图二：采桑叶（烟画）。［1905年］英美烟公司设计出品。

渔　　　　人

Fishing man / 漁師

一霎时波摇金影

——〔清·郑板桥《道情》〕

图一

千山鸟飞绝，万径人踪灭；

孤舟蓑笠翁，独钓寒江雪。

一首唐人绝句，把渔人生活写得出神入化，一派洒脱。当一名渔父是历代名贤达士、墨客骚人的一种追求。正如东坡居士所神往的，欲以"渔樵于江诸之上，侣鱼虾而友麋鹿"，作为出世隐逸的精神象征。

古时有姜子牙直钩渭上，嘴里说着"负命者上钩来"的雅谑；后有严子陵隐逸钓鱼台的分湖旧迹；

近代则有郑板桥的道情小唱，绝响人间：

老渔翁，一钓杆，靠山崖，旁水湾，

扁舟来往无牵绊。

沙鸥点点清波远，荻港萧萧白昼寒，

高歌一曲斜阳晚。

一霎时波摇金影，蓦抬头，月上东山。

把个渔人生活写得是那么诗情画意，那么潇洒风流。其实，现实生活中的渔人生活远非如此，在封建小农经济不发达的社会中，渔人的日子更是贫苦无奈。

京剧中有出《打渔杀家》，主人公萧恩在"天旱水浅、鱼不上网"的情况下，食不饱饭，纳不了租，被逼迫不得不铤而走险，反映出现实生活的残酷。

笔者年轻时代，曾在山青水绿的漓江游览，自阳朔到大圩逆流而上，沿岸两侧垂钓的、捕鱼的渔人真是不少。如图二所绘，在青山绿水的衬映之下，渔人颇似神仙一般。然而仔细端详，这些渔人都衣衫褴褛、面有菜色。我曾与一位二十多岁的青年渔夫闲聊。

"这江中有这么多鱼，又那么鲜美好吃，取之不尽，捕之不绝，你不是可以多打多卖，很快就发财了嘛！"

他嘿嘿一笑说："你哪里知道，这鱼儿离水时间一长，便会死去。死去的鱼，这镇上是无人要的。卖鱼的人就赶清晨这一市，打多了，卖不出去，自己也吃不了，鱼一死就得丢掉，多打也没用。存不住，养不得。干这一行，从来是撑不死、饿不死，

154

图二

仨饱两倒耗到死。"说罢，无奈地摇着脑袋。

后来，我琢磨也是这个理儿，没有商品经济的大交流、大环境，作为一个个体的存在，也就只能是"自给自足"的小渔经济了。难怪单弦牌子曲《风雨归舟》末两句唱的是：

　　一半儿鱼儿和水煮，
　　一半儿集市换酒钱。

如今时代不同了，科学养殖，大大地开发了生产力，亦增大了鱼的产量和调运。渔人富了，他们的生活得到了改善，但也没有旧日的那种潇洒清闲了。

图一：渔人。[明]刊本《绘图本唐人诗意》插图。

图二：渔父（烟画）。[1905年]英美烟公司设计出品。

图三：渔父（烟画）。[民国]英美烟公司设计出品。

图三

来鱼小　大鱼不来

155

鸬鹚捕鱼

Fishing by cormorant / ルウスイ捕魚

青枫路口晒鸬鹚

——〔明·唐时升《田家即事四首·其四》〕

图一

横塘潮急进船迟，菱荇缠绵胃钓丝；
荷叶覆鱼先入市，青枫渡口晒鸬鹚。

这是明人唐时升在《田家即事四首·其四》中描写渔人用鸬鹚捕鱼的情况。

鸬鹚，俗称水老鸦、鱼鹰。属鸟纲。体长可达约80厘米。体羽主要为黑色而带有紫色金属光泽。栖息河川、湖沼和海滨，善潜水捕食鱼类。已驯化的可使捕鱼。

鸬鹚是鸟类中优秀的潜水明星。它们主要以小鱼和甲壳类动物为食。在捕猎的时候，脑袋扎在水里追踪猎物。鸬鹚的翅膀已经进化到可以帮助划水。因此，鸬鹚在杂草丛生的水域中，主要用脚蹼游水；而在清澈的水域或是沙底的水域中，鸬鹚就脚蹼和

翅膀并用划水。在能见度低的水里，鸬鹚往往采用偷偷靠近猎物的方式接近猎物。到达猎物身边时，突然伸长脖子用嘴发出致命一击。这样，无论多么灵活的猎物也绝难逃脱。而在昏暗的水下，鸬鹚看不清猎物，借助敏锐的听觉也能百发百中。

渔人用一只可开合的铁环或用一条皮带，将鸬鹚颈部系紧，然后驱入水中，任其用喙捕鱼。鸬鹚每每叼到大鱼，因颈部被束而吞食不掉。待其上船之后，渔人诱其将鱼吐出。然后，又驱之入水，令其再去捕鱼。如此反反复复，最后渔人获利，可满载鲜鱼而归。一户渔人一般驯养鸬鹚十只左右，最多的有驯养四五十只鸬鹚的大户。

鸬鹚捕鱼的技巧非凡，任凭多么大的鱼，遇到

图二

图三

鸬鹚都是难以逃生的。鸬鹚的嘴又尖又长，捕鱼时先啄瞎鱼的眼睛，又啄断鱼鳍，而后，用嘴吞叼已失去反抗能力的鱼儿进嘴，几乎是囊中取物、万无一失。若是遇到大而健壮的鱼，一只鸬鹚无法捕捉的话，其他的鸬鹚会一拥而上，齐心协力地进行围剿。渔人也会拿起抄网上阵助战。如此，焉有不大获全胜之理。

驯养鸬鹚捕鱼的历史，在我国最少有一千多年以上。唐代大诗人杜甫就有这样的诗句："家家养乌鬼，顿顿食黄鱼。"其中"乌鬼"指的就是有着黑色羽毛的鸬鹚。家家养鸬鹚，顿顿吃黄鱼，亦可看到当时打鱼人家丰衣足食的生活情景。

宋人沈括在《梦溪笔谈》中说："蜀人临水居者，皆养鸬鹚，绳系其颈，使之捕鱼，得鱼则倒提出之，至今如此。"文中记的是蜀地渔人，其时，江、浙、两湖、两广渔人亦皆如此，十分普遍。

驯养鸬鹚是渔人的一大发明，充分地表现了劳动人民的聪明才智，他们采用生物相生相克的原理，以长制短，四两拨千斤，收获极是丰厚。因之，此业久而不衰。

在南方，人们为了表彰鸬鹚的功劳，用拟人的称谓给它起名叫作"摸鱼公"。清人有《摸鱼公船》歌，称赞摸鱼公的同时，又为其深抱不平。唱道：

十网捕鱼九网空，垂竿钓鱼鱼无踪；
渔翁别有得鱼法，何如舟中养群摸鱼公。
摸鱼公，潜入水，捉得鱼，满一嘴；
吃得鱼多呕得多，可怜摸鱼公仍饥欲死。

图一：鸬鹚捕鱼（烟画）。[1905 年] 英美烟公司设计出品。

沈括在《梦溪笔谈》中说："蜀人临水居者，皆养鸬鹚，绳系其颈，使之捕鱼，得鱼则倒提出之，至今如此。"

图二：鸬鹚。徐悲鸿绘。

图三：鸬鹚捕鱼。日本无名氏绘。

叉　　鱼

Fork fishing/ 魚をつく

投饵不来叉便得
——〔民国·冯问田《丙寅天津竹枝词》〕

捕鱼这行有文武之分。文者，或清溪垂钓，或罾网截波，不紧不慢，不慌不忙，从容有致，不计昏晓，斯文得可以。相较之下，挥臂舞叉，膂力得鱼的方式，自然就算是武的一派了。

细考，上古时代，用叉捕鱼的方式要先于用网、用钩。在出土文物中，就有石器时代的石矛、骨叉等用来猎鱼的实物出现。殷周时期，又有了青铜渔叉。这时的渔叉已十分锋利，倒钩也大，又有单股、双股、三股等多种，加上长柄，都可当作武器使用。《水浒传》中的渔家英雄阮氏三雄，他们手头上的渔叉不仅是打鱼谋生的工具，而且是防身御敌、作战杀贼的利器，且锐不可当。官兵见到明晃晃的利刃，亦"兀自望风而逃"。

唐代大作家韩愈最喜欢叉鱼，曾作有《叉鱼招张功曹》一诗，写尽了叉鱼的快活。诗中写道：

叉鱼春岸阔，此兴在中宵。
火炬燃如昼，长船缚似桥。
深窥沙可数，静舒小无摇。
刃下那能脱，波间或自跳。
…… ……

到了近代，随着生产力的发展，用渔叉捕鱼已渐被淘汰，无人使用了。但至少在清朝末年，用叉捕鱼还是很流行的。蒋诗的《沽河杂咏》云：

携到令簪计已疏，若逢回网独何如？
叉鱼眷岸中宵兴，要得羊鱼与鲁鱼。

用叉捕的是什么鱼呢？是羊鱼、鲁鱼和回网（即回鳇）。据说，这类鱼不食钓饵，遇网便回，聪明得很。捕它，只能用叉。

回鳇，《辞海》中称其"形体如鲟。唯左右腮膜相连，背灰绿色，腹黄白。初夏逆江产卵，肉味鲜美，卵尤名贵"。另一说法，回鳇指的是刀鱼。冯问田的《丙寅天津竹枝词》写道：

巨罗多骨号腾香，银样刀鱼尺样长；
投饵不来叉便得，难逃烹制叹回黄（鳇）。

时人对这种鱼的味美是极为推崇的。美食家汪沆赞道："更临苇岸烹回网，便唼西施乳不如。"（《津门杂事诗》）吃这种鱼竟比吃西施的乳汁还要鲜美，这种比喻不仅空前，而且也过于香艳了。

笔者于20世纪80年代，曾在白洋淀的渔村访问过一户世代捕鱼为业的渔民。他说："现在没有用叉叉鱼的了。你看，这水多浑！再说也没有那么大的鱼了。我小时候，倒是见过我爷爷叉鱼。叉鱼，人得藏在水浅溪清的大柳树后边，看清水溜儿的走向。老一辈有经验，瞄一眼水溜儿就知道这条鱼有多大尺寸。顺着水溜儿抛叉，这叉还要抛在水溜儿的前头，才能十拿九稳，分毫不差，一条二三尺的大鱼一准随叉翻出水面儿。那可是真本事！现在人哪还有这样的能耐。"

图一：叉鱼（烟画）。[1905 年]英美烟公司设计出品。

158

扎 蛤 蟆

Toad pricking/ カエルを捕り

草深无处不鸣蛙

——〔宋·陆游《秋思山居》〕

湖山胜处放翁家，槐树阴中野径斜。

水满有时观下鹭，草深无处不鸣蛙。

这是陆放翁描写他家门外可闻蛙声景色的名句。

青蛙，蛤蟆的一种，俗称田鸡。生于池塘、稻田、水洼、河汊之中。入夏时，蛙鸣不止。农人向来以蛙声来占卜收成的好坏。古谚有："田鸡叫得哑，低田好稻把。田鸡叫得响，田内好荡桨。"（见《农候杂占》）

人类食用蛙类的历史很长。大抵在先民傍水而栖、鱼虾为食的阶段就开始食蛙了。文字中有正式记述的见自《周礼》，文中提到"蝈"，郑玄注中称："蝈即虾蟆。今之御所之蛙。"其中"御"字，即御膳也。也就是说，在汉代皇宫中，就有炒食田鸡这道菜了。

而平民百姓普遍食用的记录，多见自宋代的一些书籍，称"江浙人喜食田鸡。"既然有人爱吃，那么，捕蛙这一行就出现了。捕蛙的工具，是用一种类似渔叉的东西，头分两叉，有倒钩。捕时，悄行于田垄之上，循声觅得青蛙，举叉刺之。所以叫扎田鸡，也称扎蛤蟆。

这一行干起活儿来是很残忍的，扎着活蹦乱跳的青蛙，当即斩头、剥皮，然后把两只蛙腿叉在竹签子上，十只八只一串，积多了拿到集市上去卖。煎、炒、烹、炸，皆是佳味。但要做成一盘菜肴，最少也得用十几对田鸡腿，人人大嚼，不知要了多少青蛙性命。

青蛙是益虫，生田间，不害五谷，不碍农人，啖蚊蝇、卫稻谷，历有"护谷虫"之称。因此，社会上反对食田鸡的呼

声也很高。南宋时，禁止捕蛙的诏令屡见于《宋会要辑稿》当中。如淳熙二年（1175）五月七日，临安府的诏令就明确地说道："本府下令加以取缔，绝不宽贷。"捕卖者，一经查获，"一律坐罪"。

这样的禁令直到明清，亦未中断。清王韬在《瓮牖余谈》中写道："每岁四五月蛙现，官府多揭榜告示禁捕"，"捕捉入笼而贩卖者将受罚"。

然而，由于百姓贫饥，在缺少肉食的情况下，田鸡的肉蛋白还是极有吸引力的。即使衣食无忧者，也因田鸡味道独特而亦恋食之。不仅南方，老北京也有以扎田鸡为业者，食众律疏，故屡禁难止。

另外，蟾蜍也是蛤蟆的一种，可入药。蟾酥，是从蟾蜍身上提取的。可拔毒、清热、消肿，治疗疗毒恶疽有奇效。《本草纲目》上说，蛤蟆可以治疗风热邪病。并开具药方：用蛤蟆（烧灰）、朱砂，等分为末，每服一钱，酒送下。一天服三次，极有疗效。还可以医治瘰疬溃烂：用黑色蛤蟆一个，去肠，火焙，研成粉末，调油敷涂。此外，它还能医治头上的软疖子。用蛤蟆剥皮贴患处，收毒即愈。蝮蛇螫伤，用生蛤蟆一个，捣烂敷于伤处，不日便可痊愈。正因为如此，捕杀蛤蟆的事情难以禁绝。而且，中医大夫们还一致鼓励捕杀。

清季《间史掇遗》上说："太医院官员具旗物鼓吹，赴南海子，饬农人捉虾蟆蟾酥。"这一自晋代起端午捕蟾蜍的习俗在民间已成惯例。这也是扎蛤蟆这一行一直延续至今的原因。

图一：扎青蛙（烟画）。[1905年]英美烟公司设计出品。

轧 棉 花

Cotton ginning / 採綿花

轧得手酸曲花少
——〔清·孙兰荪《竹枝词》〕

图一

文人学士所推崇，大画家亦将木棉奉为奇花异卉写入丹青。故宫博物院藏有明孙艾的《木棉画轴》一幅。采用没骨画法，工整精良。画中还有沈周的题诗一首：

当含黄蕊嫩，棉报碧铃春；
小草存衣被，长民谁此心。

棉花入文人笔墨，得以登堂入室，足见当初此物在人们心中的分量。

到了明朝中期，棉花生产和织造工艺都达到很高的水平。纺织工艺的先行推广者黄道婆，自幼从黎族妇女处学得纺纱织布的手艺。当她回到上海故里的时候，她的技术得到广泛重视和推广。一时间机杼声声，传之千里，成了农村手工业生产的重要项目。不久，人不分贵贱，地不分南北，都以棉布制衣，百人之中仅一人衣丝。

棉衣虽暖，但纺织工艺是十分辛苦繁难的。只轧花一项，已使万众"尽折腰"了。据 12 世纪 80

轧棉花，是纺纱织布前的一项重要的工序。棉花生成之后，经过采摘、晾晒、轧花、去籽、粗弹、合条、纺纱、漂染、织造、印整、量裁，方能为衾为裳、衣被天下。轧花是纺织工序中的第一步。

我华夏在古代是不出产棉花的。平民所穿布衣，都是麻织品。南人多衣丝麻，北人多着裘皮。棉花原产地为南洋诸国和西域新疆。直到宋朝末年，棉花、棉布依然被视为贵重的物品。

此时，闽、粤一些地区刚刚开始有人种植棉花。宋亡后，种子才传至浙江、江西、湖广等地。元代时，有人又从新疆吐鲁番引进棉种在陕西试种。而真正促成棉花在全国大规模种植，始自明朝。开国皇帝朱元璋看准了棉花的经济价值和国计民生之需要，为推广植棉，推行了一系列政令措施。

棉花作为一种功能独特的经济作物，亦为当时

农

年代赵汝志《诸番志》的记载：采集棉花后，"取其茸絮，以铁筋辗去其籽，即以手握茸就纺"。到了王桢著《农书》时，"铁筋辗"已变成搅车，即踏车，用来去棉籽，较以前已大有进步。

可惜的是，这种产生于六百四十年前的机械，到了清代也没有新的发展和变化。两幅图中的妇女所用的依然是明代笨拙的手工老机械，一天劳作下来，腰酸腿痛，连身子都难以直起了。清末有《竹枝词》云：

> 老法轧花欠高妙，轧得手酸出花少；
> 新法何如机械好，又省工夫又灵巧。
> 我忆当年黄道婆，造棉新法想来多；
> 道婆若是生今日，研究机工更若何？

图一：轧花（烟画）。[1905年]英美烟公司设计出品。

据《诸番志》的记载：采集棉花后，"取其茸絮，以铁筋辗去其籽，即以手握茸就纺"。到了王桢著《农书》时，"铁筋辗"已变成搅车，即踏车，用来去棉籽，较以前已大有进步。

图二：轧花图。[清]孙继绘。

弹　棉　花

Cotton thrumming/ *線製糸業*

御寒更宜制被褥
———〔清·孙兰荪《竹枝词》〕

木绵花，出松江，弹做絮，做衣裳，
御寒更宜制被褥，新被新褥最好睡个新嫁娘。
新嫁娘弹个新被褥，羞得面孔红馥馥。

这是一首与未过门的新媳妇开玩笑的《竹枝词》。嘲笑新媳妇将要与新郎官睡在一个被窝里，这个新被窝是新弹的棉絮制作，又松软又暖和，小两口甜甜蜜蜜乐子多。新媳妇出阁，不论贫富都要有四铺四盖、八铺八盖的新被褥作为陪嫁。用新弹的棉花续套，是必不可少的。

弹棉花这行当然不是只为此事服务，自有纺织工艺起，此业就有了。新花也好，旧絮也好，不经过弹制，棉纤维舒展不开，就不能纺纱，也不能续里子。

这一古老的职业，最先起源于海南岛崖州黎族部落。在元代以前，只有这一带出产棉花。黎族人在种植棉花的多年实践中，研究出一套采棉、轧花、去籽、弹花、纺线、织

布的工艺手段。这一历史是先于中原汉人的。

元代，松江（今上海一带）乌泥泾有一位黄小姑，自小卖与人家做童养媳。因不堪公婆的虐待，只身跑到天涯海角，也就是今日海南岛的崖州，被那里的黎族部落收留。黎族妇女勤勉好客，对黄小姑爱若同胞，把纺纱织布的技术倾囊相授。黄小姑亦天生的勤劳聪慧，不仅全部学成，而且还改进了轧花用的踏车和弹棉用的弹弓，成了一名技艺精通的纺织专家，人们尊称她黄道婆。

黄道婆在元贞年间（1295）辗转千里，返回故乡。此时，松江一带已广种木棉，成了产棉花的中心。黄道婆带来的纺织技术恰好适应当时的需要，她带回来的踏车、弹弓成了宝贝，人们争着仿制。

图一

在黄道婆的指导下，人们还模仿黎人的款式制造了织布机。黄道婆教会了家乡妇女用擀、弹、纺、织之具和错纱、配色、综线、洁花的技术，织成的布匹，其上的图案折枝、团凤、

162

农

棋局、字样，粲然若写。

不久，华夏进入了明朝，在朱元璋的大力推广下，全国掀起了植棉的热潮，家家户户种植棉花。纺纱织布成了农村妇女的日常劳作。黎民百姓十之八九都穿上了棉服胖袄，一时衣被天下。黄道婆便是此业的祖师。迄今，上海华泾镇上依然存有黄母祠。

明王桢的《农书》记载：弹花用的弹弓，称作张棉弹弓，"长四尺许，弓身以竹为之，弦用绳子"。与今日所见的有所不同。下图烟画中所绘的是弹棉花的夫妇，男人的腰间绑一有弹性的长竹片，自背后弯上来，绳上悬吊一弓形弹弓，弹弦是用一钢丝。一手握弓，另一手用木槌捶打弓弦，以弓弦的振动，将棉絮弹开，使之蓬松、柔软。如果用来续被褥，就层层铺好，加网使用；如另有他用，就顺势卷成棉团，交与物主。

此图中所绘的景象，是入冬农闲时，农人夫妇携带弹弓进城，为人家弹花的劳作，挣些零用的生意。一到此时，单调的"咚、咚"弹花声，响彻大街小巷。

图一：妇女弹花图（烟画）。[1905年]英美烟公司设计出品。
图二：弹花人。[清]方薰绘。
图三：弹棉花的夫妇，男人的腰间绑一有弹性的长竹片，自背后弯上来，绳上悬吊一弓形弹弓。弹弦是用一钢丝。一手握弓，另一手用木槌槌打弓弦，以弓弦的振动，将棉絮弹开，使之蓬松、柔软。[1905年]英美烟公司设计出品的烟画。

图二

图三

铁　　　匠

Smith/ 鍛冶屋

不怕铁质硬复硬

——〔清《图画日报》刊《竹枝词》〕

图一

　　中国冶铁术的发明晚于炼铜，大抵在公元前500年才出现。也就是在春秋时期，才普遍使用了铁器。在出土文物中，已发现当时用生铁铸成的耕犁和箭镞等物品。自然，铁匠这一行也就出现了。

　　后经一千多年的发展和进步，冶铁术和生产规模有了巨大的进步。明代的冶铁场已颇为庞大了。产铁质量佳者，如山西交城县出的云子铁，年产量已达十万斤以上，制造的兵器相当有名。遵化的炼铁炉规模最大，高一丈二尺，每炉容纳矿砂两千多斤，扇炉的风箱必用四人或六人带拽。

　　炼铁的首领称炉主。张萱《西园见闻录》称：炉主"招集四方无赖之徒来

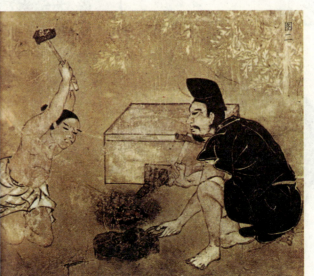

图二

彼间冶铁，每一炉多至五、七百人。"屈大均在《广东新语》中描述明代佛山冶铁厂的状况："凡一炉场环而居三百家，司炉者二百余人，掘矿者三百余，汲者烧炭者二百有余，驮者牛二百头，载者舟五十艘，计一场之费，不止万金，日得铁二十余版则利赢，八九版则缩。"这里所称的版，重为两钧，即两千斤。

　　那么，日产铁二十余版，也就相当于四万斤，合二十吨。在六百年前，一个炉场有这样大的产量实为可观了。至于，从事铁器加工制造的小作坊、铁匠铺多如牛毛，分布于城镇、乡村、军营等处。

　　自古，铁器在战场上威力极大，刀、枪、剑、戟、斧、钺、钩、叉；大则

图
三

火炮、兵舰，小则镖、箭、子弹，无不借重。所以，在军旅编制中，均有铁匠炉、兵器部之属。在人们的日常生活中，处处离不开铁器。大到犁铧、车轴、马掌、锹、镐、锨、铲，小到刀、剪、锥、针，般般皆为铁匠所制。好的产品，如"张小泉""王麻子"的剪、刀，早已驰名全国，家喻户晓了。清季洋务运动中，我国冶铁业有了长足的进步。

当然，民间的小铁匠铺还是很落后的，它的基本结构是铁匠师傅带着帮工和学徒数人一起干活。帮工多是出了师的、尚未开炉自立门户的铁匠，充当下手。或是，铁匠师傅的亲属帮助干活，如拉风箱、堆煤续炭之类的杂活。徒弟数人，都是正式经过铺保，立写字据，拜师学艺的苦孩子。三年零一节，烧水、做饭、提夜壶、抱孩子，什么都得干。到了能干活时，师傅掌铜、看火候、成型、沾火；徒弟抡油锤、敲镇子、添煤、扯风箱，一天下来，腰酸腿肿，如过炼狱一般。

铁匠师傅离不了铁匠炉，所以，他们供奉的是太上老君。太上老君的炼丹炉，任何东西入炉即化，只有孙悟空被炼了七七四十九天，练就了一双火眼金睛。每一年铁匠公会的年会演戏，绝对不演《大闹天宫》之类的猴子戏，这些猴子不吉利，怕它们搅了当年的生意。

另外，锻造行中，也有供奉战国铸剑师干将、镆铘夫妇为祖师爷的，他们为了铸剑甘愿牺牲自己的性命。也有供奉吴越春秋中的欧冶子的，因为他为勾践锻造的越王剑，锋利无双，天下绝伦！这些人，都是历代铁匠师傅膜拜而且引以为豪的楷模。

图一：铁匠锻制犁铧时的情景。[清]周慕桥绘，选自《大雅楼画宝》。
图二：打铁。日本无名氏明治以前的作品。
图三：铁匠铺（烟画）。[1905年]英美烟公司设计出品。

民间的小铁匠铺还是很落后的，它的基本结构是铁匠师傅带着帮工和学徒数人一起干活。

165

篾　　匠

Worker of thin bamboo strip / メイ匠

劈残折断好伤神

——〔清《图画日报》刊《竹枝词》〕

提篮一物用场广，随便东西多好放。

做篮需要篮底坚，不坚易破怪竹匠。

街上忽然来骗人，见篮不觉暗生嗔。

只为篮子皆由篾片做，劈残折断好伤神。

图一

图二

这是民俗画家孙兰荪画中的一首《竹枝词》，诗人原本说的是篾匠编制竹篮子的事情，却把篾片与骗子扯到一起了，但并不生诙谐，成了无聊的败笔。

要说利用天然的竹子制器皿，可算我们古代先民的一大创造。

因为，竹子在南方遍地皆是，满山遍野，易生易长，而且竹子质地坚韧、不易腐朽，中空有节。从中横向截之，可盛水、盛物；纵向截之，劈丝、劈片用途更广。古人用之制作书写用的竹简，用做裁纸用的竹刀；战场上，制作竹箭、竹枪；日常用的则有竹帘、竹席、竹床、竹椅，再普通的器皿，如竹筐、竹篮、竹箕、竹箩、竹篾、竹篓，均是竹子制得。

制作这些竹器是一种专门的技术，干这一行的通称篾匠。篾匠师傅的高明之处，在于随身工具仅一把砍刀、一柄篾刀。砍刀为长方形，两寸宽、尺把长，专门用来劈竹截木；而那柄宽半寸、长三寸的小小篾刀，是专门用来劈片、拉丝、刮条的。

篾匠劈出来的竹片，薄厚一致，光洁无比，制扇股，

166

工

图
三

图
四

制竹筹，运用自如。篾匠拉出的竹条、竹丝，堪称一绝，其宽窄均匀，平整光滑，用来织席、编器，美观大方，经济实用，是中国工艺美术品中的一门瑰宝。

　　竹篮，是人们生活中刻不能离的物品。在南方的村镇，制作贩卖竹篮的店铺极多。这些店铺的幌子是高高挂起个大竹筐，筐下垂着块三角红布。店前的摊子上摆着各式各样的竹篮售卖，摊子的后边有两三个师傅劈竹编筐。这是坐店的篾匠。走街的篾匠则是挑着担子，内中放置竹条、藤条、竹皮、竹料和各种工具，走街串巷，为市民修理各种竹器，如竹凳、竹椅、竹床，固箍木盆、木桶等。是市井平民不可缺少的技术师傅。

图一：篾匠。[清]无名氏绘，选自《北京民间风俗百图》。

图二：篾匠编筐图。[清]孙继绘。

图三：作笼屉（烟画）。[1905年]英美烟公司设计出品。

图四：走街的篾匠在应承生意。[1904年]日本村井兄弟商会社设计出品的烟画。

漂　　工

Rinse worker/ 洗う屋

漂布司务最清洁，专漂绸绫与布匹。
任尔织时异样污，一经漂净白如雪。
满地不怕水花溅，浣涤全凭手法专。
若使有人绵世业，可云清白出家传。

这是一首清朝末年的《竹枝词》。作者把清白世家与漂洗事业联系到一起，也是对漂工的一种褒扬。漂工与染工同出一个门槛，同尊一个祖师，漂工是染工的一个技术分支。

棉、麻、丝、苎，经过纺可成为纱线；经过织造，成为布匹或是绫罗绸缎。为使这些纺织品生色生花，需要再经过印花、染色。而漂这道工序，它包含有两个内容：一是使织物去污增白；二是洗净在印花、染色过程中积在织物上的浮色。

在封建的农耕经济状态中，农村自给自足，使纺织、漂、染，也成为一门一户的个体专业户的形式存在。在溪边浣纱（漂洗）是乡间妇女的一种活计。《东周列国志》所描写的浣纱女，诸如范蠡寻得的西施，为伍子胥舍饭且三十未嫁的村姑，终日在溪边浣纱，可以说，她们亦是古代的漂工。

她们把纺成的麻纱，在溪水中不停地漂洗，荡去纱中的杂质、瑕疵，使其变得干净洁白。当然，她们也可能是将已经渍染颜色的麻纱拿到溪边洗涤，用流淌的溪水把浮色荡尽，再用以织布、织帛，成为色布、色帛。因当时的产量有限，古代的漂染皆由妇女担当。

随着社会的前进，生产力的发展，唐代的江南出现了一些大的漂染作坊。专职成批地印染、漂洗丝绸、锦缎和麻布，以供内需和大宗出口。明人张宣的《染丝行》诗云：

吴蚕吐丝白于银，染丝上机颜色新；
往来抛梭不停手，及时花样随他人。

《天工开物》中讲：在古代把织物染成红色，是使用红花或苏木水做颜料；染黄色，是用黄连或黄姜；染褐色，则使用莲子骰；

图一

染绿色，必用槐花；染蓝色，是用靛青叶；玄色用五倍子等等。染完颜色后，全倚仗漂工，用大量的水来漂洗。这样，专职漂工就分离出来，成为一个行当。明清时代，朝廷在苏州、杭州、南京、北京设立了大型的织造机构，漂染业在这几处，已成为举足轻重的行业。

上图所绘的是民间小作坊，将染得的织物运到溪边，由漂工临溪作业，污水顺流而下，漂洗完毕的织物，就手挂在岸上晾晒，还是很原始的方式方法。最可怜的还是漂工的双足常年浸泡水中，以至糜烂露骨，令人不忍目睹。

图一：漂工（烟画）。〔1905 年〕英美烟公司设计出品。

班 鼓 匠

Drum-making artisan/ 太鼓

清声金石自天然

——〔清·孙兰荪《竹枝词》〕

图一

班鼓声音尖而俏，板得越紧音越妙。

锣鼓之中鼓领头，清声金石自天然。

只想世间好物难长久，牛皮板鼓后来穿。

清人孙兰荪的这首《竹枝词》写的是戏班子里所用的班鼓。这种班鼓一尺见圆，三寸多高，中间有个两寸圆的小鼓心。用楗子一击，清脆作响。它是乐队文武场总指挥——打鼓佬的专用家什，京剧叫它单皮。

史载，中国最早的专业剧团出现于唐代，唐明皇在宫中置梨苑，组织了专门演剧的戏班，朝夕弄场。乐队中司鼓的就是这位李三郎。不过，他当时敲的是一种立着打的羯鼓，掌握着乐队的节奏，再加上他的特殊身份，自然是地位极高。相传下来，司鼓人便也是乐队统帅了。打鼓佬都自诩祖师爷为唐明皇，手中所持檀板乃是唐王所赐之物，外人是不能擅动。加之，旧戏班的规矩颇多，打鼓佬的座位是舞台上的"九龙口"。演员登场不正冠掭髯，也是不得擅越；打鼓佬的座位，任何人也不能去坐；打鼓佬不就座，就不能开戏。

外行看着不一定理解，内行则认为这是顺理成章的事情。单皮鼓不仅是乐队的灵魂，它对全剧和演员的表演也都起着领导的作用。单皮控制着演唱的节奏变化，控制着演员的表演情绪和程式的运用。

清代时，剧团演戏一概是宫中乐队。初学者打开场，技术欠一些的打中场，技术高的打大轴。从谭鑫培起，因为他名气大，私活多，才出现了"傍角"的打鼓佬，专一为角儿打鼓。

班鼓的蒙制是十分不容易的，要有特殊的技术。买只好鼓，要向作坊中的班鼓匠订制。单皮鼓要求声音清、脆、"打远儿"、"响堂"，它的鼓槽儿内腔被镟成倒扣碗状，鼓芯的大小如同一个茶碗盖

儿，但皮子要一蒙到底。必须选用鞣制得当的上好皮革"捂熟"后，蒙在鼓槽子上，四周穿上皮筋条子。再穿上枣木短棒，用力加拧搏绞。绞完一面再绞另一面，在保证着力匀称的情况下，循序推进，逐渐加力，使皮面渐渐胀开。如此逐日加拧，逐日加力，直到"火候"停当，皮子"燥透"，再用大头皮钉一个挨一个地沿着鼓槽密密实实地钉牢。如此要钉上三排，风干"煞劲"之后，再抽出枣木棒，放松皮条子，把班鼓取下。再放置数日，让皮子再"回回劲儿"，最后，依钉子下处割去多余的皮子，一只班鼓才算制成。

这时，您托在手里用楗子敲敲，清脆之音，送出十丈开外。用到舞台上，不温、不火、不粘、不燥，方是文武场中的领导之器。这枚图画很生动地刻画了班鼓的制作过程。那位正在试敲的师傅，想必是一位戏班子里的打鼓佬。

图一：制班鼓。[清]孙继绘。

皮子要一蒙到底，必须选用鞣制得当的上好皮革"捂熟"后，蒙在鼓槽子上，四周穿上皮筋条子。再穿上枣木短棒，用力加拧搏绞，循序推进，逐渐加力，使皮面渐渐胀开。

图二：打鼓佬正在试鼓。[1905年]英美烟公司设计出品的烟画。

图二

染　　　工

Dyer/ 染色屋

五颜六色染来俏
——〔清《图画日报》刊《竹枝词》〕

白布吊在染缸
皂白难分

图二

染工，就是把素白的丝、麻、棉质的织物，用颜料染上不同颜色的匠人。古来染行全凭手工作业，有个体单干户，也有多人在一起工作的染坊。

个体染工随身带着各种染料和工具，走街串巷兜揽活计。清人蔡绳袷著的《一岁货声》中，记述了他们的吆喝声："染绸缎来哟，染好绸子、好缎子来哟。"文后有注云："挑颜色箱、染锅，染后以长竹竿，摇之即干。兴洋颜色，始有此行。"这里说的是，有了西洋颜色之后，才有这一行。

何时有了洋颜色呢？可考的时间是在19世纪中期，英国的一位化学家在研究治疗疟疾的特效药奎宁时，偶然合成出一种美丽的紫色，可以用它来染丝、染毛。从此，各种化学颜色相继诞生了。鸦片战争后，各种化学染料便陆续传入中国。

其实在有洋颜色之前，也有个体染工，只不过用的是国产颜色而已。我国的传统颜色大多是从天然植物中榨取的，携之不便，故而离开作坊单独外出兜揽活计的单干户是不多的。

文献记载，古人是用茜草、过山龙等植物染红色；用黄檗、柘木、地黄等染黄色；用紫草染紫色；用乐华、化香树的种子染黑色；如此种种不一。到了清朝时，染料品种增多，染出的颜色也就越来越丰富。这些在李斗的《扬州画舫录》中记述得相当详尽。仅红色就分桃红、银红、绯红、粉红、肉红即韶州边红等多种。北京潭柘寺的山上多柘木，树皮榨汁可以染出明亮的金黄色，是别处的柘木无法

170

比拟的。自清以来，这里的柘木是专门供应宫廷织物染色之用的。

我国专职染工出现得很早。《周礼》一书中就有了《染人》的条目："染人掌染丝帛，凡染，春暴练、夏熏玄、秋染夏、冬献功。"染工一年四季都忙碌得不能停闲。春天气舒，忙着漂染素练；夏天气蒸，正宜染红黄二色；秋日天高气爽，适于大染，把要染的全部染完；冬日分发，才能派上用场。

染坊自古有之，原是专为皇室、官宦、富户、军旅批量使用者服务的，后来，民间市井亦多了起来。大作坊内分工很细，有漂布司、踏布司、染布司种种，劳作甚是辛苦。成匹的布染毕，要用元宝石滚压，方能使布上光、染色均匀。踏布匠双脚踏石，左右摇晃，真如同耍杂技一般。

染匠终日劳作在染锅、染缸旁，双手浸泡在各色的颜料中，赤紫黝黑，状如魑魅，甚是凄惨。但他们的劳动，把人们装扮得五彩缤纷，着实功不可没。清人有《竹枝词》为证：

染坊司务手段好，五颜六色染来俏。

一入缸中白布无，任凭如何难再漂。

落缸更忌元色红，一无还覆没商量。

图一：大染坊（烟画）。[民国]英美烟公司设计出品。

图二：染纱。[清]刊《农织图》。

图三：染布（烟画）。[1905年]英美烟公司设计出品。

图四：把旧的衣服刷染一新，也是一种专门的技术。旧日北京专有刷染作，也是独特的一行。[1905年]英美烟公司设计出品的烟画。

雕　花　匠

Flower carver/ 柄を入れる

人物花卉多会雕
——〔清《图画日报》刊《竹枝词》〕

图一

雕花司务本领高，人物花卉多会雕；

嵌空玲珑好手段，活灵活现真蹊跷。

雕花只怕遇朽木，任你良工手俱缩；

奈何近世朽木多，无以下手雕花哭。

这首清代《竹枝词》，借雕花匠以讽刺世风日下，有真才实学的人才罕见，徒多"朽木不可雕"之辈。

雕花匠是木匠中的一个分支。所做的活计，比一般木匠要精细，且带有一定的雕塑艺术性。大的活计可"雕梁镂栋"、落地罩、大隔扇、大屏风；中溜活儿，如樟木橱、檀木柜、黄杨箱、八仙桌、太师椅、书阁、画架、八宝如意百宝阁；小活儿，如案杌上的小屏、小架、

花尊、鸟笼、文房四宝的方盘、圆盒、山子、镇尺种种皆是。更精细的如粉盒、手球、念珠等等。材料自然是酸枝、鸡翅、紫檀、黄杨等可雕之材。

笔者在苏州时，曾于东山之下参观过一幢古宅，人称"雕刻楼"。一进宅门，举目四顾，可以说凡遇木之处，无一不是木雕、木刻。门楣迎首，精雕吉祥八宝；门窗隔扇，刻有八仙过海、十二生肖；二十四扇窗户，镂刻二十四孝的人物故事。两厢的落地罩，一边是祥云舞鹤，一边是冰裂梅花；大屏风上是全套龙凤呈祥，从刘备过江，甘露寺相亲，一直到赵云告急回荆州，刻了整整一出大戏。墙上的八扇屏木雕，分别是昭君出塞、西施浣纱、

172

工

貂蝉拜月、贵妃出浴四大美女和红楼佳丽宝钗扑蝶、黛玉葬花、湘云醉卧、香菱吟诗。人物姣好，景致玲珑，其中山石花木、曲桥流水、宫室楼阁、桌椅陈设，无不玲珑剔透，入画传神……游人驻足其间，如入雕刻世界当中。不能不使人惊叹前辈工匠们的鬼斧神工、巧夺天工的非凡技艺。

雕花匠所用的工具，除了锛、凿、斧、锯之外，熟练地使用镂弓子和刻刀，是这一行不同于其他木匠的最大分别之处。镂弓子又称钢丝锯，是镂镂图案不可缺少的特殊工具。

在历代的雕花木匠行中，曾出现过不少杰出的艺术大师，近代名冠世界的大艺术家——"芝木匠"便是个中翘楚。芝木匠是何人？他就是国画大师齐璜齐白石老先生。

齐白石，原名纯芝，字渭清，湖南湘潭人氏。自幼家贫失学，拜了木匠为师，学习雕花，人称芝木匠。他在《自传》和与人交谈中，从不讳言此事。

反而，常以自身这一段经历，感悟出许多做人、作画的道理。尤其，白石大师的治印，布局恣肆奔放，单刀直入，劲辣有力，更是得力于少时木匠之功。

《世界日报》曾报道了一则消息，称收藏界在白石老人的原籍湘潭，发现了老人少时所刻镂的木雕作品，两爿床栏木雕，被奉为至宝。且不谈这两爿木雕是白石老人所刻的真凭实据如何，但木雕之简约洗练的风格，对白石先生的画风，不能不说是有着深刻影响。

图一：细木匠。[清]孙继绘。

图二：雕花匠（烟画）。[1905年]英美烟公司设计出品。

雕花匠所用的工具，除了锛、凿、斧、锯之外，熟练地使用镂弓子和刻刀，是这一行不同于其它木匠的最大分别之处。镂弓子又称钢丝锯，是镂镂图案不可缺少的特殊工具。

烧 炭 工

Coke-making worker/ 炭屋

满面尘灰烟火色
　　——〔唐·白居易《卖炭翁》〕

　　搞文字研究的专家,常用"炭"和"煤"两个字认哏，说是仓颉老先生在当初造字时，把这两个字的读音搞颠倒了，"炭"应该是"煤"，"煤"应该是"炭"。为什么呢？中国字出自象形，您看"炭"字，是"山"下的"灰"，那不应该是"煤"吗？而"煤"字，是用"火"烧过的"甘木"，那岂不应该是"炭"。说是玩笑，也并非全无道理。但人们使用的炭，用木头烧制出来，是绝对无误的。

　　旧日人们起炊做饭、冬日取暖，有煤的地域烧煤，不出产煤的地方烧炭。相传，木炭的发明者是战国时代的孙膑。在孙膑未出道之前，他与庞涓是师兄弟，同在鬼谷先生门下学艺。一日鬼谷先生要考一考他们的智力，命他二人进山去寻找一种"不冒烟的火"。庞涓进山一日，无功而返。孙膑则在山中伐木，而后用火焚烧，烧至一半，用土覆埋。第二日进山，将土翻去，取出烧黑了的木头，重新点燃，就是不生烟的木炭。至今，炭行皆供奉他为祖师爷。

　　在古代，以炭代柴、代薪是件奢侈的事，炭是较贵的。木炭以所烧材质不同，价值也很不同。达官显贵帝王家，用的是硬杂木烧的"红罗炭"。金易先生在《宫女谈往录》中写道："炭有两个品种，

工

一种叫白骨炭，这种炭燃烧的时间长，有火力，烧完后完全是白灰，所以叫白骨炭。但火上来得慢。另一种，比较细，炭的横断面呈好多的小碎花，由中心向外一层层地扩展，像菊花瓣一样，叫菊花炭。"这种炭出在大兴、固安一带，烧好了，按一定尺寸锯好，放入红泥涂封的小荆条篓中，送到府右街惜薪司大红罗厂的库中存放，以备皇宫使用。在漫长的冬季，皇宫各处用炭亦是按例分配。

依《清宫档案》记载：严冬时节，每日供应木炭的标准是：皇太后一百二十斤；皇后一百一十斤；贵妃九十斤；妃七十五斤；公主三十斤；皇子二十斤；皇孙十斤。此外，炭的其它支项也颇可观。如明代宛平知县沈榜在《宛署杂记》中称：万历十八年（1590）的一次殿试，就用去木炭一千余斤。一般平民百姓是用不起红罗炭的，只能烧些杨木、柳木、山荆等低质炭取暖御寒。这些炭烧制不佳，往往还出现一氧化碳中毒的事情。

自从有了炭，就出现了炭工这一行。这一行很苦，砍山伐木，起窑烧炭，天寒地冻，挑担送炭。而自己食不果腹，衣不御寒，黔首墨面，形容枯槁，还被人欺凌嘲弄，外号称作"炭黑子"，成为社会最底层的一群。唐代诗人白居易有《卖炭翁》诗，写得最为凄惨：

卖炭翁，伐薪烧炭南山中。
满面尘灰烟火色，两鬓苍苍十指黑。
卖炭得钱何所营？身上衣裳口中食。
可怜身上衣正单，心忧炭贱愿天寒。
夜来城外一尺雪，晓驾炭车辗冰辙。
牛困人饥日已高，市南门外泥中歇。
翩翩两骑来是谁？黄衣使者白衫儿。
手把文书口称敕，回车叱牛牵向北。
一车炭，千余斤，宫使驱将惜不得。
半匹红纱一丈绫，系向牛头充炭直。

社会的过度压迫与歧视，迫使烧炭工造反的事情屡有发生。太平天国的杨秀清、石达开都是烧炭的出身，他们率领云贵的炭工揭竿而起，曾一鼓作气夺得了大清国的半壁河山。

图一：卖炭（烟画）。[民国]华商烟公司设计出品。
图二：挑炭（烟画）。[1905年]英美烟公司设计出品。

这一行很苦，砍山伐木，起窑烧炭，天寒地冻，挑担送炭。而自己食不果腹、衣不御寒，黔首墨面，形容枯槁。还被人欺凌嘲弄，外号称作"炭黑子"。

绳　　匠

Rope maker/ 縄屋

安得长绳系白日

——〔晋·傅玄《九曲歌》〕

图一

　　用麻、棕搓成绳索，是上古先民的一大创造。他们用绳索结网捕鱼、缚兽、获取食物，是一种仅次于刀、箭的利器；用绳索制缆系舟，拴连固物，在早期生产力的开发中，也起着重大的推动作用。

　　近代的考古发现，先民还用绳子进行"结绳记事"，绳结的大小形成人类早期文字的发端；在出土的古陶上，多出现印满了绳索纹样的图案，也形成了绳纹文化的历史断代。足见，绳索在那一历史时期的影响之巨。

　　从名称定义上讲，用多股棕捻制而成的称为"绳"。两股以上的绳，再进行复捻就成为"索"。两股以上的索，再一次复捻成更粗的则叫"缆"。

　　搓制较细的绳，在旧日普通人家妇孺皆会。这种麻绳用来拴结系物，在日常生活中刻不能离。妇女们用它来纳鞋底、绷鞋帮，更是不可缺少。那时，乡镇常有走街串巷卖

图二

麻坯儿的小贩，背着大捆的麻和搓好的、粗细不等的麻绳，吆喝兜卖。一般市井妇人不买搓好的麻绳，而都会买上几两廉价的麻坯子，挂在屋里的门框上。闲时节，搓些麻绳备用。

　　细麻绳，细线绳，用两只手掌反复搓拧麻坯儿或棉线就能顺势而成。如果要用比较粗些的麻绳，那是一定要到山货店，或是专卖大绳的绳索店中去买。脚行、搬运行、船行以及工业方面用的绳索、缆绳，更得到绳店找绳匠们特别加工制作了。

　　绳子铺一般都是连家铺，前店后作坊外带住家，院子很大。为的是绳匠摇绳之用。如无大院落，也一定要择一河滩、广场，支开摇绳架摇绳。

　　何谓摇绳呢？摇绳架一般是五个齿或七个齿钩。一头固定在墙或树上，另一头的摇架要距之十

工

多米之遥。细长的麻绳分别穿在这几个齿钩上，另一位下手手执一柄探杆在这几组绳子中间来来回回的走动，把细绳从一头引回，成双股挂在摇架上。绳匠手把摇把，反反复复地摇，一柄摇把儿连动着这几个齿钩，摇一下，这几个齿钩一起转动，为麻绳加捻，越捻越紧，最终结成粗粗的大绳。这种大绳不搅、不结，挺括成型。有人统计过，每成大绳一尺，绳匠的摇把儿得摇动数千次，下手得来回走动上里地。绳匠一天劳作下来，摇绳的摇得筋折骨断，下手走得腰酸腿痛。付出艰辛劳动，依然贫困。此行，是贫苦业中之最。有《竹枝词》写道：

　　呖呖碌碌摇绳索，摇得手酸臂膊曲。
　　小绳尚易大绳难，千摇万摇难收束。
　　古言系日须长绳，此绳如何摇得成。
　　乃知有意将人警，系日天绳日易沉。

这是清末民俗画家孙兰荪图册中的一首诗。不仅写出了绳匠们"千摇万摇"、无休无止的艰苦劳作，而且，把他们劳动的希望与"长绳系日"的古谚联系在一起，感慨非常。

　　长绳系日的典故，本出自晋代傅玄的《九曲歌》"岁暮景迈群光艳，安得长绳系白日。"李白在《拟古十二首》中，引申了它的含义，称"长绳难系日，自古共悲辛"。此典，用在绳匠身上，感伤他们尽管能摇出长无止境的绳索，但如同想把太阳拴住一样，谈何容易？实在是件"自古共悲辛"的事情。也就如同说，绳匠要想发财，简直是白日做梦！

图一：摇绳图。[清]孙继绘。
图二：绳子铺（烟画）。[1905年]英美烟公司设计出品。
图三：清季的摇绳图。每成大绳一尺，绳匠的摇把儿得摇动数千次，下手得儿得来回走动上几十里地。绳匠一天的劳动下来，摇绳的摇得筋折骨断，下手走得腰酸腿痛。[1905年]英美烟公司设计出品的烟画。

图三

秀　才

Skillful writer/ 秀才

书生本是秀才名

——〔清·李笠翁《十种曲·嘲秀才》〕

图一

前人常把"渔、樵、耕、读"四件事放在一起谈，是把读书与捕鱼、打柴、农耕等劳作，看成一码事，把读书人也当成一个行业来看待。这样说起来倒也不假。一旦身着长衫当了读书人，便很难再脱下来。尽管久考不中，终身不仕，也甘心一辈子受穷，不愿改行它就而务工务农去了。

考秀才这个主意是唐太宗的发明。为了安定社会，又给众多读书人一个盼头和一个出路，便设计

了一个活局子，朝廷定期开科取士。考试分三种，一是考秀才，二是考举人，三是考进士。考秀才亦称小考。小考又分三个阶段，一是县考，二是府考，三是院考。县考、府考又各考五次。凡应考之人统称童生，进了秀才称文生，不进秀才的永远称作文童。

每次小考可以考成秀才的，大抵十里取一。考成了秀才方可以去考举人。但这一次可就难得多了，几乎千里挑一。中了举人可以进京考进士，点状元。每次秋闱，状元、榜眼、探花各点一名，这就成了读书人千万分之一的希望了。孔圣人的《五经》、《四书》也就成了历代读书人的桎梏和枷锁。考状元这种希冀，对于无数的读书人说来，不亚如映在水中的一轮明月，可望而不可即。故后人不无苦涩地赞美这种制度："太宗皇帝真良策，多少英雄白了头。"

在宝塔般的阶梯考试中，能中个秀才已是读书人莫大荣耀了。其实，秀才并不是什么功名，也没有什么俸禄可食，只是一种对圣人门徒的肯定而已。但是，当了秀才就有了一定的身份。例如，秀才见知县时，是有个座位的。遇到进公堂打官司时，可

178

育

女子求學

中國舊日的風俗沒有不重視男子輕視女子的。這毛病病諸位知道在那裡嗎？女子深居閨閣就一點事情不作，一點學問不講求，坐吃家簡直求生於家簡直是一個廢人。不特古今大事中外時事一點不知道就是罷了。家家所離不開的來往書信的用賬日也必定倚賴他人怎麼叫人不輕視呢。近來設立女學也不少啊少年女子要學問漸漸的男女也就一像看待沒有輕視女子的。這是趁此機會快快的認些字講求些學問，的印象從先鄰個樣子呌。平女子呌快快的想罷可萬別象從先鄰個樣子呌。

图二
高桐軒

以口称生员而不下跪。就是犯了错，当堂败了诉，知县也不能动刑，只可以行文到他的教官处，由他的教官用戒尺去打他的手心。就是这位秀才犯了重罪，必须惩办，那也得先具文布政司，革去他秀才的名分，才能处理。正因为有这些特权，读书人莫不争着考秀才。时人有《竹枝词》嘲之：

国家考试太堂皇，多少书生坐大堂；
油板压车为试案，考终衣服亮光光。

这个"亮光光"可不是得中的光彩，而是试案的油板把学子的衣服都油污了。

秀才中优秀的人才很多，因多种原因，皓首穷经而终生不仕者数不胜数。他们一生被诗书所累，肩不能挑担，手不能提篮，只能终日之乎者也，酸腐困苦地潦倒终生。秀才大多无所作为，最终入聘西席，或是充当乡塾混口饭吃也就算不错了。《儒林外史》中的范进，鲁迅笔下的孔乙己，都是旧时代下层读书人的形象。秀才中的庸碌之辈更是多之又多。脑子不好，几部书读来读去，终生不解其味者大有人在。

李笠翁所著的《十种曲》中有一首《嘲秀才》的诗，写得十分刻薄：

书本是秀才名，十个经书九个生；
一纸考文传到学，满城都是子曰声。

图一：秀才。［清］杨柳青木版年画。
图二：教女学生的秀才。［清］杨柳青木版年画。

塾　师

Teacher of private schoo/ 塾教師

教几个小小蒙童
—— 〔清·郑板桥《道情》〕

图二

老书生，白屋中；
说黄虞，道古风；
多少后辈高科中。
门前仆从雄如虎，陌上旌旗去似龙。
一朝势落成春梦，倒不如蓬门陋巷，
教几个小小蒙童。

这是清代著名的大画家郑板桥先生写的一首《道情》，曲中描写了一位乡间老塾师悟破名利，超然红尘之外的洒脱之情。

其实，在历代乡塾中执教的老师们，远非如此潇洒。他们实际的工作环境和生活待遇，都是十分低下的，在社会中也没有什么地位可言。

封建时代，农民生活能保证三餐温饱已属不易，很少有力量去培养他们的后代上学读书。乡镇中也只有有钱有地位的大户人家、乡绅、富贾才有条件设私馆，聘请有功名学识的读书人，对其儿女子孙培养教育。这种塾师多是秀才出身，或有功名在身却又破落赋闲的文化人。如汤显祖杂剧《牡丹亭还魂记》中所写的老塾师；还有《金瓶梅词话》中在西门庆家中教书的温秀才；《唐伯虎三笑点秋香》中的老儒生，都是这等人物。

主人家虽然把他们奉为西席，是孩子们的老师，但骨子里又看不起他们。因为这等人并未因有学识而跃过龙门、干成什么事业，最终不过是一个教书匠而已。所以，不少文学作品中所描写的塾师多成了调侃的对象，以至丫鬟、书童都能拿先生抓哏。严肃一些的文字，也是把这些担任启蒙教育的塾师们称为冬烘先生、穷酸腐儒而已。

正因如此，本家对他们的劳动所支付的待遇也很微薄。一年下来，收益了了。吕蒙正之流，赋闲的时候还得到寺院中去赶斋饭来吃。西门庆对待温秀才，高兴时，在呼朋唤友的宴会上赐他个叨陪末座；不高兴时，一顿喝骂轰出府去，而且一文不付。至于落后乡野的村学乡塾，那里的学校和塾师更是另有一番模样了。

《随园诗话》中有这样一首诗，描写乡村学塾的样子：

漆黑茅柴屋半间，猪窝牛棚浴锅连；
牧童八九纵横坐，天地玄黄喊一年。

旧日教学生，一般分为开读、开讲和开笔三个步骤。开读，是先让孩子们背书，《三字经》、《百家姓》、《千字文》，一概不予讲解，要求孩子们死记硬背。两年之后开讲，老师才逐字逐句地讲解书中的内容，解答学生的提问。到了教学生们写文章的时候，大抵得四五年后。大多数的孩子都上不到开笔，就去放牛、下地干活去了。

图一：群儿闹学图（局部）。〔清〕杨柳青木版年画。
图二：秀才坐馆（局部）。〔清〕杨柳青木版年画。

180

印 年 画

Chinese traditional picture printing/ 年画描屋

雕刀艳彩印吉祥
——〔蒋敬生《木版年画》〕

"过新年，贴年画"，是我国相传久远的一种民俗。早在北宋时期，就已十分流行了。

孟元老的《东京梦华录》记载："近岁节，市井皆印卖门神、钟馗、桃板、桃符及财门钝驴、回头鹿子、天行帖。"这些，都是年画的前身。

印年画的版，都是由硬木雕制的，因此，也称为木版年画。画坊的技师根据画师所提供的粉本，拓印在木板上，雕成印模。印制过程，则如图所示：印刷的台面是两条案子对接，中间留有一条间缝儿。右案按一定规矩固定雕版；左案夹好一摞白纸。印刷者坐在正中，在印版上刷好颜色，一手翻纸覆于版上，另一手持棕刷刷印。印毕揭开，自案间缝中放下。如是多色印刷，则将右边的印版拆下，另换新版。再重新一一印来，直到各色套印完毕，这样，一幅幅精美的画品就展现人寰了。

而今存世最早的单色木版画是敦煌的经变图；还有单色印好后，再由人工敷色的，那是敦煌秘藏中的《圣观自在菩萨》图，它产生于唐代。最早的套色版画《风流绝畅图》，则是明代作品，现收藏于日本的博物馆中。年画的出现，也已有一千多年的历史了。

木版印刷技术，是我国劳动人民的一项重大发明，年画印上生动的故事、绚丽的色彩，深受广大群众的欢迎。所以在民间一直流传不衰。清季，天津的杨柳青、山东的潍坊、苏州的桃花坞、四川的绵竹，都是出品年画的重镇。

从年画粉本的绘制，到雕版、印刷，都是由农村家庭手工作坊式的生产来完成的。就拿"杨柳青垂驿，蘼芜绿到船"的杨柳青来说，便有"家家印图画，户户善丹青"之誉。

图一

木版年画，工艺考究。先以木版雕刻出画面的线纹，然后用墨印在纸上，再用彩笔填绘。其中有的精品人物的衣饰还插以金、银。他们是将调好的金粉、银粉灌入猪膀胱中，依线条挤在画面之上，以增加图画的豪华富丽。蒋敬生有首诗赞木版年画：

雕刀艳彩印吉祥，珍版传承世代藏。
印出财神来送宝，趣迎老鼠嫁姑娘。

年画的内容丰富多彩，有历史故事、民俗民谚、京剧戏出、花鸟鱼虫，凡人们喜闻乐见的题材尽入画图之中。所以，它最受广大劳动群众所喜爱。

清代著名的木刻年画店"齐健隆"，在北京崇文门和前门荷包巷设有分号。每一入秋，一批批的新式年画便相继运抵。在此分发批售给四城南纸店代销，或随骆驼队销往关外、内蒙古等地。当初年画生意也是桩很大的买卖。

民国以后，日本、西欧的石印技术相继传入，耀眼夺目的西洋景、月份牌大美人充斥市场。在新技术的排挤之下，木版手工刷印的年画，也就逐渐退出了历史舞台。

图一：木版印刷（烟画）。[1905年]英美烟公司设计出品。
印刷的台面是两条案子对接，中间留有一条间缝儿。右案固定雕版，左案夹纸。工人在印版上刷好颜色，一手翻纸，一手持刷刷印。印毕揭开，自案间缝中放下。

雕　　版

Engraving/ 木版柄を入れる

—〔清·孙兰荪《竹枝词》〕

印刷术是我国古代的一大发明，目前发现存世最早的一件印刷品是唐朝咸通九年(868)印制的《金刚经》及扉页《祇树给孤独图》，有图有文，文图并茂。它是用木板雕版印制的，现存于大英博物馆内，迄今有一千二百年的历史。

若谈到雕版技术的起源，应该说是在唐朝之前。可以追溯到古代先民的岩画，龟板上刻画的甲骨文，以及青铜器上的铭文。到了汉代出现了封泥制印，应该说它是专门用来印拓作品的泥版了。盖印是代表签字画押，而且可以反复使用，应算是印刷制版的先驱。

把一块泥巴烧成坯子，在坯子上面刻字或图案，涂上颜色，在绢帛或纸上连续盖印，便是早年间道

士们用的经符。而用木简刻板拓印文字，应该在造纸出现之先的汉代就有了。隋文帝开皇十三年，有一道诏书提到："隋皇佛弟子姓名……废像遗经，悉令雕版。"从这里可知，在公元593年就已有了雕版印刷。

雕版是一种专门的技艺。古代的印版有石版与木版之别。雕刻石版的匠人属于石匠行，雕刻精妙的如北海的《三希堂法帖》，快雪时晴堂内的《快雪时晴法帖》，除供人鉴赏外，还专供内府拓印流传。北京房山有元代藏经洞，洞内藏石版数千，原是印经书之用。为了不使其日久风化，市政府文物保护部门决定将这些石版重新回埋于地下。

至于木版，则是千百年来印书、印布告、印画的主要手段。木版多选用纹理细腻的硬材质的横断面，经过特殊处理，不裂耐腐，称为短版。善书者可直接反书于纸上，或书于纸上，而后再复拓在木板上，由师傅操刀雕刻。雕版完毕的字或画皆是反向。经过处理，就可以印书印画了。

雕版行从属于书坊、画坊，是以师博带徒弟

图一

的方式传授。大书坊内雕版的师傅集中，有多达数十人者。而画坊，一般是父子相传的家庭作坊。明代雕版盛季，很多大画家如陈老莲等皆参与其间。当时的出版物，皆有"绘图是当时名士，镌刻者皆宇内奇士"之说。刻工以徽州刻手最为高超，线条精确纤细，静穆高古，为黄、汪、刘姓称著。清人有《竹枝词》写道：

刻字如何亦称匠，只有木头刻得像；

不比当世金石家，金石刻画不走样。

昔年刻字重刻书，一书须刻数年余。

套色印刷就复杂多了，我国的木版水印，在雕版技术上的要求更为独特。北京的荣宝斋复制唐周的《簪花仕女图》，共雕木版一千三百余块。人们在赞誉20世纪20年代郑振铎、鲁迅先生辑印《北京笺谱》这一文化盛举之时，并没有忘记印坊中的经理王仁山、画版王荣麟（宗光），还有雕版师傅——老西张和板儿杨。是他们的精湛技艺，为今人留下了一部宝贵的艺术财富。

图一是1905年出版的一张烟画，画面画的是一间小刻字铺。这类的铺子在老北京的琉璃厂有十多处，如拓璞斋、镂月轩、印痕楼等。柜前的橱窗内摆设着田黄、寿山等石材，主营是为顾客刻制印章，同时兼雕书版。雕刻书版并非成本大套的活计，只是扉页、题跋等讲究些艺术性的页面儿。活不多时，也兼雕刻戏单、小广告，还为茶庄、点心铺、山货庄、酱菜园雕刻包装纸的小印版。

民国后，石印、珂罗版、照相制版的引进，使木版雕刻技术渐渐退出历史舞台。

图一：雕版（烟画）。[1905年]英美烟公司设计出品。

　　这类的铺子在老北京的琉璃厂有十多处，主营是为顾客刻制印章，兼雕书版。雕刻书版并非成本大套的活计，只是扉页、题跋等讲究艺术性的页面。

图二：摆书图。[明]刊本插图。

图三：书局雕版间。[明]刊本插图。

订　　书

Book binding/ 製本屋

一书片刻订成功
——〔清《图画日报》刊《竹枝词》〕

图一

书籍在我国出现已有三千多年的历史。上古时期人们就地取材，以龟甲和兽骨为材料，把占卜和所要记下来的大事刻在龟甲或兽骨上，应算最早的图书了。进入殷商时代，铜器上也出现了用文字记录事件的铭文，在一定意义上讲可以称之为金属书。另外还发现古人把石头也当作书写的材料。在纸发明以前，古人用皮条把竹简、木简串在一起，制成简书；用缣帛、绸绢制成帛书，这都是古人为制作书籍所做过的多种尝试。

图二

到了汉代，纸张发明了，为现代书籍的产生奠定了物质基础。随后雕版印刷术的发明，为书籍的成型和推广给予了技术支撑。这样，到了唐代，标准的中国线装书籍诞生了。我国博物馆的收藏，多为宋、元版本。就是这些宋、元版本书的定式，使我国线装书的形式一直沿用至今。

一册书或一卷书，由数十页对折的书页组成。除正文书页外，每书有扉页、书衣，即书皮。图书装订的一边，锥眼钉线的地方叫书脑，装订的侧面叫书脊或书背，打开的一面叫书口。书的最上端叫书首，也叫书头。最下端叫书根，因为古代图书在书架上的摆放多不竖立而平放于架上，所以往往把书名和卷数写在书根上。外加书套，则一部书遂告完成。

由于印刷的进步，读书人的增多，书肆、书店的繁盛，南北书局、印书的作坊，如雨后春笋般地发展起来，于是装订制书的作坊也随之兴起。装订业与印刷业多是毗邻相接，形如兄弟，不能分离。但它们又是不同的两个行业，从属不同的东家，订书社承揽印书局的业务，从来是一单一结，不能拖欠，业务上如胶似漆，而算账时泾渭分明、毫不含糊。

图
三

图
四

印书行中从来没有女工，而订书行中女工尤多，清季如此，大概元、明也有妇女从事此业，只不过没有文字记载罢了。因为女工心灵手巧，审叶子、折叶子、码叶子又快又好，精细而不出差错。清季《营业写真竹枝词》中有两首诗描写了订书行女工，较为公正地评价了妇女工作的地位。应该说，也是有价值的文化资料，特录之存案。

其一：

折书女子把书折，顷刻折成书叠叠；
第一莫将页数讹，多页少页须检出。
只怕粗心碌乱披，天头地脚有高低。
书坊伙计工调笑，笑说因甚头齐脚不齐。

其二：

小本开片钉书作，钉书生意殊不恶。
女子拈针把线穿，男子执钻将孔凿。
男男女女共做工，一书片刻订成功。
钩针无女针难纫，钻眼无男眼不通。

图一：订书。[清]孙继绘。
图二：折书页。[清]孙继绘。
图三：订书（烟画）。[1905年]英美烟公司设计出品。
图四：折书页（烟画）。[1905年]英美烟公司设计出品。

女工心灵手巧，审叶子、折叶子、码叶子又快又好，精细而不出差错。

书 贩

Books monger/ 本屋

三国水浒推背图
——〔李萌寰《竹枝词》〕

图一

寰宇东南山水秀伟
奇丽以西湖为冠自昔
名儒硕士灌翰挥毫
丰碑林列熙可为多士之楷模者盖不二百首
翠华临幸以来
宸章侈藻辉映湖山慕法帖者以良墨佳纸
敬谨拓摹士庶得之珍逾球璧

描写古人刻苦读书时，常用"韦编三绝"这句成语。这是因为古代的书多是用皮条穿编竹简而成。样子是一卷一卷的，很笨重，一册就是一卷。

汉朝之后出现了纸张，又加之印刷术的发展，线装书籍便大行于市了。书坊、书店也随之多了起来。贩书作为一种行业就此形成。唐朝，一个叫柳的人在蜀中重城任中书舍人，每每在公休就到城东南的书坊去选购图书。"其书多阴阳杂记、占梦相卜、九宫五纬之流。又有小学，率雕版印刷"。这是关于书贩的最早记载。及至宋时，孟元老的《东京梦华录》对书肆、书坊、书摊的记述更为详细。仅大相国寺的殿前殿后，售书、卖画的摊档林立，汴京市内就更不必说了。

贩书这一行，历来分坐店经营和流动经营。坐店经营，讲究有字号、大资本、库底子厚，东家博学儒雅，通今知古，对善本有研究。除了为一般客户服务之外，更偏重对名流、饱学之士、收藏家、鉴赏家们的需求给予满足。历代著名的书店有"陈宅书籍铺"、"王氏梅溪精舍"、"陈氏余庆堂"、"麻沙万卷堂"等，都是兼事出版，对我国的文化和推广都有着很大的贡献。近代北京的琉璃厂、苏州的

观前街、南京的夫子庙等地有名有姓的书店，也都属于这一种。个中老板也多是名副其实的儒商。

至于书摊，则是纯生意了。本钱小，书也不多。随进随出，只有数箱，逢集市庙会，两条板凳三块板，铺上一块蓝布，把书往上一码，就算开张了。摊上书本混杂，《麻衣神相》、《玉匣记》、《奇门遁甲》也都掺杂其中。一些黄色禁书不敢明面陈列，但蓝布下面也藏有《肉蒲团》、《杏花天》、《痴婆子》等。有问购者，当即成交。

还有一些走街串巷的小书贩，他们有的提一装

满书籍的竹提篮，还有干脆用一副木夹板，把书籍一摞摞码放齐整，用夹板一夹，再用绳系好，扛在肩上，边走边喝卖。其间多是解闷的闲书，专供市井百姓购读。在儿童开学前，则售《三字经》、《百家姓》、《弟子规》等。"小人书"开始盛行时，则多售《小五义》、《七剑十三侠》等。当然，售卖淫书、"箱底画"也是此业的一项重要的业务。李荫寰先生有《竹枝词》云：

一副夹板两摞书，黄昏时唱买书胡？

增广明贤小五义，三国水浒推背图。

这一行人脚勤、嘴勤，常为顾客寻讨书籍，更可以订购书籍。凡是懒得自己去找或是市面上比较难找到的书，尽可告知他们，托其代寻或是订购。不需多久，他会送货上门。如若家中有不要的旧书，也尽可拿出来卖与他。

图一：书贩。[清]方薰绘。

图二：售书摊。[清]刊本插图。

　　书摊本钱小，书也不多。逢集市庙会，两条板凳三块板，铺上一块蓝布，把书往上一码，就算开张了。

图三：售书人。[清]孙继绘。

　　这一行人脚勤、嘴勤，常为顾客寻讨书籍，更可以订购书籍，送货上门。

图四：民国时期的售书摊。

裱　　画

图一

Picture mounting/ 絵画装飾

似护天香入玉栏
——〔蒋敬生《装裱师傅》〕

图二

裱画，又称裱褙，是中国书画的一种装潢艺术。蒋敬生有诗赞之："艺心艺手须双全，似护天香入玉栏；敢捡残山取剩水，补悬便可起云烟。"

一幅精美的书画作品，装裱的优劣，占有极大的成分。国画艺术大师离不开优秀的装裱

师傅，这在艺术界已成定论。中外驰名的大画家张大千，不论走到哪里，他的四位裱画师傅从来不离左右，终身为张大千的绘事服务。当然，他们的技艺也享受着人们的敬重，也享受着张大千所给予的优厚待遇。足见，裱画这一行在书画界占有的分量。

装裱是一个古老的行业。1973 年湖南战国楚墓出土的《人物御龙帛画》，以及其后在长沙马王堆一号汉墓出土的帛画上，都在"丁字形帛画的顶部，裹有一根竹竿，并系以棕色的丝带，中部和下部的两个下角，缀有青色细麻线织成的筒状绦带"。这些具体特征，展示了书画装裱的古老起源。距今已有两千多年的历史了。

最早记载装裱史料的是唐代张彦远著的《历代

名画记》，其中提及："晋代以前，装背不佳，宋时范晔始能装背。"《后汉书》的作者，南宋史学家范晔，是我国装裱史上的早期名家。到了唐朝，唐太宗大力搜集王羲之的书法和历代名画，指定王行直装裱，遂良、王知敬监领其事，可见唐代对裱画的重视。其时，日本国奈良朝使臣来我国学习装裱技术，唐太宗亲命典仪张彦远面授技艺，从此，我国的装裱技艺流传日本，且在异国生根、发芽、开花、结果。

五代时，装裱技艺进一步发展。到了北宋，宋徽宗设立画院，装裱家列入官职，成为文思院六种待诏之一。在皇家的倡导下，书画家、装裱家精心探究的基础上，终于形成了著名的"宣和裱"的格式。这也标志着我国书画装裱技艺开始传入民间。特别在明、清五百年间，装裱技艺成为专门行业，在苏州、扬州、北京、上海、湖南、湖北、开封等地先后出现了许多驰名中外的书画装裱店铺。

书画装裱品式很多，分为立轴、中堂、对联、横批、条屏、通景屏、镜片、扇面、手卷、册页种种，工艺十分繁杂。裱一幅字画，从调浆、托背、上墙、加条、裱绫、上轴、加签，要经数十道工序。此外，揭裱、挖补等技术，更非常人可为。因此，学习装裱很难。学徒三年零一季才算出师。有清代《竹枝词》赞曰：

古今书画名人笔，皆为国粹须珍惜。

裱画司务手段精，裱出屏联手卷与册页。

人说三分书画七分裱，京裱苏裱分外光；

裱出多少大名家，蒙得世人滥烧香。

裱褙行中，能人辈出。早年间的秦长年、徐名扬、张子元、戴汇昌都是名动公卿的专家。就是近代绘画大师齐白石、傅抱石，文玩鉴赏专家韩少慈、李孟东，也都是裱画铺里学徒出身。

近日读有关上海闻人黄金荣在公私合营期间写的自传，方知他从十七岁起，曾在老城隍庙的一个裱褙铺里，规规矩矩地学徒数年，也裱得一手好活。后来觉得屈才，干这行没有多大出息，才一下子钻进了巡捕局，干起"大事业"来了。难怪有人说他在鉴赏书法方面的眼力，比虞洽卿、张啸林等要高得多。原来，此公乃是裱褙门里出身的内行。

图一：矾绢（烟画）。[1905年]英美烟公司设计出品。

　　矾绢是用矾水把生绢变成熟绢，也是裱褙师傅的手艺。

图二：裱褙作坊。[清]孙继绘。

图三：裱褙（烟画）。[1905年]英美烟公司设计出品。

图四：裱镜芯（烟画）。[1905年]英美烟公司设计出品。

刻　　瓷

Porcelain sculping/ 磁器を刻む

大千世界在其中

——〔民国·顺口溜〕

瓷器是我国古代的一大发明。根据现代考古发现，无釉的"原始瓷器"出现于商代；有釉的古瓷出现于东汉前后。到了明代，江西景德镇的瓷器已达到"白如玉、薄如纸、声如磬"的尖端水平。此时，经海上和陆上的丝绸之路行销海外，为我们赢来了CHINA——"瓷器之国"的大名。

刻瓷，是在精美洁白的高级素瓷茶具、餐具、文具上，用金刚石刀刻写书法、绘画的一种工艺美术。刻瓷所用的特制刀具用高碳钢和金刚钻石制成，顶端呈锥状，便于在坚硬的瓷器表面雕刻。

刻瓷主要有以下几道工序：先在白瓷器上用墨书写或绘画。然后依据瓷器上的墨稿用钻刀刻画、凿镌。传统技法有钻刀法、双勾法和刮刀法。钻刀法是用小木槌均匀地敲打高碳钢钻刀，使之在瓷器表面形成大小、疏密、深浅不同的点的排列，构成所需要的画面或字体。双勾法是用锐利的金刚钻石刀沿字体或画面的外轮廓刻画，用双线表现字体和画面。刮刀法是先用双勾法刻出字画轮廓，然后再将双线间的瓷釉刮去，以便填色。一般填着黑色。刻瓷风格素雅，讲究刀法，既能体现传统书画艺术风格，又能保持瓷器表面的晶莹光洁，形成独特的效果。最后打蜡，如此呈现出轻描淡写、宛同绘画的山水人物及花鸟鱼虫。真草隶篆、诗词歌赋，亦可跃然瓷上，经久不褪，成为一种高雅可人的工艺美术品。若在瓷盘、瓷板上刻画后，镶以红木支架，作为案头摆设，亦极风雅高致。

这种工艺，到了清季已发展到十分完美的程度，从业者众多，渐形成一个行业。这张图画即是刻瓷师傅正在依照顾客的要求，在其新购买的茶具上刻制书画。时人有顺口溜：

叮叮当当刻瓷声，大千世界在其中；

有心留得明月在，将伊镶在磁盘中。

刻瓷与绘画类似，也有南派北派之分。广州、上海为南派刻瓷，风格清秀飘逸；北京、天津为北派刻瓷，风格较粗犷豪放。到了清末，南北两派互相学习融通，使刻瓷艺术又创新的意境。

光绪二十八年（1902），在变法维新"倡新学"、"兴民艺"的影响下，北京成立了一间"工艺学堂"，其中设立了刻瓷科，收半工半读学员二十名。学堂聘请了上海著名南派刻瓷家华约三先生担任教习，教授刻瓷技艺。但该校不久就停办了，学员们水流云散，各自东西。未学成或改行者十有八九。唯有朱友麟、陈光智终成大器。其中朱友麟独创出"朱氏刻瓷"的名牌，成为近代工艺美术的一位大师。在张大千所举办的历次展览中，都展出朱友麟的刻瓷作品，这两位艺术大师亲密无间，经常合作。在朱氏刻瓷中，有许多大千先生的传神之作，从绢、纸之上，移入瓷釉之间，两位大师同享辉煌。

图一：刻瓷器。[清]孙继绘。

图二：卖瓷器。[清]孙继绘。

图三：刻瓷（烟画）。[1905年]英美烟公司设计出品。

刻瓷，是在精美洁白的高级素瓷茶具、餐具、文具上，用金刚石刀刻写书法、绘画的一种工艺美术。在清季甚为流行。

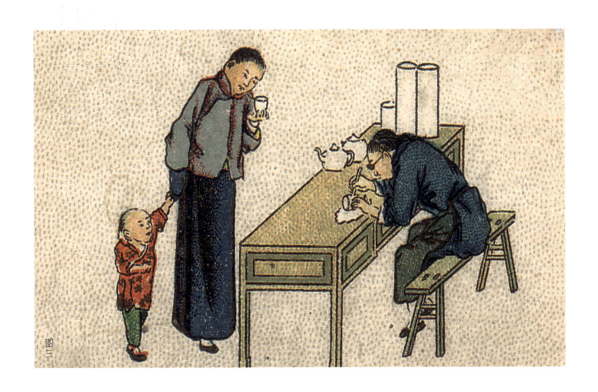

图三

制　笔　社

Pens-making workshop/ 製ペン社

日月不墨笔永在
——〔蒋敬生《毛笔》〕

图一

上古无文字，先民是"结绳以记事"。相传，古人仓颉老先生双额四目，聪慧过人，由他发明了文字之后，人们才开始了书写的历史。

最早的甲骨文，是用坚石利器在兽骨上刻画，再在火上焙烧，用以占卜之用。后来，先民又发明了用小木棍沾树漆在竹简上写字。因工具的原因，便产生了笔画如丁头鼠尾般的"蝌蚪文"。人们开始使用毛笔写字的时候，已进入了秦代后期。

据说，秦朝大将军蒙恬镇守边关，出于公文往来和文牍繁多的需要，发明了"以枯木为管，以鹿尾为柱，羊毛为被"的毛笔。用这种毛笔沾上黑色的墨汁，在竹简上书写可就方便多了。李斯改大篆为小篆，书吏们又发明了有速记意义的隶书，这都是因为毛笔的出现，使文字书写有了长足的进步，而且为中国书法艺术化起到了催化作用。

晋代书法家王羲之以及颜真卿、柳公权、欧阳修、赵孟等历代书法家，用毛笔把中国书法推到了艺术巅峰。蒋敬生有诗赞道：

茫茫宇宙源洪荒，世事春秋见兴亡；
日月不墨笔永在，是非曲直分玄黄。

图二

笔的制作，是中国独有的一门技艺，千百年来，也形成了独特的一个行业。旧时的制笔业多是家庭手工业作坊，分布遍及大江南北。以文风炽盛的江浙、两湖、京津一带的大作坊制作的毛笔最为精良。如胡开文、戴月轩等，他们制作的毛笔，料精质实，享誉全国。

制笔也是以师傅带徒弟的方式进行的。他们一起劳动、一起制作，师傅循序渐进

地培养提带徒弟。从选料到成笔,需经过梳、结、蒸、煮、择等七十二道工序,制成的笔才能达到"尖、齐、圆、健"的基本要求。北京的著名笔社有"李福寿"、"贺莲青"、"李玉田"和东琉璃厂的"戴月轩"。这几家各有绝活,各具特色。有的善制白云,有的善制獬豸。而戴月轩的书画笔最是讲究。

邓云乡先生在《文化古城旧事》中曾写道:戴月轩"捡毛考究,他家前面开铺子,后面的四合院住家,另外有一些房间就是作坊,而捡毛的笔工就坐在铺子前面南窗下捡毛,把制好的笔映着南窗一支支地剔去贼毫……"这番景象与下面这帧1905年出版的烟画,竟是一模一样的。

制作毛笔,全靠捡毛。因毛本身并非圆润,而是不规则形的。捡毛全凭笔匠手指感触,把不规则的毫端聚成锥形。把不用的贼毫剔除,这样方能使笔出锋。

随着时代的进步,用毛笔书写的人越来越少,能精心制笔的人更是凤毛麟角。现在市场上的笔,用不了两天就锋没毛残,成了废品。

图一:卖毛笔。[清]孙继绘。

图二:卖毛笔(烟画)。[民国]华商烟草公司设计出品。

图三:制笔匠。[清]方熏绘。

图四:制笔社(烟画)。[1905年]英美烟公司设计出品。

捎 书 人

Letter delivering person/ 邮便局

信夫随送不停足
——〔清·孙兰荪《竹枝词》〕

古代的通信分为官方和私人两大系统。官方是朝廷专为送达公文、官报、文牍之用，设有驿亭、驿站，这些不在此篇详述。而捎书人则是民间的通信系统了。

古代人们的生活比较闭锁，"鸡犬相闻，老死不相往来"。因之，书信往来甚少，也就谈不上通邮的问题。在前人的笔记传奇当中，常附会出了不少动物传书递简的故事。晋诗中就有鲤鱼传书之说：

客从远方来，遗我双鲤鱼；

呼儿烹鲤鱼，中有尺素书。

成语"黄耳寄书"则是晋代的事情，说的是：吴国大将陆逊的孙子、文学家陆机，他在年少时曾任吴国牙门将。吴国灭亡后，在家闲居不仕，一心读书。家中养有一犬，名曰黄耳。凡与朋友往来的书信，均写好系于黄耳颈上，黄耳便自动往来送达，从无差误。除此之外，"鸿雁传书"、"飞鸽递信"之说，也屡屡不绝于文学当中。可见当年邮事稀少，专职的传书人还没有诞生。

从传奇中来看，唐朝李朝威写的《柳毅传》，则刻画了一位正儿八经的捎书人——秀才柳毅，他为受迫害的龙女送了封信，感动得老龙王把女儿下嫁给他。您看，民间的捎书人有多稀罕。难怪杜甫常在诗中感叹"家书抵万金"。

到了宋代，就出现了专门为四乡居民捎书递信的邮户。《宋史·王全斌传》中已有"邮传"之说了，称操此业的人为信者。

乡间信者都是世袭，他们为人忠厚诚实，最守信义，是千金可托之辈。一封书信在手，翻山越岭，不畏辛苦，一定要送到收信人手里，并要带回回信，方算有一明确交代。由此获取一定的报酬。如是，

图一

一辈子一辈地干下去，成为民间的专职邮户。

这一行供奉的祖师爷，一为神行太保戴宗，自诩能"日行千里"；一为汉寿亭侯关云长，自诩"忠义无双"。"受人之托，终人之事"，是这一行的行规。他们决不做"付之洪乔"的洪乔！洪乔，是这一行中最令人鄙视的人物。

洪乔何许人也？细考，洪乔是字，其人姓殷名羡，乃是晋朝人氏。相传，在他出任豫章太守时，乡亲们托他带信多达一百余封。当时他不好推辞，就信誓旦旦地接受了人家的托付。但当他途经石头城下时，竟将书信全部投入水中，还说："浮者自浮，沉者自沉，殷洪乔不能为人作书邮。"洪乔当了官，竟抛弃了乡谊和信义，这种行径，岂不令人发指。

民间捎书人这一职业及其行规、道德观，一直传流到近代的偏远乡中。直到清同治五年（1865年），上海公共租界工部局成立"上海工部局书馆"，由洋人引入西法，建立了邮政的雏形。到了光绪二十二年（1896），大清邮政局正式成立，中国自办的为公家和私人服务的邮政系统开始正式运作。捎书人渐自城市退入乡村。清季《竹枝词》赞云：

大清邮政局，送信真飞速。

若逢快信火车来，信夫随送不停足。

信夫不但善奔波，何信寻人本领多。

任住何方寻得着，张三李四不差错。

图一：捎书人（烟画）。[1905年]英美烟公司设计出品。

194

刺　　绣

Embroidering/ 刺繡

妇姑人人习针巧

——〔清·无名氏《绣姑》〕

在绸缎、布帛上，用各种彩色线，凭借一根细小钢针的上下穿刺，构成各种优美图像、花纹或文字，这种工艺被人们称为"刺绣"。它起源于古代的"文身"。在新石器时代，每个部落都有自己所崇拜的"图腾"。把"图腾"纹样刺刻在人的身上，叫作"文身"。"文身"的作用在于显示个人的属性、身份和魅丽。后来，随着麻、毛、丝等织物的出现，才将刺在身上的"图腾"改刺绣在衣服上。旧制宫廷中的官服上刺绣着不同的纹样，如龙、凤、狮、虎等，就是这一习俗的沿承。

文载，虞舜在祭拜天地神灵时所穿的礼服，上衣的图案是画的，下身的衣服图案便是绣出来的。春秋战国时，连楚庄王所骑的马也"衣以文绣"。军旗上的字也是绣的。到了汉代，朝廷派出去的官员，都要穿绣衣，用不同图饰来区别等级和权力。用刺绣来显示财富，无论是皇宫、达官显贵还是富贾的家中，都用刺绣品来装饰墙壁。唐代宫中置"绣帅"的官职，宋代则设有"文绣院"，专门负责皇宫所需的御服和装饰品。当时民间的绣事亦特别发达，汴京"绣巷"的产品早已闻名遐迩。

辛弃疾有词云："恰似十五女儿学刺绣"，足见，刺绣已是民间妇女、闺中女儿人人都要学会的重要"女红"。绣业也成了旧时衡量女子德才的标准。在闺房中，绣女们将山水、人物一针一线绣成"寸练具千里之观，尺幅有万丈之势"的精美绣品，她

图一

们一生的时光也在日复一日的穿针引线之间老去。

"闺阁家家架绣棚，妇姑人人习针巧"。据考，清末苏州一地就有数万名绣女，特别是在太湖之滨的镇湖、东渚等乡镇，下至垂髫幼女，上至耄耋老妪，没有一个不会描龙绣凤的。"户户有棚架，家家会刺绣"，酿成一时之盛。

传统刺绣讲究一个"细"字，多少绣娘包括一些颇有成就的刺绣大师都是在"细"字上下功夫，力求做到针脚齐整，做工精细。讲究八个字：平、齐、细、密、匀、顺、和、光。从古至今，刺绣因地域不同而风格各异，因师承不同而技艺各有所精。其中以顾绣最为著名。

顾绣得名于明代进士顾名世的家庭女红。顾家乃江南大户，府中妇姑媳女皆善刺绣。劈一线可成二十余丝，绣花针纤于兔毫。绣出来的作品气韵生动，栩栩如生。每出示人，四方风动，周遭绣户莫不以师尊之。直到顾名世去世之后，家道中落，其子顾汇海之妾缪氏便出头露面，开店售卖绣品，顾绣从此更是四海名扬。

到了清朝，苏绣、湘绣、粤绣、京绣，也自成体系。至此，我国的刺绣出现了一个千般呈瑞、百珍杂陈的局面。

图一：刺绣（烟画）。[1905年]英美烟公司设计出品。

　辛弃疾有词云："恰似十五女儿学刺绣"，足见刺绣已是民间妇女、闺中女儿人人都要学会的重要"女红"。针黹、女红是千百年来女孩子一生中最美丽的情结。

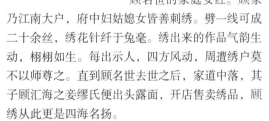

卖 碑 帖

Sale of inscription rubbing/ 字見本屋

自幼至壮要临帖
——〔清·孙兰荪《竹枝词》〕

昔人读书将字习，自幼至壮要临帖。
碑帖店里生意忙，裱裱糊糊来不及。
今人读书读西书，写得字成蝌蚪如。
古碑古帖用不着，老师宿儒空唏嘘。

这首清人孙兰荪写的《竹枝词》，从碑帖生意的兴衰角度，反映出晚清社会急骤变迁中的一种文化现象。

中国的文字，从上古的结绳记事、象形图画，逐步发展成甲骨文、石鼓文、青铜铭文和大篆。到了秦朝，"六王毕，四海一"，文字亦统一为李斯小篆。与此同时，为了书写方便，毛笔出现了。于是，隶书便从文牍小吏们的手中创立，文字得以大幅度地普及。再以后，楷书形成，行书出了圣人王羲之，真书出了欧、柳、颜、赵。从此，历朝历代的读书人写字无不承袭宗法。古代的印刷术不发达，书法如何传承推广呢？古人发明的碑帖拓片便是最好的教科书。

何为碑帖？那就要先说碑是何物。《礼记》中说：碑原是立在官府、庙宇门前，作为日影计时用的竖石。后来，这一形式转化为朝廷记录文治武功或发表文告之用。这一用途，大概始于秦始皇巡行中的

图一

"勒石"。目前发现最早有文字的碑刻，多是汉代遗物，上面刻有汉代的隶书。人们用宣纸蒙在碑刻上，再用沾有黑墨的棉锤反复捶拓。使有字迹之处凹进，不着墨而呈白色；无字之处呈黑色。拓毕，揭将下来晒干，依一定尺寸装裱成册，是谓碑帖。

唐代开始采用碑帖形式来传播推广书法。史传唐太宗酷爱书法，曾布召天下征集民间的书法收藏。获得书作精品，爱不独占，还要遍赐大臣共同欣赏。欧阳修在《集古录跋尾》卷中说："太宗皇帝时，尝遣使者，天下购募前贤真迹，集以为法帖十卷，镂版而藏之。每有大臣进登二府者，则赐以一本。"镂版藏之，就是命双钩圣手和技高一筹的石匠，精摩细雕勒刻石上，再命拓手认真捶拓。如此可得多幅，裱褙之后，可得原作神韵。自此，历

育

代皇家、官府、富户、民间的刻坊书肆也多仿效，使得诸代著名书法家的作品，得以世代相传。例如宋《淳化阁帖》、清《三希堂法帖》都是国之瑰宝。

民间流传、书肆售卖的《九成宫醴泉铭》《圣教序》等等碑帖，都是初学书法者的指导教材。自古以来，一笔好字是进身仕途的必备技能。前诗所述凡读书人"自幼临帖"，以致碑帖供不应求的情况是很真实的。拓刻碑帖、装裱碑帖、售卖碑帖原是一个大的行业，从业人口亦众。

戊戌变法时，科举废除，读书人赖以进取的八股文章再也没用了。新学的兴起，自来水笔的普遍应用，书法日渐转变为一种欣赏艺术。再加上印刷技术的进步，石印、珂罗版的发达，拓帖业也就逐渐萎缩了。一些精致的拓本交易于古董行之内，一般的拓本也就陈列于书店出售。图中所绘的是一类行街推销碑帖的小贩。

这行人出现于碑帖业日趋没落的清末民初。他们身着长衫，胁下挟着几部碑帖，逡巡于文化街中的店铺之外，遇有斯文行人，主动赶上前去荐售。遇有买主，就在路边看货，就地论价交易，也是市井百业中的一景。不过，这一行当为时不长，到了抗战时期，诸业萧条，行街兜售碑帖的也就没有了。

图一：拓碑图。[清]孙继绘。

图二：卖碑帖的身着长衫，胁下挟着几部碑帖，逡巡于文化街中的店铺之外，遇有斯文行人，主动赶上前去荐售。[1905年]英美烟公司设计出品的烟画。

图三：卖碑帖。[清]刊《图画日报》插图。

画 喜 神

Artisan of happy God drawing/ 喜神を書く屋

男遵清制女遵明

——〔民国·冯问田《丙寅天津竹枝词》〕

图一

冯问田在《丙寅天津竹枝词》中，描绘民国初年民间丧事大出殡时的情景，写道：

青衣白马喝道声，翎顶煌煌红帽缨；

画像亦非民国服，男遵清制女遵明。

出殡必须供奉死者遗容，且不管遗容的穿着是何服制，但为亡人留，是办理丧事时的一项重要习俗。

我国在照相术未传入之前，有专为活着的人画肖像的，称作画师；而为亡故之人绘制遗容，则俗称画喜神，也叫做"揭帛"。

明人兰陵笑笑生的《金瓶梅词话》第六十三回，写到西门庆请人给死去的爱妾李瓶儿绘制遗容的情节：

只见来保请的画师韩先生来到，西门庆与他行毕礼，说道：烦先生揭白（帛）传个神子儿。那韩先生道：小子理会得了。……西门庆说：我心里疼她，少不的留了个影像儿，早晚看着，题念他题儿。一面吩咐后边堂客躲开，掀起帐子，领韩先生和花大舅众人到跟前。这韩先生用手揭起千秋幡，用五轮宝玩着两点神水，打开观看。见李瓶儿勒着鸦青手帕，虽故久病，其颜色如生，姿容不改黄恹恹的，嘴唇红润可爱。那西门庆由不得掩泪而哭。当下来保与琴童在傍捧着屏插颜色，韩先生一见就知道了。众人围着他求画。应伯爵便说：先生，此是病容，平昔好时，比此还生的面容饱满，姿容秀丽。韩先生道：不须尊长吩咐，小的知道。不敢就问老爹，此位老夫人前者五月初一日曾在岳庙里烧香，亲见一面可是否？西门庆道：正是，那时还好哩。先生你用心想着，传画一轴大影，一轴半身，灵前供养。我送先生一匹缎子，上盖十两银子。韩先生道：老爷吩咐，小人无不用心。须史描染出个半身来，端的玉貌幽花秀丽，肌肤嫩玉生香，拿与众人瞧，就是一幅美人图儿。

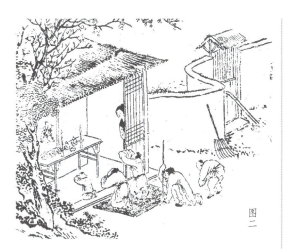

图二

全文出神入化地描写了明代绘喜神的场景。写出了画喜神的全过程，由揭帛，看遗容，听取亡人亲朋的描述，再琢磨其人活着时候的音容体态，画出亡人生时的肖像，作为灵堂供奉或亲人追思之用。形式有全身的大影和半身卷轴之分。收取的酬金也颇不薄。这一行画师的技术很过硬，因为他是在众目睽睽（至少是至亲家属们的指颐）之下工作，出手不高，是难以担当此业的。

我国古代逢年过节时，都要祭奠祖先。祖先是用抟泥塑陶或雕木刻石代之。到了春秋战国，有了"祭必有尸"的礼俗约定。祭祀祖先时，要供奉牌位。皇室宗亲和富裕之家，都要为祖先追画遗容，岁时展敬。

到了宋朝，此风大兴。几乎平常之家也多效之。自此，画喜神就成了一个专门的行业。依如上文所述的韩先生一般。他们皆以吴道子为尊。秉承顾恺之、阎立本之技传神画像。

元代出了位出色的肖像画家名叫王绎。他少年即擅丹青，其后更以写真为时人所重。不仅特别重视形似，而得神气。他著有《写像秘诀》一书，文字不多，极为精简。文中对面相特征，分田、由、国、用、目、甲、申、风八个字，称为八格，亦即归纳出八种相貌，并教导面相染色法及衣着器物如

何配色。此书是现今传世最早的一部专论人物肖像画法的著作。

及至明朝，西洋写真传入我国。时人曾鲸，字波臣，一改传统人物画法，而以西洋晕染法绘制肖像，强调骨骼结构，明暗透视，所绘人物更加栩栩如生。清人姜绍闻说他："写照如镜取形，妙得神情，其傅色淹润，点睛生动，虽在褚素，顾盼颦笑，咄咄逼真"，"每图一样，烘染数十层，必匠心而后止"（见姜绍闻《无声诗史》）。

直到清末民初，画喜神的技法均本乎此。就是月份牌广告画大师郑曼陀发明的炭精人物画，亦当源自这一方法。

图三

图一：画喜神（烟画）。[1905年]英美烟公司设计出品。
 为亡故之人绘制遗容，俗称画喜神，也叫做"揭帛"。
图二：揖拜先辈遗容。[明]刊本插图。
图三：西门庆请画师为李瓶儿画喜神。[明]刊本《金瓶梅词话》插图。

199

卖　　报

Newspaper seller/ 新聞屋

成天奔走送新闻
——〔清·张元坂《故都杂咏》〕

图一

在中国，最早的报纸应算是邸报、塘报。主要是录写宫廷奏札、官员的升迁外放等消息，作用在于各级官府互通信息。汉代的郡国、唐代的藩镇都在京师设邸，用以"通奏报，待朝宿"。所抄的皇帝谕旨、臣僚奏议等，皆是用做官僚们施政的参考。传抄递送邸报的是由官府雇用的专职人员负责，这类报纸并无买卖性质。但是一旦出现差错，或是有重大消息传出，也同报纸一样，能造成舆论大哗，影响政治。

《明史》有载，松山之役大败后，崇祯皇帝授权兵部尚书陈新甲秘密与清议和，密使马绍愉带回皇太极的议和条款，未收好而信手置于案上。被家童误为邸报，而传抄出府。一时朝野震惊，逼得陈新甲畏罪自杀，议和终止。这是历史上邸报左右舆论的一个实例。

邸报多是手写。尽管崇祯十一年（1638）邸报也出现了活字印刷（据清学者顾亭林考证），阅读对象亦与平民无关。这类报纸都是朝廷的"一言堂"，民间百姓唯缄口蔽目、庸碌度日而已。到了清代，邸报变成了"宫门抄"，亦叫朝报，是由报馆自内阁抄出发送。内中也不乏"内探、省探、衙探之类，皆衷私小披，率有漏泄之禁，故隐而号之曰新闻云云"。

我国最早出现的报纸，是上海美商字林洋行创办的《上海新报》，它诞生于1861年。不久，《申报》创刊。1893年又出现了《新闻报》，此后维新派又创办了《强学报》、《苏报》、《时务报》、《农学报》、《游戏报》种种。北京最早的报纸，则是康有为在戊戌变法前创办的《万国公报》，但为时不长。这些报都是社会闻人主笔，在资本主义民主

图二

思想的影响下，他们抨击政治，匡正时弊，深得社会关注。发行的数量大，读者也多。于是，卖报纸这一行就顺时而生了。张元坻的《故都杂咏》中写道：

> 喷喷沿街卖报声，成天奔走送新闻；
> 秀才不出门前去，一样全球消息灵。

据说，北京的报房山东省籍的人多，卖报人亦山东人多。他们组织有公会，势力很大。咸丰年间，曾发生过"踹兔儿爷摊"的故事，轰动北京四城。起因是有一卖兔儿爷的小摊，摊上摆着一个身背布袋、上书"京报"二字的兔爷。本是一桩无足轻重的儿戏。却被卖报人看到，跑到公会报告给主事人。他们认为，这是有意污辱他们。于是相约在中秋节这一天，把九城的兔儿爷摊全给踹了，也就是说，统统地都捣碎了。可知从业人之众多。这些人不只是为北京人卖报，对乡间村镇也可送达。

乡间读报人少，光靠卖报不够收入，遂兼为别人代购纸笔墨砚、日用杂品种种，如有信件包裹寄京，亦可代运代送，费用也不多，也是方便社会的一种有益的组织。

民国之际，一批社会底层的平民、贫苦人家的儿童纷纷加入了这一行列。在太阳刚刚出来的时候，他们从报馆批出报纸，争先恐后地送向茶馆、集市或市井人家，边喊边跑，向路上行人兜售。遇到刮风下雨，趸来的报纸卖不出去，可就算砸到手里了。卖报纸，只有蝇头般的小利，一天下来，也只够两个窝头一碗粥而已。

20世纪30年代，安娥和聂耳曾做有一首著名的《卖报歌》，一时唱彻平、津、沪的大街小巷：

> 啦啦啦，啦啦啦，我是卖报的小行家。
> 不等天明去等派报，一面走 一面叫：
> 今天的新闻真正好，七个铜板就买两份报。
> 大风大雨里满街跑，走不好，滑一跤，
> 满身的泥水惹人笑，饥饿寒冷只有我知道。
> ……

此行的祖师爷供奉的是神行太保戴宗。大概是崇拜他日行千里、跑得飞快的缘故。

图一：卖报（烟画）。[1905年]英美烟公司设计出品。

张元坻的《故都杂咏》中写道："喷喷沿街卖报声，成天奔走送新闻：秀才不出门前去，一样全球消息灵。"

图二：卖报。[清]无名氏绘，选自《北京民间风俗百图》。

图三：卖报人（烟画）。[1926年]上海华成公司设计出品。

图三

卖　朝　报

Official newspaper selling/ 朝刊屋

瞎三话四难根究
——〔清·孙兰荪《竹枝词》〕

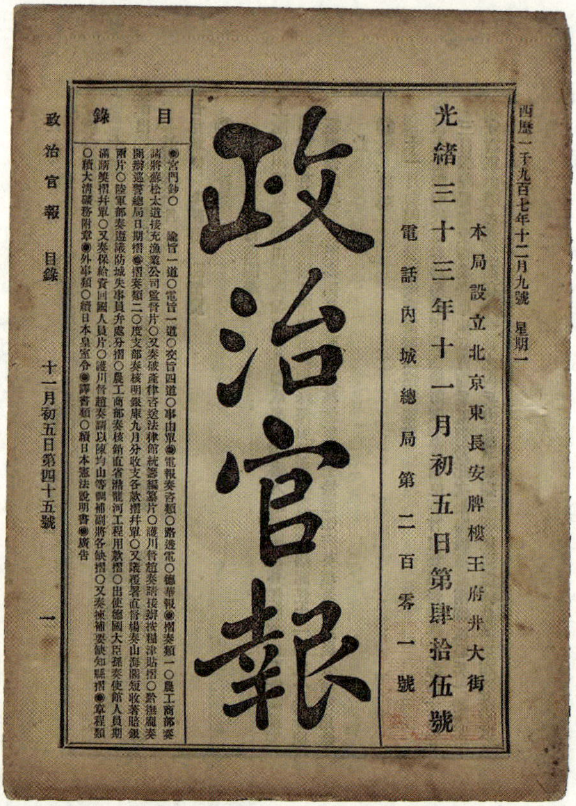

图一

朝报一词，来源于赵升的《朝野类要》。文中载："朝报，每日门下后省编定，请给事判投，方行下都院进奏，报行天下。"

朝报实际就是京报，当时也称为黄皮报。原是专门刊登官场事迹的。内容大致分为三个部分：一为宫门抄。如朝廷召见了哪一位官员，哪一位官员擢升另委，某部上奏某事，某部引见某人，皇帝到某处致祭等等。其次是上谕，而后是奏折。朝报的装订形式是个长方形的小册子，长为七寸，宽为三寸。在封建时代，各省官场都要看，关心国事的知识分子也都要传看，这也是传播政事的一个主要渠道。

据民俗学者齐如山讲，清代的朝报使用活字印刷，但尚用胶泥刻字，烧成砖质。"按字典分部存放，

用时现凑，用完拆散仍各归原处存之，与现在之活字版无异"，但"报房皆异常发财，不思改进"，印刷质量便可想而知了。即使如此，因社会之需，印得再差，也不可缺少，而且卖得还挺贵。

当时，京报报馆已有了专门递送朝报的送报人。北京能每日看到，各省则由折差带回。也有由报馆派专人送递的，比如天津、保定等近处，五日一送；远一些的州县，则十日一送，或每月一送。这种制度沿袭了二百多年。

到了清季后期，由于鸦片战争的失败，外国资本主义的侵入，政治生活活跃，社会新闻渐多。尤其到了戊戌变法前后，新闻迭出，与时俱变。奏折如山，新法如鲫，废科举、兴新学，学西法、办洋务，天天变法，日日维新，朝报可就真忙不过来了。而

图
二

且，政局的瞬息之变，诸事改革之新颖，人们莫不以争知、争睹为快。仅光绪皇帝御批撤除旗人的俸禄——铁杆高粱，废除八股文章，开办女子学堂；慈禧皇太后御旨皇帝自省，缉拿康党，女子放足等等；帝党后党之争，足使国人瞠目咋舌了。朝报一时成了举国百姓都关心的纸头了。

这样，旧日的朝报已不适应，一种更接近平民的油印朝报就应时而生了。内容也增加了社会新闻、都市趣事，已近乎新闻报纸了。因此时的朝报具有买读的商业性质，卖朝报也就成了一种职业，干这一行的人也就多了起来。

卖朝报的打扮很特殊，他们肩背一个布包，包里放着一卷卷新印的朝报，背上还插着一面小旗子，手中还举着一面小锣。走到人多热闹之处，小锣一敲，人们就知道卖朝报的来了。两枚三枚的买一卷，解闷消遣挺开心，又知国事，又晓新闻，深为各界欢迎。但正式的报纸一出台，朝报和卖朝报的也就很快地消失了。清末有首《竹枝词》嘲谑卖朝报的：

小锣敲得咯当当，肩上招牌插一方。

新出新闻卖朝报，三文二文便可买一张。

此等朝报向来有，瞎三话四难根究。

如今世界开通报纸多，还向街头出啥丑。

下面这枚画片生动地描画了街头卖朝报的形象。他们活跃于市井当中也就是清末两三年的光景，但也称得上是后来卖报人的先驱。

图一：清末的政治官报。

图二：卖朝报新闻。[清] 孙继绘。

图三：卖朝报（烟画）。[1905年] 英美烟公司设计出品。

卖朝报的打扮很特殊，他们肩背一个布包，包里放着一卷卷新印的朝报。走到人多热闹之处，小锣一敲，叮当作响，人们两枚三枚的买一卷，解闷消遣挺开心，又知国事，又晓新闻，深为各界欢迎。

图
三

吹　糖　人

Maker of sugar-character/ 砂糖人形屋

薄薄饧糖空心货
———〔清·孙兰荪《竹枝词》〕

吹糖人的是旧日的一种行街的手艺人。

这里有一帧清代无名氏所绘的《北京民间生活彩图》，该图右侧有一则注释文字写道："此中国吹糖人之图也，其人挑木柜两个，一头上扎一架，小糖熬化成汁，用模子两块合在一处，用力吹之，能成禽兽，幼童纷纷争买之。"

笔者儿时在庙会上所见到的吹糖人就是这个样子。他们的挑子上，一头放着一个熬糖的锅子，下面有文火把蔗糖熬成棕色的糖稀。制作糖人有两种方法，一是吹制，二是淋制。淋制是用小铁勺，趁热舀出少许糖稀，然后在一块光滑的青石板上作画。像画一笔画一样，快速地淋出各种花鸟鱼虫的图案，最后用一根竹签放在图案上一按，图案与竹签就粘在了一起，再拿起来插在挑子前面的竹笆子上待售。

吹制糖人的技术要求会高一些，其中也分两种，一种是用模子吹，一种不用模子吹。这幅图上所画的是用模子吹时的模样。方法是用一柄中空的短芦管，一头沾上一团糖稀，然后在空中反复摇晃，待其稍凉，把糖团放在一个开启的模子内，再把芦管含在口中徐徐吹制。不一会儿就成了型。打开模子

图一

时，便取出一只腹内中空、活灵活现的立体小动物。

还有一种吹制的方法是不用模子，全凭艺人的手艺，一边吹一边用手反复捏揉。吹出来的小耗子，尖嘴巴、圆耳朵，细长的小爪子，殊为有趣。吹出来的小猴子，圆脑袋、长尾巴，也是非常招人喜爱。这里边还有名堂，比如说"耗子偷油"，吹出来的那只老鼠俯身向下，贪婪地望着坛子口内的半坛子香油，垂涎欲滴。其神情姿态简直是活灵活现、惟妙惟肖。

吹糖人的拿手绝活是"猴拉稀"。他吹出来的小猴子，猴肚子是透明的，肚子里汪着半肚子糖稀水。再另吹一个小糖碗儿，粘在猴儿的屁股上。讲究用竹签一戳猴屁股，那股水会从猴肚子里慢慢地

育

图二

流到碗里，所以叫作猴拉稀。此物最受孩子们的欢迎。

清人孙兰荪有《竹枝词》赞道：

吹糖人，行业奇，模型数具糖些微；

吹成大得膨胀力，异于空口吹牛皮。

糖人究竟糖来做，薄薄饧糖空心货。

天气还潮便要烊，好比空心老官容易原形露。

吹糖人这一行始自明末清初，已有四百多年的历史。用来吹制糖人的原料是饴糖和麦芽糖，吹出来的玩意儿，小孩可以拿着玩，玩腻了可以吃掉。民国期间，报纸上有人指出这种玩意儿不卫生，有碍儿童健康。在民国三十四年，北平市公共卫生署曾明令取缔过这一行当。

图一：吹糖人。[清]无名氏绘，选自《北京民间风俗百图》。

图二：吹糖人（烟画）。[1905年]英美烟公司设计出品。

吹糖人的用一柄中空的短芦管，一头沾上糖稀，在空中反复摇晃，待其稍凉，把糖团放在一个开启的模子内，再把芦管含在口中徐徐吹制。不一会儿就成了型。打开模子时，便取出一只腹内中空、活灵活现的立体小动物。

图三：卖糖人。[清]刊《图画日报》插图。

图三

捏 面 人

Flour-character making/ 面人形作り

缘何捏像人人肖
——〔清·臧宜孙《扬州竹枝词》〕

捏面人这一行至少在宋代就有了。用兑了颜色的熟江米面，凭手艺捏出各式各样的小人物——老渔翁、孙悟空、牛魔王、八仙人，粘在竹签子上，活灵活现煞是喜人。在儿童玩具不多的时代，这些江米小人可是孩子们的爱物。

那时在庙会、集市上都有这一行手艺人，他们坐在高马杌上，膝前置一小柜，柜面下是一个小抽屉，抽屉里用湿纱布苦着一条条不同颜色的江米面坨儿。捏面人的师傅先用手拈一小团肉粉色的面，捏成小人头，按在竹签上。再用一个小竹刀，左撅又撅，转眼之间，鼻子、眼就出了形。再用一小片黑面自头顶一披，就成了头发。接着各用一丁点儿不同色的面，在手心中一擦，就是一件花衣服。再三下两下，手脚捏齐，摆弄好姿势，一个人物不消十分钟就立于眼前。围观的大人孩子被手艺人的敏捷神巧吸引得目瞪口呆。

这一行的能人，近代可出了不少。有文字可查考的，是清代中叶的袁润之，外号"袁缺嘴"，他能用面为人捏像。臧宜孙的《扬州竹枝词》记道：

往日传真数画师，补来好景更题诗。

缘何捏像人人肖？新到苏州袁润之。

许伯樵的《十不全词》

图一

也有他一笔："二不全，袁缺嘴，手段真，出鬼神。面目真，般般对，就是价钱实在贵。"

清朝末年的"面人汤"也是一绝。"面人汤"本名叫汤有益，北京人氏。他的作品曾参加过巴拿马的万国博览会，荣获大奖。他在宣统皇帝大婚时，作为贡品捏制的"麻姑上寿"和"时装人物"，迄今还珍藏在故宫博物院中。历时近一个世纪，犹自完好如昨。这是因为他在调制面坯时下了心思，确保经年不朽不霉，是何配方，令人难解。还有"面人郎"、"面人曹"，也都是名冠一时的人物。

此艺源自何时？细考，它是与我国传统饮食艺术有关。据说，自宋、元一代，凡是盛大宴会，除了供宾客吃喝的饮食之外，主人多要另设一桌"看席"。这桌"看席"，是由"三司六局"中的果子局来"装簇酊盘看果"，由蜜煎局专司"簇酊看盘果套小子"。也就是把新鲜的水果时蔬装饰成好看的摆饰，再用事先做好的假花、人物等放置其间，图的就是一个吉祥。孟元老在《东京梦华录》中提到的"果食将军"，则应是面人的鼻祖了。

因为这种"果食将军"类的造型在后期发展得越来越复杂，内容也越来越丰富，什么"福禄寿三星"、

"八仙过海"、"群仙上寿"等等神话和戏出，也都要用面捏将出来，成了供品。这种习俗一直传到民国时期，比如说老人做寿，到面铺请一堂寿面和供果儿，上面总还是插着一排八仙人，这就是"果食将军"的余威了。再往后，果子局和蜜煎局中精于面塑的师傅们渐次脱离了出来，或"另谋职业"，或自立门户去了。从此，捏面人的就自成了一行。

这行的祖师爷便攀到鲁班爷爷处，与专为寺庙塑神佛的师傅们论师兄弟。但塑神佛的师傅们又不承认这一行人是他们的师兄弟，所以一直纠缠不清。

图一：捏粉人。[清]无名氏绘，选自《北京民间风俗百图》。
图二：捏面人。[清]孙继绘。
图三：捏面人（烟画）。[1900年]英国烟公司设计出品。
用兑了颜色的熟江米面，凭手艺捏出各式各色的小人物，粘在竹签子上，活灵活现煞是喜人。

代 写 书 信

Letter-writing service/ 代筆職人

相思欲寄从何寄

——〔清·郄超士《圈儿信》〕

清梁超士《两般秋雨庵笔记》中有一首很风趣的词，题目叫作《圈儿信》，内容是这样写的：

相思欲寄从何寄？画个圈儿替。

话在圈儿外，心在圈儿里。

我密密加圈，你须密密知侬意。

单圈儿是我，双圈儿是你，

整个圈儿是团圆，破圈儿是别离。

还有那说不尽的相思，把一路圈儿圈到底。

我们先抛开词的内容含意不说，从形式上来看，这位写信的妇女是个目不识丁的文盲。不会写字怎么来表达自己的心事呢？怎么才能向心上人说一说心里话呢？那就用笔来画圈儿吧。这使人又想起了另一个故事。传统相声《开药铺》中有个顺口溜：

二八佳人在闺中，想起夫君在山东。

离家三载来封信，一张白纸字字空。

打开书信一看，一个字儿也没有。如此两相对照，画圈儿还是比不画圈儿的要强得多。单圈儿、双圈儿还能略表其意，而一张白纸，则实难叫人判断了。

其实《圈儿信》也并非凭空臆度。在我国旧日的偏远农村，比如司马迁的故乡，那里的农人在逢年过节或是生儿嫁女的时候，本家的门框上都要贴上一副红对联。不会写字怎么办？就在红纸上画圈儿。五字对，就一边画五个圈儿，七字对，就一边画七个圈儿。这样就把各种吉祥话、祝福语，尽都囊括其中了。

我国古代妇女在"无才便是德"的桎梏下，多不识字。城乡间贫苦的男人们识字的也不多。于是，代写书信这一行也就出现了。大凡代写书信的人，他们的文化水平并不高，大都是年过半百的老者，拿此事当个挣钱的营生。他们身着一领褪了色的破长衫，而腹有经纶，以示与引车贩浆之辈有别；他们头戴一顶毡帽头，用一张折成四四方方的信纸，压在毡帽头的前脸儿遮挡阳光。他们长年坐在破庙门前、集市口的一张破桌子前，桌上摆有两管毛笔、一个墨盒、一个水盂和一摞元书纸红格八行笺。正上方摆着一摞牛皮纸信封，还有一本《常用尺牍》。离老远一看，就知道他是代写书信的。

他们的服务对象，多是无知的老翁、老妪、中年妇女和不识字的贩夫走卒。这些人或是儿女在外，心中挂记；或是家中有事，添丁生病，要知会亲朋。于是，揣着几个鸡蛋或几枚制钱，来找老先生代写书信。这些人坐在先生的桌子前，把家中前八百年、后八百年的事情絮叨上一个时辰。往往在还没有讲完之际，先生已把书信写好了。拿在手中一看，无非三言两语文绉绉的套话，反正也不认识，放入信封中，千恩万谢。而后，从怀里拿出些许表示权当谢仪。先生收了，还要起立拱手一揖。作为还礼，颇有古风。正是：

一问二答隆中对；

三笔两画吓蛮书。

图一：代写书信。〔清〕孙继绘。

写 大 字

Writer of big Chinese character/ 書く字屋

辉煌金碧店悬牌
——〔民国·复侬氏、杞庐氏《都门纪变百咏》〕

旧日商家门楣都悬挂匾额，斗大的金字，用来宣传堂号或店中经销的产品。书写这样的匾额可都不是等闲之辈，不是名冠一时的书法家，就是名人学士。如北京最老的字号"六必居"，就是明代大宰相严嵩的手笔；"庆云堂"的匾额是大清重臣李鸿章所题；荣宝斋的前身松竹斋，是前清状元陆润庠所题。此外，邃雅斋、来薰阁、松筠阁、尊古斋、同仁堂、萃华楼、步瀛斋等不少老字号，亦多出自翁同龢、陶北溟、唐驼、华世奎等著名书法家之手。大的店铺可以重金聘请名人挥毫运墨，而小的店铺则只好倩请小名家或是书匠捉刀了。

书匠，分写小字的和写大字的。写小字的多从属于雕版行，服务于印刷所、制版社系统。这里着重说一说写大字的。这一行人的文化水平并不高，但都很聪颖，模仿力很强。他们原属于漆匠一行，附之于漆匾作坊。平时跟着师傅制作、油漆牌匾，多与书法打交道，日陶月薰，逐渐对书法有了一定的鉴赏能力。再加上个人的努力，殷勤写仿，这样日积月累，对书法的间架结构、永字八法就有了一定的理解，字也就能写出几分神气。如果又有机遇得到名家点拨，那就会更有出息。

这一行练习大字有其独特的方法，他们用一支绑好的抹布沾水后，在一个大方砖上书写。如果要练更大的字，那么，就在四合院的廊子里或公园亭子中的砖地上书写。水落在砖上，就显出了深深的字形，但不一会儿就会风干如旧，这样随写随干，极是得法。

写大字重要的一个业务，是为商家在墙上书写些无需落款的诸如"南北糕点"、"绫罗绸缎"、"干鲜果品"、"酱醋咸菜"等大字。在还不讲究其他宣传形式的时代，这种文字广告所起的作用是无可比拟的。无论离多远，只要一看就一目了然。这些字有一人多高，两臂多阔。书写时讲究不用放大尺、不用双钩法，但凭一把油漆刷子横涂竖抹、一挥而就。不仅结构严谨、造型周正，而且颜柳欧赵体法分明。只是他们所写的字有些呆板，缺少书卷气罢了。但他们的这手写大字的绝活儿，再有名气的书法家也难以效颦。

清季有无名氏撰《营业写真竹枝词》，其中有描写写墙字的一首：

墙上写字真登样，任尔家书写不像。

不过间架结构尺寸来，所以不称名人称字匠。

字匠学得一技专，东涂西抹易赚钱。

不比书家反而无出息，砚田恶岁恨年年。

进入民国之后，西洋广告开始泛滥，图文并重，色彩绚丽，把中式大字广告排挤得日渐衰落。复侬氏和杞庐氏合撰的《都门纪变百咏》中提到：

辉煌金碧店悬牌，洋字洋名一律揩；

欧墨新书千百种，满投沟井自沉埋。

写大字的无论多有功力，最终也得改行让位了。

图一：写大字（烟画）。[1905年]英美烟公司设计出品。

卖 烟 画

Seller of tobacco drawing / タバコ画屋

神飞旧迹入情痴
——〔民国·钟灵《重睹烟画有感》〕

图二

鲁迅先生的夫人许广平在回忆旧日的生活时，曾在《文萃》中写过一篇文章："那时人们生活真有趣，香烟里面比赛着赠画片，《三国》、《水浒》、《二十四孝》、《百美图》等等，应有尽有。"鲁迅先生每每打开新的一包香烟时，也要抽出里边的烟画多看上几眼。然后把好的收起来，留着送给热衷于收集烟画的青年人。

图一

烟画是旧日香烟包内附赠的一种小广告画，一面印着精美的风景、人物、戏剧、故事、飞禽走兽，反面则印有出品公司的说明和广告。烟画

也是外国的发明。早期的香烟是软包装，烟商为了使烟包挺括、携带方便，便在包内衬上一张印有图画的硬纸卡。久而久之，成了惯例，这种纸卡最终变成标准的烟画。烟画出现的时间应在1875年前后。清末，烟画随着纸烟一起进入中国。影响所及，中国的烟厂也纷纷印制烟画，随烟附送。

掀起烟画收藏热潮的是南洋兄弟烟草公司，它最先将烟画与"奖券"概念拴在了一起。南洋在20世纪20年代初，精印了一套《封神榜人物绣像》，一百二十六枚。声称：集得全套烟画者，可到公司兑换银圆二千元。接着，华品烟公司在"金箭"牌香烟内附赠了《孔门弟子》烟画七十三枚，广告亦称：集全者可得电镀洋车一辆。一经报纸张扬，抽烟的、不抽烟的、大人孩子纷纷收集起烟画来了。一时间各种烟画有行有市地成了商品流行起来。

于是乎，卖烟画这一行也就应运而生地出现了。北京的花市、隆福寺一带有了以此为业的固定商贩。

在他们的摊档中、柜台里、墙壁上都赫然陈列着各式各样的烟画，且一一明码标价。对于烟画中的罕见品，更视为奇货可居。不是熟人老客，绝对不展示它的庐山真面目。在天桥、西单、前门外，也有售卖烟画的流动小贩。

剧作家翁偶虹先生在回忆他学生时代收集烟画的情形时说：每天下学后，三四点钟的宣武门一带就热闹起来，换烟画的、卖烟画的都凑在了一起，互相展示，互相探讨起来。"太上老君"一枚可换"魔将"几枚，或用多少钱可买"水浒一百单八将"，如此种种，好不火炙。他在《北京旧话》一书中，用了很大的篇幅来描写当年烟画市场上的交易活动。今日读来，个中人物犹自活灵活现。

烟画成了商品后，上海的城隍庙、南京的夫子庙、苏州的观前街、天津的估衣街，形成了烟画的重要流通市场。

在文化教育十分落后的中国，五彩缤纷、内容丰富的烟画，着实影响了一代儿童，在他们的心中留下不可磨灭的印象。我们从画家锺灵老先生的一首诗中，可以看到烟画对一代学人的熏染：

神飞旧迹入情痴，方寸之中见妙思；

犹记儿时临烟画，功成岂忘启蒙师！

锺老说："旧中国十分落后，教授儿童的绘画教材几近于零。烟画就成了绘画爱好者的启蒙老师。可以说，我接触过的大画家们，儿时都临摹过烟画。烟画的画风和技巧，不

图三

能等闲视之。"依此言之，卖烟画的在传播市井文化中也起了一定作用。

直到抗战胜利之后的 1946 年，上海汇众烟厂出版了最后一套烟画《抗战八年胜利画史》。从此，美轮美奂的香烟画片便退出了历史舞台。卖烟画的也就歇业改行了。继之而起的是，一些小的印刷厂还在用印烟画的式样来印各种"洋画"，以满足儿童们玩耍的需要。这种洋画到了 20 世纪 50 年代也消失殆尽了。

图四

STRIKER, APACHE.

YOUNG WHIRLWIND. SOUTHERN CHEYENNE.

图一：花卉（烟画）。1989 年之前由茂生香烟附送。是最早出现于我国的外国烟画之一。

图二：梅兰芳先生在二三十年代排演的京剧，出出精妙，场场爆满。英美烟公司把他的每出新剧都印成烟画，随烟附赠，深受时人欢迎。

图三：封神榜（烟画）。[1925 年] 南洋兄弟烟公司设计出品。

图四：印第安人首领（烟画）。[1888 年] 美国纸烟公司设计出品。

卖 月 份 牌

Month-card selling/ カレンダー屋

角把洋钱价不贵
——〔清·《图画日报》刊《竹枝词》〕

图一

图二

五彩月份牌，画得实在佳。

角把洋钱价不贵，请君买张带回家。

回家挂在房间里，每月好将礼拜记。

礼拜休息可止人不出门，家内夫人必欢喜。

这首《竹枝词》刊于清宣统元年的《图画日报》，可知一百年前就有卖月份牌这一行了。

在旧时代年根前的庙会、集市上，卖月份牌可是桩有声有色的大买卖。精装石印的月份牌上有各种古代故事：《三国》、《水浒》、《红楼梦》、《聊斋》、《说岳》、《十三侠》；还有现代故事《小老妈儿进城》、《杨三姐告状》，《啼笑因缘樊家树》、《奸色骗财闫瑞生》；还有各种衣着入时的大美人、各地名胜古迹西洋景，无不印入图画，五彩夺目，极是喜人。

这些月份牌多是大的烟草公司，如英美、颐中、南洋、华成的出品，画上不仅印着年历月历，还有《大前门》、《哈德门》、《金鼠》、《美丽》等各色香烟广告。二三十年代的月份牌，实际就是香烟公司的宣传品。

美国华人作家高英龙先生在他的专著《亚洲烟草大战》中，曾详细地介绍了各大公司为出版月份牌所费尽的苦心。他们重金聘请大画家参与其事，如郑曼陀、吴友如、金蟾香、周暮桥都是当年画界的佼佼者，在重酬的鼓舞下侧身其间，为中国早期广告画拉开了新的一幕。笔者在研究烟文化的时候，曾在上海档案馆见到《英美烟公司广告部职员薪金表》的手写本，其中，胡伯翔的月薪在20世纪20年代为三百元现大洋。而且创作自由，选题自定，一年只要向公司交付一幅作品即可，足见待遇之高、礼遇之重。

图三

高英龙说：每年公司对月份牌出品抓得奇紧，对于画家们的图稿，要经过几上几下的评定，要向公司各部门尤其销售部征求意见，定稿后，再由设计部配以四边图案的装饰，由专绘产品的技师配以产品广告，专写美术字的杨芹生配上美术字。如此一张月份牌画才算最终完成付梓印刷。

细考，月份牌这种人们喜闻乐见的东西起源很早。我国是世界上最早发明历书的文明古国之一。自汉代就已分清了农历二十四个节气。唐宋时代就有了较为完整的、为农事服务的历书。元明时期，民间开始使用“皇历”。这种历书不仅有可上溯的历史年号，还依天干地支顺序排列月份时辰。阴阳家的介入，又设计出“黄道吉日”和“杨公忌日”等迷信说词。清代的皇历更为完整，更加深入民间，几乎户户一册。百姓不仅依时依令播种收割，甚至于连行动坐卧也都照本宣科，不敢妄越雷池一步。皇历的内容也越来越丰富，《玉匣记》、《金钱课》、《推背图》也都敛纳其中。

图四

能普及便有流通渠道，卖皇历一行早已有之。原是本册形状，他们从印书局趸出，传销售卖，如水银泻地般将之传入千家万户。至于，皇历向挂图的演变，是与清季民间木版年画的兴起关联密切。王树村先生保留下来的木版年画《农耕图》、《二十四节农家乐》等，已具备悬挂式月份牌的雏形。从研究中发现，悬挂式月份牌是日本的发明。将有图画、有日本国历和西洋历法相对照的表格同时印在一起，明快醒目，为当时一绝。不久，这一形式便由日本驻上海的洋行引入中国，发行了《中西年历沪上开彩图》。这是一张标准的石印月份牌，一面市便受到各界欢迎。从此之后，各种中国式的月份牌随着石印技术的引进，就开始风靡各地。这种挂历，一挂就是一年，自然为商贾广告界青睐，烟企资金雄厚，就把这一形式金鳌独占了。

清末民初，卖月份牌挂历的往往是由香烟公司所雇佣的专门人员发售，并与香烟兑奖点合为一起。后来，因为市场的急骤扩大，也就把月份牌批发给卖年画的、卖窗花剪纸的、卖花样子的小贩，还有烟店、烟摊、杂货铺等处售卖。这些，则是20世纪20年代左右的事情了。

图一：卖月份牌。[清]刊《图画日报》插图。

卖月份牌挂历先是由香烟公司所雇佣的专门人员发售，后来，因为市场的急骤扩大，就把月份牌批发给卖年画的、卖窗花剪纸的、卖花样子的小贩，还在烟店、杂货铺等处售卖。精美的月份牌。[民国]南洋兄弟烟草公司出品。

图二：民国精美的月份牌。

图三：民国精美的月份牌。

图四：卖皇历。[清]孙继绘。

糊风筝

Kite making / 凧作り屋

图二

丝纶长线寄天涯

——元人散曲《喻纸鸢》

槐榆舒绿柳含青，阵阵东风拂面生，
最是儿童行乐事，置身檐瓦放风筝。

这是清《燕京杂咏》中维垲写的一首关于放风筝的《竹枝词》。

"天高气爽放风筝"，既是一种娱乐，也是一种华夏风俗。以此为乐者，多是父子相袭、同侪共好，届时呼朋唤友、相约而聚。把各自的风筝放上高空，眼看着风筝在蓝天白云间起落飞扬，心情分外舒朗。这种放风筝的"知鱼之乐"，实非局外人能臆度而知的。旧时北京的什刹海、陶然亭、虎坊桥、天坛的坛根儿，地面宽阔，视野无限，都是风筝爱好者的乐游之地。

风筝的起源，可追溯至春秋战国时期。《墨子》

图一

书中载有公输般研制木鸢，用来窥探宋城的典故。后来，发明者以纸代木，纸鸢体轻而且飞得更高。它的作用与木鸢一样，也是用于军事。

明代王三聘在《古今事物考》中则写道：汉高祖征战的时候，"韩信谋从中起，故作纸鸢放之，以量未央宫远近"。可以想见，最早纸鸢还可以用于测绘。

到了五代时，李业在纸鸢的翅膀上又系上了竹哨。放入空中，长风入哨，发出铮铮作响的声音，乍一听好似筝鸣一般。于是，风筝的名称就此便叫开了，这一记述，是出自明人陈沂的《询刍录》。

古人以风筝为题目的诗赋文章很多。明代大戏剧家李笠翁还写了一出著名的杂剧《风筝误》。故事以风筝为媒，虚构了一出古代淑女和翩翩少年郎的爱情故事。情节跌宕起伏，趣味横生。迄今，仍是北京昆曲剧院的看家戏。

清代小说家曹雪芹在《红楼梦》的"林黛玉重建桃花社，史湘云偶填柳絮词"一章中，绘声绘色地描写了宝玉与宝琴、探春、黛玉等一起放风筝的场面。细心地统计一下，他们放的风筝中有美人形、蝴蝶形、蝙蝠形、凤凰形，还有个"门扇大的玲珑

喜字带响鞭的风筝，在半天如钟鸣般山响"。可见，那时民间制作的风筝，已成了多种多样的工艺美术品了。

曹雪芹还写了一部图文并茂的《南鹞北鸢考工志》，从理论和技术上详细叙述了风筝的制作过程。同时，书中还附有许多精绘的风筝图样，给世人留下了一部珍贵的美术史料。这本书是1944年在民间发现的，书中还有董邦达作的序言，在学术界一度引起了巨大的轰动。

董邦达序云："尝闻教民养生之道，不论大术小术，均传盛德，因其旨在济世也；扶伤救死之行，不论有心无心，悉具阴功，以其志在活人也。曹子雪芹悯废疾无告之穷民，不忍坐视转乎沟壑之中，谋之以技艺自养之道，厥功至伟，曷可计量也哉！"董氏高度地评价了曹氏以风筝济世的苦衷，更赞扬了曹氏风筝谱的奇思妙想。20世纪90年代，台湾汉声出版社出版了费保龄绘制的曹氏风筝四十余帧。

作为一个行业，风筝制作技术中，涌现了许多著名的工艺大师。因风格各异，门派不同，如哈氏风筝、费氏风筝，各有风流独到之处。

旧日，在放风筝的地方就有许多贩卖风筝的小贩。北京崇文门外花市、前门打磨厂、天桥、金鱼池一带，还有专门经营风筝的大店铺。店中的风筝，大的，有数十节的长龙，一百零八节的蜈蚣；小的，则有掌心大小的连燕、火柴盒大小的屁帘儿，巨细不一，应有尽有。不仅能挂在厅中或是放在匣内观赏，而且都能放飞升空、尽展奇姿。旧日里，精品风筝专供王府、大内赏玩；而一般的沙燕、蝙蝠等大路货，则供应给市民百姓中的爱好者，生意颇为兴旺。

放风筝讲究技术和经验。否则大风一刮，线断筝飞，可就再也找不到了。元人散曲中有《喻纸鸢》一首，讲得很有哲理：

丝纶长线寄天涯，纵放由咱手为把。

纸糊披就里没牵线，被狂风一任刮。

线断在海角天涯。

收又收不下，见又不见它，

知它流落在谁家。

图一：清代少年在秋高气爽的季节里放风筝。[清]无名氏绘，选自《北京民间风俗百图》。

图二：人们在风筝铺里选购各式各样的风筝。[清]孙继绘。

图三：《曹雪芹扎燕风筝图谱》。台湾汉声杂志社出版。

图四：《十美图放风筝》。[清]杨柳青木版年画。

照 相 馆

Photography/ 写真屋

妙相庄严入画图

——〔清·吴士鉴《慈禧照相》〕

图一

昭关，三国时曹孟德被陈宫捉、放，这都是肖像画所起的作用。

我国古代并无照相的说法，但从绘画技法上讲，倒有"绘影图形"一说。也就是说，在古代有"绘肖像"这一门技艺。画师把人的容貌如实地绘制下来，也可以算为古代的照相了。

最早的肖像画家，可溯至汉代的毛延寿。汉元帝时，17岁的王昭君被选为宫女。后宫佳丽数千，皇帝派画师为宫女们画像，先看画像，中意者再点召。于是，宫女们纷纷重金贿赂画师，唯独王昭君不肯行贿。画师毛延寿便在她的肖像颜面上点了一颗黑痣，使她长期深锁后宫。后匈奴与汉朝和亲，王昭君自愿请行。汉元帝为其饯行时，见到她出众的美貌，后悔不已，但为时已晚。从而演出了"昭君出塞"这幕动人的历史活剧。

另外，把朝廷缉捕的要犯画影图形、张榜通缉，是肖像画的又一用途。例如，春秋时伍子胥过不了

至于，朱元璋供奉功臣的凌烟阁，历朝历代皇家祭祀的太庙，内中所张挂的画像，水平之高，应与真人容貌无异。康熙帝在六十一年十二月十五日《谕怡亲王允祥》的圣旨中，曾表扬"御史莽鹄立，精于写像，昔日随班奏事，常觐圣颜"，于是，命其"敬忆御容，悉心熏沐图写"，来为康熙皇帝绘写真容。而民间，则一直流行着为死者绘写遗容的行当。说明在照相机尚未出现时，国人是一直使用"绘影"的手法进行留影的。

是哪一位西人或传教士将照相机最先带进中国，尚待细考。但第一位将它购回并贡献给皇宫使用的中国人，是大清国驻法公使，德龄女士的父亲裕庚公爵。德龄在《御香缥缈录》一书中，用了很大篇幅，详细地描写了他的哥哥勋龄多次为慈禧皇太后、皇帝、皇后及王公大臣们摄影和冲洗照片的

情形。《清宫词选》中集有吴士鉴写的《慈禧照相》一诗：

　　垂帘余暇参禅寂，妙相庄严入画图；

　　一自善财成异宠，都将老佛当菡呼。

　　《清内务府档》对这次照相有着很详细的记载："七月十六日海里照相。乘平船，不要篷。四格格扮善财，穿莲花衣，着下屋绷；莲英扮韦陀，想着戴韦陀盔行头。三姑娘、五姑娘扮撑船仙女，戴渔家罩，穿白蛇衣服。想着带行头，红绿亦可。"迄今，在旧书摊、古董店里流传的一些清宫旧照，不少出自勋龄之手。这些都是发生在1890年前后的事情。

　　当年，照相是件十分奢侈的事情，平民百姓不仅难以涉及，而且对照相还有一种莫名其妙的畏惧心理。据说照相能"摄人魂魄，伤人元气"。此说一直流传到民国，方渐渐收敛。尽管障碍重重，照相机进入民间还是很神速的。

　　在19世纪末叶，上海租界内就有了洋人开设的照相馆。除了为西人服务外，也为华人缙绅商贾、士子名流拍照。当时，沪上报纸竞开花榜，选举花魁。此风所及，勾栏、书寓的名妓，也争拍玉照，所以她们也留下倩影不少。

　　1892年，一个名叫任景丰的人在琉璃厂土地祠内创办了北京第一家照相馆——丰泰照相馆。因是独家经营，生意很火爆。当时，京城正逢鼎盛时期，丰泰照相馆便以戏装照为主要业务。它还是当时内务府指定为皇家摄影的唯一服务商。任景丰脑子活络，言语得体，甚得慈禧的欢心，被老佛爷赐四品顶戴，可自由进出紫禁城，风头一时无人能比。

　　不久，摄影术很快地推广开来，照相馆开得越来越多。时人忧患生在《京华百二竹枝词》中很生动地描绘了当时照相馆的样子：

　　明镜中嵌半身像，门前高挂任人观；

　　各家都有当行物，花界名流大老官。

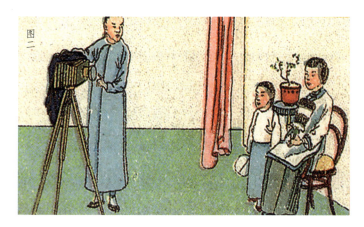

图一：中国最早的照相馆，聘用的都是洋人摄影师负责照相，国人学徒在一旁谨小慎微地打下手。[1904年]日本村井兄弟商会社设计出品的烟画。

图二：国人学会了摄影术，便开始独立操作。妇女们也步出深闺，到照相馆去拍照留影了。[1905年]英美烟公司设计出品的烟画。

图三：选一处好山好水好景致的地方露天摄影，也成了件很时髦的事情。[1909年]《图画日报》插图。

卖 相 片

Photos selling/ 写真売り屋

发魔之人看不厌
——〔清《图画日报》刊《竹枝词》〕

图二

照相机进入中国以后，首先给寂寞的皇宫带来了无尽的欢乐，但也正是因为照相机的引入，曾演出了一幕惨绝人寰的悲剧。

据某遗老写的关于一位宫中老太监的回忆文章说，珍妃在闺中时节，娇生惯养，性情骄纵，进到宫中后，难以适应宫中的繁文缛节，少不得常有"失礼越制"的事情出现，因之常常招致慈禧不悦。最招老太后不快的事情是珍妃照相。珍妃年轻漂亮，爱追时尚，偏爱照相。总把宫中司务叫到居处为自己拍照，摆出种种姿态，仪态万千，尽展芳姿。有时还易服男装拍照。这就严重违犯

图一

了宫中的规矩。慈禧太后是皇宫中最高的权威，她可以为所欲为，怎么照相都可以。而小一辈的只能规规矩矩，不得擅越一步。当慈禧看到珍妃的照片后，十分恼怒。曾严斥珍妃，不许她照相。

而珍妃不加在意，以为有皇帝撑腰，没有什么了不起，还拿出了自己的私房钱，密令贴身太监在东华门外筹办了一个照相馆，以备不时之需。不想此事被人报告了太后。太后大发雷霆，就此把珍妃打入冷宫，最终导致被溺于井的惨剧。

照相普及得很快，先是皇宫内眷们照，接着皇亲国戚、达官显贵们照；清末，照相进入民间之后，抢着照相的都是"花界名流大老官"（忧患生《京华百二竹枝词》）。尤其花界人物以招摇为能事，她们的艳照，大大地丰富了照片的色彩。其时世风侈靡，狎娼嫖妓之风流于滥觞。文人雅士醉生梦死地沉溺其间。自同治中叶，花榜常开。李伯元主笔的《游戏报》，吴妍人主持的《笑报》，以及维新人物梁启超办的《时务报》，分别在1895、1896、1897年连续张榜选美，标点花魁。从秦楼

楚馆当中，评出林黛玉、陆兰芬、金小宝、张书玉等名噪一时的"四大金刚"。她们的照片刊登在报纸上，悬挂在照相馆的橱窗里，招引得路人驻足私议。

人们稀罕这些照片，照片就有了市场，有了市场就有了商机，"卖照片"这一行也就出现了。卖照片这一行人的衣着入时，手里端着一个匣子，里边码放着从照相馆趸出来的一摞摞的照片，驻足街头，向行人兜售。当时《图画日报》上刊有一首写此行的《竹枝词》：

好人照片拍来好，可称惟妙更惟肖；

本来只许赠情郎，而今四处八方都卖到。

销场最好四金刚，数十文钱买一张；

发魔之人看不厌，只恐夫人吃醋扯精光。

美人照片供不应求，还要不断翻新，于是，许多良家妇女的照片也上了市场。民初《时报》上刊有这样一条消息："某某富商爱女尚来恪守闺训，从无半点擅越，不知何故，玉照竟流行于市上。为姻亲所见，致使两家生隙。后侦知系照相馆伙计所为，今已诉之官府云云。"

1917年梅兰芳大红，遂使京剧剧照流行；未几，电影盛行，明星照便踊跃上市，都成了卖照片的盈利热点。这一行另一个盈利点，是偷着卖黄色照片。黄色照片分为半裸、全裸和春宫三等，价格也分三等。有的从西洋画报上翻拍，有的是从妓院摄得，分装在纸袋内，藏匿在货箱的夹层当中。交易时，看人下菜碟，因人所好，议价而沽。又因为这一行是行街小贩，居无定所，政府屡屡禁止，也难以杜绝。

图三

图一：珍妃肖像。

图二：清末出品的老照片——《花国领袖》。

图三：20世纪20年代电影明星的老照片。

图四：卖照片。［清］《图画日报》插图。

图四

打 连 厢

Overlord scourge performance

打ち連バン（民族舞踊の一種）

霸王鞭舞金钱落

——〔清·李声振《百戏竹枝词》〕

图一

窄样春衫称细腰，蔚蓝首帕髻云飘；

霸王鞭舞金钱落，恼乱徐州叠金桥。

这是清代《百戏竹枝词》中对霸王鞭的描写。原诗有注曰："徐州伎妇，以竹鞭缀金钱，击之节歌，其曲名《叠断桥》，甚动听，行每复蓝帕，作首妆。"这与英美烟草公司在1905年出品的烟画（图二）画面所绘的表演情景甚为相似，可以互为佐证。依此，可以看出"打霸王鞭"这种街头表演的形式，原是发源于江苏徐州一带。

所谓霸王鞭，是一根三尺多长的竹竿，两端各掏空两对一寸多长的孔眼，每个孔眼内都镶有一对铜钱。传说，楚霸王项羽当年在戏马台前驯马时，用的是一种缀铃的竹鞭，样式与此相近，故而得名。艺人用此鞭有节奏地击打身体的不同部位，演唱歌曲故事，载歌载舞，娱己娱人，可听可赏，活泼有趣。

明清时期，打霸王鞭是在农村荒灾时节，是河南妇孺作歌行乞的一种手段。20世纪50年代，打霸王鞭发展成一种普及的民间娱乐形式，几乎与扭秧歌、太平鼓一样，妇孺皆会。因其节奏感强，有人将它改编为少年体操，一度在小学里推广。笔者儿时上体育课时，就是人手一鞭，在老师的带领下，

大家舞得哗哗作响，至今记忆犹新。

细考，打霸王鞭实际来自"打连厢"，而打连厢却是很有历史来头的歌舞表演。相传武王伐纣时，黄飞虎就曾化装为打连厢的艺人混出关去，最终起兵造反，推翻了殷纣。至于连厢如何打，如何唱，如何表演，则无明确的说明。

倒是毛奇龄在《西河词话》一书里，把连厢一

乐

词解说得比较详细，他说："古歌舞不相合，歌者不舞，舞者不歌；即舞曲中词，亦不必与舞者搬演照应……宋末，有安定郡王赵令畴者，始作'商调鼓子词'，谱《西厢》传奇，则纯以事实谱词曲间，然犹无演白也。至金章宗时有董解元，不知何人，实作《西厢弹词》，则有白有曲，专以一人弹并念唱之。"

"嗣后金作清乐，仿辽时大乐之制，有所谓'连厢词'者，则带唱带演，以司唱一人，琵琶一人，笙一人，笛一人，列坐唱词；而复以男名末泥，女名旦儿者，并杂色人等入勾栏扮演，随唱词作举止，如'参了菩萨'，则末泥揖；'只将花笑祗，则旦儿捻花'类，北人至今谓之连厢，曰'打连厢'，'唱连厢'，又曰'连厢搬演'……至元人造曲，则歌者舞者合作一人……然其时司唱犹属一人，仿连厢之法，不能遽变。"

清玩花主人所著的戏剧汇编《缀白裘》中，就有《连厢》一剧。另有《侧帽余谈》中也有记载：连厢者，"范铜为干，约二尺许，空其中，缀以环，杂剧有《打连厢》即此。盖一二雏伶乔扮好女郎，执檀板，且歌且拍……"这里可以看到连厢是与霸

王鞭相同。打连厢似乎与打霸王鞭是同一表演形式。只是，明朝前期的打连厢，要比近代的霸王鞭的表演要复杂得多。

如今"霸王鞭"已是中国城乡常见的歌舞表演形式，流行于我国北方和中南一带，只是不同的地方有不同的称呼，如"打连厢""九子鞭""打花钱""金钱棍""敲金杠"等。"舞者手持花棍，忽上忽下，时左时右地挥动，敲击四肢、肩、背等，不断打击出有节奏的响声"。

有的"霸王鞭"做得更见匠心，除了在竹竿上穿铜钱外，还在竹竿两端安上彩色鞭穗，有用麻制的，也有用红绸、丝线制作的。舞动时不仅可以听到铜钱撞击的"哗哗"声，更可欣赏彩穗飞舞的热闹场景。由此可见，从打连厢到打霸王鞭，其间经历了一个相当漫长的变化过程。

图一：打霸王鞭。[清]无名氏绘，选自《北京民间风俗百图》。

打霸王鞭原是在农村荒灾时，河南妇孺作歌行乞的一种手段。后来，逐渐演变成一种普及的民间娱乐形式。

图二：打连厢（烟画）。[1905年]英美烟公司设计出品。

变 戏 法

Magic show/ 手品

偷桃摘豆多灵妙
——〔清·杨静亭《都门纪略·戏法》〕

图二

变戏法，俗称把戏，现在则叫"幻术"或"魔术"。

变戏法有大、小之分。吞刀吐火、植瓜种树、屠人截马等，要有大型道具，多人配合，叫作大戏法。而一两个人，随身带着些小道具，拉开场子就能表演的，如仙人摘豆、金杯入地、连环解套、空碗来鱼等，全凭表演者手法巧妙、瞬间幻化，称为小戏法。

这种小把戏，在旧日北京的庙会里、闹市中随处可见。个体艺人也常常走街串巷，聚上三五小童和驻足的行人，当场就变，就地收些小钱。清《都门纪略》中有首咏《戏法》的诗：

海碗冰盘善掩藏，能拘五鬼话荒唐；

图一

偷桃摘豆多灵妙，第一工夫在裤裆。

也就是说，变戏法的百般奥妙都是藏在宽大的裤裆之内。

这行街头艺人表演得不论多么精彩，在旧社会也都被人视为贱业，难登大雅之堂。各种喜寿事、大小堂会皆无缘参与。就是寻常百姓也很少有人将他们叫到家中献技。因为，这类技艺奇幻的戏法犯忌，主人怕他们手脚不干净，皆避而远之。

魔术这行是从外域传入，来源很早。晋人王嘉在《拾遗记》中写道："南陲之南，有扶娄之国，其人善能机巧变化，异形改服，大则兴云起雾，小则入于纤毫之中……乐府皆传此技，至末代犹学焉，得粗亡精，代代不绝，故俗谓之婆猴伎，则扶娄之音，讹替至今。"所谓扶娄之国今在何处？实难确断。

222

乐

图三

图四

而魔术从西域传入，却有详载。如《汉书》中说：张骞出使西域后，曾带回一位"眩人献于汉，天子大悦"。所谓眩人，也就是对变魔术的称呼。

此外，三国时期的王粲写有一篇《吞刀吐火赋》，对来自天竺（古印度）的魔术师曾大加赞誉，称其"神仙不常，变化多方"。《后汉书·左慈传》中，载有他的种种幻术表演，说明当时魔术已发展到很高水平。

《三国演义》第六十八回"左慈掷杯戏曹操"描写最为生动。此事在建安二十一年（216），左慈当时表演了三套戏法。其一，"令取大花盆放于庭前，以水盛之，顷刻发出牡丹一株，并放双花"。其二，左慈"教把钓竿来，于堂下鱼池中钓之，顷刻钓出数十尾大鲈鱼，放在殿上"。其三，"慈掷杯于空中，化成一白鸠，绕殿而飞"。引得众人仰首观看，他则乘机遁去。

以前，魔术表演多是给帝室皇家献技取乐的。到了宋代，才成为一项民间的大众娱乐。孟元老的《东京梦华录》中，就记下了汴梁城张九哥的大名。这位张九哥最为拿手的是吞宝剑。他可以把一柄锋利的宝剑，从喉咙中吞下去，只留剑柄在口外。须

臾功夫，再把宝剑从口中抽出。当场劈石断发，锋利无比。这在当年十分轰动，传为奇观，所以才记录到书中。

清季北京，变戏法的艺人多聚在天桥一带。张次溪先生著有《天桥一览》，书中称这一行为"李子行"，这是业内的隐语，是何缘由，他也不知道。书中说：这些变戏法的人多半是河北、山东交界的吴桥人。他们最常演的是仙人摘豆。

仙人摘豆，是这一行初学者的必修之课，为练习手法的基本功夫。还有金杯入地，在一块布的遮盖之下，使杯子消失，再变出来之际，杯子盛桃盛李，恍如天赐。俗话说："要想戏法灵，全凭毡子捂"，"无毡无扇，神仙难变"。变戏法离不开最基本的道具。这张图画所画的就是这番景象。

图一：撂地艺人在表演小戏法——"仙人摘豆"。[1905年]英美烟公司设计出品的烟画。

图二：两人配合变戏法。[清]刊本插图。

图三：变魔术的艺人手指地上的道具，口中念念有词。[1909年]《图画日报》插图。

图四：扇子为变戏法惯用的遮挡道具。[清]郑绩绘《白云山市图》。

蹬　　技

Leg-holding-skill show/ 足芸

绣鞋窄窄将梯顶
————〔清·孙兰荪《竹枝词》〕

图一

蹬技，是杂技表演中的一项传统节目。演员仰卧在一张桌子上，臀部垫起，两足朝天，全凭两脚蹬转各种物件，几乎包罗万象，从绍兴酒罐、瓷缸、瓦罐到桌子和带响的锣鼓等等，轻的如绢制的花伞，重的到五十多公斤重的大活人；被蹬物体，飞速旋转，腾越自如。这种超人的力量和轻捷灵巧的跟斗技艺相结合的表演形式，是中国传统杂技的一大特色。

这项技艺来源很早，秦汉时期已有记载。《汉书·武帝纪》中说："元封三年（公元前108），做角抵戏，三百里内皆来观。"但是，宋代以前、清代以后，蹬技女艺人都是用天足，也就是俗称的"大脚片儿"来做各种蹬踏动作。而这张图画却生动地描述了清代的女艺人用纤足在街肆卖艺，表演蹬技。这与清人赵亦新所写的见闻极是相似：

从戎汉皋，偶观马戏。中有女子三数人，一才十二三，一约二十，一则二十七八，操东鲁方言；面目都颇妖好，纤趾瘦佃，然颇矫健。……既而，二十许之女子，仰卧八仙桌上，举双腿，跷小足，一丈夫肩车轮置其足上，重约百十斤。轮甫置之际，观者恐足弱不胜其力，咸为女危，女殊坦然，莲钩移动，轮随之旋转。移时易以大缸，重倍于轮，缸面圆滑，着足易堕，即使大脚汉为之，亦将畏怯，而况娇弱小脚娘子乎！焉能不令观者担恐更甚。孰意女子一双小脚，应付绰有余裕。缸旋转如飞，而足不见微动。

这是出版于20世纪30年代的《小足绝技》一书中的描写。同书中还记录了纤足女子跑马戏、走钢丝等节目。这些女艺人是用小脚来增强技艺的高、难、险、绝，更增强了对观众的刺激性。

这些女艺人的鞋子"长四寸、宽一寸；前口至尖二寸；深分许厚，尖处内实约五、六分；后面深一寸七分、厚半分；离后合缝寸许，左右各有穿眼二，系带者。其底与面均银白色，系用整铜制成。前尖如侧面扁锥微钩，锋利无比。"这种小鞋，不仅护足有力，适合表演，就是踢人一脚，足以"入骨三分"。用来防身，也算是件利器了。

缠足起于何时？《辞海》称，起源自南唐。后

乐

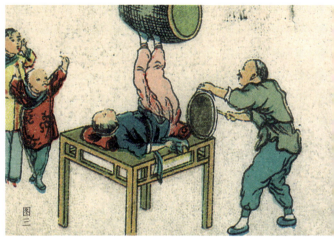

图三

图一

宫有一位宫妃,名叫窅娘,纤丽善舞,用帛缠足,纤小屈上,作新月状,能舞于六尺金莲花之上。这是最早的文字记载。李镐有诗称:"莲中花更好,云里月常新",指的就是这件事。而缠足之风,应是在元代普及。陶宗仪在《南村辍耕录》中写道:"扎脚自五代以来方为之,如熙宁、元丰以前,人犹为之者少。近年则人相效,以不为者为可耻。"

到了王实甫在《西厢记》中描绘崔莺莺"金莲蹴损牡丹芽"的时候,全国的妇女就都已缠足了。

民间从事杂技表演的女艺人为了谋生,也只有"铤而走险",用纤足去练习和表演蹬技的绝活了。

图一:蹬花坛子。[清]《成都通览》插图。

清季民间女杂技艺人在露天之下表演蹬技,三寸金莲能把磁坛子蹬得旋转如飞。

图二:蹬云梯。[清]无名氏绘,选自《北京民间风俗百图》。

吴桥女艺人在庙会上表演纤足蹬云梯的节目。梯上还有儿童翻跟斗,云梯纹丝不动。

图三:蹬技(烟画)。[1905年]英美烟公司设计出品。

顶技

Head-carrying-skill show/ 顶技（曲芸の一種）

脱手如丸巧莫当

——〔清·李声振《百戏竹枝词》〕

图一

中国杂技大约在新石器时代就已经萌芽。秦统一中国后，吸收各国角抵的优点，形成了一种娱乐性的杂技节目——角抵戏。汉代，角抵戏的内容更充实，品种更丰富，技艺更高超。到东汉时，则形成了一种以杂技艺术为中心，汇集各种表演艺术于一体的新品种——"百戏"体系。南北朝时期，各族艺术交流频繁，使这一时期的杂技呈现出兼收并蓄、多姿多彩的特点，不仅民间基础丰厚，而且各朝宫廷表演也异彩纷呈。

用头顶、脑门、鼻尖、下颏顶东西表演的技艺，也是杂技行当中的一个分支。早在殷商时代就形成以"顶功"为中心的形体技巧，顶功要求有过硬的腰功、腿功、倒立和跟斗基本功，这种传统一直流传至今。

在商周遗址，出土了一个不大的青玉人物立雕，其头上顶着一摞碗，无疑，他是一个杂技艺人，正在进行顶技表演。当知早在四千年前，顶技竟已在艺坛出现了。汉代表现顶功技巧的画像砖石很多，山东嘉祥武氏祠有两幅壁画就很有典型意义。

唐朝的教坊中，将顶技视为艺人的基本功，需时时练习，不可中辍。《类说·教坊记》描写当时有名的击鼓艺人吕元真打鼓时，头上要顶一只水碗。"曲终而水不倾动，众推真能定头项"。

到了明代以后，顶技成为民间社火、走会、迎神赛会、盂兰盆节中不可或缺的演出项目。而且，所顶项目也并非只有盆碗之属，坛、罐、瓷缸，皆能顶要。李声振《百戏竹枝词》有云：

脱手如丸巧莫当，垂垂瓶钵九衢旁；

乐

壶公北市应相识，谁是骑龙费长房。

顶技艺人还能在头上顶一儿童，穿着红肚兜表演"金鸡独立"和"哪吒探海"等高难动作，这在明代无名氏的《南都繁会图》中画得异常生动。

到了清代，走会中有耍中幡一项。即在十余米高的高竿上置华盖、坠铜铃、饰彩缀缨，达数十斤重的大幡，艺者不仅用手、膀臂、肩、项、翻飞耍动，而且还用头顶、颠、转、摇动，技艺之高，叹为观止。北京天桥艺人宝三，便是在民国时期著名的中幡大王。至于一般的顶技，在任何一个杂技团里，都是一项保留的传统节目。

下图画的是清末的一个流动杂技艺人，在巷弄中给儿童们表演顶技，顶的是一只三足香炉。从传神的绘事中可以想见，这只香炉的三足，可以轮换着在艺人的鼻尖、脑门、下颏平衡而立，不倾不倒，不栽不掉，变化有余，险象环生，看得孩子们目瞪口呆，紧张不已，雀跃非常。演毕，艺人收些小钱，形同乞丐。因为他们的道具简单，衣着褴褛，时人将他们划为"响乞"的丐帮一类。正是：

三足轮翻对一头，一头顶来浑稳熟；
逗得儿童天真笑，谁晓艺者饥与愁。

图二

图一：在凳子上表演顶技的杂技艺人。[清]佚名绘，选自《北京民间风俗百图》。

图二：顶花罐。[清]佚名绘，选自《北京民间风俗百图》。

图三：顶技（烟画）。[1905年]英美烟公司设计出品。
清季流动艺人在街头表演顶技。

图三

耍 盘 子

Dish-playing show/ 皿回し

双盘戏舞如飞燕
——〔清·兰陵忧患生《京华百二竹枝词》〕

图一

耍盘子，也是杂技行中的一种技艺。把盘子底儿用一根细棍儿也叫标竿儿支起来，并使盘子急速地转动。耍盘子的人，舞动标竿儿，时高时低、时偏时侧，身体还要做出各式各样的动作来，什么"探海""射雁""朝天蹬"种种，而转动的盘子，不停不掉，观者紧张担心，舞者从容自若，旁若无人，是一种很有欣赏性的杂技艺术。

耍盘子，有耍单只的，也有一手一只的，还有一只手擎着两三只标竿儿和盘子的。耍盘子的标竿儿，还分硬标竿儿和软标竿儿。软竿儿比硬竿儿要长许多，一般都是用特制的藤子棍，可曲可直，有一定的韧劲儿。盘子大多是磁的，小号的是四寸碟、六寸碟；大的也有九寸、十二寸的，越大越难耍。这枚烟画上画的是用软竿儿耍盘子的艺人在街头表演的情况。两个小童看得手舞足蹈、紧张异常。

图二

耍盘子的花样挺多。清代无名氏画的《北京民间风俗百图》说："亦可御于口内耍之。又有小枪刀、叉子鱼等物，亦可浮摆耍之，名曰什锦杂耍。"兰陵忧患生在《京华百二竹枝词》中有一首诗，生动地描绘了北京城中的一位耍盘子小艺人的技艺：

一十三龄杨德顺，
神乎技矣大超群；
双盘戏舞如飞燕，
袖里运翻筋斗云。

这位十三岁的杨德顺，别看他年纪小，他的本事可不小。这首诗的备注上说他能"左右手各耍一盘，

228

乐

诸般式样，变化不穷。更能以筋斗云上下三层桌凳，手中双盘，照旧戏耍，真如飞燕掠水之势，神乎技矣！"

在我国东北辽阳发掘的一座古墓中残存的壁画上，画着一位少年双手操两根藤棍儿，其中一根在舞动一只盘子。这座古墓是一座汉墓，那么，此技可上推至两千多年以前就有了。

到了宋朝，一些书籍如《都城记胜》，就提到杭州有"拨盆"、"转盘"之戏了。《文献通考》解释为："盖取杂器圆旋于竿标而不坠也。"无疑，"拨盘"、"转盘"，也就是耍盘子的别称。

耍盘子是杂技演员的基本功。它是锻炼演员的腰功、腿功、平衡技能的一项幼功。旧时一般为家传、师带徒、杂技小科班和收买养子、养女进行培养训练的方式，并一代代地流传下来。一般是父传子、侄的"门里出身"。许多孩子从三四岁起，就开始独立练功，和家族人员中的母女、父子、兄弟、姐妹配合练功，这就是所谓的"无小不成班"，经年累月产生了许多精彩的和惊险的动作。孩子们练功很苦，很多功夫都是"打"出来的。耍盘子的"功夫，也是棒底出"。

这种杂技小班，由长辈人牵头组班，班内的人也多是兄弟姐妹和侄男弟女。他们居无定所，流动演出。闯江湖，跑码头，卖艺为生，至为不易。若在演出中稍有不慎，还会发生肌骨伤残之祸。就如同脱手的瓷盘一样，瞬时玉碎宫倾。

图一：舞盘。[清]无名氏绘，选自《北京民间风俗百图》。

耍盘子的人舞动标竿儿，时高时低、时偏时侧，身体还要做出各式各样的动作来。

图二：耍盘子（烟画）。[1905年]英美烟公司设计出品。

耍盘子是杂技行中一种很有欣赏性的艺术。把盘子底儿用一根细棍儿支起来，使盘子急速地转动起来，引得市井儿童围观不散。

图三：耍碗（烟画）。[民国]上海华商烟公司设计出品。

耍 把 式

Chinese Kongfu/ 武術に遊ぶ

拳法当年出少林
——〔清·孙兰荪《竹枝词》〕

图一

清人孙兰荪有《竹枝词》描写耍把式、卖武艺的，他说：

江湖拳头卖一套，人人都赞功夫到。
惯家看见笑哈哈，记记欺人哪算好。
拳法当年出少林，内堂外堂工最深。
而今久已真传少，怎向江湖卖技寻。

耍把式是一种民间武术艺人的称谓，也叫卖武艺、卖把式。这一行人或三五成群，或两人为伙，随身携带刀枪把子，口称武林世家。每到一处热闹场所，握拳打拱，拉开场子。

在他们的表白中，报到师承，必言师爷某某、师傅谁谁。这祖师爷的大名往往时隔久远，多无可考。而师爷、师大爷都是一方近代人物，就都有名有姓的了。如河北的林翼虎，山东的吴友深，他们都是清代末年名噪一方的武举。

耍把式这一行与武林人士是有本质区别的。武林好汉练得一身好功夫，为的是行侠仗义，光宗耀祖，报效国家。这些人有真才实学，艺不外露，更不会当众表演。当街卖艺者，应该说是从属艺人一

类。他们的功夫，侧重于可视性、欣赏性。是以表演来赢得钱钞，解决生活问题。但在上场时要打出武林正宗的牌子，借以抬高自己的身价。社会上谑之为"把式"，就是说他们花拳绣腿、花花架子。干这一行的人，一般都是父一辈子一辈相传世袭。他们是练武的出身，流民的行径，薄艺在身，四海为家。从他们所表演的功夫来看，有弓箭、弓刀石。这都是旧日考武举的功课。

旧日朝廷考武举，原本给民间尚武之人一个出路。使武功出众者也能有机会步入仕途，为国效力。他们应试不重文字，首先要考步箭。三箭中的，进秀才的希望就很大。后考马箭，据老人们说，各县城外都有马箭道，道旁设立三个鹄子，上马加鞭，马即飞跑，在马上射之，鹄中之，秀才得矣。弓刀石等器，系兵房置办。弓分头、二、三号，以几个劲为一号。目的是考引拉臂力。硬弓劲三百六十斤，看应考人能撑动几号。刀是生铁铸成，也是三百六十斤。买不起这种刀，可以在木杠两头各穿

乐

一圆石代之，名为双石。石，则是长方形的一块石头，两旁有抠手，最重的五百斤。考试时，要把他提起就算通过。

后来，这些相似的道具也常出现在耍把式的场子里。

光绪年间，甲午战败后，朝野深感武将的选拔与考试存在的问题太多，早已不实用了。皇帝便下诏废除了武场。习武之人仕途路断，以武功谋业者只能充当警卫、保镖，或是去看家护院，再不济便去扛大个儿、干力气活儿。打把式卖艺自然也是习武之人的一条出路。

图一：耍把式。［清］周慕桥绘。

卖艺者应该说是从属艺人一类。他们的功夫，侧重于可视性、欣赏性。是以表演来赚得钱钞，解决生活问题。

图二：卖艺（烟画）。［1900年］英国烟公司设计出品。

图三：耍叉（烟画）。［1905年］英美烟公司设计出品。

图四：练武艺。［清］孙继绘。

耍　狮　子

False-lion dance performance/ 狮子舞

奋迅毛衣摆双耳
——〔唐·白居易《西凉伎》〕

耍狮子是一种民间社火赛会当中的表演节目。狮子头是用骨架、浆、麻裱糊而成。外饰油漆彩绘，环眼能翻覆，大嘴会启合。舞动起来十分威武雄壮。狮身是用棕麻染色缝制，饰以络缨、铜铃，造型极是华美可爱。

舞狮一般由两个人装扮而成，一人在前举狮头，一人伏于身后舞狮尾。另有一人手擎彩球，依锣鼓的节奏舞蹈，逗引着狮子做出各种动作。在鼓乐队的敲击下，二人配合得当，煞是好看。清人李声振有竹枝词写狮子滚绣球：

毛羽狻猊碧间金，绣球落处舞嶙峋；
方山寄语休心悸，皮相原来不吼人。

舞狮分南北两派。北狮状若京巴狗，故称北京狮。南狮则分红、黑、花三种。红色代表忠勇，称为醒狮，亦叫关羽狮；黑色代表勇猛，称猛狮，亦叫张飞狮；花色代表仁厚，故称瑞狮，也叫刘备狮。耍起来，双狮争强斗狠，一狮调和斡旋，情景拟人，别有趣味。

娄子匡在《岁时漫谈》中说：狮子的"舞法有文耍和武打两种。某一社里有雄的雌的舞狮两头。两头对舞，做出互相戏弄、咬抓、交配、争绣球等各种姿态，称为文耍。武打则是有国术功夫的玩意儿，用各种武器逗狮子，其中有用火棍、火圈擒拿狮子的节目。更有用五张大方桌叠起来，狮子爬桌，从第一张桌爬到第五张桌，一边爬，一边做出许多姿态。一头狮子爬上来，第二头也爬上了，两头狮子一齐从第五张桌上跳下来，落到地面，仍然是个狮子形象，滚着、舞着，在地面上一边行进，一边起舞。遇有香供拦桌，就要上桌过山；遇有小桥流水，要做盘拦探海等高难动作，方显出舞狮人的能耐"。

图一

耍狮子看是群众娱乐，但没有受过专门训练的人，是演不了狮子的。舞狮是要拜师学艺的。作为一个行当，特设有狮子会的组织，一般都是在逢年过节时，赶场走会，争强斗胜。或若买卖开张，行会庆典，也应邀表演，自然是要收取报酬的。

清末，也有艺人以此作为谋生手段，在集镇庙会上演出。图中所画的便是这一情景。

狮子原是西亚、非洲出产的猛兽，自汉朝时，方由番国进贡到我国皇苑豢养。因其生性凶猛，威风凛凛，国人常雕刻石狮，作宫室、陵墓、寺庙、桥梁的镇物，用以驱鬼辟邪。后来，连民居民宅的大门口也要塑上一对小石狮，为的是图一个吉利。

根据文献记载，到了唐朝才出现了胡人用道具舞狮。大概这是舞狮之始。白居易有首《西凉伎》中写道：

西凉伎，西凉伎，假面胡人假狮子；
刻木为头丝作尾，金镀眼睛银帖齿。
奋迅毛衣摆双耳，如从流沙来万里。

依照他的描述，唐朝的舞狮与今日的舞狮已经没有多大的区别了。

图一：耍狮子（烟画）。[1905年]英美烟公司设计出品。

舞　龙　灯

Dragon lantern playing/ 龍灯踊り

春灯影里动金蛇
——〔清·李声振《龙灯斗》〕

龙是一种想象中的动物。它的形象是鼋头、鹿角、牛睛、鲤须、蛇身、鳄尾，周身鱼鳞，四只鹰爪。上能腾云乘雾，势冲九霄；下能翻江倒海，直抵幽溟。而且，其身能大能小、变化无穷，简直无可匹敌。

闻一多先生说：龙是上古时期的一个强大部落的图腾。它是各类动物身上最有光彩和力量部分的组合。在传说中，龙，集日月之精华，汇天地之灵气，具百兽之形，兼包容四海、吐纳百川之胸襟。龙居深潭，统驭四海，可以呼风唤雨调控水旱。自古以来，龙在干旱之年，都是人们用来祈雨的神祇。

先秦时有"鱼龙曼衍"之说，用以描述人们擎着假龙舞蹈，希望它普降甘霖。以后，这种形式逐渐演变成节日中的娱乐节目。

《东京梦华录》记有正月十五闹元宵的盛况："左右门上，各以草把缚戏龙之状，用青幕遮笼，草上密置灯烛数万盏，望之蜿蜒如飞走。"南宋时期，初为谷龙、稻草龙，后在草龙上加盖青色或黄色的龙衣布。这样，逐渐演变成用竹篾扎龙头、龙节和龙尾，裹以色布（黄龙，染黄色；青龙，染青色）的布龙。如果使用设有灯笼的，则称为龙灯。清人李声振有一首《龙灯斗》：

届曲随人匹练斜，春灯影里动金蛇；
独龙神物传山海，浪说红云露爪牙。

这里舞的是龙灯，龙灯的样子与今日相似。龙的颜色或金黄、或青绿、或五彩、或火赤。可以在白天舞，也可以在夜晚飞驰。夜晚的舞龙通常以火球开道。龙的长度由九节到十二节不等，每节大约一尺到二尺长。有的龙一百二十米长，重达百余公斤，全身金光闪闪，由一百多位健儿驾驭；舞动起来气宇昂扬，犹似神龙现形。

有的演出更为雄伟，每次出队达七十多人，表演时舞龙与舞狮同台，还配上龙珠、鲤鱼等相随，表演"翻龙肚"、"金龙追狮"、"狮子洗龙须"、"鳌鱼游龙门"、"鲤鱼跳龙门"等大套路，场面壮观，气势恢宏，充分体现了民间文化艺术之精华。每年中秋，男女老少几乎全都出动，结队观看，锣鼓鞭炮喝彩声响成一片，呈现出热烈、欢乐、祥和的气氛。

时至今日，舞龙已成为中华传统文化艺术的一种。舞龙技术经过不断发展和改进，已发展成为一种具有观赏性的竞赛运动，成为一种集武术、鼓乐、戏曲与龙艺于一身的文化艺术。

图一：舞龙灯（烟画）。[1900 年]英国烟公司设计出品。

耍 猴 儿

Monkey performance / 猿芝居

乱蹦跟斗弄刀枪

——〔清《图画日报》刊《竹枝词》〕

图二

当这（打小鼓的）声音渐远，跟着又传来铜锣声。那是住在北城钟楼陋巷里的那位耍猴的老人所敲出的声音，他每天都会经过银锭桥、海潮庵的附近，出了什刹海的北岸后再过会贤堂前，在慎思胡同的南口拐个弯，沿着西河沿岸满是柳荫的火车道，经西城的方向去工作。黄昏时再拖着疲累的步伐走原胡同回家。老人的肩上总是扛着舞台用的小道具及一只小猴子。小猴子每每惊惶，忙碌地左右张望，后面还牵着一条短腿的小狗。老人会定期在会贤堂的铁栅下面占一个角落，卸下肩上的东西及猴子，一阵喧闹的锣声通知附近的孩子们表演要开始了。但是，来看猴戏的孩子们并不多，让人提不起劲儿的表演，老人便坐在一旁休息。暖暖的阳光照着老人的秃头，柳絮在空中随着微风飞舞。

这一段描写老北京耍猴艺人的生活，是位日本民俗作家在20世纪30年代寓居北京时，写的《柳絮之章》中的一节。他笔下这位艺人的贫困无奈以及他的"搭档"——小猴子的惊惶顾盼，都描绘得那样逼真传神。

耍猴儿，是属于兽戏类的一种。舞狮、舞驼源自西域；舞象、舞蛇、舞猴源自天竺即古印度。自汉代，舞兽已在宫廷表演。由于猴儿小巧灵活、宜养宜驯，所以很快

图一

传入民间，成为大众娱乐。

明季，《西游记》成书，书中关于孙悟空的故事很快就家喻户晓、妇孺皆知，这就给猴子增加了很多传奇色彩，也丰富了猴子的表演内容。例如，猴戏中都有戴上乌纱帽、骑着小狗跑圆圈的情节。这就是取自"美猴王敕封弼马瘟"的一章。其他，如猴子舞动刀枪，自然是"大闹天宫""真假美猴王"之类的情节了。耍猴的人连说带唱，更能招徕观众。

看耍猴的各有所想，大多数妇孺是看热闹；而在愤世嫉俗的文人眼中，却看到猴戏中"禽兽衣冠"的讽喻。清季有《竹枝词》云：

狝狑也会出把戏，兽类之中算灵衣。

乱蹦跟斗弄刀枪，身躯矫健真无比。

筋斗刀枪技须完，身骑狗背换衣冠，

世间不少骑马坐轿衣冠兽，可与狝狑一例观。

以前在各种资料中所见到的耍猴的艺人都是男性，他们走南闯北、跑码头、闯江湖，不知昏晓。从未见有妇女干这一行的。这枚由日本村井兄弟商会社发行于光绪三十年的烟画，竟绘了一位中年妇人在耍猴儿。看她头束袱巾，足下金莲三寸。小猴子专注地模仿女艺人的神态模样，引得女观众捧腹欢笑，十分独特。这帧图画证明了清季末年妇女从艺的又一领域。

图一：耍猴戏。[清]佚名绘，选自《北京民间风俗百图》。

图二：此图绘了一位中年的缠足妇人在耍猴子，为清末女艺人的从业范围又添一新的例证。

斗　蛐　蛐

Cricket fighting show/ 蟋蟀遊び

明日携笼灌破墙
—— 〔周作人《蟋蟀》〕

图一

蛐蛐，又名蛬、促织、莎鸡、斯螽，是一种善于振羽而鸣，并且好争善斗的小虫儿。《诗经》中就有对它的描绘：

五月斯螽动股，六月莎鸡振羽，

七月在野，八月在宇，

九月在户，十月蟋蟀入我床下。

应知早在二千五百年前，人们对蛐蛐就有了特殊的喜爱。在历代皇帝的宫宇中，通向后宫的大门命名为"斯螽门"，尊为母仪之道。也说明在旧的封建礼制中，人们对蟋蟀别有钟爱之情。

饲养蟋蟀，听其振羽鸣叫，或是训其搏斗，自古有之，而且人们乐此不疲。南宋的《繁华录》中记道："促织盛出，都民好养，或用金丝为笼，或作楼台为笼，或黑退光笼，或瓦盆竹笼，或金漆笼，板笼甚多。每日早晨，多于官巷南北作市，常有三五十伙斗者。乡民争捉入城货卖。"以搏斗输赢论定价值。好的蛐蛐，身价百倍。当时皇室偏安，荒淫无度，连当朝宰相都终日沉迷其间，把斗蛐蛐当成"第一等的军国大事"。身列平章的贾似道还特别写了一部洋洋万言的《促织经》，大谈特谈斗蛐蛐的"旨要"。

蒲松龄在《聊斋志异》中写有《促织》一篇，揭露了朝廷中风行的斗蛐蛐不仅殃及国计民生，而且祸及平民家庭。府衙的官吏为讨得上峰的欢喜，竟向黎民征集蟋蟀以充赋税。一乡民扑得一只健壮的蟋蟀，欢喜异常。不想被幼子失手践杀。乡民痛急责子，子惧而亡。身后变成了一只蟋蟀，骁勇非常，斗败了皇宫豢养的所有蟋蟀，惊动朝野。当然，这只不过是一个反映人们意愿的故事而已。

历代养蛐蛐、斗蛐蛐也是平民生活中的一件娱乐。暇余之时，聚而搏之，个中乐趣非常。因之，也造就了一行人，如专门调驯蛐蛐的把式，专门制造蛐蛐罐、蛐蛐探子、蛐蛐葫芦的艺人。盛时，这一行人的技艺也颇奇货可居。因之，历朝历代都有蛐蛐市场。夏仁虎有《旧京秋词》写道：

芒裳容易怕秋风，新摘酸甜山里红；

灯头两廊闻唧唧，赵盆罗列卖秋虫。

孩子们没钱到虫市上购买，就自己去捉。周作人先生有诗描述他在少儿时代捉蛐蛐时的情况：

啼彻檐头纺织娘，凉风乍起夜初长；

开心蛐蛐阶前叫，明日携笼灌破墙。

图一：斗蟋蟀。〔清〕吴友如绘。

图二：赏蛐蛐。〔清〕杨柳青木版年画。

小　堂　茗

Chinese-music band performance/ 小堂茗

丝竹弦鼓清音桌
　　　　——〔清·孙兰荪《竹枝词》〕

图一

图二

图三

　　小堂茗是南方的叫法，就是指民间小乐队。这一行也有叫文场的，也叫吹打。

　　民间遇有红白喜事，或是结婚娶媳妇，或是死人发丧，都讲究要有个"动静"。这个"动静"，是依照办事家的财力，可大可小地操办。目的只有一个，为的是广泛地通报一下，让街坊四邻、本村什户的男女老少都知道，他的家中有事情发生了。积习成俗，

最终归结到先祖遗制的"礼乐制度"中去了。逢大事，吹吹打打热闹一番，这样，小堂茗这一行就出现了。

　　以乐器助兴源之甚古。先民兴极，可用土疙瘩"击壤"，或"鼓盆"充当乐器。后来，先民斩青竹为箫管，理丝筋为琴弦，抟土制埙，烧坯制缶，到了能够铸铜的时候，编钟排磬、銮簇串铃，各种乐器也就相继发明了出来。乐器丰富了，合奏的乐曲和演奏的规模也就出现了。宫廷王室的大典、盛宴要有排场，奏音乐。师旷之类的大音乐家也随之出现。而且，在何种场合演奏何种乐曲，两千多年前已经规范到"典章制度"当中。演奏规模之大，乐曲之美妙，使得孔老夫子"闻之，三月不知肉味"。这位大教育家制定的六个大学科中，音乐是很重要的一科。

　　国家、政府形式的典乐、燕乐，自春秋战国、秦，一直到了民国大总统袁世凯时期，都执行如仪。许多音乐名著，如代表朝仪的《韶》，代表戏剧起源的《兰陵王破阵曲》，都是这类乐队的杰作。这类音乐的演奏和使

236

用有一定规矩，民间不得滥用，否则会有僭越之嫌。孔子见到某大臣在家祀中"舞八佾于庭"，就气得"是可忍，孰不可忍了"！

但是，官宦、富绅乃至民间的"典乐"、"燕乐"、"社火"中的民间乐事，也在不间断地流行着。宋、明时代繁荣异常。明人顾起元《客座赘语》中说："近日则不论贵贱，一概溷用，浸淫之久，体统荡然。"兰陵笑笑生在《金瓶梅词话》中，对家乐、妓乐、僧乐、市井俗乐的出场、演奏写得更是真切细致。其中由市井班子组成的小乐队，也就是小堂茗的模样。

这种小乐队一般由七八个人组成，乐器有笙、箫、铙、钹、板鼓、唢呐和三弦、二胡、琵琶之属。他们专门应承市井百姓的婚嫁、生子、洗三、百日、寿事、丧事中的乐事，是民间红白喜事中不可缺少的组成部分。清人《竹枝词》云：

丝竹弦鼓清音桌，吹拉弹唱琴瑟和；

红白喜事不可少，作场走票响婆婆。

这一行人亦多为世袭，子承父业。班中规矩很大，不同场合，不同衣着，奏不同曲子。因出入不同人家，班规中有"不得近妇人，手脚须干净；立如松，坐如钟，目不斜视"等种种规定。祖师爷供奉韩湘子，打鼓佬的檀板是最神圣的物件，外行是绝对不许擅动的。

小茗堂有的也应堂会的清音桌，或是在票友演出时充当乐队。

图一：小茗堂（烟画）。[1905年]英美烟公司设计出品。

这种小乐队一般由七八个人组成，乐器有笙、箫、铙、钹、板鼓、唢呐和三弦、二胡、琵琶之属。他们专门应承市井百姓的婚嫁、生子、洗三、百日、寿事、丧事中的乐事，是民间红白喜事中不可缺少的组成部分。

图二：小茗堂。西安唐墓壁画（局部）。

图三：为寿事吹打的小茗堂。[1900]英国烟公司设计出品的烟画。

打 花 鼓

Flower-drum show/ 打ち花鼓

肩背花鼓走四方
　　　——〔清·安徽《花鼓调》〕

图
一

说凤阳，道凤阳，凤阳本是好地方，

自从出了朱皇帝，十年倒有九年荒。

大户人家卖田地，小户人家卖儿郎。

惟有我家没得卖，肩背花鼓走四方。

这首《花鼓调》的后边加上"咚啪咙咚呛，咚啪咙咚呛"的伴唱，和着敲击小鼓的节奏，已成为南北传唱的俚歌。历代从凤阳走出来的歌女们把它唱到了神州的四面八方。

京剧中有一出玩笑戏，就叫《打花鼓》，写的是凤阳大旱颗粒无收，一对兄妹打着小小的花鼓，沿途卖唱乞食。一日，在某城市作歌，一位浪荡公子心怀不轨，欲戏弄歌女，却被花鼓兄妹嘲弄了一番。全剧以《花鼓调》为主，载歌载舞，活泼清新。在 20 世纪 20 年代久演不衰，是名伶筱翠花、萧长华、马富禄的拿手好戏。

凤阳亦称濠州，在安徽省东部，淮河南岸，由于地理环境关系，此处十年九灾，非旱即涝，土地贫瘠，农事惨淡。《中国救荒史》称，凤阳是中国历代灾荒最严重的地域之一。凤阳闹灾，绝非始自"出了朱皇帝"的明朝，而正是因为此地灾荒频仍、酷吏恣横，百姓无法生存，才逼出一个朱元璋揭竿

图
二

造反，改朝换代称了王。

吴晗先生在《朱元璋传》的开头就写道："元至正四年（1344），淮河流域的人民遭受了严重的灾难，旱灾、蝗灾，还加上瘟疫"，"濠州钟离太平乡的人，接二连三地病倒。人们已经吃了好些日子草根树皮了"。朱家人"不到半个月时光，死了三口"，未几，他家就"断门绝户"了。朱元璋在当了皇帝后，对凤阳的灾荒尤为重视，他在自述的《实录》中，多次感伤地说：当时的"艰辛困苦，何敢忘也"。

花鼓调是凤阳的民间小曲，相传朱元璋对其独有所钟，称帝之后，凤阳乡亲结成花鼓队进宫祝贺。宴酣之余，皇帝乘兴口谕说："你们都是我的乡亲，如今我得了天下，不会忘了你们。往后，你们有福的去做父母官，无福的看守陵墓，种田的不要交租，年老的只管喝酒，你们就唱着歌过日子吧。"这段洪武十六年（1383）三月十六日的圣旨，至今保留在晚明编纂的《凤阳新书》之中。自此，凤阳花鼓就传唱到四方。

当然，文章开头的花鼓歌词，是在明亡之后才填唱流行的。凤阳的流民借此骂骂前朝皇帝，讽刺一下当代权贵，也颇有调侃的情趣！

图一：打花鼓（烟画）。[1905年]英美烟公司设计出品。

图二：花鼓。[清]图书插图。

凤阳大旱颗粒无收，一对兄妹打着小小的花鼓，沿途卖唱乞食。

图三：凤阳花鼓。[清]佚名绘，选自《村庄生涯图》。

图四：打花鼓。[民国]《大戏考》插图。

三棒鼓

Three-stick-drum show/ 三棒鼓

舞棒如花最解颐
——〔明·李调元《弄谱百咏》〕

图一

"小老妈在上房打扫尘土吧您呐——"

"嘭！嘭！嘭！"三声鼓响，又收钱了。

"老太太，掏钱啦！一毛两毛您也不在乎，台前台后四十多人都指着您吃饭哪！"

这是相声大王侯宝林先生的名段《三棒鼓》。讲的是，老北京的老太太去庙会图便宜听蹦蹦戏。台上唱一句，乐队就敲三下鼓，台下捧着箕笥的伙计就收一回钱。最后一算账，一点也不便宜。直吓得老太太做了病，一听鼓响就害怕，说要钱的追家里来了。

本文所说的三棒鼓，是清末民初时的一种曲艺形式。它与侯宝林先生所说的相声"三棒鼓"大相径庭。曲艺中的三棒鼓，又称为花棒鼓，艺人所敲击的鼓不大，三寸多高，尺二来宽。是用三足支架架起，与京韵大鼓、奉调大鼓所用的支架平鼓相同。

这类平鼓，属于古代的画鼓一类。击鼓的艺人是用三根鼓槌子轮流抛起，再接着击敲，总有一槌被抛在空中，颇有杂技的味道。但击起来铿锵有声，节奏分明，间以小锣伴奏，艺人演唱，殊有特色，很为时人欢迎。

宋代《古杭杂记》一书中，描写妇女们争看一位和尚表演花棒鼓时的情景："花鼓棒者，谓每举法乐，则一僧三、四鼓棒在手，轮转抛弄，诸妇人竞观之为乐。"这里所写的表演形式，不仅三根槌子，还有用四根的。鼓槌子也不是一般地向上平抛，而是"轮转抛弄"，花样怎多。

击鼓作为一种音乐演奏形式，起源很早。三千年前的《诗经》中，就有"应田县鼓，兆磬祝圉；既备乃奏，箫管备举"（《周颂·有瞽》）之咏。击奏大鼓、小鼓都是用以祭奠祖先，场合是庄严肃穆的。击鼓用于娱乐，来为华宴营造气氛，汉代已在宫府行营使用。《三国》所记，狂士祢衡在曹操大宴群臣时，曾赤身露体地"击鼓骂曹"，此轶事一直传唱至今。从中也可以想见当时击鼓人的地位是何等低下。他们被称为鼓隶，而且在击鼓时，往往是赤身裸体的，大概是当时的习俗。

从明刊本插图来看，三国时期宴乐中击打的鼓，都是竖着的大鼓。变成横着击节的小鼓，似始于唐代。明人沈德符著《万历野获编》中说：唐朝懿宗咸通年间，有一位名叫王文通的人发明了"三棒鼓"。这也是有关这一表演形式的最早记述。

明田艺蘅《留青日札》称："今吴越妇女用三棒上下击鼓，谓之三棒鼓，江北凤阳男子尤善，即唐三杖鼓也。咸通中王文举弄三杖鼓，打撩万不失一是也。杖音与歌声句拍附和为节，又能夹一刀弄之。"李调元在《弄谱百咏》中有诗云：

吴姬越女淡蛾眉，舞棒如花最解颐。

漫拨轻撩俱不落，爱人尤在夹刀时。

何为"夹刀"，研究者其说不一。笔者认为，乃艺人在歌唱时，鼓声有停顿。停顿时，空中一鼓槌在接住后，当夹在拇指和食指中间不用，即左手持双槌，谓之夹刀。进入民国之后，这种曲艺形式就已从记录中消失，或许已转变为其他鼓书形式。

图一：三棒鼓 。[清]无名氏绘，选自《北京民间风俗百图》。

艺人在歌唱时，鼓声有停顿。停顿时，空中一鼓槌在接住后，当夹在拇指和食指中间不用，即左手持双槌，谓之夹刀。

话 匣 子

Recorder player/ 蓄音機（ラジオ）

绕梁三日有余音

——〔清·大镫居士《题陈师曾绘话匣子》〕

清末民初大画家陈师曾先生曾经绘有《北京风俗图》，计十七幅，全是描写老北京市井平民日常生活的画面。其中有一幅《话匣子》十分生动有趣。图中画了两个背着包袱的人，前面人的肩上还扛着个大喇叭。他的包袱是方的，显然里边装的是木制的话匣子。用的时候，再把肩上的喇叭装上，就可以放出声音来。另外的一个人背着一个大挎包，是前者的帮手，挎包里放的是一大摞硬胶木唱片。二人一前一后走街串巷地兜揽生意。这是一种什么生意呢？当时人们叫他们是放话匣子的。

这一行在清末民初很是流行。比如说谁家中办红事、办寿事、办堂会，叫放话匣子的来，在亲朋好友中间放上半天，凑个热闹；或是平民家中的老太太、女当家的在屋中闲得没事，也到街上叫放话匣子的进来，把话匣子安好，拣些唱盘放放，花钱不多，戏瘾过足。唱完十二张，才花八个铜子，倒也是消闲解闷的时尚玩意儿。清人青羊居士有《竹枝词》唱道：

话匣子、话匣子，唱完一打八铜子。

兄呼妹，弟呼姊，夕阳院落听宫徵。

神乎技矣有如此。

当年留声机放的都是什么节目呢？可以说，百分之八十都是京剧。青羊居士的另一首诗写道：

燕市伶工绝妙腔，流传海外号无双；

鸿升嘎调鑫培韵，此派由来异外江。

这首诗正说明这一现象。话匣子中，谭鑫培那凝重醇厚的韵味，刘鸿升那响遏行云的嘎调，都是当年盛誉一时的绝唱。

作为平民娱乐，话匣子人人皆爱、处处欢迎，所以出现了租借话匣子这一行。这种时髦的东西当时很稀罕，难以进入寻常百姓家。小贩买一台当作生意手段，也可以养家糊口。

话匣子的学名叫留声机。1857年，法国人斯科特率先发明了理论。1877年爱迪生完善了它，创造出录音装置。1885年，美国发明家奇切斯特·贝尔和查尔斯·吞特发明了留声机。

1898年伦敦留声机公司生产了大喇叭留声机，由英国驻华大使最先带进中国。慈禧皇太后对这种洋玩意爱不释手。随机一同传入的唱片《洋人大笑》，逗得太后老佛爷前仰后合、大笑不止。迄今，那座漂亮的景泰蓝留声机在长春宫的寝宫内，依然熠熠发光。民国初年，留声机渐渐增多了，殷实的家庭也买得起，同时也成了放话匣子这一行人的生计。民初名士大镫居士有《题陈师曾绘北京风俗图》一诗：

绕梁三日有余音，一曲真能值万金；

自得留声旧机器，十年糊口到而今。

图一

图一：放话匣子。[民国]陈师曾绘。

这一行在清末民初很是流行。比如说谁家中办红事、办寿事、办堂会，叫放话匣子来，在亲朋好友中间放上半天，凑个热闹。

掼跤

ConJure show / レスリング

直须墙始一交
——〔宋·佚名《题墙上相扑画》〕

掼跤是赤手空拳、凭借技术和力量把对方摔倒在地的一种技艺。这种运动，可以说是先民赖以生存的一种技能。他们在劳动之余，不分长幼，相搏嬉戏，既锻炼了身体，也欢娱了生活。后来，这一运动渐被引入对军士的训练以及比赛和表演的领域中。

战国时代，这项运动称为角力。《史记》注云："讲武以为戏乐相跨，角其材力以相斗，两两相当也。"到了秦代，这项运动也颇为皇室提倡。《史记》中便有秦二世在"甘泉宫作乐，角牴俳优之戏"的记载。其时，这项运动称为"角牴"。

到了汉朝，汉武帝也非常喜欢这种运动，古籍中称之为"牴斗"。武帝多次下令，命军中武士习之。及至宋代，这一运动开始称为"相扑"。目前所发现的古代绘画中，例如敦煌莫高窟壁画、湖北出土的汉代漆画，都有这一运动的具体描画。参与运动的人，全身几乎赤裸，唯有裆下系有一条短于

"犊鼻裙"的丁字大布。其状与今日的日本相扑无异。由此推断，日本的相扑运动，源于我国是无可非议的。相扑运动在唐朝更为火热，天子平民人人好之。《五代史》中讲，后唐庄宗喜好相扑，常常登场与臣子相搏，而且还以赐官爵以赌输赢。侍臣李存贤就因曾经扑倒了皇帝，还真赢了个节度使当。

宋代，此风越演越烈。《角力记》中记录了宋代一首《题墙上相扑画》诗：

黑汉勾却白汉颈，白人捉住黑人腰，
如人要辨输赢者，直须墙隤始一交。

最终，连民间妇女都练起了相扑，比男人更彻底，索性全身赤裸地拥抱相搏。此说并非妄言，有宋代大臣司马光的奏折为证。宋嘉年间元宵节，仁宗召令民间艺人入宫献艺。妇人裸体掼跤的节目赫然登场。张萱在《疑耀》书中记道："上有天子，下有万民，后妃侍侍，臣僚纵观，而使妇人裸戏于前。"把皇帝和内眷们看得不亦乐乎。事毕还厚赐

乐

"银绢"。唯有司马光看不下去了，向皇帝上了一道《请停裸体妇人相扑为戏》的奏章。迄今犹存于《司马温公集》之内。

据《梦粱录》所记，当时著名的"争交"好手中，男人有韩福、周急快、赛关索，女有嚣三娘、黑四姐等人，都是名震一时的高手。

清朝以武力创国，掼跤一直是军中训练活动的要务。后来，掼跤手们又曾为康熙爷"擒鳌拜"、除国贼，因之对角力运动更为重视。朝中设立"善扑营"，还养有专职的"扑户"。定期进行相扑比赛，评定等级。掼跤运动一时风靡朝野。

戊戌变法时，精兵简政，撤销了善扑营，殊多高手散落民间，成为民间艺人。他们身着褡裢，腰系驼绳，足蹬螳螂靴，走江湖，拉场子卖艺为生。掼跤也就成了一种表演性的比赛节目。北京天桥、天津的三不管一带，都是清末民初掼跤表演的场所。掼跤的艺人身怀绝技，自成一行，人们俗称其为"撂跤的"。

图一：相扑图。[唐]敦煌莫高窟壁画（局部）。

图二：相扑图。[汉]漆画。

图三：掼跤（烟画）。[1905年]英美烟公司设计出品。

　　戊戌变法时，精兵简政，撤销了善扑营，殊多高手散落民间，成为民间艺人。他们身着褡裢，腰系驼绳，足蹬螳螂靴，走江湖，拉场子，卖艺为生。

舞　　　女

Dance hostess/ 踊り子

舞低杨柳楼心月
　　　——〔唐·晏几道《鹧鸪天》〕

　　舞蹈的出现，早于人类语言的出现。人类运用肢体动作的语言，来传情达意，抒发感情，是与人类本能有着天然的联系。《诗大序》云：咏之不足，"手之、舞之、足之、蹈之"，其中尽含其义。

　　进入文明社会之后，著名的舞蹈常见著史书，如八佾舞、六么舞、胡旋舞、天魔舞、兰陵王破阵舞、霓裳羽衣舞等等，五光十色，不胜枚举。在我国，历代著名的舞蹈家也层出不穷，如褒姒、虞姬、戚夫人、窅娘、赵飞燕、杨玉环以及杜甫赞之不绝的公孙大娘、白居易爱不忍嫁的小蛮等等，亦是数之不尽的。称她们为舞姬、舞娘可也，但与近代所称的舞女，是截然不同的。因为近代的舞女，除了以伴舞为职业，而且与西洋舞蹈有着密切的关系。

　　西洋舞的传入，是在第一次鸦片战争之后，外国列强的政客、商人纷纷携带眷属来华。于是，西洋舞作为西人家庭、会所日常联谊、娱乐的形式，也就进入了中国。起先，跳舞也只限于洋人的生活圈内。第二次鸦片战争之后，清廷再次签署了丧权辱国的条约，广州、上海、天津、北京都成了洋人们活动的场所。尤其，北京外交使馆林立，中、西社交频繁，中国的洋务派官员、卖办和思想激进的缙绅，也都积极学习起"洋务应酬"，参加外国人举办的宴会、舞会。连一品大员李鸿章、盛宣怀也都学跳洋舞，一应酬酢。此风之下，一些王府、公馆也悄悄撤去中式家私，布置起一间"习

图一

舞厅",以示时髦。于是,不少身着长袍马褂、脑后拖着一条长辫子的"舞仕"形象,便常常出现在舞会当中。第一次把西洋舞带进皇宫内院的女人,是驻德国公使的女儿德龄女士。她在《御香飘渺录》中详细地描述了她在颐和园乐寿堂更换西洋纱裙为慈禧皇太后跳洋舞的情况。彼时,在宫禁之外的东、西交民巷交际处和后来兴建的六国饭店、新新饭店,早已是日日裙影、夜夜笙歌了。交际舞推广了,作为职业的舞女行当也就出现了。

说到专职舞女,上海先于北京。《沪上珍闻录》称:1842年,西洋交谊舞传进上海,20年后,租界中出现了西人开办的第一家"新新舞蹈学校"。该校先是以教授西人子女学习舞蹈为宗旨,后期成了专门培养舞女的职业学校。该校毕业的女士,除了名门闺秀、大家淑女之外,大多去了"辣斐花园"和"大东歌舞厅"去做舞女。而北京早期在舞场伴舞的舞女,则多是由苏联革命时期从俄国逃出来的白俄少女充任。其后,西风东渐,人们思想开放了,北京始有国人女性充当舞女。

作为舞女,"北京李丽"是一位赫赫有名的代表。她的大名在三四十年代,简直是妇孺皆知。她的传奇一生尽写入自传——《风尘误我三十年》。从中,可以看到一个典型舞女的生涯。李丽14岁就做新娘,闹得婚变。16岁进六国大舞厅,以姿色和舞技引来无边风月。可称得"五陵年少争缠头,一曲红绡不知数"。既招来蜂蝶狂舞,又差点玉殒香销。一度舆论大哗的"放蛇事件"便是其中之一。

有一位垂涎李丽许久却百般殷勤不能近身的舞客,最终恼羞成怒。一日晚间,在舞会最炙之时,他把一包物品放在李丽常坐的椅子之下。不一会儿,一位舞女跳着脚惊叫起来。这时舞客们才发现,舞池中无数小青蛇四处蠕动。吓得全场男女四散而逃,舞场一片狼藉。李丽被人追逐,险遭不测。

在她有了后台之时,她还演过京剧,《贵妃醉酒》、《摇钱树》是她的扛鼎之作。最让她自豪的是:她曾教过梅兰芳的老师、"通天教主"王瑶卿跳过

交谊舞。王瑶卿在指导荀慧生排演《摩登迦女》时,还把此舞融入了这出京剧当中。抗战期间,她到了上海,因风头之健,当过名女人、交际花,还有幸拍过中国第一部有声电影《春潮》。这一阶段,她还为各色小报写过专栏文章,当了一阵女作家。最终,她在百乐门当上了舞国皇后,成了"一代尤物"。

当然,不是所有舞女都能有此风光。她们的大多数都处在被污辱、被损害的境地,靠姿色和肉体去挣取脂粉钱。那时,北京的舞票一元钱跳三支曲,五元钱一本票。如果拿不到"黑杆",一晚下来,精疲力竭也挣不得许多。当时,有一首唱舞女的歌:

打扮得妖娇模样,陪人客摇来摇去,
红灯绿酒闪闪烁烁,使我心伤悲泣。
谁人会了解舞女的悲哀,
心中流着眼泪,面上挂满笑意。
跳舞的脚步不住地搓动,不知所云的甜言蜜语。
且不管拥把的是谁,权当作一场梦魇。

图一:舞女(烟画)。[1928年]中国大东烟草公司设计出品。
图二:舞厅中休息的舞女(烟画)。[民国]英商启东烟草公司设计出品。

耍骨骨丢

Puppet show/ コメディアン

骨丢谁识巧机关
—— 〔清·李声振《百戏竹枝词》〕

图一

"骨骨丢"是老北京人对木偶戏的一种俗称。

木偶也叫偶人、傀儡，是用木头雕制而成的小人，由人来操作表演各种故事和戏文。木偶的种类很多，有杖头木偶、提线木偶、布袋木偶种种不一。

"骨骨丢"是一种小型的布袋木偶，木制的偶人头，顶在艺人的食指上，拇指和中指分别套上偶人的左右手，用手指的表演就能使偶人做出各式各样的动作。那么，用两只手就能操作两个偶人。表演者口中吹着小哨，模仿着不同人物的声音。这样，一台小戏就能开场了，人们也称之为

图二

"独角戏"。

小戏开场独脚班，骨丢谁识巧机关，

一身妙尽丝兼肉，妒杀壕州十不闲。

这是《百戏竹枝词》中描写耍骨骨丢的一首。寥寥数语，把耍骨骨丢的行当描述得活灵活现。

"一人挑担鸣锣，前囊后笼，耍时，以扁担撑起，前囊上有木雕小台阁，下垂其蓝布围，人笼皆在其中，笼内取偶人，鸣锣衔哨，连耍带唱，戏有八大出之名。如《香山还愿》《铡美案》《高老庄》《五鬼捉刘氏》《武大郎诈尸》《卖豆腐》《五小儿打虎》《李翠莲》。"清朝光绪年间蔡绳格化名闲园鞠农所著的《一岁货声》中对这一行的小注，也正好是对这首《竹枝词》的注释。

这行艺人都是乡间农人的打扮。肩上挑着一

246

乐

副担子。前面的是一个小戏台，台下围着一圈儿蓝布围幔。后边是一架木提盒，盒里放着各等骨骨丢，即木偶人和各种小道具。手中铜锣一敲，孩子们就从各家院中跑了出来。艺人就用扁担把小戏台支起来往墙上一靠，看看有了七八个人来看时，就翻过小锣来收钱，收上一角两角后，转身钻入围幔之内，手擎着骨骨丢，又敲又唱地表演起来。一般开场戏是《五小儿打虎》。五小儿上山打柴，遇到了一只大老虎，张着嘴要吃五小儿。五小儿不慌不忙，手操扁担，勇敢地与老虎搏斗。这样，你来我往，一进一退，打打杀杀，特别好看。逗得小孩们哄笑不已。

一有热闹，小孩们也就越聚越多，也引得过路的大人们驻足观看。耍骨骨丢的艺人看到人多时，就突然停止了演出，把五小儿和老虎趴着放在小戏台的栏杆上，自己从围幔中钻出来，捧起小锣收钱。

没钱的和不想出钱的孩子，就哗啦一声全跑了。等到艺人又钻进围幔继续表演时，跑掉的孩子们则又围拢过来，继续看"蹭儿戏"。待艺人再次出来讨钱，大家又跑，好似捉迷藏一般热闹得很。这也是旧日街头的一种闹剧。

胡同中，要是有老太太肯花钱解闷儿，就把耍骨骨丢的叫到院子里去，关上大门演出。这时便点唱《铡美案》、《李翠莲》等大戏了。被关在门外的孩子们，也只能扒着门缝听"蹭儿戏"了。

图一：耍偶人。[清]孙继绘。

图二：艺人收上一角两角钱后，转身钻入围幔之内，手擎着骨骨丢，又敲又唱地表演起来。[清]刊本《成都通览》插图。

图三：耍木偶人（烟画）。[1900年]英国烟公司设计出品。

看 西 洋 镜

Raree show/ 覗きめがね

西洋镜中尽春风
————〔清·无名氏《新添一景》〕

图二

以前偶然看到过一本名叫《说闲》的笔记小书，作者在书中写道：一日闲游，在扬州瘦西湖的庙会后边看了一桩新玩意儿，叫作西洋镜，颇为神奇。这西洋镜"是一个有四条腿子的大箱子，正面有三个小窗子。观者可以坐在前面的条凳上，隔着一个小镜子往里边看去。箱内豁然开朗，气象万千。看山水，则沃野千里，山重水复；看都会，则人群熙攘，楼房林立"。作者十分感慨地说："虽是海市蜃楼，并非昙花一现；虽如玉宇琼台，实非不可及也。"及至最后一睹，竟使作者"目瞪口呆，惊诧之处，难以言表"。归来，每每忆及，令人"窃笑失声"。作者还留下小诗一首，云：

春日春山春水盈，春树春花满春城；
平山堂右添新意，西洋镜中尽春情。

西洋镜者，又称"西洋景""拉洋片"，是旧日游艺场中可以观看的一种玩意儿。原是画在画布、画板上的大图片。一般是十二张到二十张为一套，由小贩在箱子外边一边唱歌，一边拉扯提绳操纵换片。这种很原始的游艺节目，在人们视野尚不开阔、影视技术也不发达的时代，还是很有一定号召力的。

图一

乐

西洋镜是从西方传来，时间应是在清季道光初期。始于广州沙面，后逐步向内地推广开来。喜人之处有二：一是它率先运用了光学原理，在望孔处加上一块透镜，使目光集中，所看到的画片分外光鲜明亮。二是所画的图片，是采用西洋的交点透视法画出，发挥近大远小、近精远略的道理，完全有别于中国的传统画法，使景物全然一新。

最先图中内容是以域外风光为主，比如"罗马大道""海德公园""香舍榭宫""比萨斜塔""大金字塔"等等。后来渐渐中式化，诸如"沙面风光""上海外滩""南京路""天津四马路"等等尽入画图之中。最早此类图画，都是有一定西画基础的画家绘制，这样一套图画，内容很严肃，成本也很高。据20世纪20年代绘制舞台布景的张聿光先生讲，他的弟子给人绘一套西洋景，要收二百元大洋的酬劳。

但经营西洋镜的小贩们的目的，并不是在于展示绘画艺术，而是要追求盈利。于是乎，西洋镜的内容就开始五花八门、洋洋大观起来。有些"重利轻义"的人，他们并不在风景画片上下功夫，而是倩人绘制裸体画，偷偷播放有性事活动的春宫"大体双"来挣钱。《成都纪闻》中，就记有西洋镜为政府明令取缔一事。文曰："西洋镜乃油画山水人物照于镜中，亦颇足一观，一文钱可观六换。向有春宫等图，最坏风气，现已被警察禁止矣。"

前文讲的那位《说闲》的作者写的那首诗，之所以用了诸多"春"字，分明是点注此事。由此而知，从道光到宣统、民国这百十年来，西洋镜从一诞生起，换放春宫图片，早已成为这一行的传统节目了。只是在播放时，小贩需要分出小童与成年人、"正经人"与"要乐子的人"、"官面上的人"与"在野之人"、付钱多的与付钱少的人，而分别服务对待罢了。当年，大凡有身份的家庭在管束子弟时，都立有这样的规矩：逛庙会的时候"不许听相声，不许看小戏儿，更不许看西洋镜！"

图一：拉洋片。[清]无名氏绘，选自《北京民间风俗百图》。
图二：西洋镜。[清]《成都纪闻》插图。
图三：看西洋镜。[清]钱廉成绘。
图四：看西洋镜（绘画）。[民国]华商烟草公司设计出品。

遛　　　鸟

Go for a walk in a quiet place with a bird / リュウ鳥

秋风白眼噪雕笼
　　　　——〔近代·樊彬《津门小令》〕

图二

自清入关，中原平定、江山坐稳之后，清世祖便分封八旗兵丁为有功之臣，跑马圈地、永享荣华。功大的不世袭罔替。仅封为铁帽子王，还要另加八旗子弟自一降生，就享有国家给予的一份俸禄。在这份"铁杆高粱"的供养下，祖辈们戎马争战的骁勇精神渐渐褪尽，安逸享乐之风，日淫月浸，渐入膏肓。养鸟、调鸟、遛鸟成了生活中的一部分。

那么，旗人都养些什么鸟呢？能学人讲话的如鹦鹉、八哥最高级，也

图一

最贵；其次是那些鸣声悦耳、羽毛美丽的小鸟，如太平鸟、沉香鸟、芙蓉、珍珠、百灵、红靛、蓝靛、额勒、红子、札子、玉鸟、黄鸟、画眉、叫天儿、苹果青、梧桐、交嘴儿、老西、珠点红、虎伯喇等。

其实，养鸟的并非都限于旗人，小康人家的汉人也多玩鸟儿。国人养鸟、调鸟的历史很是久远。东汉王充《论衡》中便有："上虞小儿喜好掩雀"一说。而且历朝历代的文学作品中，也颇多关于养鸟的描述。只不过到了清代，在旗人的带领下，养鸟之风益盛而已。城市中卖鸟的集市也颇热闹。清人杨静亭《都门杂咏》中描述当时的鸟市：

　　市陈隆福鸟堪娱，奇异难将名字呼；
　　细自鹪鹩大至鹤，买来除却凤凰无。

老北京养百灵的多是老人，百灵的叫声婉转多姿，调叫好了能叫出十三套辙口。养画眉的大多是有些江湖气的人，因为画眉个大声宏，做派洒脱。一般中年人则养娇小的红靛、蓝靛、黄鸟、红子，喜欢的是它斯文优雅、鸣声悠扬，而小伙子们则喜欢养梧桐，半大小子爱养老西、交嘴儿，都是为了调教它们"打弹"，以喙飞接主人打出的弹丸，煞是伶俐好玩。

乐

玩鸟，最讲究调教驯养。调教好的鸟儿能学人言，能模仿别种鸟儿的叫声，甚至会效仿推车、门铃；有的鸟儿还能叼旗儿、开信，做出多种事。旧日王府权贵之家，多雇有鸟把式，也就是调鸟的师傅，专门侍候调教主人的宠鸟。樊彬在《津门小令》中云：

津门好，调养羽禽工；
春昼画眉鸣绣阁，秋风白眼噪雕笼，
黄雀语玲珑。

老舍先生的话剧《茶馆》中的松二爷有句话说得好："尽管是铁杆高粱没了，就是我饿着，也不能委屈了我的玉鸟儿。"这句台词写尽了旗人爱鸟的心思。

养鸟的笼子分以下四种：画眉笼，竹制圆形，高二尺许，对门。百灵笼，状似画眉笼，上端隆起，中有圆形小台。靛颏笼，比百灵笼小，中间无有小台。黄鸟笼亦称金丝笼，高仅尺余，轻巧无比。

不同的鸟要养在不同的笼子里，在清晨气暖风和的时候，主人要拎着鸟笼去遛鸟，也就是要让鸟儿去散步、晒太阳，让它们去呼吸新鲜空气、沐浴

大自然的空灵。这样鸟儿会生得更健康，羽毛光洁，鸣声嘹亮，为主人争得光彩和面子。那么，主人也得付出相应的辛苦。大清早，养鸟人成双结对地提笼架鸟、踽踽而行，去天坛或是陶然亭去遛鸟。这在当年的北京是一道独特的风景线。

图一：清代鸟把式在驯养画眉鸟。[清]无名氏绘。
图二：古代儿童调鸟图。[清]刊本插图。
图三：遛鸟（烟画）。[1905年]英美烟公司设计出品。
图四：为鸟赌气。[清]《点石斋画报》插图。

图中描绘了八旗子弟因调鸟，在树林中争强斗气。

跑 旱 船

Land boat show/ 跑旱船（民間舞踊の一種）

罔水行舟古所难
——〔清·李声振《百戏竹枝词》〕

跑旱船亦称旱龙船、船灯、采莲船，名称不一，是一种汉族民间舞蹈，广泛流传于中国各地。旱船一般用竹或秫秸为骨架制成船形，糊上纸，饰以彩绸、纸花，船形下面用布围住，用画布包裹，配有彩旗、花篮等用来遮住表演者的腿脚。船形花样繁多，工艺精湛。晚上表演时，船上还要燃起灯烛。

旱船一般长五至七尺，大的有一丈余，船中间的表演者，梳着古装的大头，多数是由一个男人化妆成旦角，用布带把船形系在肩上或腰间。另有一人或是化装成一个老渔翁，或是化装成一个手持长桨的花旦。随着小乐队的锣鼓点扭着秧歌步，唱着俚俗小曲，载歌载舞地表演起来。故事内容很简单。一旦一生的话，就是《三姑娘回娘家》；若两个都是旦角，则是《白娘子水漫金山》。撑船或划桨时，则做一些技巧性动作，如"虎跳"、"旋子"、"扫堂腿"等，以示与风浪搏斗。女的手握船舷，与脚下步法配合，表现船在旋涡和波浪中起伏。

唱的小曲永远是文不对题的："二月二日龙抬头，大姑娘梳妆上翠楼；脸上擦满桃花粉，头上再擦桂花油……"蔡绳格的《燕市货声》中有《跑旱船》一节称："一人携两小儿，戴女冠，荷木驾船，行敲锣鼓，入人家唱山西曲。"就是这些山西小调，把翁妪村妇们唱得一个个神魂颠倒、乐而忘返。

早年跑旱船只是在传统节日、民间社火走会时表演。清季，便有艺人三三五五形成小班子，跑码头、赶庙会时去演唱挣钱。后来还发展成走街串巷的撂地演出。

图一

20世纪20年代，京剧也把跑旱船的形式搬上舞台，名叫《荡湖船》，肖长华、筱翠花、芙蓉草的演出最为红火，风靡一时。后因唱词有涉淫秽，一度明令禁演。

跑旱船起源与祭祀有关。据说两千多年前，爱国诗人屈原投汨罗江而死，每到端午节，人们在江中赛龙船以示纪念。据《湖广志》记载，云梦县因河浅不能竞舟，便用竹和纸做成龙船，鸣锣击鼓，游行于市。这种活动流传下来，形成了跑旱船。

据《明皇杂录》载，唐代已有"山车旱船"之说。《武林旧事》等书，则记载了宋时跑旱船的盛大场面。表演诙谐，人见人爱。南宋诗人范成大就曾写下"旱船遥似泛，水傀近如生"的诗句。清人李声振的《百戏竹枝词》中也有旱船诗：

罔水行舟古所难，尽然一叶下银滩；
无边陆海吾何惧，稳坐鳌鱼背上看。

图一：跑旱船。[清]无名氏绘，选自《北京民间风俗百图》。

踩 高 跷

Stilting show/ 高足踊り

高跷秧歌夸捷足

——〔民国·孙雄《燕京岁时杂咏·高跷》〕

村公村母扮村村，屐齿双移四柱均；
高脚相看身有手，要知原不是长人。

清人李声振在《百戏竹枝词》中，诙谐地描述了春节和元宵节期间农闲中的村人踩高跷走会时的情形。

舞蹈者双足踩着高有三四尺的木跷，扮成各种人物，手持道具，在锣鼓大镲的强烈节奏下闪展腾挪，变化着各种姿态，旋转舞动。舞者的队伍一般由二十余人组成。他们分别扮成白蛇、青蛇、许仙、法海、孙悟空、猪八戒、沙僧、唐僧、文丑、小生、大姑娘、丫鬟、彩婆子等角色。舞蹈是按一定的套路表演，有白菜心、剪子股、蒜辫子、蛇蜕皮、马分鬃、单八字、双八字、跳桌子、扑蝴蝶、小快枪、三节棍等等路数。表演看似粗俗简单，其实如同一出大戏一般，很有内容。如《西厢记》中"西厢惊艳"、"张生跳墙"等情节，扮张生的演员还要做出朝天蹬、下叉等很多身段。《白蛇传》常演的是"盗仙草"、"水漫金山"，旦角开打，更是好看。不过饰演旦角的都是大小伙子，他们时而"鲤鱼打挺"，时而"鹞子翻身"，时而虎跳，时而下腰。有时还要上桌子、过独木桥，做出种种高难动作，赢得围观群众赞叹不已。

节目的最后，表演者齐唱社火调或码头调，以《大八仙》的表演程式结束演出。歌词是灵活编成，

多是吉祥如意、预祝国泰年丰的套话。

高跷本属我国古代百戏之一，早在春秋战国时期就已出现。《列子·说符》篇记载："宋有兰子者，以技干宋元。宋元召而使见其技。以双枝长倍其身，属其胫，并趋并驰，弄七剑跌而跃之，五剑常在空中，元君大惊，立赐金帛。"从文中可知，早在公元前五百多年，高跷就已开始流行。兰子就是一位著名的踩跷演员。他不但以长木缚于腿足行走，还能跳跃、舞剑，七把剑上下纷飞，足见他的技能之高。

高跷分高跷、中跷和跑跷三种，最高者有一丈多。古籍记载，古代的高跷皆属木制，在刨好的木棒中部做一支撑点，以便放脚，然后再用绳索缚于腿部。据说这种形式，原是古人为了采集树上的野果为食，给自己的腿上绑上两根长棍而发展起来的一种跷技活动。

民国孙雄有《燕京岁时杂咏》赋高跷一诗：

高跷秧歌夸捷足，群儿联臂欲升天；
可怜立脚无根据，踯躅终朝傀儡牵。

图一：踩高跷。〔清〕无名氏绘，选自《北京民间风俗百图》。

图二：踩高跷。〔清〕刊本插图。

图一

253

什 不 闲

One-man-band/ ジュウブセン（太鼓、シンバルなどを特殊な掛け台に掛け一人でそれを打ち鳴らしながら歌う）

纷纷锣鼓闹通宵

——〔清·赵骏烈《燕城灯市竹枝词》〕

图一

博物馆中，曾陈列有一架看起来十分古怪的乐器。像一个小货架子，上层是九面音色不同的小铜

清季无名氏所作《都门竹枝词》中，描写了当时游艺场里的情况：

某日某园演某戏，红黄条子贴通；

太平锣鼓滩簧调，更有三堂什不闲。

从诗中可以看到戏园子里不仅演出京剧、昆曲之类的大戏，还有曲艺、滩簧、太平鼓和什不闲之属。而且在一个场子里"更有三堂什不闲"，可见什不闲是一种特别受平民欢迎的节目。

什不闲这一曲艺形式早在半个世纪之前就已消失了，它原本是一种什么样子，并无详细的文字记述。据民俗学者周继烈先生说，在国子监北京民俗

锣，可以敲出不同的声音，俗称云锣。云锣下边的桌面上，左边放着一只木鱼，右边放着一对铙钹。左手悬着一对檀板；桌子的右下边挂着一面大锣，锣边还悬着一柄锣锤。讲解的人也说不太明白，只说这就是什不闲。为什么叫什不闲呢？推断说是这堆乐器由一个人一边儿唱、一边儿演奏，手脚不得停闲，所以叫作什不闲。

什不闲源自莲花落。有人称莲花落起源于宋朝，并以陆放翁的诗为证。莲花落和什不闲腔调相同，但也有分别。一个人手托竹板唱的为"莲花落"，几个人分唱还加上锣鼓，加上插科打诨为"什不闲"，

又名"拆唱莲花落"。后来,这种多人的什不闲慢慢地演变成一个人的吹拉弹唱。王树村先生在其所著的《中国民间木版年画》中,有一帧光绪年杨柳青出版的年画,画中一个小童在唱奏什不闲,是今人研究什不闲的宝贵资料。

据说清朝康熙、乾隆、嘉庆三位帝王都喜欢听莲花落。到了清嘉庆年间(1796～1821),什不闲与莲花落合流,成为一种新的、综合性的民间表演艺术,并发展成为具有北京地方特色的曲种。直到清末,这一曲种发展很快,"抓髻赵"、"徐狗子"等,都是当年非常著名的什不闲演员。"抓髻赵"还进宫为慈禧太后演出过,慈禧听后,称其所唱的为"太平歌词"。因此,什不闲又一度被称为"太平歌词"。光绪年间,则有"黄旗黄幌,万寿无疆"的御览"什不闲拢子",而且以"明月青松"拢子最为出名。

什不闲有"子弟什不闲"和"生意什不闲"的分别。"子弟什不闲"词句文雅,有的段子出自韩小窗的《子弟书》,可以登堂入室,进园子唱堂会;而"生意什不闲"的词句则比较粗俗,加入不少地方小调,就成了摆地的玩意儿。什不闲常演的节目有《小花园》《王小赶脚》《大娶亲》《老妈上京》《老妈开谤》《双锁山》《丁香割肉》《安儿送米》《秦雪梅吊孝》《赴善会》《马思远》《夫妻顶嘴》《孙济皋卖水》等等。这些都是多人合奏演唱的节目,及至什不闲由一人独奏独唱时,常演的就是《刮地风》《十里亭》《小老妈》和一些酸曲儿小调。因为有锣鼓伴奏,不管是多人、一人奏唱的什不闲,一开唱就会围上一大堆听众。赵骏烈在《燕城灯市竹枝词》中说:

纷纷锣鼓闹通宵,此处偏能节奏调;

七五三声终复加,南音压倒北音高。

民国年间,社会动乱,加之演出形式较为简单,专演"什不闲"的演员日益减少。作为曲艺曲种的什不闲基本趋于消亡。

天桥八大怪之一关金凤,曾是"什不闲"著名演员。由于她嗓子好,吐字清,气口匀,讲究韵味,深得观众的好评。她的代表曲目有《王小儿赶脚》、《花园相会》。民国中期,她与丈夫关德俊及张德秀等人一起在天桥摆地演出,在演《王小儿赶脚》时由关德俊扮驴形,关金凤跨在"驴"背上,如骑在真驴上一样,平稳自得边演边唱。观众特赠她一个"赛活驴"的雅号。从曲调上讲,这大概算是什不闲最后的余音了。

图一:什不闲。[清]杨柳青木版年画。

赵骏烈在《燕城灯市竹枝词》中描写什不闲:"纷纷锣鼓闹通宵,此处偏能节奏调;七五三声终复加,南音压倒北音高。"

图二:小什不闲。[清]无名氏绘,选自《北京民间风俗百图》。

图二

唱 鼓 书

Story-telling with drumbeat/ 太鼓团

弹弦打鼓走街坊
——〔清·李虹若《都门杂咏》〕

图一

大鼓书分为京韵大鼓、西河大鼓、梅花大鼓、乐亭大鼓、东北大鼓、山东大鼓、北京琴书等十余种，主要流行于中国北方诸省、市的广大城镇与乡村。它的表演形式是演员一人自击鼓、板，配以一至数人的乐队伴奏演唱。主要伴奏乐器为三弦，或是另有四胡、琵琶、扬琴等配合。演员自击的书鼓形状为扁圆形，两面蒙皮，置于鼓架上，以鼓槌敲击。手执的板有两种，一种是两块檀木板；一种是两块半月形的铜片，叫作"鸳鸯板"。鼓书有中篇、

长篇之分。短篇只唱不说，中、长篇则有唱有说。人们往往称唱短篇为唱大鼓，唱中、长篇为唱大鼓书。

鼓书的演唱形式形成得很早，明代文献中就有了鼓书的雏形。它的唱腔结构多源于当地的民间音乐及地方小调，并用当地方言语音演唱。因为演出形式简单，广场树荫、瓜棚豆架之下，支起鼓来就可以开场，为广大群众喜闻乐见，所以普及得极为广泛。鼓书正式形成是在清初顺治年间。满人入主中原后，他们深知汉民不服，除了一手执刀武力镇压之外，还采取了开科考试、汉人封官等一系列怀柔的政策。另外，官方还很注重政治宣传工作，组织鼓书艺人进行专门的培训，再把他们派出去四方说唱，用来安抚民心。

鼓书艺人多来自唐山、滦县一带，组织艺人培训的场所是府衙署下的一个文化机构，当时叫作票房。票房里有专人编写唱本，内容无非是李自成、张献忠之流如何恶劣，如何祸害百姓；大清如何顺应天命，入关是为了协助剿匪，帮助百姓过好日子等。待这些艺人练熟以后，由府里开具龙票一张，相当于开了一封介绍信。艺人揣着这张龙票，走到

乐

图二

图三

唱书

指定的府县去宣传演唱。县衙见到龙票后，会派专人接待，安排食宿供给，还得组织百姓去听鼓书的演唱。

凡执有龙票的鼓书艺人都称为票友，他们每个人都是在府里或是县里领有一份钱粮，也就是说拿着固定工资，为朝廷效力。这种官办说书的体制，一直延续到道光年间。彼时唱鼓书、太平歌词也都成了旗人子弟的时髦玩意。由于知识分子的介入，鼓词的内容也就充满了书卷气。韩小窗《子弟书》鼓词的专著亦相继问世，使鼓书艺术登堂入室，也进入了大雅之堂。道光时代朝廷撤销了官办票房，鼓书艺人走进了民间，收徒课徒，在书场庙市、茶楼酒肆，及至出城下乡、跑码头，随处演唱。于是大鼓书出现了百花齐放的一时之盛。清代诗人李虹若在《都门杂咏》中写道：

弹弦打鼓走街坊，小唱闲书急口章；

若遇春秋消永昼，胜他荡落女红妆。

此时，女子鼓书也已登场。有清末诗人汪述祖的《二闸竹枝词》为证：

雏莺乳燕不知名，开口欣然座客迎；

一曲清歌金一饼，有人念尔亦苍生。

鼓曲散入民间，但是"票房"一词并未就此消失，先是为狮子会、高跷会、五虎棍等社火组织沿用。后为日益兴起的梆子、京剧爱好者们的聚会组织所替代，依然叫票房，在此间玩票的也就都叫票友了。

民初，京韵大鼓出现了刘宝全、白云鹏、张小轩为代表的三大流派。其中以刘宝全的艺术造诣最高，贡献最大，时人称其为"鼓界大王"，一代宗师。继三大流派之后，又有白凤岩、白凤鸣兄弟创造的"少白派"。20世纪20年代以后，女演员良小楼、章翠凤、骆玉笙、孙书筠、阎秋霞、小岚云等如雨后春笋般登上了京韵舞台。梅花大鼓则以金万昌、花四宝等人为代表，她们在唱腔和表演方面都有新的拓展，使大鼓更加赢得了众多听众的青睐。

图四

图一：唱大鼓。[清]陈师曾绘。

图二：大鼓书（烟画）。[1927年]华商烟公司设计出品。

图三：唱鼓书（烟画）。[1927年]华商烟公司设计出品。

图四：唱大鼓。[清]无名氏绘，选自《北京民间风俗百图》。

257

放 影 戏

Movie show / 影絵芝居

人物山川景致新

——〔清·《图画日报》刊《做影戏》〕

图一

借间房子做影戏，戏价便宜真无比。

二十文钱便得观，越看越是称奇异。

人物山川景致新，田庐城郭似临亲。

一般更是夸奇妙，水火无妨亦像真。

有文字记载的，北京第一位引进电影摄影机的是琉璃厂开照相馆的任景丰先生。他从上海的洋人手里买来一架木匣子的摄影机。并在自家的后院里，为当时红得山崩地裂的京剧泰斗谭鑫培，拍摄了一出文武老生戏——《定军山》。不仅开创了我国自拍电影的先河，而且给中国早期京剧留下了宝贵的文献资料。这一年是 20 世纪的第五个年头。

另一种说法是，中国电影起源于清室宫廷，起源于慈禧太后的一次心血来潮的尝试。1904 年，也就是《定军山》拍摄一年前，慈禧太后寿辰之际，英国驻北京公使曾晋献电影放映机一架和西洋无声短片数套以为庆贺。彼时在宫内的放映一切顺利，面对外域的灿烂，慈禧老太太凤心大悦，曾命连夜赶制影片贺寿，甚至要立即成立电影局，来录制吾国吾民歌舞升平之盛况。此说并无文牍档案为证。但这一年，确实在大内放映过西洋电影。

1909 年，丰泰照相馆突然发生火灾，摄像设备和许多珍贵的胶片都毁于一旦，损失惨重的照相馆也就此结束了制片业务。但电影发展并未停止，反而更加迅速地推广。当时《图画日报》上有这样一首《竹枝词》描写放影戏：

当时国内很多大城市中，电影已经成为大众娱乐。北京、上海、天津都出现了不少电影院。连巴山蜀水的四川成都，在光绪末年，也出现了专门放映电影的场所。无疑放影戏这一行的技术队伍已形成。但是，他们姓甚名谁却无一记载。清博崇矩编撰的《成都通览》一书，上边绘有《电光戏》一图，见刊于宣统元年九月至二年六月之间。图下有释文

258

乐

图
二

写道："图书局傅牧村在东洋（即日本）习演一年，方购回用，立电光馆。公馆署约演者，价二十元至三十元，若赴图书局观，每人二角。"这条小注，给我们介绍了唯一一名有名有姓的早期影戏播放员。

专门放映电影的戏楼、影院大量的出现，众多观众的欢迎，便产生了片源不足的问题。美国人布拉斯基首先捕捉到商机，不远万里从纽约来到上海，在香港路1号创办了中国第一家正规的电影公司——亚细亚影戏公司。只拍摄了《中国风景》、《沪上街市》等几部短片。1912年辛亥革命爆发，布拉斯基把公司及财产转让给上海南洋人寿保险公司经理美国人依什尔，自己就收摊回国了。

1913年，当时在洋行工作的张石川受新亚细亚电影公司老板依什尔的委托就任拍摄顾问，他又找来从事剧评工作的郑正秋、杜俊三等人创办了专业的新民电影制作公司，开创了中国人以公司的名义拍摄电影的历史，为中国电影发展做出了巨大贡献。是年秋天，新民公司摄制完成了中国的第一部故事影片《难夫难妻》。

影片剧本是郑正秋根据潮州的乡俗风情撰写而成。虽然剧本很简单，只有一千多字，却是中国第一部电影剧本。影片由张石川、郑正秋两人联合执导，这也是中国电影第一次出现导演和编剧。

无声电影又延续了约二十年。其间，人们用人声解说，用钢琴、小提琴伴奏，放留声机配音等多种手段，来让电影发声。直到1930年，国产电影《野草闲花》有了重大突破，片中的阮玲玉与金焰演唱了《寻兄词》，是中国电影第一次发出自己的声音。

图一：放影戏。[清]刊《图画日报》插图。

图中可以看到，当时放的是无声电影，右边要有一堂吹打的乐队伴奏。

图二：电光戏。[清]傅崇矩编《成都通览》插图。

图书局傅牧村在东洋（即日本）习演一年，方购回用，立电光馆。公馆署约演者，价二十元至三十元，若赴图书局观，每人二角。

卖 花 炮

Firecracker selling / 花火と爆竹を売る

氤氲笼罩万堆霞

——〔明·兰陵笑笑生《金瓶梅词话》〕

洪迈的《夷坚志》补卷第二十《神霄宫醮》记有林灵素于神霄宫夜醮时所见到的烟火："忽仙乐玲玲，从空而来，乘彩云下至祠所，伶官执笙箫合乐于前，女童七八人，履虚而行，歌舞自若，而神官仙众逍遥于后。顷之，云烟蔽覆，对面不相见。……烟云五色者，以焰硝硫磺所为，如戏场弄狮象口中所吐气。"这是一篇最早记录烟火的文字，它说明了彼时的烟火是由"焰硝、硫磺"等火药制作的。

自古以来每年的正月十五前后，从皇家官苑到民间街巷，都要张挂彩灯，喜庆元宵。这一晚，人们还燃放爆竹焰火，敲锣打鼓，表演歌舞、高跷、龙灯、旱船等各种各样的文艺节目。

明代兰陵笑笑生在《金瓶梅词话》第四十二回中描写了西门庆府前燃放烟火时的热闹情景。但见：

一丈五高花桩，四周下山棚热闹。最高处一只仙鹤，口里衔着一封丹书，乃是一枝起火，一道寒光，直钻透斗牛边。然后，正当中一个西瓜炮迸开，四下里人物皆着，剥剥万个轰雷皆燎彻。彩莲舫，赛月明，一个赶一个，犹如

金灯冲散碧天星；紫葡萄，万架千株，好似骊珠倒挂水晶帘。霸王鞭，到处响亮；地老鼠，串绕人衣。琼盏玉台，端的旋转得好看；银蛾金蝉，施逞巧妙难移。八仙捧寿，名显中通；七圣降妖，通身是火。黄烟儿，绿烟儿，氤氲笼罩万堆霞；紧吐莲，慢吐莲，灿烂争开十段锦。一丈菊与烟兰相对，火梨花共落地桃争春。楼台殿阁，顷刻不见巍峨之势；村坊社鼓，仿佛难闻欢闹之声。货郎担儿，上下光焰齐明；鲍老车儿，首尾递得粉碎。五鬼闹判，焦头烂额见狰狞；十面埋伏，马到人驰无胜负。总然费却万般心，只落得火灭烟消成煨烬。

这里不仅写出了烟火的壮观，还罗列出数十种烟火的品种。这些文字披露了一个事实，宋、元、明三代烟火制造业十分发达，而且他们制造的烟花之巧、规模之盛，已具相当规模。烟火业的发达，也造就了一大批燃放烟火的技术人才，南宋詹无咎

乐

生动地描写了烟火艺人高超的水平。他们能放出：

> 龟儿吐火，鹤儿衔火。乐线上，轮儿走火。
> 十腾一斗七星球，一架上，有许多包裹。梨花
> 数朵，杏花数朵。又开放，牡丹数朵。便当场
> 好手路歧人，也须教，点头咽唾。

明代的烟火戏也已有了诸如：刘关张三顾诸葛亮、张翼德葭萌战马超、八仙捧寿、七圣降妖、楼台殿阁、村坊社鼓、货郎担儿、鲍老车儿、五鬼闹判、十面埋伏等。清代的烟火戏则更名目繁多：日月合璧、五星连珠、双凤朝阳、二龙戏珠、海市蜃楼、麒麟送子、狮子滚绣球、八仙过海、二仙传道、张生戏莺莺、吕布戏貂蝉等等，这么多名目，早已使人眼花缭乱。

这类烟火的制作基本是用竹为骨，也可以用铜丝、铁丝为骨，用刷过层层矾水的特殊桃花纸等为衣，麻线为筋。若做楼台拱柱，只需在竹以外套以纸筒，便粗壮相似。做人物禽兽，横骨用竹圈，直骨用线，再装入用途各异的火药，制成各种不同的场景，再染以彩色，或大或小，或方或圆，折扁成软器，外再加纸筒，便可点燃发射到天空中，绽放出诸般形象。但是，由于社会对这行人的轻视，使得这些人材没有一位留下大名。

至于烟花爆竹的作坊，北京郊县大小无数，赫然与其他日常消费作业并列。成品繁多，如缸花、盒子灯、起花牌、文武鞭、三耀明、二起焦灯、花炮、飞鼠、烟龙，不下数十余种。但均不及南方作坊制作得精细。烟火制造的普及程度十分广泛。一到年节各种烟火、花炮纷纷上市，给人间带来无尽欢乐。但是，干这一行的也很危险，有时不慎，便酿成灾祸和惨剧。

光绪二十年报载：北京隆福寺举办烟火祭神，烟火悬于甬道，其药线蜿蜒至庙门，两厢有烟火爆竹摊无数。放烟火时，万人空巷、大姑娘、小媳妇皆拥挤向前观看。结果人多一挤，造成火芯走火，引起烟火爆竹摊接连爆炸，死伤摊贩数十人。纤足女流不少人遭到践踏，死伤无数。

图一：放鞭炮（烟画）。[1900 年]英国烟公司设计出品。

图二：明代的民间烟火。[明]兰陵笑笑生《金瓶梅词话》插图。

图三：烟火摊。[清]孙继绘。

窗 根 儿 戏

Opera show before the window/ 窗根芝居

吱哇百叫真诧异
——〔清《图画日报》刊《竹枝词》〕

图一

窗根戏是北方的称谓，俗称听窗根儿。南方称隔壁戏，四川则叫听相书。其实，它是口技表演艺术的一种，只不过不是当众表演，而是隔着屏障或是隔着隔扇、窗户、幕布，表演者在里边做戏，听众在外边听而已。

清朝张潮编选的《虞初新志》中有《秋声诗自序》一篇，描写了这么一场演出：

京中有善口技者。会宾客大宴，于厅事之东北角，施八尺屏障，口技人坐屏障中，一桌、一椅、一扇、一抚尺而已。众宾团坐。少顷，但闻屏障中抚尺一下，满座寂然，无敢哗者。遥闻深巷中犬吠，便有妇人惊觉欠伸，其夫呓语。既而儿醒，大啼。夫亦醒。妇抚儿乳，儿含乳啼，妇拍而呜之。又一大儿醒，絮絮不止。当是时，妇手拍儿声，口中呜声，儿含乳啼声，大儿初醒声，夫叱大儿声，一时齐发，众妙毕备。满座宾客无不伸颈，侧目，微笑，默叹，以为妙绝。

未几，夫齁声起，妇拍儿亦渐拍渐止。微闻有鼠作作索索，盆器倾侧，妇梦中咳嗽。宾客意少舒，稍稍正坐。

忽一人大呼"火起"，夫起大呼，妇亦起大呼。两儿齐哭。俄而百千人大呼，百千儿哭，百千犬吠。中间力拉崩倒之声，火爆声，呼呼风声，百千齐作；又夹百千求救声，曳屋许许声，抢夺声，泼水声。凡所应有，无所不有。虽人有百手，手有百指，不能指其一端；人有百口，口有百舌，不能名其一处也。于是宾客无不变色离席，奋袖出臂，两股战战，几欲先走。忽然抚尺一下，群响毕绝。撤屏视之，一人、一桌、一椅、一扇、一抚尺而已。

短短的三百多字，写尽了这种隔壁戏的奇特和魅力。蒲松龄在《聊斋志异》中，也有《口技》一篇。讲到村中来了一位少妇，揣有草药若干。村人有问病求医的，她便说，要看好你的病，我得晚间问问我的姐妹，她们的医术比我高明。是夜，村人集在窗外，果然听到这位少妇与众多妇人切磋药物的事。次日便与村人看病给药如仪了。知情者点明，

乐

图二

此为口技也。村人等于隔窗听了一场隔壁戏。蒲氏在文后按曰："在都偶过市廛间，闻有歌声，观者如堵。近窥之，则见一少年曼声度曲。并无乐器，唯以一指捺颊际，且捺且呕，听之铿铿，与弦索无异，亦口技之苗裔也。"想是隔于窗后、屏后的表演者，也是如此做戏。

清人无名氏在《营业写真竹枝词》中有《做隔壁戏》一诗云：

隔壁戏，好口技，吱哗百叫真诧异；
忽而男子忽女子，还要学学鸡鸣兼犬吠；
隔壁戏，隔壁听，不是隔壁偏不灵。

但隔壁戏或相书在幕后的表演与当众表演在内容上有许多不同，如《农家乐》《洞房花烛小登科》、《闺房乐》等节目，在仿效各种日常生活细琐事项的声音之外，多涉及儿女私情、床笫之欢，语多猥亵，声皆淫秽。其中，脱衣、便溺、上床、调情、

前戏、交合，动作、喘息，细如纤毫，无不一一仿效。使听者闻之讪讪、笑之窃窃，莫不掩口抚掌。因为内容奇特，致使此艺在民间久演不衰。这种口技也叫做窗根儿戏，听戏者好似在听人家夫妻隐私一般。旧日有钱的子弟聚在一起寻开心，叫小堂会时，总要躲开女眷，点一出杂耍"窗根儿戏"。

清季窗根戏很是流行。有时艺人为了多挣钱，几乎不分场合公开表演，因有伤风化，民绅举报，政府不得不出面取缔。宣统元年出版的《成都通览》中，详述了这件事："相书，现经警局禁止，然有雅不伤俗者。成都只有李姓说得好，名李相书，每日工钱六百文，夜间三百文，住东华门街一瞎子耳。"文前有图画一帧，很生动地描画了听相书的现场情况。今随文附之于后，也算是对这一消失了的表演形式的一件图证。

图一：相书。[清]刊《成都通览》插图。
图二：听窗根儿戏。[清]孙继绘。

唱　　戏

Chinese opera performance/ 役者

满城争说叫天儿
————〔清·狄楚青《宫中杂诗》〕

场歌、舞、戏演出的盛况，内容十分丰富，表现形式以百戏为主，可见戏剧形式

　　"唱戏的"此处的"的"字要念"地"字的音，是旧社会对演员的一种贬称。从语意中讲，这三个字，不仅肯定了这个职业的性质，而且反映出时人对这一职业的看法。

　　《史记·滑稽列传》中"优孟衣冠"的记载，是中国演员艺事的记录开端。优孟，是楚国的乐人，常以谈笑讽谏为能事。楚国宰相知其为贤人，对他甚好。优人敢于在国王面前言大臣所不敢言的事情，是有特殊意义的，也是很感人的，司马迁对之给予很高的评价。但优孟的讽谏性表演，算不算就是戏剧呢？还不能确定。到了隋代才有这样的文字记载：

　　万方皆集会。百戏尽来前。

　　临衢车不绝，夹道阁相连。

　　薛道衡的这首诗是记述隋代大业年间一个剧已经诞生了。

　　到了唐代开元二年，"玄宗于听政之暇，教太常乐工子弟三百人为丝竹之戏，号为皇帝弟子，又云梨园弟子，置院近于禁苑之梨园"。这就是我国历史上第一所既培训演员，又进行演出的音乐、舞蹈、戏剧学院。而玄宗自己便成了院长。梨园中人才济济，有编撰人员，有音乐家，有表演艺术家，他们都有很高的文化，编撰人员虽不固定，但经常有明皇诏令当时的翰林学士或其他著名文人编撰节目，李白也曾承诏写过：

　　云想衣裳花想容，春风拂槛露华浓，

　　若非群玉山头见，会向瑶台月下逢。

　　这组《清平调》实际上是一台载歌载舞、有音乐、有情节的戏剧。唐玄宗自己也还创作加工整理过一些节目。如《甘州》、《霓裳羽衣曲》等。

有唐以来，有名有姓的演员有文可载的少之又少。仔细找来，有唐代李龟年、雷海青、黄幡绰、公孙大娘等，元有朱秀、忠都秀等。清代则出了"同光十三绝"、"御口亲呼胖巧玲（梅巧玲）"、"国家大事谁管得，满城争说叫天儿（谭鑫培）"等赫赫有名的大角。这些角儿在世俗的眼中既是高不可攀的明星，同时又是被人极为轻贱的"娼优"。自元代即有"九娼十丐"之序，再红再名的演员也被视为"公众的玩物"，贬称为"戏子"，成了"五子行"之一的贱业。

民国戏剧火炙，京剧如日中天，群星灿烂，演员成为娱乐业中风头最健的行当。但这一行人中，鱼龙混杂，既有名垂青史的大艺术家，也不乏首鼠苟且之辈。梅兰芳、程砚秋、周信芳等人在舞台塑造的人物能"感天动地"、"惊诧鬼神"，在国家民族生死存亡的大是大非面前，他们"蓄须""荷锄"，息影舞台。他们在生活上怀瑾握瑜，光明磊落，诚为演艺界之大丈夫，为内外行人人景仰。

但也有不少角儿一生懵懵懂懂、浑浑噩噩；有钱时，生活骄奢放荡，抽大烟、喝花酒，挥金如土；没钱时，狗苟蝇营、猫偷鼠窃，甚至于堕落失节，做出诸般让人看不起的事情。例如，金少山是著名的大花脸，红火时每场包钱上万，他忘乎所以，终日沉浸于吃喝玩乐当中，提笼架鸟玩鹞鹰，不仅养猴养狗，还要养一只狗熊来耍。白天进烟馆，夜里眠

图二

花寨，纵有百万子金，也经不住他不断地"抛掷"。这位爷"现上园子现赎行头"，是彼时人人皆知的事情。最后坏了嗓子，失了场子，穷困潦倒而终。

更有一些当年很有名气的演员，一味贪求眼前名利，不计后果，在伪满洲国成立之时，抢着去盛京祝贺献艺；在日本侵华的时候，有的变成金璧辉的幕友，有的成了汪精卫的座上宾，从此留下了永远抹不掉的污点。也正因如此，旧社会一些人便把演员这一行不分良莠地一概轻贱了。

图一：演戏。清代壁画。
图二：演戏（烟画）[1905年]英美烟公司设计出品。
图三：《忠都秀》。元代壁画。

图三

265

磨 烟 袋 嘴

Maker of cigarette holder / シガレットホルダを作る役

学碾更要十年功

——〔蒋敬生《碾玉》〕

图一

我国原本没有烟草，烟草是从欧洲传入的。明万历年间，中国经济发达，对外域文化的传入也表现得十分豁达。门户开放，使外国的传教士、西历、钟表、红衣大炮等等，相继进入华夏。烟草也随着里斯本的航船队传入吕宋、南洋。明代科学家方以智说："万历末，有携淡巴菰至漳泉者，马氏造之，曰：淡肉果。渐传至九边。皆衔长管而点火吞吐之，有醉扑者。"这是烟草进入我国最早的文字记载。

当时称烟草为"淡巴菰"，无疑它是英文"Tobacco"的译音。明代名医张介宾在《景岳全书》中说："此物自古未闻也。近自我明万历时始出于闽广之间，自后吴楚间皆种植之矣。"当知，烟草进入我国应在 1573 年至 1619 年之间。

在吸烟的方式上，国人多吸旱烟。俗谚云："东北有三怪，窗户纸糊在外；养了孩子吊起来；十七八的姑娘大烟袋。"女孩尚且如此，足知吸旱烟的普及程度，已十人九吸了。

纂修《四库全书》的纪昀就是位著名的瘾君子。《清人轶事》记载："河间纪文达公酷嗜淡巴菰，顷刻不能离。其烟房（即烟袋）最大，人呼为纪大烟袋。"

烟袋一头是铜烟袋锅，另一头有烟袋嘴，中间由带孔的竹、木或铜的烟袋管连接。抽烟时，把烟袋嘴含在口里，再在烟锅里放入烟末，用火点燃吸食。这种烟袋的长、短、粗、细以及款式、材料，有很大的区别。清朝人爱摆谱儿，什么等级的人用什么样的烟具。达官显贵的烟袋自然是十分讲究，烟袋嘴的用料，则是讲究的重要标志之一。

烟袋嘴有硬木的、紫竹的、黄铜的、银质的，而最多的是玉石的。当然玉石中也分翡翠、碧玺、缅玉、和田玉种种。因为玉石光泽性温、质坚而细润，是上等饰物。作为烟嘴含在口中，冬暖夏凉、润唇生津，而且色泽清碧、品质高雅，拿在手中温文尔雅，给主人添增着无上品位和风光。

我国自古崇尚玉石，古人以冠玉、佩玉为仪态

玲珑塔上玉玲珑，雕虫巧手又雕龙。

烧玉自须七日满，学碾更要十年功。

在清代的玉器作坊里，琢磨烟嘴儿也是一项很主要的日常活计。图三就是玉匠作坊前的写照。前来加工玉烟袋嘴的，多少都有俩钱。所以，要饭的也常围在此处乞讨。玉烟袋嘴用的人多，玉料也开采得越来越多，使用得也就越来越普及。到了民国期间，一般的平民之家，也都有一、两杆装有玉嘴的烟袋锅了。只是玉质差别不一，未必能尽如人意罢了。

端方、志趣高洁的象征；赵国的一块和氏璧，秦皇甘愿用十五个城池来换它。李商隐有诗云："蓝田日暖玉生烟"，把玉的精气描绘得恍若灵光。用玉作为日用器皿的饰物，是人们的一种追求。做烟嘴，也自是烟民的一件乐事。

但是，"玉不琢，不成器"。琢玉是一种专门的学问。元朝的全真大师丘处机，在京师白云观中撰写了一部《水凳歌诀》，书中详述了琢玉的技术。玉匠师傅将一块玉石拿在手中，经过审慎地问料、设计，而后上车锼、冲、磨、轧、勾、抛光等多种工序，最后使器成型，成为精美的艺术品。图二、三都是描绘清代琢玉工人工作时的情景。蒋敬生有诗云：

图一：在清代的玉器作里，琢磨烟嘴儿也是一项很主要的日常活计。[1905年]英美烟公司出品的烟画。

图二：玉匠（烟画）。[1905年]华成烟公司设计出品。

图三：碾玉图。[清]孙继绘。

玉匠师傅将一块玉石拿在手中，经过审慎地问料、设计，而后上车锼、冲、磨、轧、勾、抛光等多种工序，最后使玉器成型，成为精美的艺术品。

鼻　烟　铺

Snuff shop/嗅ぎたばこ屋

嗅处微微香雾起
　　——〔清·彭光斗《鼻烟次某阁学韵》〕

　　鼻烟是一种由烟草、冰片、茯苓、香料研磨精细的粉末。平时贮于鼻烟壶内，用时，取出些许，用中指和拇指一拈，送入鼻孔之内。闭目养神，轻轻吸入，顿时清脑提神，飘然若仙。若是猛吸一口，喷嚏如雷，瞬间一身轻松，遍体通泰。比吸食旱烟、水烟，别有一番滋味。故在旧时吸者颇众。

　　鼻烟源于何地何时，其说不一。有云传自蒙古，有云出自泰西。据笔者所知，1492年哥伦布发现新大陆，当他和他的船员们在圣萨尔瓦多的瓜纳海尼岛看到土著男女人人手中都擎着一支"燃烧的炭"时，无不惊异莫名。这是人们首次与烟草邂逅。他们还把盛产烟草的加勒比岛命名"多巴哥"(Tobago)。

　　1558年前后，葡萄牙水手高斯把烟的种子带回了欧洲。法国驻葡萄牙大使尼古特对这种植物极感兴趣，便精心栽培在花园里。收获了叶子晒干，研成细末试吸，觉得有提神解乏、镇定解痛的作用。于是，又添加了些辅料制成鼻烟，进贡给法国皇太后加瑟琳·美迪斯吸用，竟然医好了她久治不愈的头痛病，于是轰动一时。由此烟草成了欧洲宫廷内的宠物，时人誉之为"太后草"。人们为了纪念尼古特培植烟草的功劳，特命名烟草为尼古丁。从此，鼻烟在欧洲得到了广泛的流传。

　　明代嘉靖年间，意大利传教士利玛窦来华向朝廷进献的贡单上，就有鼻烟两瓶。这应是鼻烟进入我国的最早记载。乾隆举人彭光斗有《鼻烟次某阁学韵》，把鼻烟写得神乎其神。他在诗中写道：

　　　碾成琵琶金屑飞，嗅处微微香雾起；
　　　翠管银瓶出袖间，灌脑熏心嚏不已。

　　清代皇帝们对鼻烟壶情有独钟。康熙、乾隆曾多次旨谕内务府精心研制，不惜工本，烧制出无数名品。

古月轩、辛家皮以及马少萱的内画壶，都是价值连城的珍品。崇文门外的青山居，每年还要举办盛大的"赛壶会"。可以想见，清季吸用鼻烟之风之盛。

　　北京前门大栅栏东口，对着瑞蚨祥绸缎庄有一处著名的鼻烟老店，名叫天蕙斋。迄今仍在，门面不大但名噪全国。天蕙斋的鼻烟从品种上大概分为十级：一级叫万高馨露；二级叫万馨露；三级叫万鲜露；四级叫万蕊露；五级叫高万花露；六级叫万花露；七级叫御制露；八级叫茉莉露；九级叫双花熏；十级叫坯子。按上述十个等级，以民国初年的价格相比，一袋44斤的洋白面，价格为大洋2元4角，而一两万高馨露鼻烟，则要大洋2元5角6分。由此可见鼻烟价格是非常贵的。但是，因为它质高品重，瘾君子仍趋之若鹜。如图所绘，人们手握空壶登门，业者用天平戥称，论镏论铢，细心称量，一丝不苟。

　　到了民国，纸制卷烟盛行之后，鼻烟渐受冷遇。20世纪50年代，便已悄悄地退出了历史舞台。

图一：鼻烟铺（烟画）。[1904年]日本村井兄弟商会社设计出品。

　　喜爱鼻烟的瘾君子们手握空壶登门，业者用天平戥称，论镏论铢，细心称量，上等鼻烟价格不菲。

卖 凉 烟

Tobacco Replacement/ メンソールタバコ屋

消暑祛火保安康
——〔清·北京顺口溜〕

这枚日本村井兄弟商会社出品的烟画，画的是清末买卖凉烟的情形。

凉烟是一种不含尼古丁、由中草药配制的粉剂制品，内含冰片、薄荷等清凉剂，用以代替鼻烟。嗅之，亦能达到清脑提神的作用，故而时人称之为凉烟。

发明人称此物的效用与鼻烟相似，但配方科学，无毒无害，更不会用之上瘾。它不是鼻烟，胜过鼻烟，良方济世，益人心神，是一绝代妙品。卖凉烟的人也以新派人物自居，声称推销凉烟的目的在于宣传科学，提倡戒烟戒毒。他们都头戴礼帽、身穿半中半洋的衣着，标榜维新。站在繁华的街道侃侃而谈，介绍吸烟的害处和改用凉烟的好处，向路人推销匣内的物品。

凉烟的包装像个小牙粉袋，长方形状。每包一市两（当时一市斤合十六两），售价也不贵。一些吸过鸦片或是纸烟的人有意戒烟，就购买这种凉烟吸用，作为戒烟的一种过渡的办法。清代末年，凉烟的售卖曾风行一时。

凉烟的出现有其一定的社会原因。鸦片战争之后，各种毒品如鸦片、海洛因、白粉、纸烟种种，自海外大量流入我国。这些麻醉品严重地危害着人们的健康，腐蚀着社会的肌体。朝野无数的志士仁人拍案而起，在强烈要求变法维新的同时，也在呼吁社会匡正时弊，铲除不良。戒毒禁烟是当时第一重要的口号。当时，在上海、北京、南京等各大都市，成立了无数的禁烟戒烟的组织。这里所说的戒烟，不仅仅是戒除鸦片，同时也号召戒除一切形式的烟草制品，在社会中影响很大。

其时，恰逢在理教正在民间盛行。在理教原是明末遗民杨来如在山东即墨发展起来的反清复明的民间秘密组织。嘉庆年间，此教渐渐兴起。到了光绪年间发展迅速，士农工商、老少妇孺纷纷入教，一时会众无数。在理教有一条至为重要的原则，即入教必须戒烟戒酒。这一信条深得人心，与当时的戒烟运动相呼应，形成民间一股不可遏制的巨大力量。

北京长春堂药铺的老掌柜山东招远县人孙振兰笃信在理教。他也积极地投身到这一运动中去，以自身之能，发明了这种凉烟，用它来代替各种烟草制品，帮助教友戒烟。这种凉烟是一种消暑的闻药，具有香、凉、祛瘟消暑的效用，取用少许，抹入鼻腔，清凉感直通心脑。当年北京曾经流传过这样一句顺口溜：

暑热天您别慌，快买暑药长春堂，

抹进鼻孔通心脾，消暑祛火保安康。

凉烟的这种祛暑清火的功效，人们一试还真行。于是，这种凉烟走俏一时，直到民国初年，此热逐渐降温。

这种凉烟，后来经过改制，易名为"避瘟散"，最终成了一种有名的中成药，一直被保留至今。

图一：卖凉烟的人以新派人物自居，声称推销凉烟的目的在于宣传科学，提倡戒烟戒毒。〔1904年〕日本村井兄弟商会社设计出品的烟画。

烟 袋 铺

Water-leaching-smoking bag/ 水ギセルを売り

千钱争买青铜壶

——〔清·舒拉《兰州水烟》〕

烟袋分两类，一种是旱烟袋，一种是水烟袋。

旱烟袋，是在平直的烟管前装一个小铜锅。水烟袋的构造可就复杂得多了，陈琮在《烟草谱》中描述，"其制有鹤形、象形、葫芦形等"，水烟袋是"范铜为女蹸，腹贮水，面装烟，跟引管尺许，隔水呼烟"。他说的水烟袋样式，一直到近代并无多大变化，它的下边是一个一把可握的注水铜壶，上边的前嘴儿可置放烟丝，就火可燃；后面有一个弯曲的长铜管，可含在口中吸用。质地分黄铜、白铜、银、锌、景泰蓝、珐琅，由种种不同材料制成。外面装饰各色图案，如连绵锦、宝相花、福禄寿喜、松鹤延年种种，精美非常。而且男用、女用款式有别，把握之间，千变万化，单从审美角度来说，确是一种值得欣赏的艺术品。当年，吸水烟的人握着它，也是一种展示身份、身价的物品。

徐珂著《清稗类钞》中，录有一首乾隆举人舒拉的咏《兰州水烟》一诗。诗中这样描写水烟袋：

迩来兼得供宾客，千钱争买青铜壶；

贮以清水及扶寸，有声隐隐相呼吸；

不知嗜者作何味？酸咸之外云模糊。

水烟，顾名思义是烟气通过水的过滤，再吸入口中，能减少烟草中的有害成分对人体的危害，也有其科学的一面。

清末有了摄影术后，人们照相时也要把水烟袋当成一种摆设或道具。可以看到的许多清代留下的照片，达官显贵也好，贵妇名媛也好，商绅富贾，名伶艺妓，皆有一柄漂亮水烟袋伴之左右。

水烟袋原本是阿拉伯人的发明。明朝传到东南亚、滇缅云贵一带，人们用竹筒盛水用之，吸时呼呼作响。至今，这些地区的乡间仍使用传统的竹制水烟筒。清中叶，广东开始出现了鹤腿型的水烟袋。陆耀《烟谱》一书曾提到："以锡盂盛水，另有管插盂中，旁出一管如鹤头，使烟气从水中过，犹闽人先含凉水意然。"这是有关水烟袋最早的记述。

图一

乐

图二

防止疾病、避免瘴气，命军士把芸香草含于口中咀嚼。久而久之，这种芸香草逐渐演变成水烟。凡是制烟厂皆称本行为芸香事业，供奉的祖师爷是孔明先生。烟袋店亦代售水烟丝，所以烟袋店老板同样也称祖师爷为诸葛亮。

水烟传入宫廷，深为宫中女眷喜爱，水烟袋的式样也就越来越精美了。后来，连皇帝都开始使用水烟袋吸烟了。宫廷卫士岳超在《庚子辛丑随銮纪实》中写道：光绪皇帝在八国联军逼迫下，于1900年8月15日离开紫禁城时，身"着青洋绉大褂，手携一赤金水烟袋，神色沮丧，盖国运隆替，自身安危，复不可测"。皇帝仓皇辞庙时，手中尚携此物，民间宁不普及？

使用的人多，就有了心灵手巧的匠人，就有了成批生产的作坊，也就有了售卖的商店。清季南北城镇售卖水烟袋的店铺极多，例如北京大栅栏、琉璃厂，南京的夫子庙，苏州的观前街，上海的老城隍庙，都有些著名的烟袋老铺。

图一的烟画，画的是人们在烟袋铺里挑选水烟袋的情景，也是清末民风的一帧图证。民国之后，纸制卷烟普及极快，人们生活节奏也加快了，携带不便的水烟袋也就逐渐退出历史舞台。

传说，水烟是当年诸葛亮渡泸时的发明，为了

图一：水烟袋铺（烟画）。[1905年]英美烟公司设计出品。

图二：焊水烟袋。[清]无名氏绘，选自《北京民间风俗百图》。

图三：制水烟袋。[清]孙继绘。

图三

敬 水 烟

Water- leaching-smoking service/ 水ギセル役

青霞一口吐深夜
——〔清·舒拉《兰州水烟》〕

图一

乾隆时的举人舒位，工诗，著有《瓶水斋诗集》。他写的诗提到水烟：

吁嗟世人溺巧好，宁食无肉此不疏。

青霞一口吐深夜，那知屋底炊烟孤。

水烟，顾名思义是燃烧的烟草所发出烟气，通过水烟袋中水盂的过滤，再吸入口中的一种吸食方法。此法最早是古阿拉伯人发明。

水烟的烟丝以兰州产的品质为好。《烟草谱》称，"出自甘肃之五泉"的最为佳妙。它是由我国原生烟种黄花草，经过春制、切丝、制块而成的。南方潮烟的制法也如是。在吸用时，有的在水中适当地调入一些蔗糖或冰片，抽起来更有滋味。清季吸食水烟的风气十分普及，有身份、有地位的人家，老爷、太太皆吸水烟。

民俗学者金易先生在《宫女谈往录》中，记录了宫女荣儿在储秀宫为慈禧老太后侍候水烟的情节，书中说："老太后不喜欢吸旱烟，也就是平常说的关东烟。饭后喜欢吸水烟，可是宫里头不爱听水烟这个词……管水烟叫青条。"

敬烟需用火石、蒲绒、火镰和火纸。"火镰是比小钱包还要小的东西，包里分两层，一层装蒲绒，一层装火石，包的外沿呈月牙形，向外凸出，用钢片镶嵌一层厚边，有顿刀，就用它向火石上使巧劲一划，钢和火石之间就爆发

乐

出火星来。火石是拿在左手拇指和食指之间的，同时在拇指和火石的间隙里，按好了一小撮蒲绒，这片蒲绒借着火星就燃着了。再把蒲绒贴在纸眉子上，用嘴一吹，纸眉子突然燃起火来，就用火去点烟。"

"搓纸眉子可是个细心的活，搓紧了，灭火，搓松了，光冒火苗子点不着烟，最容易洒火星子，真吓人。""火绒燃着后贴在纸眉子上，用嘴一吹，把火眉子的火倒冲下拿着，轻轻地用手一拢，转回身来，这再用单手捧起烟袋（烟管特别长，叫鹤腿烟袋），送到老太后嘴前边一寸来远，等候老太后伸嘴来含。当老太后嘴已经含上烟筒了，这时就要把纸屑子放在左手下垂，用左手拢着，侍候老太后吸完一袋烟后，把烟锅拿下来，换上另一个。"

宫中如此敬烟，民间下人或小一辈的为主子、长辈敬水烟也是如此。水烟的缺点是外出携带不方便。因之，清代的茶馆酒肆以及戏院书场，就有专以敬奉水烟为职业的小贩出入。这一行的褡裢里背

着几支水烟袋，还有烟丝、纸眉等，遇有要抽口烟的，当时背过身子燃好纸眉，把烟点着，而后再侧着身子把水烟袋恭恭敬敬地送到顾客口中。整个过程与荣儿所述说的一样。这帧烟画就是清末这一行的图证。他们把顾客侍候得舒坦了，从而挣些小赏钱。

据齐如山先生说，早年间的戏园子里，卖水烟的更特别，其烟袋嘴有一米多长，点着之后，从老远冷不丁地杵到看戏人的嘴前，还喊着说："您来两口？"十分招人讨厌。

图一：[清]茶园壁画（局部）。

图二：[1905年]英美烟公司设计出品的烟画。

卖水烟的褡裢里背着几支烟袋，还有烟丝、纸眉，遇有要抽烟的，当时背过身子燃好纸眉，把烟点着，再侧着身子把水烟送到顾客口中。

卖 烟 卷 儿

cigarette selling/ タバコを売る

贫富人人抽纸烟

——〔清·学秋氏《续都门竹枝词》〕

图一

卖烟卷儿，也就是卖香烟、卖纸烟的，这一行迄今随处可见。然而烟卷儿并不是我国的发明。它原是从美国进口的洋玩意儿，所以，人们也都叫它"洋烟卷儿"。

一百五十年前的美国人，吸烟是采用嚼食烟叶的方式，也叫嚼烟。用纸卷烟丝吸用，是在美墨战争（1846-1848）期间，美国士兵在战壕中的一种应急的发明，他们用包子弹的纸包裹烟叶抽。因为它便于携带和吸用，所以很快就流行起来。

据我国上海档案馆珍藏的《颐中档案》记载：杜克公司生产的"小美女"牌香烟是在1885年进入我国的，由茂生洋行总经销。但是，因为"这种香烟两头能吸，国人只觉得好玩，而无人购买"，一时销量甚微。真正使香烟在中国得到推广的是在

1889年，杜克公司聘用的销售代表C.E.菲里斯克。他携带着"品海"、"老车"两个牌号的纸烟来到上海。一改以前坐店经营的老方法，联合了七家洋杂货店的老板，如"叶德馨"的叶益水、"乾坤和"的蒋正元、"永泰栈"的郑伯昭、"永仁昌"的严维周等合作。这些中国商人最了解中国人的消费心理，在大做广告宣传的同时，向路人无偿赠吸香烟。同时，把香烟馈赠达官显贵、朝廷宫掖。再加上美国烟叶从本质上就优于我国的土烟，而且烟丝细软、配料精良，吸食方便，使人一沾便爱不释手。不到一年，卷烟就成了社会上时髦的东西。吸

烟的人多了，口碑相传，销售量与日俱增。第二年，菲里斯克就以卓越的成绩当上了第一任老晋隆公司的大班。

纸烟在中国不多久便发展到："贫富人人抽纸烟，每天至少几铜钱；兰花潮味香无比，冷落当年万宝全"的程度。连当年誉盛全国的潮烟老铺"万宝全"（原址在前门大栅栏杨梅竹斜街）竟也无人问津了。

1891年，老晋隆洋行在沪设厂，引进了第一台卷烟机。接着，茂生洋行也开办了卷烟厂，引进了两台卷烟机。1897–1898年，上海美国纸烟公司、日商村井兄弟商会社也相继来华建厂。它们生产的品海、老车、弗吉尼亚、云龙、孔雀等等多种品牌，都有着很大的销售量。1902年，国际垄断资本英美烟草公司入主中华。1905年，我国民资烟厂南洋兄弟烟草公司成立。从此，中外烟厂形成了两大阵营，在争夺烟草市场上开始了长达半个世纪的激烈鏖战，为纸烟在中国的推销和泛滥写下了辉煌而又罪恶的篇章。这些篇章又是由遍及全国的烟商、烟贩和千百万卖烟卷儿的人共同谱写而成。

城市中卖烟卷儿的买卖有大小之分。大买卖窗明几净，陈设讲究，专卖上等洋烟或中国大公司的出品。前台零售，后柜批发。小买卖则在家庭小店中独设一个装满不同品牌香烟的货架子，与油盐酱醋、日用百货一起销售。再小的买卖，就是街头的小烟摊儿，或是走街串巷、脖子上吊着一个纸烟匣子的流动小贩。这种小贩多是贫穷的妇人和穷人家的小女孩担当，既卖香烟又卖洋火，她们面对的购买者都是城市贫民。

图二

图一：女子吸烟卷。[1900年]英国威尔士公司香烟广告。

图二：卖香烟。[清]《图画日报》插图。

275

卖 烟 叶

sale of tobacco leaf / タバコ屋

偏惹相思欲断难

——〔清·赵翼《吃烟戏咏》〕

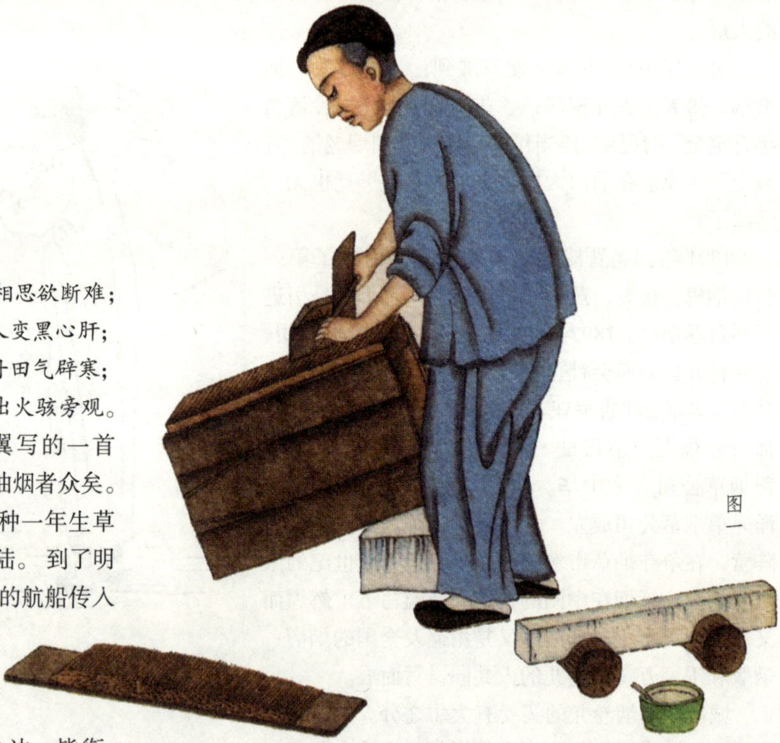

淡巴咏不入咸酸，偏惹相思欲断难；
岂学仙能吸云雾，几令人变黑心肝；
喷洋银管香驱秽，暖入丹田气辟寒；
赢得先生夸老健，鼻尖出火骇旁观。

这是清代乾隆进士赵翼写的一首《吃烟戏咏》，说明清代国人抽烟者众矣。

我国原本不产烟草，这种一年生草本植物，最早生长于美洲大陆。到了明万历年间，烟草随着里斯本的航船传入吕宋、南洋。明代科学家方以智说："万历末，有携淡巴菰至漳泉者，马氏造之，曰：淡肉果。渐传至九边。皆衔长管而点火吞吐之，有醉扑者。"这是有关烟草进入我国最早的文字记载。

另有一说，烟草是从日本经朝鲜传入我国东北的。朝鲜《李朝仁祖实录》载："南灵草，日本国所产也。其叶大者可七八寸许，细截之而盛之竹筒，或以银、锡作筒，以火吸之，味辛烈，谓之治痰消食，而久服往往伤肝气，令人目瞀。此草自丙辰丁巳间越海来。"其中，南灵草即烟草；丙辰丁巳则是公元 1616–1617 年前后。

烟草一经传入，便以迅雷不及掩耳之势，很快传遍大江南北。据《中国民族工业史》一书统计，到了康熙年间，江南民间三尺以上的顽童都会抽上两口旱烟。闺中的妇女也手执烟袋，竟日吸食。清陈琮的《烟草谱》录有女诗人静海吕氏妻写的《戏咏长烟袋》，特别传神：

好个长烟袋，妆台放不开；

图一

276

乐

伸时窗纸破，钩进月光来。

在吸烟的方式上，国人多是采取抽旱烟和吸水烟的方式。人们把成熟的烟叶晒干或是焙干，然后去除烟梗，把叶子加工揉碎，或切成细丝出售。吸烟的人把烟末、烟丝装入旱烟袋锅或水烟袋嘴内，用纸媒点燃吸用。于是乎，种烟、贩烟、加工烟叶也就成了民间一大行业。

在城镇中开设烟叶店或是摆烟摊，专一卖烟叶的小贩，在旧日的闹市中比比皆是。这种烟店门口都挂着黑漆招牌，上书斗大的一个烟字，牌下坠一块斜角红布，迎风一飘，老远就能认出是烟叶店。店门口的货架子上，放着一溜儿簸箕，簸箕里面放着各种打着捆的烟叶子，有关东烟、黄金叶、青条、黄条种种不同的品种和不同的成色。靠近前的簸箕里，放着碾碎的烟叶或是切碎了的烟丝。顾客可以随意试吸选购。摆摊子卖烟的，也与烟店的形式一

样，只是没有黑漆招子，环境简陋一些罢了。当然，在摊上的货色再好，也卖不出好价钱。

在清季末年，尽管香烟已经面世，而卖烟叶的店铺或烟摊子均不代售烟卷儿。好像烟叶与烟卷儿是天生的死对头一般。这种现象一直延续到民国十年前后。但是，这种铺店和摊子却经销外国烟丝，如英国的爱克司发图、美国一号等铁筒烟丝倒是成例。后来，国产的细烟丝也以袋装的形式上市。这类烟丝主要是供吸旱烟的人用着方便，比抽碎烟末子要洋派得多。后来，烟叶铺子最终敌不过纸烟的进攻，民国二十年起也主动地代销各种纸烟了。

图一：刨烟丝。[清]无名氏绘，选自《北京民间风俗百图》。
图二：清朝妇女吸烟图。[清]民间木版年画。

到了康熙年间，江南民间三尺以上的顽童都会抽上两口旱烟。闺中的妇女也手执烟袋，竟日吸食。

澡 堂 子

Bath/ サンスケ

香泉涌出半池温
——〔唐·谢宗可《浴堂》〕

图一

古人提倡经常洗浴，在理论上已把它提到立身处世的哲学高度来看待。《礼记》有"澡身浴德"之说。也就是说："澡身，谓能澡洁其身不染浊也；浴德，谓沐浴于滢，以德自清也。"是把洗浴与道德修养相提并论，足见古人对于个人卫生重视的程度。因此，每逢隆重的礼仪大典、婚丧嫁娶、生辰寿日、待客迎宾，上自天子，下至黎民，都要沐浴净身，以示郑重。至于礼佛、祭祖等更为神圣的活动，洁身之事更加重要了。

总之，洗浴是人们日常生活中不可缺少的事情。但千百年来，我国关于洗浴设施的情况，古书上甚少描述和记载。唐代大诗人白居易在他的诗中，也仅是泛泛地描写了一下杨贵妃的浴室，"春寒赐浴华清池，温泉水滑洗凝脂"。此外，就别无详述了。现在，在骊山脚下重新修建的"华清池"，已面对游人开放。华殿汤池，堂皇富丽，无非是新开拓的一个旅游景点而已，很难说是恢复了唐代皇家浴室的原貌。

明朝，兰陵笑笑生在《金瓶梅词话》中描述了西门大官人与潘金莲"水战兰汤"的浴盆，洗澡的设施，也只不过是一个款式较大的木盆而已。清代德龄女士在《御香缥缈录》中，曾描绘慈禧皇太后"洁身澡沐"的浴盆，也就是一个银制的大圆盆，并无上下水设备，都是在洗澡时，现往里注水，用时端来，不用时撤去的物件，只不过是质料与大小有所不同罢了。连皇家富贾的洗浴设施都没有什么特殊之处，民间市井的洗浴器皿，也就更没有什么可说的了。

我国何时出现了公共浴室了呢？一时还很难确考。考古工作者在西安的一座汉墓侧，发现一个由釉砖拼砌的池子。专家以此拟断定为汉代的公共浴池。但反对者亦众，此说尚在似是而非之间。只有唐人谢宗可曾有一首咏《浴堂》的诗存世。诗云：

香泉涌出半池温，难洗人间万古尘；
混沌壳中天不晓，淋漓气底夜长春。
波涛鼓怒喧风雨，云雾随阴护鬼神；
却笑相逢裸形国，不知谁是浴沂人。

此诗，可视为公共浴室的发端。南宋吴自牧的《梦粱录》中称，宋时洗浴业为"香水行"。明代俗称"混堂"。北京出现公共浴室较晚，笔者在北京与洗浴行业的老人们讨论此事时，大家一致称前门外铁树斜街的"一品香"，是近代公共浴池的鼻祖。它开业于清同治年间，迄今有一百三十多年的历史了。大栅栏的"恒庆堂"浴池，则开得较晚一些。

彼时澡堂的座位分为三等。头等是官座，布置精雅，设备上乘，还有取耳、扦脚、捶背、刮痧等服务项目。另外，还可以花钱叫堂倌到外面店铺里买各种点心和酒菜来吃。富绅权贵可以舒舒服服地在澡堂里泡上一整天。二等是客座，设施稍逊于官座。靠墙放着一溜儿木制的长椅，旁边是茶几、衣柜。贴身衣物放在衣柜里，长袍马褂则由堂倌用叉子挑到房顶的衣钩上挂起来。三等是平座，只有椅子和一只放衣物的筐。两文钱便可在平座洗澡、吃便茶，还能享受到滚烫的热毛巾。

澡水也分三等：澡池后墙有一只专煮热水的大锅，离锅最远的是温水，较近一些的是热水，贴近大锅处的小池，叫作焦池，这里的水最烫，一般人是不敢入内的。图一是清代刊本中，有关中国公共浴池的一幅插图。在焦池的外边，有加热的炉灶。

公共浴池开设之初，颇为国人欢迎，红火一时。但直到民国初年，李铁拐斜街才出现了第一家女浴

室，名称"润身女浴所"。胡朴安在《燕市杂咏》中有一首咏女浴室的诗：

一池清水绿溶溶，锁住相思路不通。
未应风光多锢蔽，英雄何必不英雄。

浴室中的组织，除了店东外，设有账房、经理或掌柜，还有堂口、堂头和大炉间，各司其职。另雇佣伙计侍候浴客。伙计们的收入微薄，主要靠小费和拆账。

图一是《点石斋画报》所绘的上海浴室，时间在1900年左右，当时的澡堂子可以说是很洋派了。浴客澡身后，可在外间偃卧休息。堂倌除代理衣物外，还须代客泡茶或卖馄饨小吃。

图一：清代大型的公共浴室中设有宽敞的休息厅，堂倌在伺候客人更换衣服。[清]《点石斋画报》插图。

图二：清代公共浴堂内，浴池的外边设有火灶，用来加热池中的水。[清]《清俗记闻》插图。

图三：浴客在用木盆中的温水揩面、澡身，门外的堂倌在守门收费。[清]《清俗记闻》插图。

剃　　头

Haircut/ 散髮

留锅圈儿长大辫
——〔清·老北京俗语〕

图一

图二

中国老百姓从来遵守圣人教训："体身发肤，受之父母，不得伤损丝毫。"男人蓄发养须，早已成为制度。

爱发者，将头发梳成发辫，盘于头顶，加冠戴幞，精心爱护；爱须者，将胡须梳理得光洁飘逸，睡觉时还要罩以锦袋，万分诚敬。历史上曾出现许多诸如柳下惠、徐公、关云长等名标史册的美发公、美髯公。到了明末，男人美发发展到了极致。姚廷遴在他所写的《历年记》中谈到，自明崇祯元年（1628）到清康熙三十六年（1697）期间，"男子十六岁方留发，发长披在肩上，如今时妇女无异。亦梳'三把头'、'泛心头'，发少者用（假发）益之，甚有发团如冰盘大者，亦如今日妇女梳妆一般。插簪戴花，将彼发挽扎起，即名曰：'直搦头'。二十岁方带冠。"这种情景，今日看来，也是新奇之极了。

古代男人髡首（即剪去头发），是惩办罪人的一种刑罚。若是自己削去头发，被路人看到，一定视其为疯子。例如楚国接舆就因为髡首，而被时人称为"狂人"。要么就是脱离了红尘，削发出家当了和尚的僧人。若是断须，则一定是犯了法规，无以自责，割去胡须，以为忏悔。《三国演义》中马踏青苗、自践军令的曹操，就拔出宝剑非要自刎，在众人的苦苦劝谏之下，最后割断须发表示罪己，就是一个例子。

及至清朝，努尔哈赤部族人主中原。顺治二年（1645），世祖爱新觉罗·福临便下了一道《发令》。薙者，除草也，同"剃"。即强令汉人男子如同割草一样，剃去前额的头发，以示臣服归顺新朝。圣旨云：

今中外一家，君犹父也，民犹子也，父子一体岂可违异？若不画一，终属二心，不几为异国之人乎？……自今布告之后，京城限旬日，直隶各省地方自文到部日，亦限旬日，尽令发。遵依者为我国之民，迟疑者同逆命之寇，必置重罪。……欲将已定地方人民仍存明制，不随本朝制度者，杀无赦！

这个"留头不留发，留发不留头"的严令，目的在于"发易服"，以试汉人臣服之心。不少骨鲠之士，宁愿"抛头颅，洒热血"，以卫祖制。史书曾记载，南京、绍兴一带，均发生过大规模的"护发运动"。从史可法到夏完淳，就义之前，无不抚

发誓志，不负大明。爱国志士王义仁还留下这样的悲壮慷慨的诗句：

　　欲将须发还千古，

　　拼将头颅掷九逵！

　　那时的剃头师傅，都是由旗内清兵充任。他们手持剃刀立在街头路口，执行起命令来，毫不懈怠，雷厉风行。凡抗拒剃头的，自然落得被砍下头颅，悬于旗杆示众的下场。在异族统治的淫威恐吓之下，众多汉人，不出半载便全部满族化。剃净前额，梳起长辫，拖在脑后。就这样，长长的发辫一拖就达三百年之久。还留下一首充满自嘲味道的《剃头歌》，而今读之，仍是酸得可以：

　　自古头堪剃，而今尽剃头；

　　有头皆可剃，无剃不成头；

　　剃自由他剃，头还是我头；

　　请看剃头者，人亦剃其头。

　　头发剃了还会长，需要经常修理。于是，这些行伍出身的剃头师傅，复员后便以此为业。剃头这一行，就此应运而生。

　　剃头挑子一头是"小红圆笼中置炭炉、坐水锅，上置盆，旁竖旗杆刁斗"（见清闲园鞠农《燕市货声》注），保留旗杆的式样，暗藏着当初"头发革命"的遗制。

　　剃头一行的手艺不凡，老北京的剃头匠必须会十六种技能，即梳、编、剃、刮、捏、拿、捶、按、掏、剪、剔、染、接、活、舒、补，统称为"整容行儿的文武行当"。小孩儿在三四岁以前，多半留"坠根儿"或"歪毛儿"（即小辫儿），四五岁以后留"锅圈儿"或"码盖子"，这就为以后梳大辫子打下了基础。当时北京有"留锅圈儿长大辫子"的俗话。

　　"唤头"是剃头匠招徕生意的响器。一柄开叉的铁铜，铁棍从当中一划，吃愣愣响声很远。一闻此声，便知剃头师傅过来了。剃头这一行的祖师爷是关老爷。业者大概将手中的剃刀比为关云长的青龙偃月刀，用之快当，可以削发如泥。

图一：理发。[清]无名氏绘，选自《北京民间风俗百图》。

图二：清季的剃头师傅在为客人梳理头发，编制发辫。[清]《成都通览》插图。

图三：剃头（烟画）。[1900年]英国烟公司设计出品。

取　　　　耳

Ear cleaner / 取耳

牟利各行有秘传

——〔清·兰陵忧患生《京华百二竹枝词》〕

剃头这一行，有其独特的生财之道。晚清兰陵忧患生写的《京华百二竹枝词》中有吟剃头铺一首：

　　牟利各行有秘传，剃头铺子最新鲜；
　　要他不惜工夫好，给了活钱又酒钱。

诗后有作者的小注云："俗谓剃头为做活，剃头钱因名为活钱。如到铺中剃头，必须给活钱外，另给酒钱，方不致草草了事。缘活钱为铺掌例得，酒钱则剃头师傅自有。牟利之法，可谓一举两得。"

话虽如此，但剃头师傅的多项服务也是可观的。他要掌握多种技能。即剃、刮、梳、编、掏、剪、剔、染、捏、拿、捶、按、接、活、舒、补。前八种是做头上的活，后八种是做身上的活，共有一十六种。仅头上，除剃头、刮脸，还要梳头、编辫子、剪头、染头发，还要会剔眼，掏耳朵。清季《竹枝词》还有一首赞句容剃头匠的诗：

　　句容剃头算老四，练就一手好本事；
　　敲背扒耳真名工，更兼修面修胡子。

扒耳朵，又称净耳、取耳，也就是取耳垢、取耳茧。在日常生活中人人都会长耳茧，耳茧积多了，会影响人的听力，会积秽发炎得耳疾。有的老年人还生耳毛，也需要按时清除。古雅谑中有以"挖耳、捶背、打嗝、放屁，为人生四大快事"之说。

古人取耳多用绾发的器物，妇女用簪钗发卡的根部，男人则用发簪、冠簪的尖锐部分。从汉代出土的文物中可以看到，有的钗簪的根部并不是尖的，而有椭圆、有坑、凹如勺状的造型，已与今日之挖耳勺相近了。

图一

笔者儿时见过剃头师傅取耳。那是在理发完毕，师傅用剃刀刮净额前脑后、耳侧的毛发，即俗称"修边儿"之后，对着光线，一手将一耳耳廓拎起，另一手操剃刀将内外耳廓、耳边，刮上一遍。然后换一把五寸来长、又扁又窄的小刮刀，比今日西医的手术刀还要窄，深入耳内，不深不浅、恰到好处地刮净耳中四壁。再用一个前头有一绒毛小球的竹签探入耳孔，清出耳内污垢。这一工序做完，再用一支尖锐的小枪头状的铁签深入耳底，刺探耳茧，使耳茧松动脱壁，换用耳挖勺掏出耳茧。如是再用绒球签清洁一番。经过这一番动作，才做完一只耳朵。换了方向，再做第二只耳朵。双耳做完，师傅去掉苦布，拍打后背，算是打理完毕。旧日剃头挑上都挂有"朝阳取耳"的字牌，指的就是此道。

剃头师傅经见得多了，对一般耳疾也有些了解，遇有耳朵发炎、耳底化脓等病，也能当半个医生出方医治。

在日常生活中，家家都备有耳签、耳勺之属。在市场上也有制作售卖耳签、耳勺、耳绒球这一行的。因生意太小，只有蝇头之利。在旧时代，常见有孤苦老翁擎着草把，销售此类物件，情形十分凄苦。

图一：掏耳（烟画）。[1904年]日本村井兄弟商会社设计出品。

卖 头 发

Hair selling/ *髪を売る*

假头发团做法妙

——〔清·《图画日报》刊《做假头发团》〕

图一

发肤受于父母，是无比神圣宝贵的。对头发爱之、珍之、惜之、护之，是不言而喻的道理。古《阿房宫赋》中有"星汉灿烂，开妆镜也；绿云缭绕，梳晓鬟也"，把秦时妇女对镜理鬟的凝重肃穆，传神写尽。古诗《花间集》则用尽绮词丽句，把妇女们的青丝云鬟描绘得如诗如画，淋漓尽致。

自古飘逸的秀发增添着女人的端庄美丽，以秀发相赠知己，也是古代女子别样的深情。《乐史·杨太真外传》中记载，贵妃二次被唐明皇逐出宫时，对传话的太监说："妾罪合万死，衣服之外，皆圣恩所赐。唯肤发是父母所生。今当即死，无以谢上。"说完铰下青丝一缕，让太监转呈唐皇。唐皇见后心恸不已，遂收回成命，和好如初。

最早的一篇描写古代女人在情急之下剪去青丝贩卖的故事，见于《世说新语·贤媛》篇。文中写道："陶公（侃）少有大志。家酷贫，与母湛氏同居。同郡范逵素知名，举孝廉，投侃宿。于时冰雪积日，侃室如悬磬，而逵马仆甚多。侃母湛氏语侃曰：'汝但出外留客，吾自为计。'湛头发委地，下为二髢，卖得数斛米。斫诸屋柱，悉割半为薪；锉诸荐以为马草。日夕，遂设精食，从者皆无所乏。逵既叹其才辩，又深愧其厚意……逵及

图二

洛，遂称之于羊、顾荣诸人，大获美誉。""截发留客"的成语，说的就是这个典故。

后来，妇女变卖青丝的情节屡屡见于历代文学作品中。如元杂剧《琵琶记》中的赵五娘，宋代戏剧故事《包公怒铡陈世美》中的秦香莲，都是因家贫无奈，而剪断青丝，鬻于街市，换得银钱，安葬父母。至孝之情，成为美谈。

青丝卖钱，晋时可以换米数斛，元时可以换一薄棺种种，自古有行有市。直至而今，也是如此。卖出去的青丝做什么用呢？自然是为那些需要的人制作假发之用。

古人最早使用假发的记载见于《周礼》。鲁哀公在城墙上见到一个美发如云的女子，就派人剪了她的秀发给王后吕姜做了假发，称为"副发"。假发在汉代时主要是王公贵族使用，长沙马王堆汉墓的女主人入葬时就戴着假发，到六朝时，假发在民间盛行起来。

清《图画日报》刊有《做假头发团》一诗云：
假头发团做法妙，活像真头样式好；
从前最时戳勿坍，近日改做长三套；
假头发头光悠悠，不须刨花水与好香油。
滑头麻子看见哈哈笑，不道世界偏多女滑头。

图一：卖青丝（烟画）。[1905年]英美烟公司设计出品。
图二：做假头发团。[清]刊《图画日报》插图。

修　　脚

Pedicure/ 足の手入れサービスをする

求条釜去修双脚
——〔清·董伟业《扬州竹枝词》〕

宣统元年的《图画日报》上有这样一首诗：
扦脚、扦脚，矮凳一只，
见官见府，公然坐着。
末等行业，头等阔绰。
老茧鸡眼细细扦，脚凹臭气何曾觉。

扦脚，用周暮桥的话说："三十六行中，卑鄙龌龊，无有甚于扦脚者。然苟其手段轻松，则托业虽微，固高于吮痈舐痔万万也。"所以他特别把这一行精绘于他的《大宝楼画宝》当中，"图其形，

图一

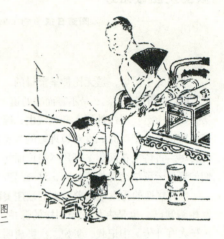

图二

亦是以做不知廉耻者"。

扦脚是南方的称谓，北方则称修脚。这一行从来被人看不起，但是，不知为多少人解除了足疾、脚瘾。应该说，也是行很了不起的工作。俗话说："树枯根先竭，人老脚先衰"，"千里之行，始于足下"，脚的健康对人的生活、行动有着极其重要的意义。

从此业者，北方多为河北定兴人。而南方，则多是扬州人。俗话说：扬州"三把刀"：厨刀、理发刀、修脚刀，自古有名。修脚刀共一十八把，这一点是南北一致。有专修指甲的，有专镟老茧的，有专挑鸡眼的，专刀专用，不可混同。但常用者无非六、七而已。修脚师傅的刀工优劣，实需得有真传。据行内人称，从来修脚业有流派之分，南北从业者各有师承。其中有讲究"修得圆、铲得尽"的崔派；"善于剪鸡眼、挑肉刺"的王派；"专拿嵌趾、克煞脚瘾"的金派；"刀稳手轻、刮脚放血"的郭派。所谓"行家一出手，便知有没有"的俗谚，便是从此行传出。不要看此业之微，凡未曾正式扣头拜师、立雪为徒者，是根本不能入行从业的。

从业者分三种人，一类是夹着刀包走街串巷，到人家上门服务，叫作"吃宅门的"。其实，不

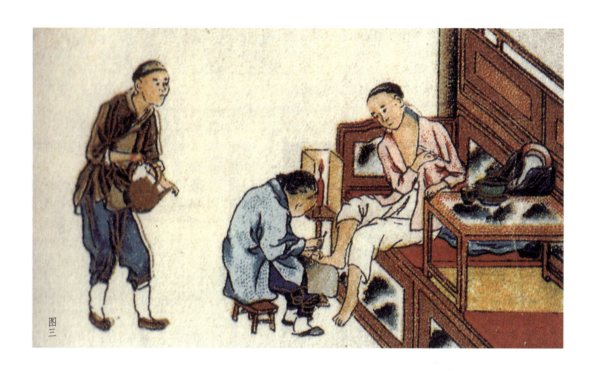

图
三

光吃大宅门，小门小户的呼唤，他也去。第二类是街头撂地，或是跑庙会设摊儿，叫作"吃活食的"。有按摩修脚的，当场打开刀包，就地干起活儿来。第三种，是与澡堂子有合同的，专门在堂子里干活，给洗完澡的客人修脚。一般都是与澡堂子二八分账。

修脚这一行起源于什么时候？这些门派宗师何人？因无经史可藉，实难确考。在野史中，倒是有一则"修脚匠义愤除奸"的故事：明朝巨奸严世藩患有足疾，而且最爱看淫书。于是，大儒王世贞特意写了一部《金瓶梅》，并将该书每页纸上都浸以砒霜。然后，献给严世藩。严世藩读书有一怪癖，就是要用手指沾唾液翻书页观看。《金瓶梅》的内容淫秽而且冗长，如此翻阅，久之必然中毒。王世贞还恐其中毒不深，又闻知严世藩患有足疾，每日都要修脚，否则无法行走。王世贞又重金贿赂了修脚师傅，让他在严世藩一边读《金瓶梅》一边修脚不注意的时候，在其脚中敷以毒药，好使其速死。

这一传说，尽管是段妄谈，但说明明代已有了修脚这一行当。

另有文字可据的是清代康、乾年间，董伟业著的《扬州竹枝词》中，已有了"求条签去修双脚，嗅袋烟来剃个头"的诗句。证实了扬州修脚业迄今至少有了三百多年的历史。而与董伟业同时代的石成金，他将修脚与取耳、搔痒、捶背一同，列入了人身"四大快事"之一。

图一：吃宅门的修脚师傅。[清]周慕桥绘。
图二：修脚。[1909年]孙继绘。
图三：在浴池中修脚的（烟画）。[1904年]日本村井兄弟商社设计出品。

稳　　　　婆

Accouching women／助产婦

积祖收生手段好
——〔清·孙兰荪《竹枝词》〕

图一

稳婆，又称收生婆，也是旧日民间的一个大行业。

稳婆之谓，始见于蒋一葵所著的《长安客话》，文称官府"每年都要选收生婆多名，以被官府选用"。而且，在选择收生婆时，不仅要注重她们的体质，还要注重她们的容貌，称为稳婆。后来，稳婆这一词便成为收生婆的通称。

女人生育需要有人助产，这行是不可或缺的。

妇女怀胎十月，一朝临盆生产，顺利与否，母子皆命悬一线。俗语说：产妇"与阎王爷只隔着一层纸"，实是一点不假。尤其是在科学与卫生不发达的时代。

生儿育女是生命繁衍、传宗接代的大事。不论帝王之家还是平民百姓，无不视为重大的人生礼仪。小儿尚未分娩，亲戚家人便送来彩盆，盛满绣制彩衣、生枣栗果，覆以眠羊卧鹿、彩画鸭蛋，名曰"催生"。分娩之前，稳婆也被早早地请来。在她的指挥下，将产房所有窗户封死，关门挂帐，不得闲人出入，生恐带进不祥的邪气。然后，布置下手，在灶间烧满三大桶开水备用。

待产妇临盆时，由助手抱腰，稳婆上手工作。所用的工具，就是随身带来的刀、剪等简单的器具。顺产尚好，小儿落地，母亲平安。稳婆剪去脐带，收拾胞衣。用温水洗净小儿，包扎好脐带，抱进堂来，合家一片欢愉。生男儿叫作"抱璋"，生了女孩就叫"弄瓦"。璋也好、瓦也好，母子平安是全家的

卫

图二

大好事。

但是，如果碰到难产、横生、倒产，稳婆有经验，手段高，或可成喜。如若不然，或产妇或小儿只保一个；再不然则母子双双难保。再有，如接生的器具不卫生，或是脐带包扎不好，胞衣清除不净，母子被感染，得了"四六疯"、"产后疯"而导致产后死亡的，也是司空见惯。一家人望眼欲穿的希望，就可能在一瞬间变成泡影，酿成人间惨剧。所以，旧日人人视稳婆如掌管生死簿的判官一般，生身性命都掌握在她们的手里。

干这一行的多是中年妇女，而且是世代相传的手艺。惟所传的是儿媳，而不是女儿。因为，女儿出嫁后，便是异姓之人，技术也会随之传往外家，这与别的行业传流大相径庭。

稳婆是官称，南方称之为"老娘"，北方则称之为"姥姥"。凡门首挂有"快马轻车，某氏收生"字样招牌的，就是这一行的标志。她们的祖师供的是送子娘娘，快马轻车的意思，大概是说，送子娘娘的车轻马快，收生婆的手眼利落。

旧社会对这一行人褒贬不一。虽说她们的技术落后，但接生助产，迎接了无数幼小生灵，功绩是莫大的。历代的皇族贵戚，对稳婆的待遇都不薄，尽管如此，人们还是将她们列入"三姑六婆"之中，

贬低的说辞也很多。有首清代《竹枝词》写道：

积祖收生手段好，难产能把产母保；

半夜三更喊出门，风雨雪落也要到。

最好生意养私孩，并对不检妇女硬打胎。

伤天害理都不怕，一心只要洋钱来。

前面两联是表扬，也说到了这一行辛苦的实处。而后两联，则批评她们为了钱，接生私养子，给大姑娘打胎，伤天害理，诸般都做，似乎也过于贬人了。

图一：《收生图》。[明]壁画。
图二：稳婆（烟画）。[1905年]英美烟公司设计出品。

待产妇临盆时，由助手抱腰，稳婆上手工作。所用的工具，就是随身带来的刀、剪等简单的器具。

图三：收生婆。
[清]孙继绘。

图三

插　戴　婆

Beautician/ 美容師

毛面开光白更娇
——〔清·孙兰荪《竹枝词》〕

图一

妇女冶容，自古是妇德的一个重要的部分。从古至今，女人的美容、化妆，是日常生活中不可缺少的功课。

《古乐府》中的《子夜歌》唱道："冶容多姿鬓，芳香已盈路。"它是最早的一首描绘妇女冶容之盛的诗。顾恺之所绘的《女史箴图》，一位妇人对镜而坐，一侍婢立在妇人身后，为其梳理长发，是一帧最早描绘古代妇女冶容的图画。

描写妇女晨妆、敷粉、点唇、描眉、画眼、梳髻、理鬟的诗词歌赋，在古典文学中比比皆是。婉约派的巨著《花间集》，便是一部冶容的大成。

古代的小家碧玉、平民妇女都是自己梳理；而富户人家的太太小姐们的梳妆，则有丫鬟婢女服侍了。在人生大典中，如婚嫁，参加盛典，妇女美容更要讲究。其中有一项目，名曰：修面。

修面，就是拔净颜面上的汗毛。要拔掉这些细小的汗毛，不能用刀剪、镊子，而是用丝线绞拔。因之俗称"绞脸"。绞脸，是一种专门的技术，需要精于此道的人来做。

会绞脸的妇人，她们把一根长长的丝线，折成双股对头，用手搓捻，而后交叉缠在十指之间，再将此线压在修面人的脸上来回滚动。这样，脸上细小的汗毛就被绞到丝线上，一边滚一边上下提起，汗毛便被拔出。如此反反复复，颜面就修得精光。肤洁如玉的女人会更加美丽。

待嫁的新娘还要开脸。旧时，待字闺中的少女发式，额前要留刘海，脑后梳辫子。而一旦出嫁，就要梳起发髻，以表示与少女的不同。梳髻，则要求额上鬓角齐整，见棱见角。所以额鬓发际边上的长汗毛、细虚发，必须统统拔掉。

会做这些事的妇人，多是由外边请来的喜娘。这些喜娘，经常出入豪门大户内室闺阁，见多识广，能说会道，都是处世老道的妇人。她们凭借这些技术，以此为职业，也可以称她们是旧社会的美容师。

这一职业源自明代苏州一带的插带（戴）婆。明人田艺蘅《留青日札》卷二《绣花插带瞎先生》一则里说："插带婆者，富贵大家妇女，赴人筵席，金玉珠翠首饰甚多，自不能簪妆，则专雇此辈，颜色间杂，四面匀匀，一首之大，几如合抱，即插带顷刻，费银二三钱，及上轿之时，几不能人帘舆也。"绞面开脸，也是此辈专做的一项业务。此风到了清代更为风行。时人有《竹枝词》赞道：

喜娘带剃面，第一嘴灵便。

看见老爷太太笑眯眯，请安恭喜将钱骗。

有时剃面不操刀，只将布线拔毫毛。

手轻赢得闺人喜，毛面开光白更娇。

图一：插戴婆（烟画）。[1905年]英美烟公司设计出品。
图二：铰面。[清]《图画日报》。

会绞脸的妇人，她们把一根长长的丝线，用手搓加捻，而后缠于十指之间，再将线压在修面人的脸上来回滚动。这样，脸上细小的汗毛就被绞到丝线上拔出。如此反反复复，颜面就修得精光。肤洁如玉的女人会更加美丽。

游　　　医

Traveling doctor/ 游医

夹切开刀瞎诊脉
————〔清·孙兰荪《竹枝词》〕

图
一

游医，又称走方郎中。身穿长衫，肩背药箱，左手执一布招子，上写"专治一切疑难杂症"，右手摇一串铃，穿街过巷为人治病。这一行，虽说医术不高，但在缺医少药的穷乡僻壤，也是不可缺少的。

中医看病，但凭诊脉、望、闻、问、切，本已不易，若是庸医混迹其中，更会误诊伤人。清朱彝尊在《曝书亭集》中说："且夫医难矣。医妇人尤难。目不辨病者之色，耳不审病者之声，只凭方寸之脉，分阴阳，决生死，而庸医乃敢自信。"

《红楼梦》中有《胡庸医滥用虎狼药》一章，讲的是这位胡大夫在诊治晴雯的感冒时，竟把枳实、麻黄等烈性的药味都开入药中。急得贾宝玉连忙把胡大夫辞去，废了方子，另请高明了。江湖上的游医，根本不论这一套，只要有钱赚，不论男女，任何病都敢医治，任何方子也都敢开。

总的说来，游医的口碑是不好的。其中庸碌之辈、蒙吃混喝的不少；欺世盗名、卖假药的混淆有之；胡诊滥断、误人性命的虎狼庸医亦有之。清人有《竹枝词》嘲江湖庸医：

说真方、卖假药，江湖郎中会划策；
内症外症样样医，夹切开刀瞎诊脉。
古云药医不死病，死病难医真的确。
只要金针玉律奉，此言便可欺骗吓诈过日脚。

这一行的祖师爷，与坐堂医生一样，供奉的是唐朝的"药王"孙思邈。孙思邈本是唐朝名医。著有《千金要方》和《千金翼方》，书中首列妇女、儿童疾病及其治法。并且倡立脏病、腑病的分类诊治。在中医学中贡献极大，后世医人尊之为医圣。

技术高明的医师攻击游医无师无本，无权供奉医圣孙思邈。而游医们都以手中的铜串铃举证，说此"虎撑"是祖师爷亲自传留下来的遗物。此一说出于何处？他们则举出孙思邈曾医过老虎的典故。

传说，唐朝皇宫御苑中所饲养的一只猛虎食肉时，被兽骨卡住喉咙，不能进食，痛苦不堪。皇帝诏谕孙思邈医之。他面对猛虎，不慌不忙，从袖中取出一个

直径半尺的铜环，环上有铃，摇铃。铃响，引得老虎张嘴，他便顺势将铜环撑在老虎张开的血盆大口之内。孙思邈自铜环中伸手进入虎喉，将兽骨取出，老虎病除。皇帝大喜，问这铜环叫何名目？孙思邈称此环名叫虎撑。而今，天下游医皆手持虎撑，自然名正言顺地成了医圣的门徒。

不过，游医中也不乏高手。《史记·扁鹊仓公列传》中记：扁鹊"过邯郸，闻贵妇人，即为带下医；过雒阳，闻周爱老人，即为耳目痹医；来入咸阳，闻秦人爱小儿，即为小儿医"。这里，明白地写明这位扁鹊先生，就是一位包治百病的江湖游医。但他是一位医道高超的游医。玄俗、壶翁、韩康，也都是业中圣手。

千百年来，就是皇都也没有科学的医疗系统，游动的郎中和小小的药箱，还是治愈了不少的病人。游医中也有能人。

图一：游医。[清] 无名氏绘，选自《北京民间风俗百图》。
　　游医也治愈了不少的病人。即使大病治不了，小病也能抵挡一阵。
图二：游医（烟画）。[1904 年] 日本村井兄弟商社设计出品。
图三：走方郎中（烟画）。[民国] 华商烟公司设计出品。

祝 由 治 病

Illness treatment/ 祝由治病

垂绝念神死复生
——〔唐·《黄庭内景经》〕

图二是 1904 年日本村井兄弟商会社出版的中国民俗烟画，十分有趣。画面上画了一个游医焚化纸符，在为一个患有腿疾的病人治病。旁边挂着一幅招子，上写"祝由科包治百病"。

何谓"祝由科"呢？笔者为了搞清楚这个问题，问遍中、西医，竟然无人知晓。唯《素问》一书，上有《移情变气论》一说，记云："余闻古之治病，惟其移情变气可祝由而已。"后边的注释说："由，从也；言通祝于神明，病从而可愈已。"《古今医统》则进一步解释说："苗父上古神医，古祝由科，此其由也。"这里是说，这种乞祝神明来治病的方法，是上古神医苗父的发明，并且留有《祝由十三科》一书传世。但是，这部《祝由十三科》并未流传下来。《黄庭内景经》中说："百痾所钟存无恙，垂绝念神死复生。"（《肝部章》）；"心部之宫莲含华，下有童子丹元家，主适寒热荣卫和，调血理命身不枯，临绝呼之变登苏"（《心部章》），似乎就是这个道理。

依此说法，祝由科原来是一种治病不用药、全凭符咒消灾的医疗方法。也可以说是利用迷魂术，通过对潜意识的诱发和引导，唤起病人内在机质自愈的精神疗法。图二中可看出，医者焚符，手舞足蹈地施法治病，病人亦煞有介事地认真配合。图三则是刊于清末《点石斋画报》上，所绘游医在为一名患有乳疾的妇人治病。他不在病人患处诊治，而是在墙上手术，用的分明是一种骗术。可见，这种祝由科至少在清末还十分盛行。

相传祝由科源于古辰州（今湖南省境内），所以又名辰州法。其方法是书符念咒，祝说病由，杀鬼驱病，移疮他物。以祝由科的招牌行医治病

图一

的大夫，是属于游医中的一种。他们肋挟雨伞行囊，穿州过府，一身江湖；遇有集市庙会或热闹街市，找一巷角街隅，支起招子，就算开张作场。遇有穷汉痴妇迷信之人，略问病情，便就地画符焚烧，口中咒语不绝，为之驱疾禳解。一不诊脉，二不给药，自称神明护持，病魔自消；嘱病人归家静养几日，其病自愈！收费些许，为的是救人危难，行的是"悬壶济世"。

所谓悬壶济世，本身就如同祝由治病。该典故出自《后汉书·费长房传》，书中写道：有这么一位老者，"尝于市中卖药，口不二价，有病者购之，必曰：服此药当吐出某物，于某日可愈。无不验。

图二

悬一壶于肆头。市罢，辄跳入壶中。费长房见而异之，因日奉酒脯敬事不少懈。后得其召军符、召鬼神治病玉府符，凡二十余卷，后人因名曰壶公符"。这些"壶公符"亦有二十余卷。"祝由十三科"亦是这类医书的变种。

祝由治病也可以说是巫医巫术的变种。满人的萨满，汉人的张天师、三仙姑，除占卜通灵、下神驱魔外，祝请鬼神下界，帮助治病也是他们的一项工作。只不过祖师爷不同，同功不同行而已。

你说治病不治病，焚符诅咒胡乱碰；
一表黄纸祭天地，病好病坏由天命。
这是还珠楼主在他所写的武侠小说中援引的一首民谣，用在祝由治病上恰如其分。

图一：祝由科。[清]孙继绘。
图二：祝由科原来是一种治病不用药、全凭符咒消灾的医疗方法，也可以说是利用迷魂术，通过对潜意识的诱发和引导，唤起病人内在机质自愈的精神疗法。[1904年]日本村井兄弟商会社设计出品的烟画。
图三：祝由治病。[清]刊《点石斋画报》插图。

《点石斋画报》所刊的时事新闻，说一名游医在祝由治病。妇人患乳疾，大夫却在墙上手术。

图三

卖 野 药

Cheap herb medicine seller/ 野薬売り

一味丹方胜名医

——〔清·市井俗语〕

用中草药治病是中国医学的一大发明。相传，上古时期神农氏遍尝百草，除了分出五谷、教民耕种之外，还分辨出无数植物的药理药性，用来为民医治疾病。

这些中草药经古代医家集体创造，编述于《神农本草》之中，共收集了药品 365 种。五代时，经陶弘景的丰富，又增添了新的中草药一倍以上。到了宋代，四川名医唐慎微，又编著了《证类本草》一部。

明朝，我国医药学家李时珍于万历六年（1578）编撰了具有世界影响的《本草纲目》。书中集所知所见的中草药 1892 种，且一一绘图说明，详述了产地、形态、药理、药性，为后世医师留下了珍贵的科学文献。医师、药行、药铺、药摊在开药、抓药、卖药时都是以这部《本草纲目》为依据的。

在经济不发达的乡村集镇，缺医少药，没有什么良医、大药房、大药铺，反而，倒有不少游医和草药摊。草药摊上摆着各式各样的有待加工的中草药，如当归、白芍、杜仲、附子、陈皮、党参以及龟板、兽骨、石膏等种种药材。这些药材的品质参差不齐，良莠不一。当你看到药摊上摆出了熊掌、虎骨、麝香、人参等名贵药材，而摆摊的又信誓旦

图一

旦地吆喝着"真材实料，货真价实"时，无疑，此摊就是卖假药的。

还有一类是卖野药的。假药是用劣质材料充代之物。而野药，则是摊贩自己配制的药粉、药膏、药剂。一般说来，卖假药的药摊也卖野药。野药也有优劣之分，其中也有民间验方的制剂，如果对了症，也会有药到病除的成效。

旧日，庙会集市上卖"大力丸"、"跌打丸"、"金疮丸"的多属于此类。他们竭尽鼓吹之能事，什么"咳嗽痰喘""五劳七伤"，什么"跌打损伤""红伤骨折"，百病全治，扬言"一味丹方胜名医"。

穷人生病看不起医生，往往抱一线希望，花上少许钱，或许能治好家中患者的病症。因此，这等卖野药的，也有他们的销路和市场。

卖野药的还有挟着雨伞、背着小包袱走街串巷的一类。如卖专治小儿蛔虫的"塔儿糖"的、"小孩鹧鸪菜"的。还有专门串行于八大胡同、花寮妓寨，叫卖"金枪不倒"的药贩子。所卖之药，如果不灵而不害人的话，就算有良心的好药了。

图一所绘的，则是又一种卖野药的。他们系市井无赖之徒，一为主儿，一为托儿。他们在僻静之处放一条板凳，看到有走乏了的乡下人，他们就热情地让座搭讪。当托儿套出他家有无病人、有何病症的时候，主儿就倒出一些药丸，说是匀给他一些，救人要紧，服过保好，言之凿凿，借以坑骗钱财。这叫"姜太公钓鱼，愿者上钩"，纯粹是骗子行径。

图一：市井无赖在僻静之处用假药来蒙骗乡下人。[1904年]日本村井兄弟商会社设计出品的烟画。

图二：卖膏药。[清]孙继绘。

卖 跌 打 丸

Muscle pain killing pill/ 捻挫薬屋

我的丸散不一般
——〔清·游医口号〕

卖跌打丸的属于跑江湖的一行。说他们能给人疗伤治病，但大夫行中都不承认他们。这一行人多少都有些武功，卖药时连说带比划，但打把式卖艺的也不承认他们是同一个祖师爷的徒弟。因此，卖跌打丸的只能列入江湖中卖嘴的一类。

卖跌打丸的每逢庙会集市，就选择一处最热闹的地方，依墙挂上一块布幌，上边写着"山东某某专治跌打红伤"等语。地下铺上一块蓝布，布上摆着一排排的三角包，里边包着自己配制的药面子、药丸子。有的还在摊上摆着一些假虎骨、假麝香、草蛇、龟板之类的东西，作为配药的幌子。

图一

卖药的如武行一般，无冬历夏，上身脱成光膀子，一边拉架子比划，一边高声地吆喝："快来瞧，快来看，我的丸散不一般！太上老君造，药王老爷传，为你救性命，为你解急难！不管是刀砍着、斧伤着、车碰着、门掩着，跌打损伤，皮开肉绽，血流不止。敷上止血散，当时长皮肉！吃了跌打丸，保你身板儿全！……"只说得天花乱坠。

说相声的侯宝林，拿这一行认哏。常学着他们的声调一边比划一边说："甭管是，马踩着、驴啃着、猫抓着、狗咬着、鹰叼着、鸡锛着、猪拱着、鸭子踢着，见红的、见紫的、见白的、见黄的，吃了我的药，是百病全消，立时就好！"引得听众哄堂大笑。

卖跌打丸的专门吸引那些迷信之人。一见人多了，卖药的就使出了绝活儿。从匣子内拿出一把锋利的尖刀，在自己的大拇指上一割，登时鲜血淋漓，卖药的把手举得高高的，面作痛苦万状。而后，打开一包药粉，用手摄得少许，搽于伤口之上，须臾血止。卖药的向大家一阵炫耀，赢得一阵喝彩。

此时，围观的群众当中就有人出面捧场，买上两包药，其他人也跟着这位买两包，那位买两包，不一会儿，几十包药销售一空。至于买回去的药灵不灵，那就自当别论了。

细考，这一行也有来历。卖跌打丸药的招子上多写着"山东吴云彪"的字号，吴云彪是何许人？他是明朝郑成功麾下的一名兵士。在随军征战中发明了这种偏方，在战场上救死扶伤，医好无数官兵。此药尤其对刀伤、枪伤功效出奇，立刻止血止痛。因为吴云彪有功，被郑成功封为大将。此药的配方，被视为军中奇珍。当然，这只是传说而已。至于市井中跑江湖卖跌打丸的，是否真的沿用着吴氏秘方，那只有天知道了。

图一：卖假药的。[清]点石斋画报插图。
江湖术士在患者臂上大变戏法，蒙蔽众围观者。

掏　　　　粪

Feces cleaner/ 掏便

携瓢荷桶往来勤

——〔民国·程康《题陈师曾绘掏粪人》〕

图二

在我国的历史典籍中，对厕所的记录和描述少得可怜。

最早见到的是，汉代司马迁在《史记·刘邦项羽列传》所提到的，刘邦在鸿门宴上为逃脱项羽的迫害，假借如厕之机悄然逃遁。另外，《东汉演义》中还提到，刘邦死后，吕后专权，将刘邦的爱姬戚夫人残害为"人"，弃于厕中与蛆蝇为伍。以至他的儿子赵王如厕时，被吓成疯癫。从这些点滴之处看来，汉代军营和宫中的厕所不讲究，甚至十分龌龊。

到了两晋时代，倒是有文字提到一处超豪华厕所。《晋书》载，石崇家的厕所不仅富丽堂皇，每日都用椒类的香料蒸薰；而且，凡是上过厕所的人出来以后，都要赠送一件新的锦袍更换。确实了不起。

至于民间厕所的情况，虽无记载，大概都像《水浒传》中鲁智深和《金瓶梅》中的胖丫头所使用的一样，是粪坑、粪池、溲缸之类。总之除石崇之外，古人对厕所并不是很重视。

北京故宫的建筑堪称世界第一，占地之阔、房屋之多无与伦比。但是该建筑有"三无"之称，一无阴沟，即下水道；二无浴室；三无厕所。太监、宫女们用的是尿桶、马子；皇帝和妃嫔们用的器质只不过高级一些而已。故宫曾举办过一次"帝后嫔妃日常用品展"，展出过一个慈禧太后专用的马桶。这个马桶形状如同一尊小尺寸的太师椅。由大叶紫檀雕制成并栖双凤型，翘起的孔雀雀屏为靠背，两个凤头为扶手，两对凤足为腿。椅中座板可以开合，座下是一方形马桶，桶内放有白色炭灰。据内行讲，炭灰质轻而易吸湿物。秽物落下，它能立即包裹沉入底层，既灭菌又除臭，如同活性炭一般，很是科

图一

学。当然，下层的宫娥、太监的马桶未必都能如此。

学者周谷城先生在1933年曾写过一篇短文，他说他有一个梦想："我梦想中的未来中国首要之事，便是：人人能有机会坐在抽水马桶上大便。"这话说得是多么的实在！但是，在这一理想尚未实现之前，清除粪便的工作还是落在掏粪夫身上，连皇宫也不可避免。

掏粪夫这一行自古有之，只不过从来无人重视这一"贱"业，故而，也从来没有文字记述他们的生活。掏粪夫终日肩背一只半人高的木桶，左手拿着一把长粪勺、一柄提尿桶，右手提着一盏油灯，挨门挨户地清理厕所，把居民排泄出来的屎尿掏净，肩出城外，售给粪户。粪户在化粪池中将这些屎尿发酵，再掺上黑土、秫秸末，摊成粪饼。晒干后，当成肥料卖给农民肥田。

陈师曾先生在民国三年所绘制的一幅图画——《掏粪人》，应该说是第一幅为掏粪夫树碑立传的作品，这在封建社会的书画圣殿中是甚为罕见的。程康先生为这一幅作品题诗赞道：

携瓢荷桶往来勤，逐臭穿街了不闻。

莫道人过皆掩鼻，世间清浊久难分。

名士何宾笙也予以题跋："升堂入室，主人欢我；一旦不至，阖家眉琐；吾桶虽污，可通急缓。"对身处社会最下层的劳动者给予了极高的评价。

姚茫夫先生为之还特作一词《生查子·拾粪人》赞曰：

早知梁肉余，过肚成污秽；

三日便思君，来起西园废。

谁知污秽主，了得菁华再。

厕上十年心，陇上千夫背。

图三

图一：收粪（烟画）。[1905年]英美烟公司设计出品。

图二：掏粪夫。[清]无名氏绘，选自《北京民间风俗百图》。

掏粪夫终日肩背一只半人高的木桶，左手拿着一把长粪勺、一柄提尿桶，右手提着一盏油灯，挨门挨户地清理厕所。

图三：收粪。[清]孙继绘。

三　　行

Catering service/ サービス（歌舞園の中）

能把戏园搅翻天

——〔李寠《雪泥爪影》〕

图一

图二

　　三行，是旧日戏园子里，在前台忙活的手巾把儿、果子摊和茶房三种服务工作人员的统称。别看是三种工作互不搭界，但当时均被笼统地称在三行之内。如果你单问甩手巾把儿的，您是啥职业？他会很痛快地回答说："三行。"问卖糖果茶食的，问提着茶壶送水的，他们也会如是说："三行。"

　　我国旧戏园子都是从茶园转化过来的。都市里的满人、闲人喝茶、聊天儿、听戏、解闷儿都当作是一回事，所以，老戏园子都带有老茶馆的余韵。茶房、果子摊和手巾把儿，也都与戏园子的服务融为一体。

　　手巾把儿这一门原是从老茶馆中"热水揩面"这项服务中传承过来的。清代茶馆每见到风尘仆仆，或是汗流浃背的客人进门，伙计马上要端上一盆热水，递上一条手巾，请客人洗脸擦汗，然后再上茶点。而戏园子大，人又多，不能一一侍候，于是就改成两个伙计干活儿。戏台前放一个大水盆，盆中放着滚热的开水。上手伙计把一摞雪白的羊肚儿毛巾——放在盆中荡净、拧干，而后，喷上花露水，香喷喷地抛给远处的下手伙计。再由下手伙计递给听戏的人揩面。尤其在暑天，这项服务挺受欢迎。打手巾把儿的哥俩在抛递手巾把儿的时候，常常花样翻新，一会儿"张飞蹁马"，一会儿"苏秦背剑"，有时招来的好儿，比台上的角儿都多。为此，也能收到不少小费。

　　果子摊，也叫果食摊，是在园子里走动着专门向听戏的兜售糖果、瓜子、开花豆、各种香烟、杂食的伙计。干这种活的脖子上挂着一个果食匣子，人要机灵，手头麻利，找钱利索。眼神要好，多远的顾客有买东西的动静，一望而知。而且声到人到，递货周到。见到老人就递饼干，见到小孩就塞糖，为的是多挣零钱，干这一行的是别有一番功夫。

　　茶房就甭解释了，他们腰里系着一条蓝围裙，围裙口袋里装着上、中、下三种茶叶。左手举着一摞带钩子把儿的杯子。哪位看客要喝茶，他就把带钩儿的杯子把儿在前排的椅子背上一挂，再根据顾客所付茶资的多少，从围裙里拿出茶叶放入杯中，而后，右手把盛开水的大铁壶高高一举，把水冲入茶杯之内。讲究开水不滋不溅，不欠不冒，一碗开水冲得茶叶团团乱转，香气散开，恰到好处。茶房整天价提着一壶开水，满园子乱转，逢人多处，闪、转、腾、挪、慢回身，没受过专门训练，是根本干不了这行生意的。

三行是有行会组织的，多是父子辈辈相传，不在组织的干不了三行。在戏园子里做事，每月要交付戏园老板定例。因为有经营利益在内，三行在前台这么一热闹，是很影响台上的演出效果。一般唱戏的角

图四

儿也得让前台三分，要不然，在正要叫好的节骨眼上，三行在台下一开搅，不是甩手巾把儿，就是烫了人，能把飞到口里的蹦豆子又溅了出去，那才恼人哪！因此，大凡好角儿打泡，或是唱大义务戏，剧团都要开一个小份儿给三行头儿，拜托三行在角儿唱到要劲的时候，收着点儿，别动弹。待角儿下场后，再去兜揽各自的生意。

民国中期，大城市里建成了新式剧院，三行的工作也就有所改变，比如剧场另辟了小卖部、饮料部，果子摊和茶房也就有了固定的地方，不能在剧场内喧哗乱串了。手巾把儿也随着人们对卫生认识的提高，忌讳一条毛巾多人使用，这一行也就逐渐地取消了。

书法家李窗先生在《雪泥爪影》一书中有《三行竹枝词》一首，写道：

茶房果摊手巾把，能把戏园搅翻天；

倘任三行闹下去，二进宫变火焰山。

图一：茶房（烟画）。[1905年]英美烟公司设计出品。

茶房整天价提着一壶开水，满园子乱转，逢人多处，闪、转、腾、挪、慢回身，没受过专门训练，是根本干不了这行生意的。

图二：跑堂的。[清]无名绘氏，选自《北京民间风俗百图》。

图三：三行之果子摊（烟画）。[1924年]华商烟公司设计出品。

图四：三行。[清]茶园壁画（局部）。

299

屠　　夫

Butcher / 屠夫（食肉处理業者）

磨刀霍霍向牛羊

——〔汉乐府《木兰辞》〕

图一

　　屠夫是以宰杀禽畜为业的人的称谓。其作业的场所，称之为屠宰场。其作坊、其家，俗称为屠户。

　　屠夫是一个古老的职业。在上古时期，人们集体狩猎。猎得的动物禽兽，皆由专人负责屠宰、分割。一部分烤熟了分着吃；一部分用来祭祀奉神灵。专司此职者，不仅要掌握熟练的屠宰技术，而且，在部落中还要有一定的权威性和神秘性。大多由大祭司指挥支使这一行当。

　　到了殷商时期，人们已开始大规模地驯养家禽家畜。为了吃肉食，屠宰日繁。常与腥臊为伍的屠夫地位，也就逐渐地降低了。最终沦落成了手艺人、屠宰专业户和庖丁。

　　《史记》称：自古"燕赵多屠狗之夫"。春秋战国时，家中养狗与养猪、养羊一样，都是为了屠之食肉。战国的聂政、专诸，楚汉的樊哙、陈平都是屠户出身。一般地说来，宰杀鸡、鸭、鹅、猪、狗、牛、羊，都是屠夫的工作范围。自宋元之后，人们食用狗肉之风渐衰，杀狗，渐排除于屠场之外。

　　干屠夫这一行很不容易，要讲究技术。古人有《庖丁解牛》一文，写一个娴熟的庖人，也就是屠夫，在解牛之时，因了解它的骨骼肢体的结构，用刀可以恣意挥洒，不费吹灰之力，瞬间可使一头牛骨肉尽脱。而今日的屠夫，尽可不然。

　　图一所绘的是杀猪的情景。这个活儿，干起来真不容易。屠夫前先要膂力过人，百十多斤的猪，一下子就能搬倒。先将猪之四蹄紧缚，用"系猪扣"将猪绑在长凳子上。再用一尺多长的刺刀刺入猪喉致死。把血放净后，在蹄腿之间割一小口，用铁条通入皮肉之间，吹足气，使猪身浮胖起来，放入大锅的滚水中烫皮刮毛。再破膛取出内脏下水。洗净猪身，割去头蹄，再从脊间一分为二，才算屠宰完成。

杂

图二

图三

宰羊，有《竹枝词》写之：

磨刀霍霍将羊杀，杀罢剥皮将毛拔。
居然不怕羊白强，还要洗洗与刮刮。
洗刮已毕割羊头，全杀剥碎锅里丢。
架起松柴烧要烂，论功要赏烂羊侯。

这一行的祖师爷供的是汉代的陈平。因为，陈平在汉军中掌管粮草财务。相传每每大军得胜，陈平都要携带牛羊、钱粮酬军。陈平一到，杀猪宰羊，全军欢愉。他本人不仅能操刀上阵，而且在分割肉块时，分量均匀无误，深得官兵们的钦佩。就此成了屠夫职业行中的祖师爷。

图一：屠猪（烟画）。[1905年]英美烟公司设计出品。
　　这个活儿干起来真不容易。屠夫要膂力过人，百十多斤的猪，一下子就能扳倒。将猪之四蹄紧缚，再用一尺多长的刺刀刺入猪喉致死。

图二：宰羊。[清]佚名绘，选自《北京民间风俗百图》。
图三：屠场。[清]孙继绘。

卖 春 宫

Picture of avoiding fire/風俗

颠鸾倒凤不寻常
——〔明·烟波钓叟《一剪梅》〕

图一

卖春宫，也叫卖春画、卖避火图。这行生意渊源已久，从民俗角度来说，不能笼统地冠以"传播淫秽物品"，认为其罪当诛。因为自明、清以来，贩卖春宫的行街小贩，都是夫妇同行，勤勉经营。妻子背着"货物"，丈夫推销荐售，言语规矩，神色肃穆，非淫非盗，行不苟且，做的是正经八百的生意。所以，这也是很特殊的一种行业。

夫子曰："食色，性也。"性行为，是人类种族繁衍、无可规避的行为之一。但千百年封建社会礼教的禁锢，使人的自然行为遭到压抑限制，春画当然被列入"非礼勿听，非礼勿视"的禁区之内。

但是，尽管如此，春画却无时无刻不在产生和传播。

中外考古发现的史前文化，在岩画、壁画中，关于性行为的图画层出不穷。进入封建社会后，春画的创作也从未间歇，无非是秘密进行而已。民间画师、画匠；书坊、画坊；乡间的木版年画、木版书影，无时无刻不在绘制印行这类作品。或为专册绣像，或为春卷儿、春册，或为后门画、箱底画、床公床母，一直在广泛传播。

春宫，原系太子所居之宫的称谓。《汉书·艺文志》存有《春宫秘戏图》条，谓画中俱是男女交合仰伏之态。从此，"春宫"二字就成了淫秽图画

杂

的代称。而今发现的我国首部彩色木刻套版画，就是一套明代的春宫，名曰《风流绝畅图》。其中有词称"颠鸾倒凤不寻常"，香艳之极。作为稀世珍品现藏于日本，见图三。它对日本的艳品浮世绘，曾起过开山发蒙的巨大作用。

历朝历代宫闺巨室乃至市井民间流传的春宫画，除了供人亵玩享乐之外，从民俗学角度来分析，它存在着丰富的文化内涵。

首先，它是性教育的一种方式。旧日女孩出嫁，诸事不知，要由母、嫂授以图册，压在嫁妆的箱底之下，嘱其读之，以启情窦。

另外，时人都相信："男女和合，多子多孙，平安启福，诸事顺利。"家有春宫一册，是件大吉大利之物。

绘制精良的春卷、春册，在官场中，历来视为是行贿的礼单。比如说，二人交恶，一方妥协欲和好，则向另一方呈送春宫一册，内夹银票若干。受方一看便知其意，纳之，则如夫妇般和好如初；拒之，则如夫妻反目，交恶离异，难以再续旧情了。

旧社会，商家更离不开此物。家家的柜台、账房、栈库的秘密处，都要放置春宫画册，言为"避火"之用。这就是春宫画又称"避火图"的来由。

春宫画可以防避火灾。此说，最早似源自日本。日本民俗学者在诠释艳品浮世绘时就有此解。后亦为国人接受。它的根据正如近人喻血轮在《绮情楼杂记》中说的，火神是位闺阁淑女，她有婢女三十六人。因为犯过天规，被玉帝降为灶下婢，专门掌管人间火事。平时她身着黄衣；发怒的时候，则身着红衣，这就表明火灾快要发生了。此婢所过之处，一切都会烧得干干净净。自此推理，火神既然是位未婚的老闺女，所以，她视男女房事最为龌龊，一旦有所察觉，就避到远远的地方去了。因此，凡放置春画的地方，也就起到了避除火灾的作用。

旧日商家最怕着火，都要购买"避火图"，将之放在账房柜后和仓库梁脊之上，如同张贴"小心烛火"的告示一样，以求禳灾避祸。民初大藏书家叶德辉，在其藏书楼的书柜前后，以及元明善本图书之中，都要夹入一张春宫画，为的也是图个吉利，避免火灾。

图一：清代民间的一对夫妇在向商店老板兜售避火图。[1904年]日本村井兄弟商会社设计出品的烟画。

摆　棋　局

Chess gambling/ 将棋屋

手谈胜与俗人言

——〔宋·黄庭坚《弈棋二首呈任渐》〕

图二

摆棋局，是一桩很儒雅的生意。

设局之人多是棋坛上有两下子的人物，或是出于恃才赌胜的心理，或是因为落拓无羁，而想出的一种生财之道。在茶馆酒肆、棋迷众多之处摆一棋局，看是危局、死棋，但若能起死回生、反败为胜，则可为赢，是一种斗智斗勇的赌博游戏。

茶馆、棋社中所摆棋局多为围棋，在室内，挺文雅；围观者亦多是长袍马褂的知识分子或致仕赋闲的寓公散人。而摆象棋棋局的则往往在茶棚、庙会等室外喧哗的地方；围观者不乏贩夫走卒、五行八作的人等，因为象棋更为大众化一些。

博弈的人，可自选一方，或黑或白，且为先手；设局的人为后手应战。往往三五回合，便成输赢定局，且多数是搏者败。如是，便付与设局者铜钱一大枚，也就是而今一、两角钱。如果赢了的话，设局者要成倍的赔付。

设棋者自诩祖师爷是大明朝开国名将徐达。史称徐达一生骁勇善战，足智多谋，是大明朝开疆立业的元勋。明太祖朱元璋曾与之在南京莫愁湖边凭栏对弈。徐达胜，得赐楼台一座，题为"胜棋楼"。此楼至今犹存，成为弈事中的一桩趣典。所以，旧

图一

杂

日经营棋局的人，在得到赢资之时，都风趣地说："下回您得赏我一座楼"，指的就是这件事。说完一笑，既奉承了输棋者，将其比做明太祖；同时，也缓解了输方懊恼的心情，彼此哈哈一笑。

围棋是我国的一大发明，起源极早。据晋人张华《博物志》说，尧帝为了教育培养他的儿子丹朱，而发明围棋，至今应有四五千年的历史。围棋最初为十七道，不算完善。到春秋时，便基本形成现在的样子了。孔子有句名言："饱食终日，无所用心，难矣哉！不有博弈者乎？为之，犹贤乎已。"（《论语·阳货篇》）而且，制订了六艺，可见，当时已很提倡下棋了。把下棋看成一种集消遣、娱乐、益智于一体的健身活动。

到了唐朝，下围棋已成朝野一大比赛项目，并且有了国手的评级规定。唐人苏鹗在《杜阳杂编》中曾记述了一级国手日本王子来唐与顾师言赛棋的事情。他二人下至三十三手时仍然不分胜负，日王子技穷心急，窃问左右，顾在大唐国手中排行第几？在场人妄称顾为第三。日王子闻言，斗志顿消，说："小国之一不如大国之三。"遂弃子认输，悻然回国。这也是中日围棋大赛之始。

象棋定型较晚，据考为北宋末、南宋初年始为普及。

下棋，亦称之为"坐隐"和"手谈"。黄庭坚有诗云："坐隐不知岩月乐，手谈胜与俗人言。"唐伯虎有诗云："随缘冷暖开怀酒，懒散输赢信手棋。"杜甫亦有诗称："楚江巫峡半云雨，清簟疏帘看弈棋。"足见这项运动的潇洒和高致。

下围棋也好，下象棋也好，最忌弈者唠叨，更忌讳观棋人"支招"。往往有观棋者管不住自己，动不动就多言插语造成龌龊，以至拳脚相加。这在棋摊上经常见到，人称之为"搅局"。好搅局的人对设棋局的来说，历来被称为一大"祸害"。

图一：摆棋局（烟画）。[1924年]华商烟公司设计出品。

图二：对弈图。[明]刊本插图。

图三：摆棋局（烟画）。[1905年]英美烟公司设计出品。

摆棋局是一桩很儒雅的生意。设局之人多是棋坛上有两下子的人物，他们在茶馆酒肆、棋迷众多之处摆设棋局，一赌输赢。

图四：下棋图。[清]无名氏绘，选自《北京民间风俗百图》。

图三

图四

老 道 卖 剑

Sword selling / 剣売り

不用餐霞求秘诀
——〔清·乾隆皇帝御制楹联〕

老道士卖宝剑，是旧日老北京很独特的一个行当。

道士束发，头戴道冠，衣道袍，着麻鞋，身背数柄青龙宝剑，踽踽而行于庙会、街肆之中。遇有善男信女，或面带愁容之人，便当面向其推销宝剑。劝人购回宝剑悬于宅舍厅堂，作为镇宅辟邪之物。后来，原本是钢锻铁炼的宝剑，渐以浆纸为鞘，削木为剑，刷金镀银，沥粉描龙，成为装饰性的摆设或儿童玩物了。

老道为什么卖宝剑呢？这里还真有个说法。

我国的道教出现得很早，东汉顺帝元年（124），张道陵于四川鹤鸣山首倡"五斗米教"为始。该教信奉老子李耳的《道德经》。到南北朝时，庐山道士陆修静，整理三洞经书，编著斋戒仪范，道教的规式完成。所崇拜的诸神仙中，吕洞宾最是重要。吕洞宾身佩宝剑，云行四方，扶危济困，惩恶扬善，所佩宝剑功力也是非凡的。相传这柄宝剑还超度了一位著名的人物，就是北京白云观的开山始祖丘处机。

丘处机，字通密，号长春子，山东栖霞人，生于金皇统八年（1148）。相传，他十九岁出家修道，为了济众积善，终日在灞河岸边背人过河。由于天天淌水，小腿和脚后跟的肉都糜烂，露出了骨头。但他六年如一日，从不停歇。传说有一天，一个差人要他背着过河，到了对岸，差人打开背着的包袱，由里边滚出一个人头来。差人大吼说："我包袱里原是两个人头，过河时丢了一个，无法交差，你得赔我一个。"

图一

丘处机想，我上哪里去找那一颗头颅？无可奈何，只得让差人砍去自己的头颅补上。那差人同意此说，大喝一声，举剑砍下，处机昏然倒地。待其醒来，差人早已不见，唯留宝剑一口和天书一卷。原来是吕洞宾幻化为差人，前来超度他的。

当时，正处在成吉思汗征战中原之时，铁骑践踏之处，几无生还百姓。史载，丘处机当时已年逾七十，毅然"西行万里，谒大汗于中亚"，并向成吉思汗宣讲了"敬天爱民为本，清心寡欲为先"的道理，劝其"少杀戮，减嗜欲"。成吉思汗听信了他的意见，下达了"顺命者不诛"的命令。从而，救了中原无数生灵。直到清代，乾隆皇帝感其所为，曾作了一副对联褒扬。写道：

> 万古长生，不用餐霞求秘诀；
>
> 一言止杀，始知济世有奇功。

丘处机死于金正大四年（1227），元世祖忽必烈封之为"长春全德神化明应主教真君"，并敕建白云观。观中的成例，凡遇布施大户，寺中都要回赠宝剑一口，意为吕洞宾所赐镇宅吉物，启保平安。后来，渐渐发展成售卖宝剑，也是寺中的一项不小的收入。

日本侵占北京时期，白云观住持安世霖、总管白全一，平日飞扬跋扈、欺凌病弱，而且还贪污公款、嫖妓宿娼，引起观中道士的一致公愤。道士们联合起来，以他俩违规妄行，公议用火烧死。白云观"火烧老道"，一时成了头号新闻。

到了三四十年代，老道所卖的宝剑，便都是儿童玩具了。由此亦知观中的经济已日渐萧条。

图一：卖宝剑（烟画）。[1905年]英美烟公司设计出品。

老道卖宝剑原是白云观的一项大生意，到了20世纪三四十年代，老道所卖的宝剑便都是儿童玩具了。

塑　佛　像

Buddha figure sculpturing/ 仏像作り

地上黄泥手上人
——〔清·无名氏《泥塑诗》〕

佛教在南北朝时期传入我国，北魏尤为推崇，开始大规模地建寺建庙，塑造佛像自此开始。到了唐代，玄奘大师到印度取得真经，在皇室的倡导下，佛教遍行全国。

佛这个词是从梵文翻译过来的，它的意思是"觉悟者"。所以，佛的塑像安详恬静，庄严肃穆，超尘脱俗，非同一般。抛开石雕、木雕的佛像之外，泥塑的佛像最为普及常见。从古以来，塑佛像是一门专业性很强的职业。从事这一职业的匠人，都是子承父业，一代一代地传了下来。

历史上出现了很多身怀绝技的雕塑大师，如宋代包承祖、明代王竹林等，给我们留下了许多动人的塑像。晋祠、归元寺、东岳庙等地的前代彩塑，迄今栩栩如生地看着今人。

元代的雕塑家刘元也是这一行的佼佼者。《元史》二〇三卷中，记有他的大名，刘元字秉元，天津宝坻县人，少时为生计跑到山东青州，拜老道为师，学会了"画庙"（画壁画）、捏像等手艺，尤以塑神像为长。他善于"传换""脱活"，塑造佛像。他先用泥巴打成小样，上贴以布，再层层涂漆，最后脱模成型。《元史·工艺传》和陶宗仪的《南村辍耕录》中对他多有记载。

元代至元四年，世祖忽必烈将燕京改为中都，在海淀建"大护国仁王寺"，设梵天佛像，由刘元雕塑。塑成后庄严华妙，"天下无与比"，元大都护国寺中的雕像，如二十八宿，内容奇特丰富，布局严谨合理，思想新颖大胆，情态生动逼真，成为我国雕塑艺术中的奇葩。因此，皇帝封他为昭文阁大学士、正奉大夫、秘书监卿；并赐宫女为妻，宠信有加。后来，阜成门里大永福寺和香山寺山门内的"四大天王"都是刘元所塑，威灵显赫，清人有《竹枝词》赞曰：

地上黄泥手上人，刘元传换实绝伦，
观瞻应知匠心苦，塑尽人间鬼与神。

图一：塑金佛（烟画）。[1905 年]英美烟公司设计出品。
从古以来，塑佛像是一门专业性很强的职业。从事这一职业的匠人，都是子承父业，一代一代地传了下来。

张 天 师

Master Zhang/ 張天師（人の名前）

捉鬼拿妖件件能
——〔清·郑板桥《道情》〕

郑板桥有一首《道情》唱道：

水田衣，老道人，
背葫芦，戴袱巾；
棕鞋布袜相厮称。
修琴卖药般般会，
捉鬼拿妖件件能，
白云红叶归山径。
闻说道愚岩结屋，
却教人何处相寻？

它描写的是四海云游、居无定处的老道。如果自诩"捉鬼拿妖件件能"，且专以捉鬼拿妖为职业的道士，人们就通称他们叫张天师了。

张天师原是民间传说中的亦人亦仙的人物，本领与钟馗相似，能镇除妖魔鬼怪。其实，这全是巫师巫术的迷信而已。这种职业来源古老，可以追溯到上古祭祀中的大巫。他们在仪式上装神闹鬼，呼天抢地，焚符施法，咒祷苍冥，占龟卜蓍，舞之蹈之，使人肃然惶惶，望而生畏。他们介乎人神之间，

图一

自命不凡。从古至今，不知迷惑了多少善男信女、愚夫愚妇对之顶礼膜拜，信任有加。

民间的平民百姓之家若有人生病，久治不愈，就认为是魔鬼作祟，便要请来张天师施法禳灾除魔。张天师一到，披上法衣，戴上法冠，手持宝剑、黄符表纸，设摆香案。案上摆放牛羊肉供、糕点果品，开始替天行道，施用法术禳鬼驱魔。明人笑笑生著《金瓶梅词话》第六十二回《潘道士解禳祭灯坛，西门庆大哭李瓶儿》一节，详细地描绘了五岳观中的潘法师，前来替西门庆的爱妾李瓶儿施法禳解的情节。

中山大学袁宏铭教授考据，古代和近代张天师禳鬼驱魔的过程基本一样，是分三个程序进行的。

第一步是要贿鬼，也就是向鬼行贿，劝它离开，

杂

不要在此家滋扰闹事。张天师焚符后，口中要唱："某年某月某日，某姓弟子某某，行得有前无后，冲犯神明，望你大怀见谅，打开社门，俾弟子身中疾病快好快过。今有鸡春水饭、金银多少，俾你饮酒食肉，分派各人，此后唔关弟子。"等等一大套祝语。

如果病人见好，则说明鬼已受贿而去。如果病人仍不见好，说明鬼魅未去。张天师就采用第二个步骤进行逐鬼，把鬼赶跑。所用之物是一杯清水，一把桃枝蓍草。在念完逐鬼的咒语之后，用宝剑挑符焚烧。再用桃枝蘸了清水，在病床四周淋洒。完毕之后，将桃枝或蓍草挂在病人的衣襟和床褥之上。一直到病愈方能解将下来。张天师作法时，病人的长子或亲属要在一旁跪拜，以表赤诚。

如果这一招还不见灵验，说明恶鬼凶悍，病人魂魄已被他摄去，必须施术招魂。招魂时，全家肃然恭立。张天师要亲自挂起招魂幡迎风招展。天师对天施法，舞剑踏歌。法事之后，望风撒米。再由家中人等四出叫魂儿，高叫病人姓名，呼之回转。这种禳鬼除魅的治病方法，一直流传到民国时期，在缺医少药的乡间依然常见。张天师这一行到了20世纪50年代才渐渐消失。

图一：张天师。[明]木版画。
图二：张天师（烟画）。[1904年]日本村井兄弟商会社设计出品。

张天师原是民间传说中的亦人亦仙的人物，本领与钟馗相似，能镇除妖魔鬼怪、斜魔外道。

跳 大 神

Necromancer/

巫女が神降しをする時に太鼓を打ち鳴らしながら踊ること

又能打卦又关亡

——〔清·村谣〕

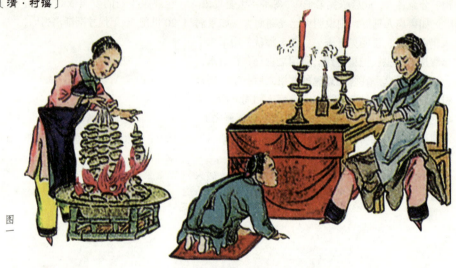

图一

三仙姑，本事强，又能打卦又关亡；
打卦能算今生事，关亡能见去世的娘。
爷娘在阴间想儿女，儿女在阳世念爹娘。
一年三节烧冥纸，一年两季送衣裳；
儿女有苦无处诉，拜请三姑降吉祥，
迎来亡灵会一面，慰我孤伶思断肠。
断肠人诉断肠事，酬谢三姑有琼浆。

这是旧日一首流传乡间的村谣。歌中所说的三仙姑乃是一行职业。西方人称之为会"通灵术"的神媒；我国民间管她们叫仙姑，所做的事叫关亡。俗称"跳大神的"，是人们对这一行的讥讽。

跳大神来源于上古的巫师巫术。他们祭祀天地鬼神，用龟板、蓍草占卜吉凶祸福。后来，内容发展得越来越细，"关亡"便分离出来，成了特别的一支。这一支多为妇女操业，故称"仙姑"。乡间还在仙姑称呼之前冠以"三"字，"三"是指"狐、黄、灰"，狐是狐狸，黄是黄鼠狼，灰指刺猬，俱

是民宅三大仙家。仙姑在关亡之外，对其它的宅仙，如老鼠、麻雀，她也能代表通灵对话，业务的范围也就扩大了很多。

关亡，是指通过祭奠作法，使亡故之人通过仙姑肉身与活着的人对话。这种法术纯粹是骗术。作神媒的人，靠鬼神吃饭，而欺骗的对象也多是女人、儿童和无知的小民。他们或是生了病，或是做了怪梦，或是家中出现些不可理解的事情，胡思乱想、疑神疑鬼，就请来三仙姑予以禳解。

禳解时，要在庭堂前设置好灵位，摆上供品，点燃香烛。本家人跪在案前祈祷，仙姑正襟端坐，口中默念咒语。不久，仙姑变颜变色，若有所悟，似有所得。转瞬，便大呼小叫，或作亡人语言，或作亡人附体，时哭时笑，嗫嚅声声。本家人倍觉惶恐，便不由自主地向仙姑述说起个人的苦恼和诉求。在仙姑的诱导下，一五一十、原原本本地与附在仙姑身上的亲人交流起来。

杂

图二

　　王士祯在《中国民情民俗搜奇》一书中说："神
婆故意扮成迷迷痴痴的状态，眼睛闭了，却疏了一
缝，在观察顾客的神态，推测他们的心理，然后凿
大缺口。"从心理学来讲，仙姑巧妙地把握了本家
人的心理诉求，使他们在"迷糊"之际，敞开心扉，
解开闭锁在内心中的情结和创伤，治疗其心理，恢
复平和。在没有心理医师的旧时代，三仙姑装神弄
鬼地代替了他们的职能。

　　有时仙姑跳了半日大神，并未有亡人附体，反
而招来了狐仙、黄大仙、灰大仙。于是，仙姑就煞
有介事地用仙家口吻，指责起本家如何冲撞了它们，
如何使它们不安，影响了它们的生活。这样，就找
出了解决问题的症结，再采取禳解的办法。

　　与亡人沟通也好，禳解宅仙也好，都要花钱给
仙姑，求她烧香、焚冥币、上供、施法。这样，从
业者也就得到了一定的经济报酬。当然，随着科学
的发达，这些迷信的行当，也早就为人们摈弃了。

图三

311

折　纸　锞

Dis-money producer/ 折纸

盘供山神化褚钱
　　——〔清·周宗泰《姑苏竹枝词》〕

图一

纸钱纸钱谁所作，人不能用鬼行乐。
一丝穿络挂荒坟，梨花风起悲寒云。
寒云满天风刮地，片片征钱吹思至。
纸钱虽多人不拾，寒难易衣饥换食。

　　这是一首描写民间祭祀用的冥币的《纸钱诗》，而金银纸锞则是用金色、银色的锡箔纸，折叠成大大小小的元宝，串在一起，集之如束，作为冥钱，也是专门用来上坟扫墓、祭奠亡人和鬼神之用的一种冥钞。

　　周宗泰在《姑苏竹枝词》中描写民间清明上坟情景时说：

衣冠稽首祖茔前，盘供山神化褚钱；
欲觅断魂何处去，棠梨花落雨余天。

词中的褚钱，便包括金银锞子。它也是从古代墓葬的"帛布"演化而来。

　　我国推行墓葬的历史很早，《周礼》中便有《冢人》的条目。记有"凡祭墓，为尸"，尸即神主。西周之时，祭扫坟茔已有成例。秦汉之际，则成为不可缺少的事情。《后汉书·明帝纪》载有："古不墓祭，秦始皇起陵于墓侧，汉因而不改。"汉光武刘秀每年都要"事十二陵，躬祭于墓旁"。古人讲究对待故去的先人要"事死如事生"，《论语》则云："生，事之以礼；死，葬之以礼，祭之以礼。"就是这个意思。

　　葬、祭要隆重丰厚，除陪葬、祭礼、三牲之外，奉之以钱币，自是最最"实惠"的事情。古时，是用帛布陪葬。帛是丝织品很贵重，一度曾代替钱币使用，称为帛布。到了汉代，开始使用"瘗钱"。瘗钱很小，俗称"榆荚"钱，要用线串起来使用。

　　到了唐代，为了便于这些钱焚化飞升，交付阴间冥府使用，就发明了纸钱。《旧唐书·王屿传》记有："后里俗稍以纸剪钱为鬼事。"用纸剪出的圆钱，连在一起焚化，也可以看到瘗钱的旧迹。宋代开始出现用纸折为元宝形的"吊钱"。《清异言》记："周世宗发引之日，金银钱宝皆寓以形。而褚节大如盏口，其印文为黄曰帛台上宅；白曰冥游亚宅。"

　　到了清代，这种用金、银箔纸折叠出的元宝称为锞子、吊钱。凡是祭祀鬼神、超度亡魂、僧道作场、扫墓上坟全都要用。如此用量很大，就出现了专门制作这些锞子的作坊，也就出现了专吃这碗饭的人。

杂

金、银锞子一般是在"纸扎铺"、"冥纸店"、"香蜡铺"中售卖。这些锞子十只一串，十串一束，悬挂在铺子内。买者多是以双数成束购买。也有的用户为办大丧事用，则要提前预订。用时由伙计将之一束束挂在长竹竿上，送货上门。两丈多长的竹竿上，悬有数十束纸钱，走在街上别是一道风景线。

制作金银锞子的人，则是纸扎铺、冥纸店、香蜡铺的内眷们。一家一户的来做，随制随卖。一到清明节、盂兰盆会，金银锞用量倍增。这些铺店的内眷忙不过来时，业务就发展到周边邻里妇女们的身上。她们勤快手巧，赶上活多，也能挣不少零用钱贴补家用。

图一：制作金银锞子的人，是纸扎铺、冥纸店、香蜡铺的内眷们。一家一户的来做，随制随卖。[1905年]英美烟公司设计出品的烟画。

图二：卖纸锞。[清]孙继绘。

图三：送纸锞（烟画）。[1910年]英美烟公司设计出品。

图二

图三

卖小轿

Sedan-chair model selling/ 壳り子

纸幡甲马列厨东

——〔清《半园癸亥集·送灶诗》〕

图一

清代《半园癸亥集》书中，记有《送灶诗》一首：

纸幡甲马列厨东，司命遄行薄醉中；

天上去来才七日，凡人无此大神通。

腊月二十三，祭送灶王爷上天，好吃好喝好伺候。为的是请他"上天言好事，回宫降吉祥"。这是华夏民族行之已久的民俗之一。

早在秦时，宰相吕不韦所著的《吕氏春秋》中，就已有了祀灶之说。古籍《抱朴子》中亦有相关的记载，云："孟夏可以祀灶。"孔老夫子的《论语》也有"与其媚于奥，宁媚于灶"的议论。可见，二千多年以前，祀灶之风已盛。

然而，灶君到底是何许人也？最初描述得比较

具体的是唐人段成式，他在《酉阳杂俎》一书中解释说：

> 灶神名隗，状如美女，又姓张，名单，字子郭。夫人字卿忌，有六女皆名察洽，常以月晦日上天，白人罪状，大者夺纪，纪三百日，小者夺算，算一百日，故为天帝督使，下为地精。

可见，这位灶君是个貌美面白的美男子，他是天帝派来和他的女儿们一起专门监管老百姓一家一户的是非的。他的官职并不大，可权力不小。他能往返于天人之间，有向天帝进行汇报的任务。所以，每当他要上天的时候，家家户户都要"媚灶"。所谓媚灶，就是拍灶王爷的马屁。谁家过日子没有

个锅盆碰碗勺的事情呢？惟望灶王爷在天帝面前多多地代为遮掩。

南宋诗人范成大曾作《祭灶词》描绘此事，极是具体生动。

> 古传腊月二十四，灶君朝天欲言事。
> 云车风马小留连，家有杯盘丰典祀。
> 猪头烂热双鱼鲜，豆沙甘松粉饵团。
> 男儿酌献女儿避，酹酒烧钱灶君喜。

> 婢子斗争君莫闻，猫犬触秽君莫嗔；
> 送君醉饱登天门，杓长杓短勿复云。
> 乞取利市归来分。

对待灶王爷不仅要供以好吃好喝、好酒好菜，后人还发明了关东糖专给灶王爷吃。要用糖粘住灶王的嘴，叫他永远说不出什么坏话来。

讲了半天，这些与卖小轿的何干？有关系。小轿是一种小巧的手工艺品。用细木为骨，用青布、蓝布或是绸缎呢绒做面儿，糊成一顶顶精致的"二人抬"，这种二人抬是专给灶王乘坐的"肩舆"。只有进了腊月才有买有卖。

卖小轿的老者，多是在庙会或是闹市的街边路口的台阶上一坐，打开蓝包袱皮儿，把一顶顶崭新的小轿整齐地摆好售卖。价钱不贵，当家的主妇买回来，先是给小孩"过家家"玩耍。待小孩玩腻了，再把轿子供在厨房的灶上，列入"纸幡甲马"之中。等到了祭灶的时候，就把灶码儿放在轿上，一并烧毁焚化，算是灶王爷乘轿上天言事去了。

卖小轿这一行兴之很早，可以上溯至秦、汉。到了清朝，还发明了一些花样儿，比如，糊出小骡车、小轿车、小马车，一样精致好看。直到民国，社会倡导科学，祭灶之俗渐殁，卖小轿这一行也就逐渐地消失了。

图二

图一：卖小轿的老者，多是在庙会或是闹市的街边路口的台阶上一坐，打开蓝包袱皮儿，把一顶顶崭新的小轿整齐地摆好售卖。[1905年]英美烟公司设计出品的烟画。
图二：卖送灶轿子。[清]刊《图画日报》插图。

相　　面

Fortune-telling/ 人相を占い

麻衣柳庄铁关刀

——〔清《图画日报》刊《竹枝词》〕

图一

在旧日京城的庙会集市中，人们随处可以看到相面的。他们身前一张破桌、两条板凳，墙上挂着一块布幛，幛子上写有"铁嘴算命"、"麻衣神相"等语。或是画一巨大人像，依五官位置书写穴道名称作为招幌。桌子后面坐着的人，就是相面算命先生。

相面先生粗通文墨、能言善辩，评论前朝典故、人物得失，有鼻子有眼儿的，引人驻足围听。一旦发现有听得入神者，便转而为他看相算命，进入生意，收取命金。

相面这一行，旧社会属于江湖四大门类中的"金"门，是术士中有学问的职业。他们根据人的面貌五官、骨骼、体态、气色、手纹，来推断吉凶祸福和贵贱寿夭。

所谓麻衣神相的叫法，来源于宋代《河南邵氏闻见前录》卷七中的记载，书中说：北宋钱若水少年时，曾步行到华山去拜访陈抟老祖。路上遇一身穿麻衣的道士为他相面。从面相详细述说了他的出身、行年、家事、功业，以及身前身后，功名利禄，无不细备。因麻衣道士未留姓名，传出的相面技法就称为"麻衣相法"了。

《明史·艺文志》则载，有一位叫鲍栗之的人著有《麻衣相法》七卷。这部书就是后世操此业的课本和理论的依据。

这一行人物中，资质有别，道行不同，良莠参差，大相径庭。本领大的能参政议政、位居庙堂，出将入相、名动公卿。例如，明代的周颠和铁冠子，他二人就是两位相士。

开国皇帝朱元璋就亲自写过《周颠仙人传》。书中称：周颠十四岁在南昌市上讨饭，三十岁向元璋告太平。唱歌"山东只好立一个省"。用手画地成图，指着对朱元璋说："你打破个桶（统），做一个桶。"元璋征九江，问周可行否，颠称"可行"。舟行安庆，无风，舟难前进。颠称："只管行，无胆不行便无风。"果然风起。

316

杂

铁冠子，姓张名中，好戴铁冠得名。据说，他从朱元璋的相貌中算定，在征伐陈友谅时，南昌解围和鄱阳大捷的准确时日。用洞元法祭风，使舟师直抵鄱阳湖。朱元璋对他二人是言听计从。另外，传说中的刘伯温，也是一位看相算命的高手。

这些术士显赫一时，也使得后世追随者层出不穷。大凡算命者都自诩为半个神仙，如诸葛亮再世一般。但是，这一行的祖师爷却不是诸葛先生，反要推到战国苏秦、张仪的老师鬼谷子的身上。鬼谷先生著有《鬼谷子》一书，专事纵横揣摩之术。相面算卦，全在于揣摩人的心理变化，自然，鬼谷子要算这一行的开山始祖了。

这一行中，得意者能建堂设馆，出入豪门巨室，鼓簧弄舌，发财获金。但大多数业者骗财无门，失意落拓，飘零市井，如行乞一般，还落得被人讥笑的名声。清季有《竹枝词》云：

麻衣柳庄铁关刀，江湖自称相法高；

能知富贵与贫贱，能识穷通与寿夭。

我为看相诸公传一语，可知以貌取人失子羽。

尊容生得果真佳，何必相面先生来夸许。

图一：相面（烟画）。[民国]华商烟公司设计出品。

图二：相面人。[清]周慕桥绘《大雅楼画宝》。

这一行中，得意者能建堂设馆、出入豪门巨室，鼓簧弄舌，发财获金。但大多数业者骗财无门，失意落拓，飘零市井，如行乞一般，还落得被人讥笑的名声。

图三：相面（烟画）。[1905年]英美烟公司设计出品。

盲 人 算 命

Fortune-telling by blind-people/
目の不自由な人が人の運命を占う

图二

图一

瞎子摸象狗骑羊，有眼反比无眼盲。

子午卯酉捏指算，流年利害说黑黄。

这是端木蕻良为王羽仪先生所绘《北京风俗图》的一首题诗，嘲谑盲人算命这一行。

算命，是旧日盲人从事的一桩生计。修此业也是师傅课徒。所收徒弟也是盲人、盲童。惟课徒都是在家中私授，从不带出一同作业。所以，从未见到有老盲人带着小盲人一起走街串巷、摇铃算卦的。一般都是盲人带一明目小童，背弦牵杆游走江湖。

盲人算命，是以战国鬼谷先生为祖师爷。史载，鬼谷先生是战国楚人，因隐身遁世于鬼谷而得名。著有《鬼谷子》三卷，最善"知性寡累"和"揣摩"、"捭阖"之术。《史记》称：苏秦、张仪"具事鬼谷先生学术"，最终成为六国封相的大人物。

盲人算命，是以算命人的出生年、月、日、时，按天干、地支，依序排成八个字，再用本干支所属五行金、木、水、火、土的相生相克来推断一生的命运。也就是人们常说的"批八字"。盲人批八字，是有说有唱的。小童背的弦子，是三根弦，俗称"三弦"。盲人一边弹一边唱，多是"水词官中话"，句句似是而非，模棱两可。这样，是让听者自猜自解，自悟自明，算命者不担任何风险责任。"如兄弟三人，独木一枝"，"上坡难走下坡溜，避山避水走中轴"等等，这些"生意口"都是一代代从师傅那里传下来的。说与任何人、任何事，都可听可信、中庸无争。

找盲人算命的，多是乡间百姓、村夫村妇，既没文化又少见识。盲人又说又唱，一会儿就把他们搞得晕晕乎乎，任凭胡云了。有趣的是，盲人算命还兼寻失找物。如乡间老太太丢了戒指，一时找

杂

图三

不到，就找盲人来算。盲人走东家串西家的，自然知道一个老太太的活动范围，无非是炕头灶间、桌前缸侧。装模作样地屈指一算，顺嘴一说，十有九中。老太太不怨自己记性差，反赞瞎子神通广大，口碑称颂。经"老婆舌"一鼓噪，这位盲人就十里扬名了。文前端木先生的打油诗，就切中此意！

　　盲人有带童儿的，有不带童儿的。带童儿的道行大些，能到生地方去。不带童儿的，道行小，只能在熟车老路处转悠。这行人有行帮，是不容人欺侮的。清季末年，天津塘沽大李庄曾发生过这样一件事。一位不带小童的串乡算命盲人，早晨路过此庄，一个淘气的小孩说庄子里有人要算命，并拉着盲杆引路。路过一条小河沟，这个小孩成心把瞎子领到沟里，弄了瞎子一身泥。这一下可不得了了，瞎子回去一招呼，第三天，来了一百多位盲人，举着盲杆来到大李庄要拼命。先把小孩家砸了个稀巴烂，又去砸庄主族人们的家，谁也拦挡不住。最后一直闹到塘沽大堂。知县还得向着残疾人，判了大李庄对儿童育教不严，除了判李家庄向盲帮赔罪罚酒，还要唱戏三天，事端方为平息。一时间，盲人大闹李家庄的新闻轰动京津。小戏班还添油加醋地把这件事编成了戏，唱了好一阵子。

图四

图一：盲人算命。［清］无名氏绘，选自《北京民间风俗百图》。

图二：盲人算命。［清］刊本插图。

图三：算命（烟画）。［1904年］日本村井兄弟商会社设计出品。

　　算命是旧日盲人从事的一桩生计。修学此业也是师傅课徒，三年零一节。所收徒弟也是盲人、盲童。惟课徒都是在家中私授，从不带出一同作业。一般都是带一明目小童，背弦牵杆游走江湖。

图四：算命。［清］嵩山道人绘。

测 字 先 生

Fortune-telling by analysing Chinese character/ 字を占い

你共人女边著子

————〔宋·黄庭坚《两同心》〕

图一

测字，是江湖上"金"字门类、算命行中的一支。

在旧日的北京街头、庙会、集市或城门洞前，常有人摆一小摊，摊上置笔、墨、纸、砚和一长方小匣；有的没有摊位，手中只提一纸匣，匣内放有若干纸卷。卷上各写一字，可让要算命的人自己拈取。也可以由他自己报一个字，测字先生再把这个字写于纸上。而后，先生便把这个字拆开偏旁，或是加减笔画，或是打乱文字的结构、改变笔画顺序，重新进行排列组合，从中得出新的思路、设想和推断。用以算出算命人的吉凶祸福，然后再为其指点迷津，化解困难。

这一行以文字的拆解、推理、引申论学问，极具书卷气，一度在社会上十分的盛行。他们较之卦摊、相面、摸骨、批八字、衔牌算命、金钱课等迷信生意，更显得学识高深，玄机莫测。这一行人贯走江湖，善于揣摩人心的诉求，颇得一些人的信任。所以，此业流传久远并留下诸多佳话。

20世纪60年代有一部红极一时的电影叫《十五贯》，是苏州昆曲剧院的杰作。演的是宋代一个名叫油葫芦的乡间屠户，夜晚酒醉酣睡，忘记关门。恰好一个名叫娄阿鼠的赌徒从门首经过。见屋门未关，溜了进去，杀了油葫芦，抢走了十五贯铜钱，且移祸他人，造成冤狱。巡案大人况锺巧扮一名测字算命的先生，深入乡间私访。在一座破庙内，遇到心神不安的娄阿鼠，特为他测字。娄阿鼠出了个"鼠"字。况锺测道："鼠为阴物，昼伏夜出，子

杂

时潜行，溜门潜户，逡巡苟且，偷噬财物。只此一字，说明你负案在身，心中分外忐忑。"一句话，吓得娄阿鼠伏地乞命，哀求先生看看可有解法。况锺说："鼠能挖穴，盗洞藏身。因此，鼠头加一穴字即为窜。能窜者，便能跑也。"说得娄阿鼠兴奋无比，以为从此可以逍遥法外了。此剧又名《双熊梦》，是清初朱素臣根据宋人话本小说《错斩崔宁》的故事创作而成的，见于清抄本《大本戏曲丛刊》。据此可知，测字一行在宋代已十分风行。

测字亦称拆字。拆字，最早文字记述的是《后汉书·蔡茂传》：蔡茂梦见自己坐在大殿上，殿顶有一束三穗禾。蔡茂跳起来去取，得到了中穗，转瞬又消失了。醒来后，询问主簿郭贺此间有何寓意。"郭贺离席贺之曰：大殿者，宫府之形象也。极而有禾，人臣之上，禄也。取中穗，是中台之位也。于字禾失为秩，虽曰失之，乃所以得禄秩也。"《辞海》断言，这便是后世的拆字之始。

隋代时称拆字为"破字"，宋初俗称"相字"。

在宋元时代，拆字也是文人中盛行的一种文字游戏，叫作"拆白道字"。是把一个字拆开，变成一句话。例如黄庭坚的《两同心》词：

> 你共人女边著子，
> 争知我门里挑心。

"女边著子"是一"好"字，"门里挑心"乃是一"闷"字，合起来是"好闷"之意。将内心潜伏的情绪巧妙地藏在词中，别有一番雅趣。

所以，后人在诗词中也多有效仿。时风所系，拆字游戏一旦进入商业行为，也就成了算命先生一种谋生的手段了。

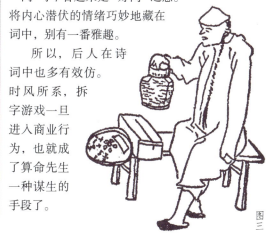

图一：测字算命（烟画）。[1900年]英国烟公司设计出品。
图二：测字图。[清]《图画日报》插图。
图三：摸字测字。[清]无名氏绘《七十二行现相图》。
图四：测字（烟画）。[1905年]英美烟公司设计出品。

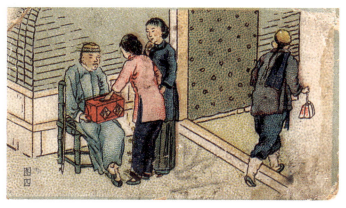

收 字 纸

Worn paper picker/ ゴミ収集屋

蔡伦造纸费神功
——〔民国·李幼芝《课孙竹枝词》〕

图一

蔡伦造纸费神功，遂使教化普天穹；
寸纸如金应珍爱，说与儿孙勿看轻。

这是民国李幼芝先生写的一首《课孙竹枝词》，告诫晚辈要珍惜纸张，不要无缘无故地糟蹋浪费。这是老一辈人都具有的美德。

记得儿时，每天都在祖父的严格指导下练习写大字。祖父给一张一尺见方的元书纸，总要将纸写满之后方可废弃。他说在我们的祖籍河北青县老家，历代流传着这么一种风俗，就是敬畏字纸。如果用带字的纸做"宫门抄"（即当出恭用的手纸），或是用来包秽物、包荤腥、包鱼肉，都是对圣人孔老夫子和仓颉老先生的大不敬，这样做会受到神灵的惩罚。当然，这是恐吓孩子们的话。但大人们也都深信不疑，不敬重字纸会遭报应，祖孙三代都会识不得字。

他说，本村有位老秀才视纸墨如金银。无论是大人、孩子们写过字的纸，还是破书废本的烂页，旧信笺、旧账页、破皇历、破报纸、烂对联，被人丢弃的烂纸，他只要见到定然拾起，集得一堆，一一展平。捧到乡塾的至圣先师的牌位前，揖拜之后，口中念念有词，点火焚化。年年如此、日日如此，

直至光绪三十年始殁，年高九十有六。在他的感召下，四乡村民认字的，不认字的全都纷纷仿效，连清晨遛弯拾粪的庄稼老汉拾到字纸，也都另外揣到怀里或塞在腰间，带回村塾焚化。淳朴之情，一时蔚然成风。《青县县志》和民初青县老儒衡门诗叟的笔记，均有此俗的记述。其实，此俗不仅仅限于我乡我县，在旧时代的大江南北，凡有读书人的地方大凡如此。

随着时代的前进，纸张制造和印刷术的进步，社会耗纸量骤增，废弃的纸张处处皆是。于是，拣烂纸这一行也就出现了。在清末民初，拣烂纸的多是城市贫民，他们终日在街头行走，头上经冬历夏都戴一顶破草帽，用以遮阳避雨。挑子两头是两个竹子编的大坛子型的筐，筐上有盖，是怕拣来的废纸被风吹去。他们随身带着两种工具，一个是柄长长的竹镊子，用来拣拾废纸之用；另一种，是个带长木柄的小铁铲，为的是用来清除粘在墙壁上、电线杆上的招贴、广告纸之用。

他们这一行与收破烂儿的不一样。收破烂儿的什么都收，什么都要，有钱货交易，大小是个买卖。而收烂纸的，只收破书烂本，街头弃纸，品种单一，

322

杂

图
二

但收白送之物，没有钱货交易。他们迷信此生惜字纸可保子孙能识字。清宣统元年《图画日报》上载有这样一首《竹枝词》咏收字纸的：

善堂广收有字纸，据云惜字能识字；
惜字果能识字多，来世堂夫定佳士。
谚言一字值千金，担内字多金满，
却怪堂夫挑得起，压得肩上不知沉。

如图三：他们一边在清除墙上的废纸，一面在收受穿长衫人馈赠的字纸，画得十分传神。故而，每当人们问及这一行的祖师是何人时，他们都口径一致地说，从不与收破烂儿的同行，而是与读书人亲近，为了图下一辈子人不作睁眼瞎，遵从圣人"敬惜字纸"之道，才干上这一行。

图一：拣烂纸。[清]《成都纪闻》插图。
图二：收字纸。[清]《图画日报》插图。
图三：收烂纸（烟画）。[1905年]英美烟草公司设计出品。
他们一边清除墙上的废纸，一边在收长衫人馈赠的字纸。

图
三

卖 彩 票

Sale of lottery tickets/宝くショツプ

本小可得千倍利
——〔清·杨柳青木版年画《新刻彩票局》〕

图一

所谓彩票，也叫发财票，是一种变相的赌博活动。

当然，在我国诸色赌博活动古已有之，如掷子、投壶、叶子、牌艺，门类繁多，唯独彩票一事闻所未闻。鸦片战争之后，外国人把彩票传入中国，目的也是聚敛钱财。彩票在外国是属于博彩业，经多年磨合和法制约束，有一套比较科学的经营管理模式。但它进入中国之后，诸种弊端豁然而现，宵小之徒混迹其间，便做出很多坑人的坏事来。

民俗学者王树村先生在描述清末彩票的情况时说："彩票又称奖券。它的票面上编有号码，以平均价格发售，将售出之款提出一部分充作奖金，分出头、二、三等或若干等级，于全号码中以偶然法则抽之，凡与抽出的号码相合的彩票，即得按等级数额领之。但彩票上的号数长达百万以上，最高奖额不过十万，所以获得头、二等奖的机会很少。多半是空想中奖发财，失望了再买，买完了又再希望。如此，无论是外国或是中国，官办的也好，私营的

也好，兴办者获利最厚，而买彩的穷人如在梦中。"

这里有一帧印行于光绪中年的《新刻彩票局》的木版年画，刻画出清季买卖彩票的营业状况。首先，票局的房子、窗子和内厅桌椅、台布的式样，均带有西洋风格，说明彩票之风源自西洋。彩票是现买现兑，中奖者当即拿钱。彩票商衣冠楚楚，正在依号码儿应对生意。图中一女子夹一钱包兴致勃勃的欲归之状，显然是中之大奖。另一女子举步向前，正要跃跃欲试。图上有诗云：

时兴设立抓彩房，第一堪比状元郎；
本小可得千倍利，夫荣子贵地名扬。

此图颇有为彩票局做广告的味道。文中的"千倍利"、"夫荣子贵"、中了头奖顶个状元之类的蛊惑人心的言语，都是诱人入彀的宣传伎俩。每次开奖有没有鳌头独占的人呢？当然有，有资料可查的：一位是上海闻人戴耕莘的三姨太，在20年代

324

初买彩票中了头等大奖。后用此款开设了名噪一时的华成烟公司。另一位是哈尔滨的韩云起先生，他在 1935 年中了大奖，获得一辆德国产新款奔驰。韩先生得意洋洋坐在车上的照片，被印在同年出版的《英美烟草月报》之中。中不了奖、望洋兴叹者，何止千百万哪！被欺骗的劳苦大众，因买彩票弄得倾家荡产、走火入魔者，简直令人不堪瘁睹。

售卖彩票原本都是男人干的事情。而在清代末年，因利益驱动，无数女人也参与其间，她们也做局，组织老鼠会，传销彩票，诈骗他人的钱财。

先生买张发财票，娇声沥沥耳边叫；
头彩尚在莫错过，包卖票子包对号。

兜票向来男子多，谁晓近来有女魔。
宅堂公馆多跑到，搜刮资财可奈何。

这是宣统元年年末发表在报刊上的一首讽刺诗，告诫市民别为眼前微利而误入他人圈套。这种呼吁社会匡正时弊的呼声，恰恰也反映出彩票骗局的严重性。

图一：卖发财票。［清］刊《图画日报》插图。
图二：新刻彩票局。［清］木版年画。
彩票商衣冠楚楚，正在依号码儿应对生意。图中一女子夹一钱包兴致勃勃地欲归之状，显然是中了大奖。另一女子举步向前，正跃跃欲试。

宣　　　卷

Sermon / 宣卷

经卷高宣法器响

——〔清·孙兰荪《宣经卷竹枝词》〕

周作人在随笔《刘香女》中说他"小时候听宣卷，多在这屠家门外，她的老母是发起的会首。此外也见过些灰色的女人，其悲剧的显晦大小虽不一样，但是一样的暗淡阴沉，都抱着一种小乘的佛教人生观，以宝卷为经史，以尼庵为归宿。此种灰色的印象留得很深"。

宣卷而今早已不复存在了。宣卷俗称"讲经"，也称"讲善书"。据说"春秋战国期间，齐国田单用了火牛阵，杀得敌国兵卒血流成河，尸积如山。田单部下有个姓罗的将军，见此惨景，十分不忍，旋即隐居山中，后来倡立了'无为道'。无为道除了静修悟道之外，还利用民间故事，劝人为善。讲的都是'善有善报，恶有恶报'的因果报应"。其

后，他和他的弟子们就以"解经讲书"的形式，四处云游讲书。

又据《乐府杂录》记载："长庆中，俗讲僧文叙，善吟经，其声宛畅，感动里人。"到了中晚唐时代，就出现了有"白"有"唱"的宣卷了。

崇祯本《金瓶梅》的木刻版画插图中，有一幅描绘第三十九回"吴月娘听宣黄氏卷"的插图，为我们了解明代宣卷的实际场景提供了直观的画面。画中，烟云缭绕，明烛高照。广庭上横置一案，案上除香烛灯花外，尚有宝卷一本。薛姑子端坐案后，双手合十作念念有词状。右侧陪坐着吴月娘。长案两侧各横坐女眷两人静听状。"直至四更天气，月娘方令两位师父收拾经卷"。

图一

宣卷是佛教倡导制度下的产物，讲时用"白"，即散文，唱时用"偈"也叫"吟"，即韵文。把散、韵两种文体结合一起，作为宣传佛教教义和劝人为善的形式和工具。后来逐渐地演化成一种近似曲艺的形式。

据《中国大百科全书》相关条目中记载："清同治、光绪年间和民国初年，宣卷扩展到江南的上海、杭州、苏州、绍兴、宁波等城市为中心的广大地区。"宣卷的内容皆与佛教经籍有关，如《目连宝卷》、《刘香女宝卷》；也有的与戏曲同目的，如《琵琶记》、《西厢记》、《循环报》、《粉玉镜》等，或来自民间传说故事，如《玉蜻蜓》、《珍珠塔》、《玉鸳鸯》、《碧玉钗》等。

说唱宣卷作为一个行当来说，参与其事的有僧、尼、道士，更多的是以此为生的艺人。艺人的介入更丰富了宣卷的内容、曲调和娱乐性。

宣卷有时也分生旦净丑各种角色演唱，但宣卷调无行当及男女腔之分，主要运用不同音色表现各种人物。当其中任何一人敷唱文辞时，听者亦可以帮唱"南无阿弥陀佛"。

宣卷艺人社会地位低下，均非专业，行中有"父不传子"之习。宣卷调简明流畅，易于上口，演唱时，可翻阅卷本，照本宣科，无记诵背读之劳，爱好者稍有基础即可应邀演出，所以，在清末民初时节，参与宣卷、鱼目混珠地混口饭吃的人大有人在。时人有《竹枝词》讽刺他们：

非僧非道亦非尼，宣卷先生老面皮。
经卷高宣法器响，当当齐当齐当齐。
宣卷宣到结缘好，妇女同声并喊妙。
卷中夹杂唱滩簧，其名叫啥大四套。

图一：宣卷。[清]刊《图画日报》插图。

（宣卷调）简明流畅，易于上口，演唱时，可翻阅卷本，照本宣科，无记诵背读之劳，爱好者稍有基础即可应邀演出。

图二：和尚宣卷（烟画）。[1905]英美烟公司设计出品。

巡　警

Cop／巡查

提着兜子要小钱儿
——〔民国·市井民谣〕

巡警的称呼是从"巡捕"一词演化而来。

巡捕在我国出现较早。清初，京师即设置有巡捕营。总督衙门和外埠各级衙门均设有巡捕官，执掌护卫、侦缉、缉捕人犯之职。旧戏中的黄天霸，就属于巡捕官一类的人物。他的工作就是为缉捕草莽要犯，消除与政府对抗的势力和隐患。因之，他首鼠两端，许多的"绿林好汉"都葬送在他的手里。旧京剧中有一出《八大拿》，讲的就是这个故事。当然，巡捕对维护一方治安和市井秩序、平民安全也起着一定的积极作用。

巡捕的叫法，最早起于19世纪中叶。上海道为了避免"华洋杂处"，平和经常出现的冲突，1845年与英国领事签订了《上海租地章程》。章程规定：在租界内组建由二十人组成的"更夫卫士"，英语称为Watch man。除夜间巡视外，还要负责地方的治安。

1854年7月11日，租界地在成立"工部局"的同时，成立了Shanghai police station，police，直译应是警察。但当时并无此词，就依北京维持京师治安和保卫工作的"大清巡捕营"编制，译为"巡捕"二字了。Police station，也就是"巡捕房"了。

图一

巡捕长由英人担任，巡捕则由印度、安南人充任。北京的外国租界地只限于东、西交民巷一带，内设的相应机构，也都称为巡捕了。

根据当初的条约规定，外侨都享有特殊待遇的"治外法权"。洋人在中国犯了罪，中国政府无权处理。但中国人若在租界内犯了事，巡捕便有权缉捕、拘审、惩治。当年，这些外国巡捕骄横傲慢，操枪持械，不可一世地巡行在租界里，国人敢怒而不敢言。当然，从积极的角度来看，巡警的出现，也引进了先进的治安理论和科学的管理制度。

20世纪30年代，柳亚子等人编纂的《上海年鉴》把这一机构定为"在中国出现最早的警察机构"。又因

为它不归中国主权，所以也不定为它是最早的中国警察系统。

警察一词，是从日文中引进的。清光绪三十一年，上海道袁树勋经两江总督批准，仿照日本制度，设立了"上海警察学堂"。这是中国第一所警察学校。学员从"抚标护军营"挑选，经三个月强化训练后毕业，替代了旧的保甲总局，组成了"警察总巡局"。警官、警员全部由国人充任，从此，面目

图二

为之一新。

　　这一机构的出现，对当地的社会治安卓见成效。在北京，北洋军阀袁世凯亦率先运用了这一机制，组成了警察队伍，负责京、津一带的防御。在八国联军的淫威下，中国警察特立独行，也曾起到了警卫京师的作用，深得自西安回銮的慈禧老太后嘉许。

　　光绪三十三年，即1907年，总督端方奏请朝廷，将这一系统在全国推广。不久，武汉、南京等诸大城市，亦都相继建立了警察机构。到了民国，这一机构就一直沿承了下来。

　　不过，由于民国时期政治腐败、吏治不清，作为最低一级的统治工具——警察，也就出现了"该管的管不了，不该管的瞎管"的局面。民谣嘲之为：

　　　　对户口，查狗牌儿；

　　　　提着兜子要小钱儿。

核对户口、查看家犬、野狗和向老百姓收捐、摊款，都成了日常业务，把当时巡警的狼狈说得个活灵活现。

图一：清末上海工部局属下的巡警。[1927年]上海华商烟草公司设计出品的烟画。
图二：清末时的巡捕局，警员中已有中国人充任。[1905年]英美烟公司设计出品的烟画。
图三：上海外国租界地的印度籍巡警，俗称"红头阿三"。[1927年]上海华商烟草公司设计出品的烟画。

图三

狱　　　警

Jail attendent/ 刑務官

洪洞县内无好人

——〔京剧《苏三起解》〕

图一

　　"衙门口朝南开，有理没钱难进来。"这是京剧《苏三起解》中的一句脍炙人口的台词，说尽了封建时代中国监狱的黑暗。狱卒飞扬跋扈、恃强凌弱、徇私枉法，足以令人发指。苏三唱了一句："洪洞县内就无有好人"，把个崇公道也骂得个狗血喷头。崇公道解释说：衙门内"前堂不种高粱、二堂不种北豆，原本吃的就是打官司告状的"嘛。

　　上起京师大理寺、刑部大堂的皇家大狱，下到地方的县衙小牢，章程一律，体制无二，全是"父母官"，"一言定是非，一言决死生"。犯人决无言辩申诉的权利。从古至今，不知制造出多少冤案，枉死多少好人。仅史书所记，历朝历代周兴、来俊臣般的酷吏，层出不穷；而岳飞、袁崇焕般的冤魂，也是有增无减。

　　在封建王朝中，虽然也曾出现了些如戏中的"宋士杰"、"法门寺"和"杨乃武与小白菜"之类的故事，动辄为"平雪冤狱"摘去无数顶戴。那也只是官僚之间相互倾轧的产物，难以说明旧日牢狱的清明。

　　制度如此，那么监狱中的牢头、狱卒，就更不是东西了。这一行在狱中瞒上欺下、横行霸道、敲诈勒索、无所不为。难怪任何一出戏中的这类角色，鼻子上都要画上一个白方块，用来丑化他们的一举一动。俗话中所说的"衙"行，是属于"无罪也该

330

杀"的。可见，世人对他们的评价是多么的恶劣！

我国监狱的改革和制度的现代化，是由上海租界开始的。1865年，英国驻上海领事在租界内成立了"领事法庭"，并在厦门路建立了法庭监狱（20世纪初，改建为提篮桥监狱。设施精良，时有"东方的巴士底狱"之称），负责英国在华侨民的司法处理和犯人监禁。从而，把西方先进的司法程序和监狱管理制度引进了中国。

1903年，因革命先驱章太炎、邹容在《革命军》一书中提出"推翻清廷"的主张，由此发生了著名的"苏报"案。当时，苏报馆因设在租界内，遂得到了"领事法庭"的庇护。法庭拒绝了清政府对他二人的引渡要求，依照民主制度的司法程序和量刑尺度，只判了章、邹两人二三年的监禁，改变了皇家"一言倾城"、"君叫臣死，臣不能不死"的司法定制。

狱卒，在新式的监狱里称为狱警。监狱推行了西方较现代化的管理制度。设立了放风、医疗、探视、通信等制度。废除了肉刑、饿饭等虐待犯人的惩罚。要求狱警奉公守法、警纪严明、着装整齐、工作有序，使人一见顿生肃穆。如图一中所绘，当时的监警司和狱警，正在核查案卷。文明如是，的确有了惊人的改变。

画家将其绘入《三百六十行》中，是时人对"衙"行的厌恶有所改变的结果。而监狱本身，较旧日牢狱也确实有了天壤之别。

图二

图一：监警司和狱警正在核查案卷。监狱本身较旧日牢狱有了天壤之别。[1905年]英美烟公司设计出品的烟画。
图二：狱警（烟画）。[1927年]华商烟公司设计出品。

卖　白　粉

Drug dealer / ヘロイン売り

勾魂小鬼与无常
————〔清·民谣〕

图一

梁实秋先生在书中曾描写了民国初年，瘾君子们吸"高射烟"的情况：把纸烟的一头烟丝敦实，在空了一节的纸烟部分，放入一些白粉，再点燃吸食，好不惬意销魂。这种吸法，时人俗称"高射烟"。日本村井烟商会社在1904年出品的这枚烟画，给当年市井售卖白粉的实际情况做了一幅真实的写照。

卖白粉的身着长衫，坐摊兜售，向吸食者侃侃而谈，介绍白粉的种种妙处，俨然如老师讲学一般。不仅言教，而且身教，现场示范，教授吸食方法。初学者，也如步入杏坛一样，屈身就教，并且徐徐试吸。临时摆放的桌案上，用大盘子陈设白粉，竖着牌子明码标价，九文一勺。不贱不贵，人人可以接受。岂不知，这白粉乃是"勾魂的小鬼，要命的无常"。

毒品鸦片，进入我国是在清季中叶。英、葡商人为利益驱使，从印度贩入我国。最初，国人将鸦片视为奇药，可以医治百病。久之，吸食者成瘾，终日恍惚不振，不思茶饭，意志沉沦。最终丧失劳动能力，成为废人。鸦片对社会为害之重，罄竹难书。上至朝廷宫掖、达官显贵，下至商贾黎民，一旦食用，终生难以戒除。不仅白银滚滚外流，而且荼毒生灵，殃民害国，不堪收拾。所以，酿成中国近代史上两次鸦片战争。战争的结果，非但未能杜绝毒品的猖獗，而且签署了一系列丧权辱国的条约，大开门户，引狼入室。最终举国竟出现了"坐阔全凭鸦片烟，何妨做鬼且神仙。"（见得硕亭《草珠一串》）的局面。

白粉，又称白面儿，学名海洛因。是从鸦片中提炼出的一种粉剂。这种毒品是从19世纪末传入中国，渠道一自高丽，一自安南等地。最初，因为提炼技术不高，纯度很低，故为害有限。而且吸食方便，既不用上烟榻，也不用拿烟枪、点烟灯，用一点点放在纸烟头上，点燃吸之，惬意非常。正因如此，很多人上当受骗，最终妻离子散、家破人亡，流离失所，横尸街头。民谣称白粉是"勾魂小鬼与无常"。

白粉的可恶，已为社会所发指。但在清末，政令废弛，明知是坏事，但也无法禁止。只有舆论与良知，在鞭笞和谴责这些吸毒和贩毒之人。

从这枚画片中可以看到，卖白粉的绝非光明正大的生意。卖白粉的色厉内荏，表面在眉飞色舞地炫耀他的生意经，而身后放着包裹和雨伞，随时可以脚下抹油——开溜。说明干这一行的皆非良民，都是社会游走之徒。他们商无定所，行无常踪，为防人谴责、唾骂，随时做着逃之夭夭的准备。

这行生意形同鬼蜮，卖时雇托儿做套哄骗行人。白粉摊前，必有不三不四的"闲人"踟蹰，拦路骗人吸用白粉。收摊时，以骗人多少，买卖成交额的大小，再与卖白粉的"老板"分散利润。时人无不指其为狼为狈。

后来，白粉的提炼精度越来越高，害人越来越重，难为社会所容，这种公开销售白粉的场面，在20世纪二三十年代便都藏匿于城镇的黑暗之处了。

图一：售白粉儿这行生意形同鬼蜮，卖时，雇托儿做套哄骗行人。[1904年]日本村井兄弟商会社设计出品的烟画。

卖 烟 枪

Sale of drug smoking pipe/ キセル売り

坐阔全凭鸦片烟
——〔清·柯煜《燕九竹枝词》〕

这枚烟画画的是一位背着行囊的小贩站在路边，正在向两位行人兜售抽鸦片烟的烟具——烟枪。细看，图上的买者、卖者皆从容自若、旁若无人地进行交易。可见，当时社会对此业已失于查禁而熟视无睹了。吸食鸦片成为"民不举，官不究"的半公开的事情。

鸦片又称阿芙蓉、洋药或大烟。鸦片原产自埃及，古希腊的文献中已有取汁制药、用于安神镇定的记载。我国明代的《医学入门》一书中，始有鸦片一词。称"鸦片一名阿芙蓉，波斯人变其音为片，故有阿芙蓉阿片之名。后又变阿音为鸦也"。当时在亚洲的印度、缅甸一带多有种植。

鸦片进入中国，是在明代成化元年（1465）之前，比烟草的传入还早一百多年。《医学入门》一书中还谈道："成化时，中国得其取汁之法。嘉靖初，其法益精。这种提炼品，食之令人多眠，渐久惯则成瘾。既得瘾，过时不食，全体废弛，食而复初，而精神日耗，死则随之。"鸦片烟是毒品，国人早已知之。但当时吸用的人并不多，问题尚不严重。

到了清代道光年间，英商东印度公司开始大规模地向中国倾销鸦片，给中国造成极大的危害。不仅伤害了无数生命，而且白银外流，给国家经济造成巨大漏卮。因此，酿成了两次鸦片战争。中国战败，割地赔款，最终沦为众列强的俎上鱼肉。20世纪初，在此帧烟画发行之际，鸦片已四处泛滥，民间烟馆林立。满大街推销烟枪，已到了不可收拾的地步。

烟枪形似烟袋，放烟膏的位置是在烟杆前端，将烧好的烟泡儿放之其顶。就火、就灯，卧而吸之。人便蜷曲在短榻之上，吐雾喷云，享受着"重帘不卷留香久，短笛无腔信口吹"的瘾君子生涯了。自此，手无缚鸡之力，唯烟枪成为瘾君子们刻不能离之物。最后，发展到妻子儿女尽可鬻去，唯独"日日不可无鸦片"了。

烟枪是何时出现，谁人发明的呢？清末文人李圭原著、周黎庵点校的《鸦片事略》考证：烟枪的发明是"明末苏门答腊人变生食为吸食，其法先取浆蒸熟，滤去渣滓复煮，和烟草叶为丸，置竹管就火吸食"。这便是有关烟枪产生的最早记述。

明崇祯末年，烟枪随鸦片一同传入中国，烟枪就有了多种变化，有象牙的、乌木的，饰金饰银，高下不等。烟枪、烟灯、烟钎子、烟盘子、烟盂等，作为一整套的烟具，从品质到款式有着天渊之别。末代皇后婉容的一套烟具，价值连城；而市井中濒临死亡的大烟鬼，用一张破锡箔纸一卷一闻，亦可以达到醉魄消魂的目的了。

如今，这种烟枪随着鸦片的禁绝亦早已绝迹，唯有在博物馆和古董店中还能见到它的影子。人们从那早已被烟膏熏黑了的枪嘴子上，可以想象到，那时持此枪的瘾君子们是何等的可悲了。

图一：小贩在大街上向过往的行人推销烟枪。日本"孔雀"牌香烟中的烟画，描绘了当年鸦片泛滥时的情况。[1904年]日本村井兄弟商会社设计出品的烟画。

图一

媒　　婆

Matchmaker/ 仲人

地上无媒不成婚

——〔民国·成兆才《花为媒》〕

"天上无云不下雨，地上无媒不成婚"，这是评剧《花为媒》中两个媒婆唱的戏词，也是句民间广泛流传的俗谚。生活在封建社会的男男女女，要成婚就离不开媒人。媒人，也就是古代婚姻的介绍人。

汉代的《孔雀东南飞》中就有了媒人的称呼："阿母白媒人，贫贱有此女，始适还家门。"媒人除了这一称谓外，还有不少别称，如红娘、伐柯、保山、冰人、媒妁、月老种种。

《诗经·豳风》中有《伐柯》篇，诗中唱道：

伐柯如何？匪斧不克，

取妻如何？匪媒不得。

后来，人们称媒人也叫"伐柯"。

唐代元稹作《莺莺传》，写张生与崔莺莺相爱，经崔莺莺的侍女红娘从中撮合，使这对有情人终成眷属。此后，"红娘"便成了媒人的别称。

保山的意思，是指像山一样稳固可靠的保证人。如《红楼梦》中说："他说二爷不在家，大太太做得主的，况且还有舅舅做保山。"换而言之，用保

山喻媒人，是言其可靠性能确保男女终身合美无隙。

另外，还有把媒人叫作冰人的。此语出自《晋书·索传》："孝廉令狐梦立冰人语。曰：'冰上与冰下，上为阳，冰下为阴；阴阳事也。士如归妻，迨冰未泮，婚姻事也。君在冰上与冰下人语，为阳语阴，媒介事也。君当为人做媒，冰泮而婚成。'"

月老和媒妁的典故则是尽人皆知，这里就不一一赘述了。总之，不论叫什么，媒人这一行原是很受人尊敬的。在古代婚姻中，媒人收受礼金，婚礼上还要受到新婚夫妇的礼拜，生儿育女后，还多攀认干亲，都说明媒人的地位和身份。

在封建礼教的束缚下，"男女授受不亲"，"三

图一

岁不同床、五岁不同席"，"好女不出门户"、"女子无才便是德"等说教，把青年男女间的往来生生切断，使男女间正常的恋爱变成不可能的事情。"三媒六证"、"八字相合"是成就婚姻的唯一标准和渠道。

　　媒人这一行中，从业者男女皆有，但向来是中年妇女为多，因为她们出入人家宅院方便，与做父母辈的人也好沟通。这些女人一要聪敏练达、通晓人情世故；二是腿脚勤快、不辞辛苦；三要能说会道、条理分明；第四，还要有一些经济头脑，在双方过礼下定之类的交割上，能把握公允适度，皆大欢喜。另外，还有一项最重要的事情，是要有信誉、口碑好。凡经其撮合的婚姻，夫妻和美，儿女盈床，家和业兴，姻亲益彰，自然会引来更多的生意。如果只为了中间得利，而花言巧语，欺骗撮合，必然会引起四邻非议、道路以目。这样，她的生意经也就念不下去了。尤其在中国的农村，十里多同姓，

图二

图三

百里亦攀亲，好事不出门，坏事传千里。依媒人行里的话说："指东说西、瞒天欺地、损阴害德的事情，给我们个金山也是做不得的。碧霞天君是我们的心神，观音菩萨是我们的供神，送子娘娘是我们的护神。这些神灵都在看着我们，如有一丝欺心之处，都会记在账上，我们一辈子也是还不清的。"

　　民间也有不少俗谚嘲讽媒人：如"媒人口，无量斗"，"十个媒人九个谎"，"无谎不成媒"等。但是说归说，待儿女大时，依然要请媒人上门，请她们为自己的孩子们去攀亲择偶。总之，在旧时代的三百六十行中，媒人是很重要的一行。

图一：媒婆［清］无名氏绘，选自《北京民间风俗百图》。
　　　能说会道的媒婆在小心翼翼地服侍讨好富家太太。
图二：媒婆。［民国］刊本插图。
　　　这些女人聪敏练达、通晓人情世故；而且腿脚勤快，不辞辛苦；更要善于察言观色，能说会道。
图三：媒婆。［民国］刊本插图。

奶　　妈

Wet Nurse/ 乳母

登床索乳抱母卧
——〔清·郑燮《七歌》〕

图
一

清季著名的封疆大吏曾国藩，在他的奶妈死后曾制挽联一副：

一饭尚铭恩，况保抱提携，只少怀胎十月；

千金难报德，论人情物理，也当泣血三年。

可以说此联是对天下做奶妈的一个公允的评价。

奶妈也称保姆、乳娘、奶姥、嬷嬷、嬷媪、阿母、奶子等，名称五花八门，因时代不一而名称各异。但总而言之，她是一种专门为别人哺乳、带育婴儿的行当。

此业从古有之，一直沿及至今，其原因是多方面的。以前大多是小孩的生母家有权势、有钱显贵，佣人代哺是一种特权的显示；在民间，更多的则是小儿生母体弱少乳，自己哺育有一定的困难，才雇请奶妈帮助育养。当奶妈的自是乡间贫家妇女，放弃对自己婴儿的喂养，而用自己的乳汁去哺育别人的孩子。图中，正在为婴儿哺乳的就是一位帮佣的奶妈。

奶妈这种职业出现得很早，《礼记》中就有"士大夫之子有食母"之说。权势者们的子嗣由奶妈哺养，在封建社会已成定制，皇宫外设"奶子府"，有常年应侍的年轻妇女数十人待选，她们多是十五到二十岁之间、方刚生育过而且奶汁充足的农村妇女。她们的地位低下，无人重视，但一朝入选进宫，哺养的乃是皇储贵胄、凤子龙孙，从此，她们也就成为人上人了。俗谓"一朝入选，终生富贵"，就是指此辈而言。

历朝皇室奶妈无一不是显贵非常，即便中途出宫，也从此荣耀乡里，衣食无忧了。明代沈榜的《宛署杂记》中记载，奶子府隶属锦衣卫，每季度精选良家乳妇四十名进入奶子府，称为坐季奶子；另选八十名登记入册备用，叫点卯奶子。百姓逃避此业，

杂

故时常造成奶子奇缺。

大凡哺育过太子的奶妈，在太子登基后被诰封高位的大有人在。如东汉安帝的奶妈王氏，位极"野王君"；顺帝奶妈宋氏为"山阳君"，唐中宗奶妈于氏为"恩平君"。其中最为显贵的，莫过于明成宗的奶妈客氏，她在成宗继位之后，就被封为"保圣贤顺夫人"。曾与魏忠贤一起专擅弄权，飞扬跋扈，不可一世。《明史纪事本末》记其："侍从之盛，远过圣驾，灯炬簇拥，荧然白昼，衣服鲜华，俨若神仙。"成宗一死，客氏遂与阉党一同族灭。

民间的奶妈则不然了，多是别夫离子、以身事人的妇女。许多家庭生下孩子后，由于生母奶水少，不足以哺乳婴儿，或是生母身体极度虚弱，也有的是被疾病所缠，甚至有生母在产期夭亡的。还有就是富裕人家，不希望自己带孩子，而将婴儿托付给奶妈喂养。奶妈，她们用自己的奶水为别人家奶孩子，在经济上得到一定报酬。

由于奶妈奶孩子大都要奶一年到三四年，孩子从小终日待在奶妈身边，形成了孩子与奶妈之间相当深厚的特殊感情。因之产生了很多感人的故事。如"魏媪舍命护主"、"乳母严训寇准"等故事，均写入典籍，青史标名，为后人敬重。

郑板桥在三岁的时候，他的母亲病重在床，奄奄一息。板桥年幼无知，犹自"登床索乳抱母卧，不知母殁还相呼"。后为乳母带大。板桥平生难以忘怀的，是乳母在其家境贫困时的乳带之恩。故曾写有《乳母诗》以为纪念，诗云：

平生所负恩，不独一乳母；

长恨富贵迟，遂令惭恋久。

图一：奶妈。[清]无名氏绘，选自《北京民间风俗百图》。

图二：奶妈奶孩子大都要奶一年到三四年，孩子从小终日待在奶妈身边，和奶妈有着特殊感情。[1905年]英美烟公司设计出品的烟画。

乞　丐

Beggar/ 乞食

路旁饥妇抱儿啼
——〔清·友石子《京都新竹枝词》〕

清代的友石子有《京都新竹枝词》写社会的贫富不均，有钱人把钱财万贯化成灰烬，而路旁的乞丐空腹在啼饥号寒。这种景象在旧北京的街头巷尾随处可见。

　　钱财万贯奉菩提，火化成灰尚信迷；

　　盍乞一文略施舍，路旁饥妇抱儿啼。

乞丐，亦称"乞儿"、"乞棍"、"乞婆"、"花子"、"叫花子"，是以乞讨求食为生的一个特殊群体，这一行可以说自古有之。

乞丐的群体结构十分复杂，其中确实有因为肢体残障，失去了劳动能力；或是家庭破败、贫病交加、完全失去生活依靠的人；或是孤苦弃儿，鳏寡无依，只得靠人施舍赖以为生者。此外，还有许多游手好闲的无赖流痞，他们好吃懒做，充杂其间，成为惰民一族；更有些流氓痞棍、逃犯流贼混杂在内。还有奇怪的现象，一些农村中的农民，在冬闲无事之时，全村成帮结伙地外出乞讨，赖以增加收入，竟也成了传统惯例。若逢旱涝年景，乞者更众。

乞丐现象给社会带来诸多混乱和问题，是社会不安定的重要因素。历朝对乞丐都有收容救助的制度。宋朝时就曾禁止在严冬乞讨，以避免乞丐冻毙街头，而在彼时由官府提供乞丐的吃住。明代对这一问题尤为重视，政府把他们整编起来，由地方团头管理，并严

图一

格地限定了乞丐的聚处及活动范围。

到了清代时，对乞丐的管理实现了制度化，同时也承认了乞丐的职业化。将乞丐编入地方保甲组织，选立丐头为管束之人，查造丐户牌册。

各县有管理乞丐的丐头。丐头也是乞丐，但他是官方指定的保甲长。人选由栖止地段的民户保长推荐，也可由管辖地段的衙役指定。乞丐的保甲册牌名为"丐头循环册"，列有丐头姓名及管理乞丐人数、年龄、籍贯、体貌特征和栖身之所。册上还注明各坊乞丐只许在哪些范围内行乞，不许硬索强讨，并不

图二

338

杂

图三

得走出指定行乞范围，到别处滋事。另外册上还规定对乞丐的"考核办法"：有无为匪为盗者，丐头必须责令稽查，随时向政府管理人员禀报，如果某丐有不法行为，立即提丐头责问。对于外来新丐，各坊不得容留，丐头必须报官，官方发口粮送回原籍。丐头循环册还须每月月终送县倒换。

对于少壮乞丐，问明籍贯，报官送回原籍，强迫他们劳动就业。另外，专门设立栖流所，安置老幼残病的乞丐，严格禁止散处。

为了消除无业游民，晚清政府一方面采取传统赈抚政策，发放"恩赏米石"，收养老弱病残，设立粥厂，收留灾荒与战争性无业游民；另一方面，政府采取了一些新的措施。在"振兴实业"的口号下推广"工艺局"，"收养贫民，教以工艺"，为乞丐流民创造自食其力的条件。

进入民国，丐帮中还出现过自发的"乞丐互助会"组织，群丐选出会长，多次到商会请愿，要求商会通知各商家把施舍零钱数目增加一倍。商会表示无法推行，并提出可以介绍"乞丐团"的成员去粥厂喝粥；社会局还提出可以用"以工代赈"的办法救济"乞丐团"，但都遭到拒绝。他们认为，粥厂只有在冬季开厂，无法保证乞丐全年的生活；"以工代赈"是想把乞丐"当成习艺所的囚徒，轰到一个角落去做工"。这种无赖行为，一时成了报刊上的社会新闻。

总之，由于整个社会的贫穷落后以及结构的不合理，使得乞丐现象终难以找到好的解决方法。

图一：乞婆。[民国]陈师曾绘。
图二：乞丐。[1905年]英美烟公司设计出品。
图三：乞丐。[清]无名氏绘，选自《北京民间风俗百图》。
图四：要饭的（烟画）。[1905年]英美烟公司设计出品。

图四

小 绺

thief/ 泥棒

图一

小绺新添几百千

——〔清·杨静亭《都门纪略》〕

　　小绺，北京的土语，是对小偷、小窃这一行的俗称。

　　图三画的是卖耳挖勺的，可以说这是最为本小利微的一个行业。但，作者着墨点却是在于那个正在行窃的小绺。比起卖耳挖勺的来说，小绺则全然是件不需本钱的生意。

　　专事偷盗的窃贼自古有之。技艺高超的，如"鸡鸣""狗盗"之徒还得到孟尝君的礼贤，与诗书文墨之人同等享受"食客"的待遇。次之，如三盗九龙杯的杨香武，夜贯轻行的"鼓上蚤"时迁之辈，也多活跃于前代的文学作品之中。近代的燕子李三，他的事迹又上电影、又拍电视，至今流传不衰。因之小绺一行也大沾其光，不仅能飞檐走壁、神出鬼没，而且还多行侠仗义之举，极富传奇色彩。

　　其实，这等职业对社会骚扰极大。《东华琐寻》一书中称："京城岁时庙会，以游人填塞。故多草窃剪绺之事。盖乘人不觉，以剪窃物，其术百端，其徒极众。且出没不时。虽有巡缉，街市兵卒，每难以弋获。"清人《觉花寮杂记》亦称小绺"手法敏捷、党羽众多，其魁杰者，华堂大厦，裘马轻肥，俨然贵家也"。

　　老一代民俗学者齐如山先生，为深入了解这一行的门径，刻意向门里人一一求教，始得冰山一角。要是当小绺，以此为业者，必先由行里有些头面的人引荐。师傅若应诺说："先见见。"便由荐举人将后学引至家中，一不叩头，二不拜师，留在师傅家中居住，给师傅师母干些杂务活儿。师傅在一旁侧目相看。大概经个月期程，师傅看清了这孩子的手脚长短、脾气秉性、待人接物、聪明与否，才决定收与不收这个徒弟。不是这个材料，向中人说明原委，将人领走。如果决定收徒，再由人写契约，荐人作保，三拜

九叩，算正式拜师。

　　还有文章说：因为这行属于"阴道"，所以写好的契约，画押后，嘱徒弟朗读一遍，当时烧毁。仪式完毕，待外人走后，留下一位入室的大师哥，当即教授一课。师傅亲自示范，或"雁过拔毛"，或"顺手牵羊"，在众目睽睽之下，探囊取物，随心所欲，如同变戏法儿一般。

　　事毕，师母端上酒菜，师傅一边吃喝，一边晓以大义。先讲明"任何职业，本无高低贵贱之分。财物流转，皆系天意。本行祖师爷乃汉武帝时的东方朔，其号称曼

杂

倩。秉性诙谐，游戏人生。此业乃英雄苟且，调笑果腹耳"。且讲明业中有"三不偷"的规定："一，饥人购米之钱，不偷；二，急人买药之钱，不偷；三，就木置材之钱，不偷。"叫徒弟牢记。

三年中，徒弟在家修炼，并不出门作业。学成之后，师傅方正式请来门中的师叔、师舅、二大爷，一一介绍，嘱托关照。并讲明上道后的要领，门槛、地界，方由大师哥带到闹市之中护持实习。一节（即三个月）平安无事，然后才能独立放飞。

清同治年间出版的《都门纪略·杂咏》有诗云：

街头杂乱数今年，小绺新添几百千。

可见，当时此业的繁盛。

图一：小绺（烟画）。[1927年]华商烟公司设计出品。
图二：蟊贼。[清]《点石斋画报》插图。
　　蟊贼善于夜间翻墙越脊，盗窃他人财物。
图三：小绺（烟画）。[1905年]英美烟公司设计出品。
　　图中的小绺在人们不知不觉时动手作案。
图四：小偷已盯准了卖油糕小贩的钱袋，随时准备下手行窃。[1904年]日本村井兄弟商会社设计出品的烟画。

图二

图三

图四

勒　脖　儿

robber/ 勒脖儿

最怕遭逢勒颈党
———〔陈蝶衣《香港竹枝词》〕

图一

　　"空手套白狼"，是一句俗语。说的是那种不用本钱的生计，全凭空着的双手，生能擒获一只白狼回来，那才算是真有本事。

　　白狼，在猎户的传说中，是狼群中的魁首，狼山中的神物。白狼，通身白毛，无一杂色，晶莹耀目，神威无比。日光之下，如罩虹霓；月光之下，寒辉四射。猎人遇之，箭不能射，弹不能发，

唯屈膝下拜叩首远遁。否则，凶多吉少，性命有虞。多么有声望的猎手，也是擒不到白狼的。谁能空手猎获，那简直是天人下界。

　　另一说，白狼是"白郎"之误，是白面少年郎也。杜甫有诗《少年行》云："马上谁家白面郎？"指的是家中富有的纨绔子弟。不用一刀一枪，捆绑纨绔子弟，能敲诈出无数的钱财。空手套白郎，实乃

绑票是也。

还有一说，此语是比喻日本的空手道。空手道又称徒手道。讲究不使用任何器械，赤手空拳，全凭技巧擒拿敌人的功夫。

总之，空手套白狼，是讽喻那种图谋不义之财的一种手段。此语脱自"空手套白郎"较为贴切。

"空手套白郎"的，往往称自己是英雄落难，身无锱铢，迫不得已，暂行苟且之事。目的，只为"借钱"（其实所借之钱是偿还无期的），绝不伤人性命。这一行的作业手段是单人行动，只身躲在偏僻的路径，或山间峡谷的羊肠小路，或是林间涧侧的崎岖小道，委身树后草丛。待有过路的单身行人，他会冷不防地跃身而出，双手拿着一条棉布腰带，从路人身后套着他的脖颈。转身背起，调头便跑，任凭被套之人挣扎。不及十步之遥，被套之人便已气绝。这就叫作"勒脖儿"。

勒脖的见背上的人已不能反抗，就把他撂在地上，将其身上所带钱物一并搜出，装到自己的褡袋里。而把书信、证件和一些零碎钱，重新放入被套之人的怀中。收拾完毕，蹲于被套人的身后，将昏迷者上身扶起，左手掐住人中，右手狠狠拍其背。"啪、啪、啪"三下，气绝之人登时复苏，转瞬缓过气来。不待其还神，勒脖儿的便收起腰带，背上褡裢快步回归大道了。路上如遇到新的过客，还要很客气地告知，前边有人生病昏倒，现已复苏，尚在路边休息。我因有事难以滞留，故先走一步。您若是遇上，可代为关照关照等语，情词恳切。然后告别，真像个大大的好人。

这一行的人说，我们不是强盗，我们是按行规办事的。行规有"三不套，三不取"。老弱疾残不套，单身妇女不套，贫苦落魄不套；贵重的金银珠宝不取，散碎零钱不取，书信文字不取，勒脖儿的作案工具，必须用棉布腰带。一是，不用时缠于腰间，不露行迹；其二，腰带宽软，可以勒人窒息，但不会使人致死。从来不许用绳索、钢丝、细带儿、麻绳儿做活儿。

另外，干勒脖儿也要拜师学徒。首先学的是，要会使气绝之人恢复元气的技术；同时，要学会手法麻利，干活利索；要学会"踩地"（选择做活的地点）和挨打。凡是做贼、偷、截、抢的，都要学会挨打、耐刑的功夫。也就是不怕拷打，不惧刑罚，不畏皮肉之苦。目的在于，一旦做活儿事败，被捕犯案，要经得住拷打之苦，而不供认前科，不盘葛他人。真的做到"打死我也不说"，也就保护了自己。

旧日勒脖的多在偏僻之处作案，后来勒脖的也出现于闹市。近人陈蝶衣有《香港竹枝词》云：

　　盗风日炽客心惊，衣锦人皆减夜行；

　　最怕遭逢勒颈党，尖刀一把逼囊倾。

图一：勒脖的（烟画）。[1905 年] 英美烟公司设计出品。

　　勒脖的双手拿着一条棉布腰带，从路人身后套着他的脖颈。转身背起，调头便跑。

妓　　　女

prostitute / 娼婦

倚楼何事笑嘻嘻

——〔明·唐伯虎《嘲妓诗》〕

图一

图二

　　妓女源自上古的巫娼。蒙昧时期和母性氏族阶段，施巫、群居、滥交，都会出现不平等的性占有行为。在三千年前的殷代，巫风最炙，宗教性的巫娼遗迹，均有迹可寻。但此时的娼风，并无任何钱肉交易的商业性质。

　　到了春秋时期，齐桓公称霸。为了繁荣本国的经济，接待四方行商，宰相管仲便在都市之中设立女闾。女闾，就是官办的妓院。《战国策·东周策》记载："齐桓公宫中七市，女闾七百，国人非之。"鲍彪注释："闾，里中门也。此门为市于宫中，与女子居之。"这是我国公开妓女制度的开始。迄今，已有两千五百年的历史。

　　官妓制度发展到汉代，军营中又设立了营妓，多由俘虏的家属、罪人的妻女充当。南北朝时，官僚富绅在府邸之中开始设置家妓。直至唐、宋、元、明诸朝，又出现了教坊、乐户等许多种变相的娼妓。

　　唐伯虎有《嘲妓诗》：

　　　　倚楼何事笑嘻嘻？笑你寒儒穿布衣。

　　　　锦绣空包驴马骨，那人骑过这人骑。

文中含意虽然另有所指，但字面之意着实充满了对妓女的轻贱和鄙视。

　　明末时期，娼妓发展最盛。在兰陵笑笑生的《金瓶梅词话》中，就可以看到官妓、娼寮、私娼、暗门子、优伶、小优儿、男宠等各式各样的娼门人物。南京的"十里秦淮，夜夜笙歌"，在国破家亡之际，商女依然忘情，"隔江犹唱后庭花"。

　　大清开国之初，为了整肃吏治，清白政治，在顺治、康熙两朝，相继取缔了京师及各省历代相传的官妓、营妓。禁止官吏、军人、仕子嫖娼狎妓。规定官吏宿娼杖八十，监生生员嫖妓革斥为民，永不录用。

　　顺治十三年，云间名士沈休文以苏州虎丘梅花

杂

楼开设花榜，评定妓女中的状元、榜眼、探花并二十八宿，就被当时人称"铁面冰心"的巡按李森先缉拿，毫不姑息，当时杖毙堂前。舆论所及，娼妓一行受到了很大的打击。

民间妓院虽未禁止，但也都被驱除到京师的外城。北京民营的娼寮就都挤在了前门外的八大胡同里面了。到了乾隆年间，国运昌兴，太平盛世，皇帝三下江南，奢靡之风骤增，苏、杭、沪、穗裙屐掩映，笙歌一片，娼业再度中兴。珠江花舫、秦淮河房、浙江山船、西湖画艇盛极一时。相衬之下，北京的秦楼楚馆、画堂书寓，也是香阵旖旎，不知昏晓。《汉口竹枝词》有一首《妓女出局》，诗曰：

一纸书传应召来，香风先送到玫瑰。

不烦保荐邀青盼，夹袋多时贮美才。

《春申浦竹枝词》写有妓女出局时热闹张扬的情况：

肩舆出局快非常，大脚娘姨贴轿旁。

燕瘦环肥浑不辨，遥闻一阵麝兰香。

彼时，妓院分为很多档次。最高级的是堂院、书寓；次一等的，如清吟班，长三堂子；二等的是茶室、么二；三等的为下处、住家野鸡；末等的就是老妈堂、花烟间、钉棚、野鸡了。

高级妓院都是有名的销金窟，一掷千金，未必能谋得佳丽一面；而下等的寮寨，蓬门破炕，两三大枚就可淫乐。妓女坐在屋中揽不到生意，就要倚门卖笑，道中拉客了。个中钱肉交易，也是千奇百怪，黑暗异常。

妓院也有行会组织，每年七月七日举行"拜老郎会"。据说，老郎神是唐玄宗李隆基。会中平日供奉"普度众生、救苦救难的观世音菩萨"。相传，观世音是女像男身，曾化身为妓女，超度了无数淫夫浪子回头，最终修成正果。此说，可见于明朝冯梦龙所著的《醒世恒言》之中。

图一：狎妓。[明]刊本插图。

图二：妓女坐在屋中揽不到生意，就要倚门卖笑，道中拉客了。[1905年]英美烟公司设计出品的烟画。

图三：清末妓女。[1905年]英美烟公司设计出品的烟画。

图四：西门庆调笑妓女图。[明]刊本《金瓶梅词话》插图。

图五：妓女图。[清]无名氏绘。

345

相　　公

Pimp/ 男娼

隐约雏伶貌似花
　　——〔清《朝市丛载·咏像姑车》〕

图一

　　《官场现形记》里写了个"一天到晚长在相公堂子里"的老斗，名卢朝宾，官任给事中。他所狎的像姑（相公）叫奎官，始而狎，继而替奎官赎身，又为他娶媳妇，买房子，爱护备至，视为奇珍。清人陈森写的小说《品花宝鉴》中，也有许多官场人物狎玩像姑（相公）的描写。

　　何为相公呢？相公就是一种男妓、男娼。相公集中的地方叫作相公堂子。迄今在北京大栅栏附近还能寻得这么个胡同。

　　清季北京通行的一种近乎旅游指南性质的书，叫作《朝市丛载》，书中载有《咏像姑车》，诗曰：

　　　斜街曲巷趋香车，隐约雏伶貌似花，
　　　应怕路人争看像，垂帘一幅子儿纱。

把一个乘子儿纱香车招摇过市的相公，写得娇如雏妓、呼之欲出。

　　清代末年，一些面目姣好的男童伶，打扮得油头粉面，终日娇声细语地充当类似男妓的角色，在堂子里接待那些有"龙阳之癖"的"风雅人士"，郁酒承欢，调笑取乐。这些相公娇柔作态、以身相许，大捧唱西皮二簧的红角男旦和有权有势的大佬倌，彼此之间还要拿班坐科、争风吃醋，造成绯闻不断。齐如山先生所写的《回忆录》中曾谈到，他当时之所以不大愿意与旦角来往，怕的是被朋友不齿，横遭物议。从这一层也可以看到，社会上对相公这类搞同性恋人的鄙视。

　　同性恋现象在我国出现得很早，早到何时？纪晓岚在《阅微草堂笔记》中说："杂说称娈童始黄帝。"潘光旦先生反驳说，此说不尽可靠，因为连黄帝是否确有其人，还在探讨之中。

　　但是，诸如龙阳君为魏王"拂枕席"；弥子瑕与卫灵公"分桃而食"；汉哀帝与董贤同衾共寝，以至董贤在睡觉时压住了皇帝的袖子，哀帝不忍惊醒他，自己"断袖而起"，这些同性恋的故事，都是有文字可考的。又如汉文帝宠幸邓通，破例赐给他开采铜山并且自铸钱币的权力，邓通因此富比王侯，钱盈天下，他是中国历史上以"美色"获益最多的一个男人。

　　到了宋朝，世风靡烂，男子公然为娼，聚集在一起成立风月作坊，公开招揽生意。宋徽宗不得不立法告捕：凡"男为娼，杖一百，告者赏钱五十贯"。可见当时男娼的泛滥。

　　明清两代，由于政府立有法令禁止官吏嫖妓狎娼，士大夫就去狎亵男色，这些男色多半是梨园中的子弟。漂亮的男孩子学戏时，由于师傅的调唆、坏人的引逗、周围环境的熏染，使这些孩子产生变态心理，逐渐堕落，成了变相的泄欲器。相公堂子原本是演剧业的一个正当组织，以解决和调停同仁间的演出合作等问题。由于达官贵人常来此找乐儿，男旦也聚在此处搞同性恋，所以名声渐坏，时人将相公堂子视为男娼馆，与妓院无两。

　　清代盛行"私寓"，官吏富商们以蓄养相公为一时风气。这些大户人家买来眉清目秀的小男孩充做书童、跟随、小厮，实为供主人狎玩。往往不以为耻，反称名士风流。

　　到了民国初年，一些名伶和有志之士对此提出异议，并撰文呼吁有此癖者自重自爱，另一方面政府提倡维新、匡正积弊，遂明令提出废止，相公这一行才逐渐消失。

图一：相公。[近]刊本插图。

相公就是一种男妓、男娼。相公集中的地方叫作相公堂子。

小　押

Pawn store / ショウヤン

朝回日日典春衣
————〔唐·杜甫《曲江对酒》（之二）〕

图一

小押是典当业中的一种。所谓典当，是指以物品为抵押的限期有息借贷银钱的社会经济行为，作为一种商业行为形态，通称为典当业。

中国的典当业出现得很早，它源自南北朝（420—589）的佛寺质贷。佛寺为了增值寺庙的财富，但是，又不能去做买卖生利，于是，就开设了"长生库""质库"进行质贷。《南齐书》记载：司徒褚渊为官清廉，家无余资。曾将皇帝所赐白貂座褥、介帻、犀导以及自己的坐骑，都质押在招提寺的质库质钱。这是我国典当史的最早记录。

唐宋时期，典当成了一种商业性的行业，皇当、官当、当商相继出现。他们都打着"裕国便民""慈善救民"的旗号进行营业。大大小小的质典、当铺，成为社会经济调节活动中重要的一支。

古人质朴，最初典当业是有利钱钞的周转，方便民众。人们不认为典当是见不得人的事。诸多名人、大家常以质衣沽酒，算为风流雅事写入诗词。

五花马，千金裘，
呼儿将出换美酒，
与尔同销万古愁。

李白的《将进酒》传诵至今，其中"换"者，就是拿去典当。这一断语是有所佐证的，如杜甫诗云：

朝回日日典春衣，每日江头尽醉归。
酒债寻常行处有，人生七十古来稀。

白居易也有诗云："归去来兮头已白，典钱将用沽酒吃。"都把质典当作很方便的事情。

而小押则出于近代。据曲彦斌的《典当史》考证，小押源自清代狱囚。他说："相传罪犯王某，被刑部判定终身监禁，竟熬成小头目。于是，他借机勒索众

囚犯银钱，鼓励犯人赌博，输即以物折钱，从中渔利，积资渐多。后王某遇赦出狱，遂以开小押为业。"挂出的招牌写道："指物借钱，无论何物均可抵押，物值十而押五，坐扣利息，几月为期，限期不赎，变卖折本。"这几条，一直是小押的经营宗旨。

足见小押一出现，即非正途，个中藏污纳垢，秽行无端，因此，此业一直没得到政府的认可，是一门"地下的生意"！在大城市中的毒窟、赌穴、娼寮近侧，小押极多。他们在黑势力的保护下，横行不法，滋事不息。

齐如山先生说："一般人因不愿往当铺或有背人之物出手，则投奔小押；所以这一行的生意亦颇不恶。盖其意不在乎生意之多，乃在得便宜之贼赃私货也。"他还举了一个例子说：有一位朋友"其先世因不务正业，由家中偷出价值一千二百金之房契一份，以当十钱六吊，当死于小押，后竟无法查找"。

如此不肖子弟是最受小押欢迎的顾客。此辈因做贼心虚，恐怕犯案，把窃取的赃物匆匆地典入小押，给钱多少算多少，向不计值，并且大多数不敢取赎。当商只图取利，虽明知其为窃盗，亦从不加究诘。

小押为了暴利，什么都可以质押，小如茶壶、茶碗、贴身衣裤，大如床架、立柜，房产、地契，以至男女人口。军阀混战之际，天津三不管的小押，曾公然质押灾民儿女、懒汉妇人，转手发卖妓院或关外得钱，无人管得。直至民国中期，法律逐渐健全实施，小押才被明令取缔。

图一：小押（烟画）。[1905 年]英美烟公司设计出品。

闲　儿

idler / 無職

最怜游手无生产

——〔清·查揆《燕合口号一百首》〕

三百六十行的提法，最早见于明代田汝成所著的《游览忘馀》一书。书中称："杭州三百六十行，各有市语。"《清稗类钞》则说："三十六行者，种种职业也。就其分工而约计之，曰：三十六行；倍之，则为七十二行；十之，则为三百六十行。皆就成数而言。俗为之一一指定分配者，罔也。"可见，三百六十行是对市井中百工杂役的一种统称，并非定数定指。

人生于社会，必须要有一技之长，用一技之长服务于社会，便能换得自己安身立命、育雏养家之

所需。人的能力有大小，但必须从一业，"莫言此业轻，行行出状元"。

只要努力去做，都能得到社会的认可。但社会上偏偏有一行人，终生好吃懒做、游手好闲。有钱时，渴了张口，饭来张手，提笼架鸟，看花遛狗；没钱时，太阳根儿一靠、双手一抄，两眼一闭，腰儿一猫，神仙来叫都不待动的。清代社会给这类人起了个名字，叫做"闲儿"。

《燕台口号一百首》有一首诗写这等人：

北地蚕桑异昔时，但看榆柳一枝枝；

最怜游手无生产，不怕人呼闲的儿。

学秋氏在《续都门竹枝词》中，描绘的那些遛鸟的就更有样儿了：

辫发松松黑衩裤，伯劳一架手中持；

哪知今日毛包手，原是当年噶杂儿！

城市中的这些"闲的儿""噶杂儿"，他们既不是城市贫民，也不是来自乡间的破产农民，多是走了下坡的、不争气、不求上进的八旗子弟。

自清室入关以来，为确立新朝的威信，在政治上总结了不少明朝失败的教训，做了不少兴利除弊的改革。唯独在对待皇亲国戚和随驾的功臣旧部上

图一

与明初一样，一概采取了"恩养"政策，既凡八旗男丁人人有功、有职、有钱粮。这样一来，八旗子弟一个个居功自傲，坐享其成。凡不想进一步谋求功名者，不想再求大富大贵者，也就终日浑浑噩噩地去过舒坦日子了。如此一代一代地混下去，把当年的英雄气势渐渐消磨殆尽，八旗健勇的后代变成养尊处优的寄生虫。

到了晚清，朝廷腐败无能，国库日益空虚，待到两次鸦片战争失败，政府的财政早已捉襟见肘，濒临崩溃。在戊戌变法的推动下，光绪皇帝下诏宣布，取消了八旗的俸禄。一时间这些"闲的儿""噶杂儿"如丧考妣，哭作一团。平时从未学得半点技能，如今无以为计，叫天天不应，叫地地不灵。溥仪在《我的前半生》中曾写道：此时的八旗故旧、宗室后裔，实有不少携儿带女流落街头，衣时无着，偎于皇城周围，啼饥号寒之声不绝于耳，实在令人惨不忍闻。

对于汉人说来，"闲的儿"就是城市惰民；在农村，"闲的儿"就是二流子。这些人游游荡荡，从不干活，过着懒汉的日子。人们讨厌这些二流子、无赖，他们"脚不沾土，手不带泥"，但总想吃好穿好，过好日子。这也反映出在贫穷落后的旧时代，社会上一部分人可悲的劣根性。他们也算是三百六十行中的一行，即什么都不干的人。

图一：闲人。[民国]陈师曾绘。

社会上偏偏有一行人，终生好吃懒做、游手好闲。有钱时，提笼架鸟，看花遛狗；没钱时，太阳根儿一靠，双手一抄，两眼一闭，腰儿一猫，神仙来叫都不待动的。

图二：大眼郎。[清]杨柳青木版年画。

图三：市井无赖。[清]郑绩绘《白云山市图》。

图四：闲儿。[清]杨柳青木版年画。

跋 Postscript/あとがき

我是一位老北京，生于斯、长于斯，故对北京的一砖一瓦、一草一木，都有一种特别的眷恋之情。如今北京的变化日新月异，不少老建筑没了，老胡同也越来越少。旧日那些与平民生活息息相关的五行八作，活跃在市井街巷的行商小贩，甚至于一些温馨的世风民俗，也都随着都市的变化而变化，有的甚至已消失得无影无踪了。但旧时人们殷勤劳作的身影和那些抑扬顿挫的卖货声，依然不时地萦绕耳际。怀旧之情，亦带来不少美好的回忆。因此，这本写老北京"三百六十行"的书，读起来也就分外有趣。

作者在书中不仅对每一个行当引经据典，娓娓道来，而且，还煞费苦心地从海外的图书馆和侨胞私人的收藏中，搜集到众多珍贵的图画，其中有清代画家方薰的《太平欢乐图》，无名氏的《北京民间风俗百图》，宣统元年出版的《图画日报》，民初大家陈师曾的《北京风俗画》等等，更多的是作者个人收藏的老烟画。在照相术尚未普及之前，这些百年前描绘市井的老图画都是宝贵的"历史图证"。正如台湾大学艺术史研究所陈葆真教授所说："图画如历史。"作者和山西人民出版社的责编与美编们，把这些图画视同观看历史的新视角，与文字一起编入书中，极有见地，也增添了此书的可读性。

作者要求我题写书名的同时，希望我写篇读后。我便依题写了篇"三百六十行"小考，充当后记，集些资料，以补是阙。

记得上学时读《史记》，太史公赞我华夏地大物博时写道："夫山西饶材、竹、谷、纑、旄、玉石；山东多鱼、盐、漆、丝、声色；江南出楠、梓、姜、桂、金、锡、连、丹沙、犀、玳瑁、珠玑、齿、革；龙门、碣石北多马、牛、羊、旃裘、筋角；铜、铁则千里往往山出棋置：此其大较也。皆中国人民所喜好，谣俗被服、饮食、奉生、送死之具也。故待农而食之，虞而出之，工而成之，商而通之。"由于我国地域广大、物产丰富，加之社会发展、人群需要，必然导致社会劳动的分工，士、农、工、商，各专其术。资源的开发，产品的制造、生产的管理、贸易的经营以及运输与流通，也必然越分越细。到了晏子出使楚国的时候，他曾自豪地谈到："齐之临淄三百闾，张袂成阴，挥汗成雨，比肩继踵而在。"（见《晏子春秋》）其百业昌盛、市井繁荣的样子，在二千五百年前就已颇具规模，不可等闲视之了。

关于行业的形成，古代文献早有描述，如《易经》中说："庖牺氏没，神农氏作、列廛于国、日中为市，致天下之民，聚天下之货，交易进退，各得其所。"庖牺氏、神农氏故不可考，但上古之时，社会分工确是早已有之。

国人对社会上不同工作、不同职业的分工，比较笼统地称为"行"。行中所做的事情，称作"当"和"业"。于是，"行当""行业"的叫法就产生了。有据可依的，唐代开始有了"三十六行"的称谓。而且，行行皆有定指。周辉在《清波杂录》中称：唐三十六行是指"酒米行、肉肆行、茶行、柴行、纸行、巫行、麻行、海味行、鲜鱼行、酱料行、花果行、汤店行、药肆行、宫粉行、成衣行、珠宝行、首饰行、文房用具行、棺木行、针线行、丝绸行、仵作行、驿传行、铁器行、玉石行、顾绣行、扎作行、皮革行、网罟行、花纱行、竹木行、杂耍行、鼓乐行、故旧行、彩舆行、陶土行"，共计三十六行。

到了宋代，行业越来越多，三十六行难以概括，于是，就采取了"倍之"的方法，扩大为七十二行。吴自牧在《梦粱录》中所记载的行业名目，确实又增添了许多。其中"团""作分"姑且不论，"有名为'行'者"就增加了"方梳行、销金行、冠子行、城北鱼行、城东蟹行、姜行、菱行、北猪行、候潮门外南猪行、南土北土门菜行、坝子桥鲜鱼行、横河头布行、鸡鹅行等等"，不计其数。

这样细分起来，"七十二行"自然也不够用，不久，就又出现了"一百二十行"的提法。《宣和遗事》就开始使用这个新名词，云：宋徽宗"无日歌欢作乐，遂于宫中内列为市肆，令其宫女卖茶卖酒及一百二十行经纪买卖皆全"。

孟元老的《东京梦华录》把宋代汴京的"一百二十行"描写得更加有声有色："其锢路、钉铰、箍桶、修整动使、掌鞋、刷腰带、修幞头帽子、补洗角冠子。日供打香印者，则管定铺席人家牌额，时节即印施佛像等。其供人家打水者，各有地分坊巷。及有使漆、打钗环、荷大斧斫柴、换扇子柄、供香饼子、炭团。夏月则有洗毡淘井者，举意皆在目前。或军营放停，乐人动鼓乐于空闲，就坊巷引小儿妇女观看，散糖果子之类，谓之'卖梅子'，又谓之'把街'。每日如宅舍宫院前，则有就门卖羊肉、头肚、腰子、白肠、鹑、兔、鱼、虾、褪毛鸡鸭、蛤蜊、螃蟹、杂燠、香药果子。博卖冠梳领抹、头面衣着，动使铜铁器、衣箱、磁器之类。亦有扑上件物事者，谓之'勘宅'。其后街或空闲处团转盖屋，向背聚居，谓之'院子'，皆小民居止。每日卖蒸梨枣、黄糖麋、宿蒸饼、发牙豆之类。"依此来看，彼时的市井百业，已与近世相同。

进入元代之后，"一百二十行"的提法就完全被社会接受了。当时最普及的识字读本《庄农杂字》，开篇第一句就是："佛留一百二十行，惟有庄农打头强。"同时，在都市日益兴起的杂剧演出中，"一百二十行"的称谓，已有板有眼地介入宫商，演员们高声地唱起："三万六千日有限期，一百二十行无休息。"（汤式散曲《赠钱塘镊者》）

到了明代，田汝成的《游览志余》就第一次出现了"杭州三百六十行，各有市语"的说法。显然是"一百二十行"的称谓又不够用了，索性把"三十六行，十倍之"，就成了"三百六十行"。

由此可知，"三百六十行"是个与时俱进的数字性名词，从它的演变过程中，可以看到社会的进步和经济生活发展的轨迹。现代社会的行业分工愈来愈精细，新的行业不断地诞生。对于这些行业，即使使用"三千六百行"也远远不能概括了。因之，"三十六行""七十二行""一百二十行"和"三百六十行"，都成了天下诸业的泛称。

"三百六十行"作为中国传统手工业和商业的基础，是一个时代的特定产物，亦是中国民俗文化不可或缺的一个重要领域。"三百六十行"的盛衰，旧的行业消失了，新的行业诞生了，如此枝蔓繁衍、生生不息，从一个侧面反映了时代进步之速，和人们的生活变化之快。而今，我们很习惯地使用着"三百六十行"这个名词，但它的信息内涵已有了翻天覆地的变化。正如苏东坡所言："自其变者而观之，则天地不足以一瞬；自其不变者而观之，物与我皆无尽藏也。"（《前赤壁赋》）"三百六十行"的称谓未变，而其内容之巨变，也给我们带来无穷的遐想和启迪。

作者身居海外，却重新钩沉北京旧日的"三百六十行"，重新勾画昔日在生产、生活中起过重要作用的行业轮廓，宛若一轮新月，犹自照见古人，对于迅速变化着的今日，有着积极的现实意义。

我由衷地希望，作者和编者能抓着这个题目，继续写下去、编下去，一定会赢得读者们的欢迎。

李蔭寰